教員採用試験対策

セサミノート

専門教科
小学校全科

穴埋め式だから狙われやすい語句やポイントがよくわかる。
関連知識を書き込んで自分だけの参考書ができる！
教員採用試験必携の合格ノート

東京アカデミー 編

東京アカデミー七賢出版

はじめに

教員採用試験は，自治体ごとに実施され，その出題傾向は多種多様です。そのため，受験生にとっては対策を立てる上で大変困難を極めます。また，近年の試験では，人物試験を重視する傾向にあり，その対策にも多くの時間が必要となります。これらの状況を考えると，筆記試験においては，限られた時間の中でより的確かつ効率よく学習を進めていくことが求められます。

このオープンセサミシリーズは，全国に拠点をもつ東京アカデミーのネットワークを最大限に活かして過去の教員採用試験を徹底的に分析し，より効率よく，かつ合理的に，合格に必要な知識を身に付けることができるよう編集されたものです。

多くの受験生が見事合格を勝ちとり，晴れて教師としてご活躍されますよう，ご健闘を心からお祈り申し上げます。

本書が，受験生の皆さまの合格の一助となりましたら幸いです。

東京アカデミー編集部スタッフ一同

表示説明

重要度➡教員採用試験における出題頻度を示します。

A　非常に重要　（出題頻度が非常に高い）
B　重要　　　　（出題頻度が高い）
C　普通　　　　（出題がある）

この本の構成や内容は，オープンセサミシリーズの参考書，問題集に準拠しています。参考書，セサミノートで知識の定着をはかり，問題集で実践力をつけることでより効果的な学習ができます。併用して利用されることをおすすめします。

※　本書掲載の学習指導要領およびそれに関連する記述は，平成29年3月に告示された内容に準じております。

小学校全科

Contents

1 国語

2 社会

3 算数

4 理科

5 生活

6 音楽

Open Sesame

国語
社会
算数
理科
生活
音楽
図画工作
家庭
体育
外国語活動・外国語
特別の教科　道徳
その他

1 国語

●解答解説P246～P249

1 学習指導要領

重要度B

ここが要点　教科目標をはじめ，学年目標，指導計画の作成と内容の取扱いについて空欄補充の形で問う問題や，学年目標や内容がいずれの学年のものかを問う問題などに対応できるよう，1つずつ正確に覚えておこう。

1 教科目標・学年目標

教科目標

言葉による見方・考え方を働かせ，[1]を通して，国語で正確に理解し適切に[2]する資質・能力を次のとおり育成することを目指す。

(1) [3]に必要な国語について，その特質を理解し適切に使うことができるようにする。

(2) [3]における人との関わりの中で[4]を高め，思考力や想像力を養う。

(3) [5]を認識するとともに，言語感覚を養い，国語の大切さを自覚し，国語を[6]してその能力の向上を図る態度を養う。

学年目標

	第1学年・第2学年	第3学年・第4学年	第5学年・第6学年
知識及び技能	(1) [3]に必要な国語の知識や技能を身に付けるとともに，我が国の[7]に親しんだり理解したりすることができるようにする。		
思考力，判断力，表現力等	(2) [8]立てて考える力や感じたり想像したりする力を養い，[3]における人との関わりの中で[4]を高め，自分の思いや考えをもつことができるようにする。	(2) [9]立てて考える力や豊かに感じたり想像したりする力を養い，[3]における人との関わりの中で[4]を高め，自分の思いや考えを[10]ことができるようにする。	(2) [9]立てて考える力や豊かに感じたり想像したりする力を養い，[3]における人との関わりの中で[4]を高め，自分の思いや考えを[11]ことができるようにする。
学びに向かう力，人間性等	(3) [5]を感じるとともに，[12]読書をし，国語を大切にして，思いや考えを伝え合おうとする態度を養う。	(3) [5]に気付くとともに，[13]をし，国語を大切にして，思いや考えを伝え合おうとする態度を養う。	(3) [5]を認識するとともに，[14]をし，国語の大切さを自覚して，思いや考えを伝え合おうとする態度を養う。

2 各学年の内容

〔知識及び技能〕

(1) **言葉の特徴や使い方に関する次の事項を身に付けることができるよう指導する。**

<table>
<tr><th>第1学年・第2学年</th><th>第3学年・第4学年</th><th>第5学年・第6学年</th></tr>
<tr><td>ア　言葉には，事物の内容を表す働きや，経験したことを伝える働きがあることに気付くこと。</td><td>ア　言葉には，考えたことや思ったことを表す働きがあることに気付くこと。</td><td>ア　言葉には，相手とのつながりをつくる働きがあることに気付くこと。</td></tr>
<tr><td>イ　音節と文字との関係，[1]による語の[2]の違いなどに気付くとともに，姿勢や口形，発声や発音に注意して話すこと。</td><td>イ　相手を見て話したり聞いたりするとともに，言葉の抑揚や強弱，[3]などに注意して話すこと。</td><td>イ　話し言葉と書き言葉との違いに気付くこと。</td></tr>
<tr><td>ウ　長音，拗音，促音，撥音などの表記，助詞の「は」，「へ」及び「を」の使い方，[4]の打ち方，かぎ（「　」）の使い方を理解して文や文章の中で使うこと。また，平仮名及び片仮名を読み，書くとともに，片仮名で書く語の種類を知り，文や文章の中で使うこと。</td><td>ウ　漢字と仮名を用いた表記，送り仮名の付け方，改行の仕方を理解して文や文章の中で使うとともに，[4]を適切に打つこと。また，第3学年においては，日常使われている簡単な単語について，[5]で表記されたものを読み，[5]で書くこと。</td><td>ウ　文や文章の中で漢字と仮名を適切に使い分けるとともに，送り仮名や仮名遣いに注意して正しく書くこと。</td></tr>
<tr><td>エ　第1学年においては，学年別漢字配当表の第1学年に配当されている漢字を読み，漸次書き，文や文章の中で使うこと。第2学年においては，学年別漢字配当表の第2学年までに配当されている漢字を読むこと。また，第1学年に配当されている漢字を書き，文や文章の中で使うとともに，第2学年に配当されている漢字を漸次書き，文や文章の中で使うこと。</td><td colspan="2">エ　各学年においては，学年別漢字配当表の当該学年までに配当されている漢字を読むこと。また，当該学年の前の学年までに配当されている漢字を書き，文や文章の中で使うとともに，当該学年に配当されている漢字を漸次書き，文や文章の中で使うこと。</td></tr>
</table>

オ　身近なことを表す語句の量を増し，話や文章の中で使うとともに，言葉には[2]による語句のまとまりがあることに気付き，語彙を豊かにすること。	オ　様子や行動，気持ちや[6]を表す語句の量を増し，話や文章の中で使うとともに，言葉には性質や役割による語句のまとまりがあることを理解し，語彙を豊かにすること。	オ　思考に関わる語句の量を増し，話や文章の中で使うとともに，語句と語句との関係，語句の[7]や変化について理解し，語彙を豊かにすること。また，語感や言葉の使い方に対する感覚を意識して，語や語句を使うこと。
カ　文の中における主語と述語との関係に気付くこと。	カ　主語と述語との関係，修飾と被修飾との関係，指示する語句と[8]する語句の役割，段落の役割について理解すること。	カ　文の中での語句の係り方や語順，文と文との[8]の関係，話や文章の[7]や展開，話や文章の種類とその特徴について理解すること。
キ　丁寧な言葉と普通の言葉との違いに気を付けて使うとともに，敬体で書かれた文章に慣れること。	キ　丁寧な言葉を使うとともに，敬体と常体との違いに注意しながら書くこと。	キ　日常よく使われる[9]を理解し使い慣れること。
		ク　[10]や反復などの表現の工夫に気付くこと。
ク　語のまとまりや[11]などに気を付けて音読すること。	ク　文章全体の[7]や内容の大体を意識しながら音読すること。	ケ　文章を音読したり[12]したりすること。

(2)　**話や文章に含まれている情報の扱い方に関する次の事項を身に付けることができるよう指導する。**

第1学年・第2学年	第3学年・第4学年	第5学年・第6学年
ア　共通，相違，事柄の順序など情報と情報との関係について理解すること。	ア　考えとそれを支える理由や[13]，全体と中心など情報と情報との関係について理解すること。	ア　原因と結果など情報と情報との関係について理解すること。
	イ　比較や分類の仕方，必要な語句などの書き留め方，引用の仕方や出典の示し方，[14]や事典の使い方を理解し使うこと。	イ　情報と情報との関係付けの仕方，[15]などによる語句と語句との関係の表し方を理解し使うこと。

(3) **我が国の言語文化に関する次の事項を身に付けることができるよう指導する。**

第1学年・第2学年	第3学年・第4学年	第5学年・第6学年
ア [16] や神話・伝承などの読み聞かせを聞くなどして，我が国の伝統的な言語文化に親しむこと。 イ 長く親しまれている言葉遊びを通して，言葉の豊かさに気付くこと。	ア 易しい文語調の短歌や俳句を音読したり暗唱したりするなどして，[11] や [17] に親しむこと。 イ 長い間使われてきたことわざや慣用句，[18] などの意味を知り，使うこと。	ア 親しみやすい古文や漢文，近代以降の文語調の文章を音読するなどして，[11] や [17] に親しむこと。 イ [19] について解説した文章を読んだり作品の内容の大体を知ったりすることを通して，昔の人のものの見方や感じ方を知ること。
	ウ 漢字が，へんやつくりなどから [7] されていることについて理解すること。	ウ 語句の [20] などに関心をもつとともに，時間の経過による言葉の変化や [21] による言葉の違いに気付き，共通語と方言との違いを理解すること。また，仮名及び漢字の [20]，特質などについて理解すること。
ウ 書写に関する次の事項を理解し使うこと。 (ア) 姿勢や筆記具の持ち方を正しくして書くこと。 (イ) [22] の書き方や文字の形に注意しながら，[23] に従って丁寧に書くこと。 (ウ) [22] 相互の接し方や交わり方，長短や方向などに注意して，文字を正しく書くこと。	エ 書写に関する次の事項を理解し使うこと。 (ア) 文字の組立て方を理解し，形を整えて書くこと。 (イ) 漢字や仮名の [24]，配列に注意して書くこと。 (ウ) 毛筆を使用して [22] の書き方への理解を深め，[25] などに注意して書くこと。	エ 書写に関する次の事項を理解し使うこと。 (ア) 用紙全体との関係に注意して，文字の [24] や配列などを決めるとともに，書く速さを意識して書くこと。 (イ) 毛筆を使用して，穂先の動きと [22] のつながりを意識して書くこと。 (ウ) 目的に応じて使用する筆記具を選び，その特徴を生かして書くこと。
エ 読書に親しみ，いろいろな本があることを知ること。	オ 幅広く読書に親しみ，読書が，必要な知識や情報を得ることに役立つことに気付くこと。	オ 日常的に読書に親しみ，読書が，自分の考えを広げることに役立つことに気付くこと。

〔思考力，判断力，表現力等〕

A　話すこと・聞くこと

第1学年・第2学年	第3学年・第4学年	第5学年・第6学年
ア　身近なことや[1]したことなどから話題を決め，伝え合うために必要な事柄を選ぶこと。	ア　目的を意識して，日常生活の中から話題を決め，集めた材料を比較したり[2]したりして，伝え合うために必要な事柄を選ぶこと。	ア　目的や意図に応じて，日常生活の中から話題を決め，集めた材料を[2]したり関係付けたりして，伝え合う内容を検討すること。
イ　相手に伝わるように，行動したことや[1]したことに基づいて，話す事柄の順序を考えること。	イ　相手に伝わるように，理由や事例などを挙げながら，話の中心が明確になるよう話の[3]を考えること。	イ　話の内容が明確になるように，事実と感想，意見とを区別するなど，話の[3]を考えること。
ウ　伝えたい事柄や相手に応じて，声の大きさや[4]などを工夫すること。	ウ　話の中心や話す場面を意識して，言葉の抑揚や強弱，[5]などを工夫すること。	ウ　[6]を活用するなどして，自分の考えが伝わるように表現を工夫すること。
エ　話し手が知らせたいことや自分が[7]を落とさないように集中して聞き，話の内容を捉えて感想をもつこと。	エ　必要なことを記録したり[8]したりしながら聞き，話し手が伝えたいことや自分が[7]の中心を捉え，自分の考えをもつこと。	エ　話し手の目的や自分が聞こうとする意図に応じて，話の内容を捉え，話し手の考えと比較しながら，自分の考えをまとめること。
オ　互いの話に関心をもち，相手の発言を受けて話をつなぐこと。	オ　目的や進め方を確認し，[9]などの役割を果たしながら話し合い，互いの意見の共通点や相違点に着目して，考えをまとめること。	オ　互いの立場や意図を明確にしながら[10]に話し合い，考えを広げたりまとめたりすること。

▼言語活動例

第1学年・第2学年	第3学年・第4学年	第5学年・第6学年
ア　[11]や説明，報告など伝えたいことを話したり，それらを聞いて声に出して確かめたり[12]を述べたりする活動。	ア　説明や報告など調べたことを話したり，それらを聞いたりする活動。	ア　意見や提案など自分の考えを話したり，それらを聞いたりする活動。
	イ　[8]するなどして情報を集めたり，それらを発表したりする活動。	イ　[14]などをして必要な情報を集めたり，それらを発表したりする活動。
イ　尋ねたり応答したりするなどして，少人数で話し合う活動。	ウ　互いの考えを伝えるなどして，グループや[13]で話し合う活動。	ウ　それぞれの立場から考えを伝えるなどして話し合う活動。

B　書くこと

第1学年・第2学年	第3学年・第4学年	第5学年・第6学年
ア　経験したことや想像したことなどから書くことを見付け，必要な事柄を集めたり確かめたりして，伝えたいことを[1]にすること。	ア　[2]や目的を意識して，経験したことや想像したことなどから書くことを選び，集めた材料を比較したり分類したりして，伝えたいことを[1]にすること。	ア　目的や[3]に応じて，感じたことや考えたことなどから書くことを選び，集めた材料を分類したり関係付けたりして，伝えたいことを[1]にすること。
イ　自分の思いや考えが[1]になるように，事柄の順序に沿って簡単な構成を考えること。	イ　書く内容の中心を[1]にし，内容のまとまりで段落をつくったり，段落相互の関係に注意したりして，文章の構成を考えること。	イ　筋道の通った文章となるように，文章[4]の構成や展開を考えること。
ウ　語と語や文と文との続き方に注意しながら，内容のまとまりが分かるように書き表し方を[5]すること。	ウ　自分の考えとそれを支える理由や[6]との関係を[1]にして，書き表し方を[5]すること。	ウ　目的や[3]に応じて簡単に書いたり詳しく書いたりするとともに，事実と感想，意見とを区別して書いたりするなど，自分の考えが伝わるように書き表し方を[5]すること。 エ　[7]したり，図表やグラフなどを用いたりして，自分の考えが伝わるように書き表し方を[5]すること。
エ　文章を[8]習慣を付けるとともに，間違いを正したり，語と語や文と文との続き方を確かめたりすること。	エ　間違いを正したり，[2]や目的を意識した表現になっているかを確かめたりして，文や文章を整えること。	オ　文章[4]の構成や書き表し方などに着目して，文や文章を整えること。
オ　文章に対する感想を伝え合い，自分の文章の内容や表現の[9]を見付けること。	オ　書こうとしたことが[1]になっているかなど，文章に対する感想や意見を伝え合い，自分の文章の[9]を見付けること。	カ　文章[4]の構成や展開が[1]になっているかなど，文章に対する感想や意見を伝え合い，自分の文章の[9]を見付けること。

▼言語活動例

第1学年・第2学年	第3学年・第4学年	第5学年・第6学年
ア　身近なことや経験したことを報告したり，観察したことを[10]したりするなど，見聞きしたことを書く活動。	ア　調べたことをまとめて報告するなど，事実やそれを基に考えたことを書く活動。	ア　[13]を説明したり意見を述べたりするなど，考えたことや伝えたいことを書く活動。
イ　日記や[11]を書くなど，思ったことや伝えたいことを書く活動。	イ　行事の案内やお礼の文章を書くなど，伝えたいことを[11]に書く活動。	イ　[14]や俳句をつくるなど，感じたことや想像したことを書く活動。
ウ　簡単な[12]をつくるなど，感じたことや想像したことを書く活動。	ウ　詩や[12]をつくるなど，感じたことや想像したことを書く活動。	ウ　事実や経験を基に，感じたり考えたりしたことや自分にとっての[15]について文章に書く活動。

C　読むこと

第1学年・第2学年	第3学年・第4学年	第5学年・第6学年
ア　[1]な順序や事柄の順序などを考えながら，内容の大体を捉えること。	ア　[2]の関係に着目しながら，考えとそれを支える理由や事例との関係などについて，[3]を基に捉えること。	ア　事実と感想，意見などとの関係を[3]を基に押さえ，文章全体の構成を捉えて要旨を把握すること。
イ　[4]や登場人物の[5]など，内容の大体を捉えること。	イ　登場人物の[5]や気持ちなどについて，[3]を基に捉えること。	イ　登場人物の[6]や心情などについて，描写を基に捉えること。
ウ　文章の中の重要な語や文を考えて選び出すこと。	ウ　目的を意識して，中心となる語や文を見付けて[7]すること。	ウ　目的に応じて，文章と図表などを結び付けるなどして必要な[8]を見付けたり，論の進め方について考えたりすること。
エ　[4]に着目して，登場人物の[5]を具体的に想像すること。	エ　登場人物の気持ちの変化や性格，情景について，場面の移り変わりと結び付けて具体的に想像すること。	エ　人物像や物語などの全体像を具体的に想像したり，表現の[9]を考えたりすること。
オ　文章の内容と自分の[10]とを結び付けて，感想をもつこと。	オ　文章を読んで理解したことに基づいて，感想や考えをもつこと。	オ　文章を読んで理解したことに基づいて，自分の考えをまとめること。
カ　文章を読んで感じたことや分かったことを共有すること。	カ　文章を読んで感じたことや考えたことを共有し，一人一人の感じ方などに違いがあることに気付くこと。	カ　文章を読んでまとめた意見や感想を共有し，[11]を広げること。

▼言語活動例

第1学年・第2学年	第3学年・第4学年	第5学年・第6学年
ア　事物の[12]を説明した文章などを読み，分かったことや考えたことを述べる活動。	ア　記録や報告などの文章を読み，文章の一部を引用して，分かったことや考えたことを説明したり，意見を述べたりする活動。	ア　説明や解説などの文章を比較するなどして読み，分かったことや考えたことを，話し合ったり文章にまとめたりする活動。
イ　読み聞かせを聞いたり物語などを読んだりして，内容や感想などを伝え合ったり，演じたりする活動。	イ　詩や物語などを読み，内容を説明したり，考えたことなどを伝え合ったりする活動。	イ　詩や物語，[15]などを読み，内容を説明したり，自分の生き方などについて考えたことを伝え合ったりする活動。
ウ　学校図書館などを利用し，[13]や[14]なことについて書いた本などを読み，分かったことなどを説明する活動。	ウ　学校図書館などを利用し，事典や[13]などから[8]を得て，分かったことなどをまとめて説明する活動。	ウ　学校図書館などを利用し，複数の本や[16]などを活用して，調べたり考えたりしたことを報告する活動。

3 指導計画の作成と内容の取扱い

1　指導計画の作成に当たっては，次の事項に配慮するものとする。

(1)　単元など内容や時間のまとまりを見通して，その中で育む[1]の育成に向けて，児童の主体的・対話的で深い学びの実現を図るようにすること。その際，言葉による[2]を働かせ，言語活動を通して，言葉の特徴や使い方などを理解し自分の思いや考えを深める[3]を図ること。

(2)　第2の各学年の内容の指導については，必要に応じて当該学年より前の学年において初歩的な形で取り上げたり，その後の学年で程度を高めて取り上げたりするなどして，[4]に指導すること。

(3)　第2の各学年の内容の〔知識及び技能〕に示す事項については，〔思考力，判断力，表現力等〕に示す事項の指導を通して指導することを基本とし，必要に応じて，[5]だけを取り上げて指導したり，それらをまとめて指導したりするなど，指導の効果を高めるよう工夫すること。なお，その際，第1章総則の第2の3の(2)のウの(イ)に掲げる指導を行う場合には，当該指導のねらいを明確にするとともに，単元など内容や時間のまとまりを見通して[1]が偏りなく育成されるよう計画的に指導すること。

(4)　第2の各学年の内容の〔思考力，判断力，表現力等〕の「A話すこと・聞くこと」に関する指導については，意図的，計画的に指導する機会が得られるように，第1学年及び第2学年では年間[6]単位時間程度，第3学年及び第4学年では年間[7]単位時間程度，第5学年及び第6学年では年間[8]単位時間程度を配当すること。その際，[9]のための教材を活用するなどして指導の効果を高めるよう工夫すること。

(5)　第2の各学年の内容の〔思考力，判断力，表現力等〕の「B書くこと」に関する指導については，第1学年及び第2学年では年間[10]単位時間程度，第3学年及び第4学年では年間[11]単位時間程度，第5学年及び第6学年では年間[12]単位時間程度を配当すること。その際，実際に文章を書く活動をなるべく多くすること。

(6)　第1学年及び第2学年の内容の〔知識及び技能〕の(3)のエ，第3学年及び第4学年，第5学年及び第6学年の内容の〔知識及び技能〕の(3)のオ及び各学年の内容の〔思考力，判断力，表現力等〕の「C読むこと」に関する指導については，[13]を高め，[14]において読書活動を活発に行うようにするとともに，他教科等の学習における読書の指導や[15]における指導との関連を考えて行うこと。

(7)　低学年においては，第1章総則の第2の4の(1)を踏まえ，他教科等との関連を積極的に図り，指導の効果を高めるようにするとともに，幼稚園教育要領等に示す幼児期の終わりまでに育ってほしい姿との関連を考慮すること。特に，小学校入学当初においては，[16]を中心とした合科的・関連的な指導や，[4]な時間割の設定を行うなどの工夫をすること。

(8)　言語能力の向上を図る観点から，外国語活動及び[17]など他教科等との関連を積極的に図り，指導の効果を高めるようにすること。

(9)　障害のある児童などについては，学習活動を行う場合に生じる困難さに応じた指導内容や指導方法の工夫を計画的，組織的に行うこと。

(10)　第1章総則の第1の2の(2)に示す道徳教育の目標に基づき，道徳科などとの関連を考慮しながら，第3章特別の教科道徳の第2に示す内容について，国語科の特質に応じて[18]な指導をすること。

2　第2の内容の取扱いについては，次の事項に配慮するものとする。

(1)〔知識及び技能〕に示す事項については，次のとおり取り扱うこと。

ア　日常の言語活動を振り返ることなどを通して，児童が，実際に話したり聞いたり書いたり読んだりする場面を意識できるよう指導を工夫すること。

イ　理解したり表現したりするために必要な文字や語句については，[19]や事典を利用して調べる活動を取り入れるなど，調べる習慣が身に付くようにすること。

ウ　第3学年におけるローマ字の指導に当たっては，第5章総合的な学習の時間の第3の2の(3)に示す，コンピュータで文字を入力するなどの学習の基盤として必要となる[20]の基本的な操作を習得し，児童が情報や[20]を主体的に選択し活用できるよう配慮することとの関連が図られるようにすること。

エ　漢字の指導については，次のとおり取り扱うこと。

(ア)　学年ごとに配当されている漢字は，児童の[21]に配慮しつつ，必要に応じて，当該学年以前の学年又は当該学年以降の学年において指導することもできること。

(イ)　当該学年より後の学年に配当されている漢字及びそれ以外の漢字については，[22]を付けるなど，児童の[21]に配慮しつつ提示することができること。

(ウ)　他教科等の学習において必要となる漢字については，当該教科等と関連付けて指導するなど，その確実な定着が図られるよう指導を工夫すること。

(エ)　漢字の指導においては，学年別漢字配当表に示す漢字の字体を標準とすること。

オ　各学年の(3)のア及びイに関する指導については，各学年で行い，[23]に親しめるよう配慮すること。

カ　書写の指導については，第2の内容に定めるほか，次のとおり取り扱うこと。

(ア)　文字を正しく[24]書くことができるようにするとともに，書写の能力を学習や生活に役立てる態度を育てるよう配慮すること。

(イ)　硬筆を使用する書写の指導は各学年で行うこと。

(ウ) 毛筆を使用する書写の指導は第[25]学年以上の各学年で行い，各学年年間[26]単位時間程度を配当するとともに，毛筆を使用する書写の指導は硬筆による書写の能力の[27]を養うよう指導すること。

(エ) 第1学年及び第2学年の(3)のウの(イ)の指導については，[18]に運筆する能力の向上につながるよう，指導を工夫すること。

(2) 第2の内容の指導に当たっては，児童がコンピュータや[28]を積極的に活用する機会を設けるなどして，指導の効果を高めるよう工夫すること。

(3) 第2の内容の指導に当たっては，[15]などを目的をもって計画的に利用しその機能の活用を図るようにすること。その際，本などの種類や配置，[29]について指導するなど，児童が必要な本などを選ぶことができるよう配慮すること。なお，児童が読む図書については，[30]のため偏りがないよう配慮して選定すること。

3 教材については，次の事項に留意するものとする。

(1) 教材は，第2の各学年の目標及び内容に示す[1]を[31]養うことや読書に親しむ態度の育成を通して読書習慣を形成することをねらいとし，児童の発達の段階に即して[18]な話題や題材を精選して[32]に取り上げること。また，第2の各学年の内容の〔思考力，判断力，表現力等〕の「A話すこと・聞くこと」，「B書くこと」及び「C読むこと」のそれぞれに掲げる言語活動が十分行われるよう教材を選定すること。

(2) 教材は，次のような観点に配慮して取り上げること。

ア 国語に対する関心を高め，国語を[33]する態度を育てるのに役立つこと。

イ 伝え合う力，思考力や想像力及び[34]を養うのに役立つこと。

ウ 公正かつ[18]に判断する能力や態度を育てるのに役立つこと。

エ 科学的，[35]に物事を捉え考察し，視野を広げるのに役立つこと。

オ 生活を明るくし，強く正しく生きる意志を育てるのに役立つこと。

カ [36]を[33]し，他人を思いやる心を育てるのに役立つこと。

キ 自然を愛し，美しいものに感動する心を育てるのに役立つこと。

ク 我が国の伝統と文化に対する理解と愛情を育てるのに役立つこと。

ケ 日本人としての[37]をもって国を愛し，国家，社会の発展を願う態度を育てるのに役立つこと。

コ 世界の風土や文化などを理解し，[38]の精神を養うのに役立つこと。

(3) 第2の各学年の内容の〔思考力，判断力，表現力等〕の「C読むこと」の教材については，各学年で説明的な文章や[39]な文章などの文章の種類を[32]に取り扱うこと。また，説明的な文章については，適宜，図表や[40]などを含むものを取り上げること。

2 漢字と語句

重要度 A

ここが要点

漢字の読み書きに関する問題が圧倒的に多い。日頃から正しく読み，正しく書くようにすることが大切である。部首名や筆順，四字熟語，ことわざ・慣用句，故事成語などについては，ここで挙げているものを中心に学習し得点源としよう。

1 漢字の基本

(1) **漢字の成り立ち**

・[1]文字…物の形や様子を描いた絵文字を略したもの。 例 [3]

・指事文字…形で表せない数や位置などの事柄を，記号や図形で表したもの。 例 [4]

・会意文字…2つ以上の文字を組み合わせて，新しい意味を示したもの。 例 [5]

・[2]文字…意味を表す文字と，音を表す文字とを合わせたもの。 例 [6]

【問】次の漢字を，上の例の空欄に2つずつあてはめよ。

林，月，上，時，明，泳，車，中

(2) **漢字の読み**

・音読み…音＋音 例 [8]

・訓読み…訓＋訓 例 [9]

・[7]読み…音＋訓 例 [10]

・湯桶読み…訓＋音 例 [11]

【問】次の熟語を，上の例の空欄に2つずつあてはめよ。

素顔，教育，面影，人間，荷物，昔話，指図，座敷

(3) **同訓異字**

おさめる
- 封筒に[12]める
- 月謝を[13]める
- 国を[14]める
- 学業を[15]める

はかる
- 記録を[16]る
- 解決を[17]る
- 身長を[18]る
- 目方を[19]る

とく
- 疑いを[20]く
- 絵の具を[21]く
- 教えを[22]く

うつす
- 住居を[23]す
- 文章を[24]す
- 鏡に[25]す

あつい
- [26]い夜
- [27]い湯
- [28]い板

つとめる
- 実現に[29]める
- 会社に[30]める
- 委員長を[31]める

2 部首と筆順

(1) **主な部首**

【問】次の漢字の部首名を答えよ。

へん	防：[1]	性：[2]	残：[3]	複：[4]
つくり	雑：[5]	敗：[6]	段：[7]	別：[8]
かんむり	写：[9]	登：[10]	空：[11]	蒸：[12]
あし	先：[13]	盛：[14]	熟：[15]	慕：[16]
たれ	応：[17]	病：[18]	原：[19]	屈：[20]
にょう	起：[21]	近：[22]	建：[23]	
かまえ	間：[24]	区：[25]	街：[26]	包：[27]

(2) **誤りやすい筆順**

【問】次の漢字で青い部分は何画目か。

左	[28]	何	[32]	長	[36]	発	[40]	情	[44]
以	[29]	別	[33]	馬	[37]	飛	[41]	衆	[45]
必	[30]	波	[34]	拒	[38]	武	[42]	報	[46]
成	[31]	非	[35]	狂	[39]	部	[43]	粛	[47]

3 熟語の基本

(1) **同音異義語**

コウセイ
- 論文の [1] を考える
- 非行少年を [2] させる
- [3] に伝える
- 文章を [4] する

タイショウ
- 研究の [5] を決める
- 左右 [6] のデザイン
- [7] 療法を行う
- [8] 的な意見

ツイキュウ
- 責任を [9] する
- 真理を [10] する
- 利益を [11] する

ホショウ
- 生活を [12] する
- 人柄を [13] する
- 損害を [14] する

カイホウ
- 人質を [15] する
- 病人を [16] する
- 一般に [17] する

カクシン
- 事件の [18] にふれる
- 成功を [19] する
- [20] 的な政党

セイサン
- 経費を [21] する
- 借金を [22] する
- 勝利の [23] がある
- 物を [24] する

タイセイ
- 政治 [25] を変える
- 受け入れ [26] を整える
- 得意の [27] に持ち込む
- [28] に影響はない

(2) **対義語**

一般⟺ [29]	延長⟺短縮	過失⟺ [30]
開放⟺閉鎖	感情⟺ [31]	義務⟺ [32]
具体⟺ [33]	形式⟺ [34]	原因⟺ [35]
現実⟺ [36]	肯定⟺否定	主観⟺ [37]
人工⟺自然	慎重⟺ [38]	創造⟺模倣
相対⟺ [39]	単純⟺複雑	必然⟺ [40]
敏感⟺鈍感	不易⟺ [41]	分析⟺ [42]

4 三字熟語

[1]	うちょうてん	うまくいった喜びで夢中になっていること
[2]	きちょうめん	物事をきちんとしていい加減にしないこと
試金石	[3]	物の価値や人の力量などをはかる基準となる物事
真骨頂	[4]	そのものが本来もっている姿
[5]	ぜんごさく	うまく後始末をつけるための方策
[6]	だいごみ	物事の本当のおもしろさ。深い味わい
不如意	[7]	思うままにならないこと。特に経済状態が苦しいこと
未曾有	[8]	歴史上，今まで一度も起こったことがないこと

5 四字熟語

曖昧模糊	1	内容がはっきりせず，あやふやなこと
2	あんちゅうもさく	何の手がかかりもなく探し回ること
3	いくどうおん	多くの人が口をそろえて同じことを言うこと
4	いしんでんしん	口に出して言わなくとも，気持ちが通じること
一日千秋	5	待ち遠しく思うこと
6	いちもうだじん	一度に全部捕らえること
一目瞭然	7	一目見ただけではっきりとわかるさま
8	いっきいちゆう	状況が変わるたび喜んだり悲しんだりすること
一挙両得	いっきょりょうとく	一つの行動で同時に二つの利益を得ること
9	いっしょくそくはつ	危機に直面していること
一心不乱	いっしんふらん	一つのことに集中して心が乱れないこと
10	いっちょういっせき	わずかな時間のこと
一刀両断	いっとうりょうだん	思い切って物事を処理すること
11	いみしんちょう	表面上の意味の他に深い意味を含んでいること
因果応報	いんがおうほう	過去・前世の行為に応じて，現世で報いがあること
12	ういてんぺん	世の中が常に移り変わること
栄枯盛衰	えいこせいすい	盛んになったり衰えたりすること
外柔内剛	13	外見はもの柔らかだが，心の中はしっかりしていること
我田引水	がでんいんすい	14
夏炉冬扇	かろとうせん	夏の火鉢，冬の扇のように，時節に合わない無用の物のこと
15	ききいっぱつ	髪の毛ひとすじの違いで助かるかどうかという危険な状態
起承転結	きしょうてんけつ	漢詩や文章などの組み立て・構成
奇想天外	きそうてんがい	まったく思いもよらないような奇抜なこと
16	きょきょじつじつ	わざを尽くし，策略をめぐらして戦うこと
虚心坦懐	きょしんたんかい	心にわだかまりがなく，気持ちが落ち着いていること
空前絶後	くうぜんぜつご	17
18	こうがんむち	あつかましく，恥知らずなこと
巧言令色	こうげんれいしょく	言葉を飾り心にもなく顔色をつくろうこと
公明正大	こうめいせいだい	考えが正しく，堂々としていること
孤立無援	こりつむえん	助けが得られず，一人になること
19	ごんごどうだん	言葉で言い表せないほどひどいこと。もってのほか
三寒四温	20	寒い日が三日，暖かい日が四日とくり返し続く冬の天候
山紫水明	さんしすいめい	自然の景色が清く美しいこと
山川草木	さんせんそうもく	風景や自然
21	じがじさん	自分で自分のことをほめること
22	しこうさくご	失敗を重ねて正しいものに近づこうとすること
自業自得	じごうじとく	自分の行いの報いを受けること
23	しつじつごうけん	飾り気がなくまじめで心がしっかりしていること
縦横無尽	じゅうおうむじん	思う通りに自由にすること
24	しゅびいっかん	始めから終わりまで，筋が通っていること

支離滅裂	しりめつれつ	25
26	しんきいってん	あるきっかけで気持ちを切りかえること
信賞必罰	しんしょうひつばつ	功績のある者には必ず賞を与え罪のある者は必ず罰すること
27	しんしょうぼうだい	針ほどの小さいことを棒ほどに大きく言うこと。おおげさ
森羅万象	28	宇宙間のあらゆる物事や現象
晴耕雨読	せいこううどく	田園で静かに暮らすさま。自由な身の上
是是非非	ぜぜひひ	よいことはよい，悪いことは悪いと公平に判断すること
29	ぜったいぜつめい	どうすることもできない困難な状態
30	せんざいいちぐう	たいへん恵まれた機会
千差万別	せんさばんべつ	それぞれに違っていること
31	ぜんだいみもん	今までに聞いたこともないような非常に珍しいこと
千変万化	せんぺんばんか	32
大言壮語	たいげんそうご	実力以上に大きなことを言うこと
単刀直入	たんとうちょくにゅう	前置きせず直接本論に入ること
33	ちょうれいぼかい	命令や法などがたえず変わり，一定しないこと
直情径行	34	気がねなく，自分の思う通りに言ったり行動したりすること
沈思黙考	ちんしもっこう	黙ってじっくりと深く物事を考え込むこと
35	てっとうてつび	始めから終わりまで
36	てんいむほう	純真そのもので無邪気にふるまうこと
天地無用	てんちむよう	荷物の上下を逆にしてはいけないこと
独断専行	どくだんせんこう	物事を独断で勝手に推し進めること
37	ないゆうがいかん	内外ともに心配ごとがあること
日進月歩	にっしんげっぽ	38
二律背反	にりつはいはん	同じ程度に正しい二つの命題が矛盾して，両立しないこと
馬耳東風	ばじとうふう	人の意見や批評などを気にとめず聞き流すこと
半信半疑	はんしんはんぎ	うそか本当か決めかねて迷っている様子
風光明媚	39	自然の眺めが優れて美しいこと
不易流行	ふえきりゅうこう	根本は変わらず，表面は時代とともに変わること
不即不離	ふそくふり	つかず離れずの関係のこと
40	ふわらいどう	自分のしっかりした考えがなく，他人の意見に同調すること
41	ふんこつさいしん	力の限り努力すること
傍若無人	ぼうじゃくぶじん	人のことなどまるで気にかけず，自分勝手にふるまうこと
無我夢中	むがむちゅう	我を忘れて一つのことに熱中すること
無味乾燥	むみかんそう	感じるものがなく興味がわかないこと
42	ゆいがどくそん	自分だけが優れていると，うぬぼれること
優柔不断	ゆうじゅうふだん	43
44	よういしゅうとう	用意が十分に整い，手ぬかりがないこと
45	りろせいぜん	道理にきちんとあてはまっているさま
臨機応変	りんきおうへん	状況に応じて適した方法や手段をとること
老若男女	46	老人も若者も男も女も。すべての人

6 ことわざ・慣用句

[1] に塩	元気がない様子のたとえ
虻蜂とらず	あれこれ欲張って結局手に入らないこと ⇔一挙両得，一石二鳥
石の上にも三年	じっと辛抱していれば，いつかは必ず報われること ＝待てば [2] の日和あり
石橋をたたいて渡る	失敗しないように，用心に用心を重ねること ＝転ばぬ先の杖，念には念を入れよ
馬の耳に [3]	いくら言って聞かせても効き目がないこと ＝馬耳東風
枯れ木も山のにぎわい	つまらぬ物もないよりはましであること
気が置けない	気をつかう必要がなく，気楽につきあえること
木に竹を接ぐ	条理が通らないこと，物事が不調和なことのたとえ
[4] 矢のごとし	月日の経つのが早いこと＝歳月人を待たず
弘法にも筆の誤り	熟達した人も時には失敗することのたとえ ＝ [5] の川流れ，猿も木から落ちる
紺屋の白袴	専門としていることについて，それが自分の身に及ぶ場合には案外おろそかになること ＝医者の不養生
袖振り合うも [6] の縁	ちょっとした出会いも，前世の因縁によること
立て板に [7]	よどみなく，すらすらと話すこと
提灯に釣り鐘	つりあいの取れないこと ＝月とすっぽん
月夜に提灯	不必要なことのたとえ ＝無用の [8] ，蛇足
当を [9]	道理にかなっていて適切であること
流れに棹さす	流れに棹をさして水の勢いに乗るように，物事が思い通りに進行すること
泣きっ面に蜂	よくない時にさらに悪いことが重なること ＝弱り目にたたり目
情けは人のためならず	人に親切にしておけば，いつかは自分によい報いがあること
猫に小判	価値あるものも，持つ人によっては役に立たないこと ＝豚に真珠
暖簾に腕押し	効き目や手応えがないこと ＝糠に釘， [10] にかすがい
花より団子	見栄えや名誉よりも実益を選ぶこと
ひょうたんから駒が出る	思いもよらない結果になること
仏の顔も三度	何度もひどいことをされればおとなしい人でも怒ること
的を [11]	うまく要点をつかむこと
身から出た錆	自分の犯した悪行の結果として自分自身が苦しむこと ＝自業自得
役不足	能力に対して役目などが [12] すぎること
焼け石に水	わずかな援助では効果が上がらないこと
[13] は口に苦し	よい忠告の言葉は聞くのがつらいが，身のためになるというたとえ
[14] より証拠	論議するよりも証拠を示す方が真実ははっきりすること

7 故事成語

[1]〔おんこちしん〕	古い事柄や学説を研究し，そこから新しい知識や方法を見出すこと
臥薪嘗胆〔がしんしょうたん〕	達成したいことを常に心に思って辛苦すること
[2]〔がりょうてんせい〕	最後の肝心な仕上げをすること
完璧〔かんぺき〕	一つも欠点がなく，完全なこと
[3]〔ぎしんあんき〕	一度疑い出すと，何でもないことまで怪しく見えること
杞憂〔きゆう〕	しても仕方のない心配，とりこし苦労をすること
捲土重来〔[4]〕	一度敗れた人が，また勢いを盛り返してくること
[5]〔ごえつどうしゅう〕	仲の悪い者同士が同じ所に居合わせること
五十歩百歩〔ごじっぽひゃっぽ〕	本質的には大きな差のないこと
[6]〔ごりむちゅう〕	物事に迷って判断や方針がつかないこと
塞翁が馬〔さいおうがうま〕	人生の幸，不幸は予測できないものであるということ（＝禍福はあざなえる縄のごとし）
[7]〔しめんそか〕	周囲がみな敵で孤立してしまうこと。孤立無援な様子
守株〔[8]〕	いつまでも旧習にとらわれて時代の流れに対応しないこと（＝株を守りて兎を待つ，株を守る）
出藍の誉れ〔しゅつらんのほまれ〕	弟子がよく勉強してその師より優れたものになること（＝青は藍より出でて藍より青し）
春秋に富む〔しゅんじゅうにとむ〕	若くて，将来が希望に満ちていること
推敲〔すいこう〕	詩文の字句を何度も練り直すこと
[9]〔せっさたくま〕	優れた集団の中で互いに刺激し合い，学問や人格の向上に励むこと
[10]〔たいきばんせい〕	大物は年をとってから大成するということ
他山の石〔たざんのいし〕	他人のとるに足らない言動でも，自分の向上の助けになること
蛇足〔だそく〕	無駄な行為。余計な付けたし
[11]〔ちょうさんぼし〕	口先で人をごまかすこと。見かけの違いにごまかされても結果は同じであること
南船北馬〔なんせんほくば〕	絶えずあちこち旅行すること
背水の陣〔はいすいのじん〕	決死の覚悟で事にあたること
[12]盆に返らず〔ふくすいぼんにかえらず〕	一度してしまったことは，取り返しがつかないということ
矛盾〔むじゅん〕	前後のつじつまの合わないこと
[13]〔めいきょうしすい〕	心に何のわだかまりもなく，澄みきっているさま
羊頭狗肉〔ようとうくにく〕	見かけだけ立派で中身が伴わないこと
[14]〔りゅうとうだび〕	最初は勢いが盛んだが，最後は勢いがふるわないこと

3 文法・敬語・文学史

重要度 C

ここが要点 いずれの分野についても，一般的な知識の範囲での出題がほとんどなので，基本的な事項をしっかり理解しておくようにしよう。文法は品詞の分類と用法の見分け方，敬語は正しい使い方，文学史は作品と作者の組み合わせを把握しておくこと。

1 文法

(1) **品詞の種類**

- 単語
  - 自立語
    - 活用する 述語になる（用言）── 終止形語尾
      - ウ段の音…………動　詞：買う・投げる
      - 「い」……………… 1 詞：白い・楽しい
      - 「だ・です」……… 2 詞：元気だ（です）
    - 活用しない
      - 主語になる（体言）
        - 名　詞：鳥・川・日本
        - 代名詞：これ・あなた
      - 修飾語になる
        - 主に用言を修飾 ── 3 詞：ふと・とても
        - 体言だけを修飾 ── 4 詞：あの・大きな
      - 接続語だけになる ── 接続詞：でも・だから
      - 独立語だけになる ── 感動詞：はい・あらっ
  - 付属語
    - 活用する ── 助動詞：山だ・行こう
    - 活用しない ── 助　詞：母が・家から

【問】　次の下線部の品詞名を答えよ。

① 真っ赤な夕日が沈む。　[5]詞
② トマトが大きく育った。　[6]詞
③ 少し寒くなってきた。　[7]詞
④ 大きな大会が開かれた。　[8]詞
⑤ 暖かな日が続いている。　[9]詞

(2) **品詞の識別**

【問】　次の各文の下線部の品詞の種類をそれぞれ下の語群から選べ。

〈「で」の識別〉

① 練習で忙しい。　[10]
② 夜は静かで暗い。　[11]
③ 母は本を読んでいる。　[12]
④ あれは松で，それは桜だ。　[13]

ア．接続助詞　イ．形容動詞の活用語尾
ウ．格助詞　エ．助動詞

〈「に」の識別〉

① どこに落としたのかわからない。　[14]
② 遠いのに行った。　[15]
③ 塩水が真水にかわる。　[16]
④ 教室では静かにする。　[17]

ア．場所を示す格助詞　イ．作用の結果を示す格助詞
ウ．接続助詞の一部　エ．形容動詞の活用語尾

〈「と」の識別〉

① 子どもとは思えない力だ。　[18]
② クラスの仲間とサッカーをする。　[19]
③ じっと止まったままだ。　[20]
④ 春になると暖かい。　[21]

ア．接続助詞　イ．相手を示す格助詞
ウ．副詞の一部　エ．引用を示す格助詞

〈「ない」の識別〉

① 必ずしも正しいとはいえない。 [22]

② 虫の命ははかない。 [23]

③ 砂漠には水がない。 [24]

④ 今日は楽しくない。 [25]

ア．形容詞　イ．形容詞の一部　ウ．助動詞

〈「だ」の識別〉

① 先週この本を読んだ。 [26]

② 笑顔がさわやかだ。 [27]

③ 私が描いた絵だ。 [28]

④ 見るからに強そうだ。 [29]

ア．完了の助動詞　イ．断定の助動詞

ウ．形容動詞の活用語尾　エ．様態の助動詞の一部

2 敬語

(1) 敬語の用法

【問】 次の下線部を正しい敬語になおせ。

① 私は夕食を召し上がる。 [1]

② 校長先生が展覧会を拝見する。 [2]

③ 両親は，まだお帰りになりません。 [3]

④ 社長は，三時にお戻りになります。 [4]

⑤ 先生が申されたことに賛成します。 [5]

3 文学史

(1) 三大和歌集

	[1]	古今和歌集	新古今和歌集
成立	8世紀（奈良）	10世紀（平安初期）	13世紀（鎌倉初期）
編者・撰者	大伴家持らといわれる	[2] ら	[3] ら
主な歌人	柿本人麻呂，山部赤人，山上憶良，額田王　ほか	在原業平，小野小町などの六歌仙　ほか	西行，式子内親王，慈円　ほか
歌風	「ますらをぶり」の五七調が多く，力強く素朴	「たをやめぶり」の七五調が多く，優美で繊細	七五調が中心。感覚的で幻想的
特色	現存する最古の和歌集。天皇から，防人，農民まであらゆる階層の歌約4,500首を収録	醍醐天皇の勅命により作られた，最初の勅撰和歌集	後鳥羽院の院宣により作られた，第 [4] 番目の勅撰和歌集

※ [1] は勅撰和歌集には含まれない。

(2) 中古・中世（平安時代～鎌倉時代）

分類	作品名	作者名	成立	特　色
物語	[5]	——	平安初期	作り物語。現存する最古の物語
	伊勢物語	——	平安初期	歌物語。在原業平の一代記風構成
	源氏物語	[6]	平安中期	作り物語。貴族社会の恋愛諸相を描写
	今昔物語集	——	平安後期	説話集。のちの説話文学に影響を与えた。

物語	大鏡	——	平安後期	歴史物語。藤原氏繁栄の由来を記す
	7	——	鎌倉後期	軍記物語。源平合戦を題材とする
	太平記	——	室町初期	軍記物語。鎌倉滅亡～室町幕府初期
日記	土佐日記	8	平安初期	紀行文。仮名文学の先駆け
	蜻蛉日記	藤原道綱母	平安中期	最初の女流日記。結婚生活における苦悩の告白
	9	菅原孝標女	平安中期	少女期から老境に至るまでを回想的に記述
随筆	枕草子	10	平安中期	現存する最古の随筆。女性的な和文体
	11	鴨長明	鎌倉初期	中世的無常観に基づく
	徒然草	12	鎌倉末期	独自の無常観に基づく

(3)　**近世（江戸時代）**

分類	作者名	作品名
俳諧紀行文	13	奥の細道，野ざらし紀行，笈の小文
浮世草子	14	好色一代男，日本永代蔵，世間胸算用
浄瑠璃	15	国性爺合戦，曽根崎心中
読本	16	南総里見八犬伝
滑稽本	17	東海道中膝栗毛
	式亭三馬	浮世風呂

(4)　**近代（明治時代～昭和時代）**

時代	分類	作者名	主な作品
明治時代	写実主義	坪内逍遙	小説神髄
		18	浮雲，あひびき・めぐりあひ（翻訳）
	擬古典主義	幸田露伴	五重塔
		19	金色夜叉
	浪漫主義	20	たけくらべ，にごりえ
		国木田独歩	武蔵野
	自然主義	21	破戒，夜明け前
		田山花袋	蒲団，田舎教師
	余裕派（高踏派）	22	舞姫，山椒大夫，雁，阿部一族，高瀬舟
		23	吾輩は猫である，坊っちゃん，草枕，三四郎，それから，門，こころ，道草，明暗
	耽美派	永井荷風	あめりか物語，ふらんす物語，すみだ川
		24	刺青，春琴抄，細雪
	白樺派	武者小路実篤	お目出たき人，友情，真理先生
大正～昭和時代		25	城の崎にて，小僧の神様，暗夜行路
		有島武郎	生まれ出づる悩み，或る女，カインの末裔
	新思潮派（新現実主義）	26	鼻，羅生門，河童，蜘蛛の糸，地獄変，杜子春
		菊池寛	恩讐の彼方に，父帰る，真珠婦人
	プロレタリア文学	小林多喜二	蟹工船
		徳永直	太陽のない街
	新感覚派	27	伊豆の踊子，雪国，古都
	新興芸術派	28	山椒魚，ジョン万次郎漂流記，黒い雨
		梶井基次郎	檸檬
	新心理主義	堀辰雄	聖家族，風立ちぬ，菜穂子
	無頼派	29	走れメロス，斜陽，人間失格，津軽
		坂口安吾	堕落論，白痴

大正～昭和時代	戦後派	30	仮面の告白，潮騒，金閣寺
		安部公房	壁，砂の女，燃えつきた地図
	第三の新人	安岡章太郎	悪い仲間，陰気な愉しみ，海辺の光景
		31	白い人，沈黙，海と毒薬
	中間小説	32	しろばんば，あすなろ物語，天平の甍，敦煌
	新世代の文学	33	太陽の季節
		開高健	裸の王様，輝ける闇，パニック
		34	死者の奢り，飼育，万延元年のフットボール
		北杜夫	夜と霧の隅で，楡家の人びと
	劇文学	35	夕鶴

(5) **詩**

時代	分類	作者名	主な作品・その他
明治	浪漫詩	36	詩集『若菜集(初恋ほか)』
		土井晩翠	詩集『天地有情』
	象徴詩	上田敏	訳詩集『海潮音』
		37	詩集『邪宗門』『水墨集(落葉松ほか)』
		三木露風	詩集『廃園』『白き手の猟人』
大正	口語自由詩	38	詩集『道程』『智恵子抄(レモン哀歌ほか)』
		萩原朔太郎	詩集『月に吠える』『青猫』
		宮沢賢治	詩集『春と修羅』
昭和	四季派	39	詩集『測量船』
		中原中也	詩集『山羊の歌』『在りし日の歌』
	歴程派	草野心平	詩集『第百階級』『蛙』

(6) **近代短歌**

時代	分類	作者名	主な作品・その他
明治	明星派	与謝野鉄幹	新詩社を結成，雑誌「 40 」創刊
	(浪漫派)	41	歌集『みだれ髪』
	根岸派	42	歌論『歌よみに与ふる書』，根岸短歌会を組織
	自然派	若山牧水	歌集『別離』『海の声』
		43	歌集『一握の砂』『悲しき玩具』
	耽美派	北原白秋	歌集『桐の花』
大正	アララギ派	伊藤左千夫	雑誌「アララギ」創刊に参加
		44	歌集『赤光』『あらたま』

(7) **近代俳句**

時代	分類	作者名	主な作品・その他
明治	日本派	正岡子規	俳誌「ホトトギス」顧問
	新傾向俳句	河東碧梧桐	新傾向俳句の運動を推進
大正	自由律俳句	種田山頭火	句集『草木塔』
	ホトトギス派(定型律俳句)	45	俳誌「ホトトギス」主宰，句集『虚子句集』
昭和	新興俳句運動	46	俳誌「馬酔木」創刊，句集『葛飾』
		山口誓子	俳誌「天狼」創刊，句集『凍港』
	人間探求派	47	俳誌「万緑」創刊，句集『長子』『火の鳥』

4 読解

重要度 A

ここが要点 現代文の読解は必須。空欄を補充する問題，指示内容を説明する問題，心情の読み取り問題といったものが多い。詩や短歌・俳句については，基本的な事項を押さえ，俳句については，主な作者とその各作品の季語を確認しておこう。

1 現代文

(1) 空欄補充問題

下の語群から［　］に適する語を選んで入れよ。

速く読むということは一見能率的のように思えるが、結局は損をすることになる。私も必要に迫られて急いで読まざるを得ないことがある。［ 1 ］，急いで読んだ本に限って，あとに何も残っていない。［ 2 ］，もう一度読み直さなければならないことになる。［ 3 ］，改めてゆっくり読み直してみると，最初に読み飛ばしたそんな読書が何の意味も持っていないどころか，全く読み違えていたことに驚くのである。［ 4 ］，速読よりは読まないほうがましである。［ 5 ］，誤解は無知よりも有害だからである。

〈森本哲郎『遅読術』〉

［語群］　そして　　ところが　　こうなると　　なぜなら　　そこで

ポイント・アドバイス

空欄補充問題の解き方の原則

1. 前後の内容から判断する
2. 選択肢がある場合，選択肢を全部見る
3. 選択肢がある場合，確実なところから埋める

(2) 指示内容を問う問題

次の文を読み，各問いに答えよ。

ことばを使って話しあっていくとき，そのあいだ㋐に，ことばという伝達手段ではあまりにおおまかで，ぎこちなくて，うまく自分の心を表現できないことがある。ⓐそれは，なにかもっと恰好なことばをさがしだして組みたてればそれでうまくゆく，といったことがらではない。ことばという，もともとぎこちなく枠でかこった伝達手段のほか㋑に，「言外」の心の伝達というものが，ことばの間㋒に挿入されるというと，双方の交流がずっとゆたか㋓になる。沈黙しあう瞬間において，わたくしたちはもっとも完全に浸透しあえるのである。しゃべりあいの方は，ちがう。宴会の席をおもいうかべると，いちばんよくわかる。宴会の席は影をつくらぬ白々としたあかるさで照らしだされ，人々はそつなく屈託なく，そして絶え間なく動きまわり，しゃべりまわり，無数のことばが発射されつづける。そしてこのにぎやかな空間は，［ b ］空間としては真空的にしずまりかえり，物音ひとつしない。そつなくつるつると動きまわっているとみえた群衆は，ひとりひとり透明なガラスの服ですっぽりつつまれてとじこめられ，はなればなれである。そしてみな必死になって，この真空の空間から脱出しようともがいている。「現代の孤独」といわれるものは，ⓒこの種の生存様式と見てよい。

〈島崎敏樹『陽気な現代』〉

【問】
① 下線部ⓐの「それ」が示す内容は何か。文中から 10 字以内で抜き出して答えよ。
［ 6 ］
② ［ b ］に入る語として適切なものを次から選べ。［ 7 ］
物理的　　主観的　　客観的　　心理的　　個人的
③ 下線部ⓒの「この種の生存様式」とはどういうものか。50字程度で説明せよ。［ 8 ］
④ 波線部㋐～㋓のうち，用法の異なるものを選べ。［ 9 ］

ポイント・アドバイス

指示内容の捉え方の原則

1. 実体を予測する
2. 順番に前に戻る（後ろにある場合もあり）
3. 置き換えて確認する
4. わかりやすく整理する

(3) 心情の読み取り問題

次の文を読み，各問いに答えよ。

「もちがあるよ。」たけは，小屋のすみに片付けられてある重箱に手を掛けた。

「いいんだ。食いたくないんだ。」

たけは軽くうなずいてそれ以上勧めようともせず，

「ⓐもちのほうでないんだものな。」と小声で言ってほほえんだ。三十年近く互いに消息がなくても，私の酒飲みをちゃんと察しているようである。不思議なものだ。私がにやにやしていたら，ⓑたけは眉をひそめ，

「煙草も飲むのう。さっきから，たて続けにふかしている。たけは，おまえに本を読むことだば教えたけれども，煙草だの酒だのは，教えねきゃのう。」と言った。油断大敵の例である。ⓒ私は笑いを納めた。

〈太宰治『津軽』〉

【問】 ① 下線部ⓐの「もちのほうで…」というのはどういう意味か。

[10]

② 下線部ⓑで，なぜ「たけは眉をひそめ」たのか，説明せよ。

[11]

③ 下線部ⓒで「私は笑いを納めた」のはなぜか説明せよ。

[12]

(4) 総合的な問題

次の文を読み，各問いに答えよ。

「社会」というのは，複数の人の集まりという単純な㋐テイギ以上のものではない。それ以上の意味は，人の作り出した観念だということだ。複数の人が集まれば，複数の観念が集まり，㋑コンゴウし，㋒キソい合って，その中で最も支配的な観念，[a]最も多くの人がそう思い込む観念が，その集団を支配することになる。これが言わば「時代」というものだけれど，これも人々が自分で作り出している観念であることに変わりはない。「社会の動き」とは，[a]「観念の動き」であると見る㋓シュウカンを身につけよう。目に見えるものに捉われず，目に見えないものを捉えることが，だんだんできるようになるはずだ。「社会」とはちょっと違ったニュアンスで使われる「世間」という言葉がある。そうだな，君が言うなら，「みんな言ってるよ」「みんなやってるよ」というあの「みんな」のニュアンスかな。さて，[b]，「みんな」って誰のことだろう。みんなが言ってるやってることが，君の言うことやることにならなければならない理由はないよね。みんなが思い込んでいるだけの[A]を，ひとつひとつ正確に見抜いてゆけるようになろう。

〈池田晶子『14歳からの哲学―考えるための教科書―』〉

【問】 ① 空欄Aにあてはまる語句を次から選べ。[13]

ア．世間体　　イ．常識　　ウ．社会通念　　エ．時代認識

② 空欄a・bに適する語句を次から選べ。a[14]・b[15]

ア．つまり　　イ．そして　　ウ．でも　　エ．あるいは

③ 下線部㋐～㋓を漢字に直せ。

㋐[16]　㋑[17]　㋒[18]　㋓[19]

④ 文章を3つの段落に分けるとき，1段落目と2段落目の最後の6字を抜き出せ（句読点を含む）。

1段落目[20]　2段落目[21]

ポイント・アドバイス

小説や小説的随筆における心情の読み取りでは，叙述（状況・言動）から好悪や愛憎などを推測することがポイントになる。

2 近代詩

詩の読解

次の金子みすゞの詩を読み，各問いに答えよ。

(Ⅰ) ひとりになった
一人になった。
むしろの上は［　　］。

(Ⅱ) 私は知らない
あの子が先よ。
だけどもだけども，［　　］。

(Ⅲ) お人形さんも
ひとりになった。
お人形抱いても，［　　］。

(Ⅳ) あんずの花が
ほろほろほろり。
むしろの上は［　　］。

【問】 ① この詩の形式を次から選べ。［1］
ア．口語自由詩　イ．口語定型詩　ウ．文語自由詩
エ．文語定型詩

② ［　　］に入る語として最も適切なものを次から選べ。［2］
ア．たのしいな　イ．せつないな　ウ．さみしいな
エ．かなしいな

③ この詩の題名として最も適切なものを次から選べ。［3］
ア．おともだち　イ．おままごと　ウ．独りの春
エ．喧嘩のあと

④ この詩の心情を盛り上げるのに効果的に使われている技法は何か，漢字で答えよ。［4］

3 近代短歌

A	髪五尺ときなば水にやはらかき少女ごころは秘めて放たじ 海恋し潮の遠鳴りかぞへては少女となりし父母の家 金色のちひさき鳥のかたちして銀杏ちるなり夕日の岡に
B	瓶にさす藤の花ぶさみじかければたたみの上にとどかざりけり くれなゐの二尺伸びたる薔薇の芽の針やはらかに春雨のふる いちはつの花咲きいでて我目には今年ばかりの春行かんとす
C	白鳥は哀しからずや空の青海のあをにも染まずただよふ 幾山河越えさり行かば寂しさの終てなむ国ぞ今日も旅ゆく うらうらと照れる光にけぶりあひて咲きしづもれる山ざくら花
D	はたらけどはたらけど猶わが生活楽にならざりぢつと手を見る かにかくに渋民村は恋しかりおもひでの山おもひでの川 やはらかに柳あをめる北上の岸辺目に見ゆ泣けとごとくに
E	あかあかと一本の道とほりたりたまきはるわが命なりけり みちのくの母のいのちを一目見ん一目見んとぞただにいそげる のど赤き玄鳥ふたつ屋梁にゐて足乳根の母は死にたまふなり

【問】 A～Eの短歌の作者及びその作者の歌集・著書をア～オから選べ。
A．作者［1］，［2］　B．作者［3］，［4］
C．作者［5］，［6］　D．作者［7］，［8］
E．作者［9］，［10］
ア．みだれ髪　イ．一握の砂　ウ．赤光　エ．別離
オ．歌よみに与ふる書

4 俳句

	俳人	俳句	季語	季節
古典俳諧	A [1]	[2] や蛙とびこむ水の音	蛙	[3]
		山路来て何やらゆかしすみれ草	すみれ草	春
		草の戸も住み替る代ぞ雛の家	雛	[4]
		閑かさや岩にしみ入る [5] の声	[5]	夏
		五月雨をあつめて早し最上川	五月雨	[6]
		荒海や佐渡によこたふ天の河	天の河	[7]
		旅に病んで夢は枯野をかけめぐる	枯野	冬
	与謝蕪村	春の海終日のたりのたりかな	春の海	春
		菜の花や月は東に日は西に	菜の花	春
		夏河を越すうれしさよ手に草履	夏河	夏
	[8]	[9] そこのけそこのけ御馬が通る	[9]	春
		雪とけて村いっぱいの子どもかな	雪とけて	春
		やれ打つな蠅が手を摺り足をする	蠅	夏
		名月を取ってくれろとなく子かな	名月	[10]
	加賀千代女	朝顔につるべとられてもらひ水	朝顔	[11]
近代俳句	正岡子規	雪残る頂一つ国境	雪残る	春
		柿くへば鐘が鳴るなり [12]	柿	秋
		いくたびも雪の深さを尋ねけり	雪	冬
	河東碧梧桐	赤い椿白い椿と落ちにけり	椿	[13]
	[14]	分け入つても分け入つても青い山	−	−
	高浜虚子	桐一葉日当りながら落ちにけり	桐一葉	[15]
		流れゆく大根の葉の早さかな	大根	冬
	水原秋桜子	啄木鳥や落葉をいそぐ牧の木々	啄木鳥	[16]
	村上鬼城	小春日や石を噛みゐる赤蜻蛉	小春日	冬
	山口誓子	流氷や宗谷の門波荒れやまず	流氷	春
		海に出て木枯帰るところなし	木枯	冬
	中村草田男	万緑の中や吾子の歯生えそむる	[17]	夏
	石田波郷	雀らも海かけて飛べ吹き流し	[18]	夏

【問】 ① 下線部の「や」「かな」「けり」は何とよばれるか。また，これはどのような働きをしているか。

呼称：[19]　　働き：[20]

② Aの作者の作品のうち，体言止めの句はいくつあるか。[21] つ

過去問に挑戦！

次の俳句の季語と季節を答えよ。

(1) 山里は万歳遅し梅の花　　松尾芭蕉
(2) 五月雨や大河を前に家二軒　　与謝蕪村
(3) 朝顔につるべとられてもらひ水　　加賀千代女

2 社会

●解答解説P250～P255

1 学習指導要領 重要度B

ここが要点 教科目標，学年目標の空欄補充問題が頻出である。また，各学年の内容については学年を答える問題，内容の取扱いについては対象や事例を選択して学習する項目に関する正誤問題が多い。いずれもキーワードを中心に確実に覚えておこう。

1 教科目標・学年目標

教科目標

社会的な見方・考え方を働かせ，課題を追究したり解決したりする活動を通して，グローバル化する[1]に主体的に生きる[2]で民主的な国家及び社会の[3]に必要な公民としての資質・能力の基礎を次のとおり育成することを目指す。

(1) 地域や我が国の国土の[4]，現代社会の仕組みや働き，地域や我が国の歴史や[5]と文化を通して[6]について理解するとともに，様々な資料や[7]を通して情報を適切に調べまとめる技能を身に付けるようにする。

(2) 社会的事象の特色や相互の関連，意味を[8]に考えたり，社会に見られる課題を把握して，その解決に向けて社会への関わり方を選択・判断したりする力，考えたことや選択・判断したことを適切に[9]を養う。

(3) 社会的事象について，よりよい社会を考え主体的に問題解決しようとする[10]を養うとともに，[8]な思考や理解を通して，地域社会に対する誇りと[11]，地域社会の一員としての[12]，我が国の国土と歴史に対する[11]，我が国の将来を担う国民としての[12]，世界の国々の人々と共に生きていくことの[13]についての[12]などを養う。

学年目標

社会的事象の見方・考え方を働かせ，学習の問題を[14]する活動を通して，次のとおり資質・能力を育成することを目指す。

第3学年	(1) 身近な地域や市区町村の[4]，地域の安全を守るための諸活動や地域の産業と消費生活の様子，地域の様子の移り変わりについて，人々の生活との関連を踏まえて理解するとともに，[7]，地図帳や各種の[15]を通して，必要な情報を調べまとめる技能を身に付けるようにする。 (2) 社会的事象の特色や相互の関連，意味を考える力，社会に見られる課題を把握して，その解決に向けて社会への関わり方を選択・判断する力，考えたことや選択・判断したことを[9]を養う。 (3) 社会的事象について，主体的に学習の問題を解決しようとする[10]や，よりよい社会を考え学習したことを[6]に生かそうとする[10]を養うとともに，思考や理解を通して，地域社会に対する誇りと[11]，地域社会の一員としての[12]を養う。

第4学年	(1) 自分たちの[16]の[4]の特色，地域の人々の健康と生活環境を支える働きや[17]から地域の安全を守るための諸活動，地域の[5]と文化や地域の[18]に尽くした[19]の働きなどについて，人々の生活との関連を踏まえて理解するとともに，[7]，地図帳や各種の[15]を通して，必要な情報を調べまとめる技能を身に付けるようにする。 (2) 社会的事象の特色や相互の関連，意味を考える力，社会に見られる課題を把握して，その解決に向けて社会への関わり方を選択・判断する力，考えたことや選択・判断したことを[9]を養う。 (3) 社会的事象について，主体的に学習の問題を解決しようとする[10]や，よりよい社会を考え学習したことを[6]に生かそうとする[10]を養うとともに，思考や理解を通して，地域社会に対する誇りと[11]，地域社会の一員としての[12]を養う。
第5学年	(1) 我が国の国土の[4]の特色や産業の現状，社会の[20]と産業の関わりについて，[21]との関連を踏まえて理解するとともに，地図帳や地球儀，[22]などの各種の[23]を通して，情報を適切に調べまとめる技能を身に付けるようにする。 (2) 社会的事象の特色や相互の関連，意味を[8]に考える力，社会に見られる課題を把握して，その解決に向けて社会への関わり方を選択・判断する力，考えたことや選択・判断したことを説明したり，それらを基に[24]したりする力を養う。 (3) 社会的事象について，主体的に学習の問題を解決しようとする[10]や，よりよい社会を考え学習したことを[6]に生かそうとする[10]を養うとともに，[8]な思考や理解を通して，我が国の国土に対する[11]，我が国の産業の[18]を願い我が国の将来を担う国民としての[12]を養う。
第6学年	(1) 我が国の政治の考え方と仕組みや働き，国家及び社会の[18]に大きな働きをした[19]の業績や優れた[25]，我が国と関係の深い国の生活やグローバル化する[26]における我が国の役割について理解するとともに，地図帳や地球儀，[22]や[27]などの各種の[23]を通して，情報を適切に調べまとめる技能を身に付けるようにする。 (2) 社会的事象の特色や相互の関連，意味を[8]に考える力，社会に見られる課題を把握して，その解決に向けて社会への関わり方を選択・判断する力，考えたことや選択・判断したことを説明したり，それらを基に[24]したりする力を養う。 (3) 社会的事象について，主体的に学習の問題を解決しようとする[10]や，よりよい社会を考え学習したことを[6]に生かそうとする[10]を養うとともに，[8]な思考や理解を通して，我が国の歴史や[5]を大切にして国を愛する心情，我が国の将来を担う国民としての[12]や[2]を願う日本人として世界の国々の人々と共に生きることの[13]についての[12]を養う。

2 各学年の内容

第3学年

(1) 身近な地域や市区町村（以下「市」という。）の様子について，学習の問題を追究・解決する活動を通して，次の事項を身に付けることができるよう指導する。

ア 次のような知識及び技能を身に付けること。

(ア) 身近な地域や自分たちの市の様子を大まかに理解すること。

(イ) 観察・調査したり地図などの資料で調べたりして，[1]などにまとめること。

イ 次のような思考力，判断力，表現力等を身に付けること。

(ア) 都道府県内における市の位置，市の[2]や土地利用，交通の広がり，市役所など主な[3]の場所と働き，古くから残る[4]の分布などに着目して，身近な地域や市の様子を捉え，[5]による違いを考え，表現すること。

(2) 地域に見られる生産や[6]の仕事について，学習の問題を追究・解決する活動を通して，次の事項を身に付けることができるよう指導する。

ア 次のような知識及び技能を身に付けること。

(ア) 生産の仕事は，地域の人々の生活と[7]な関わりをもって行われていることを理解すること。

(イ) [6]の仕事は，消費者の多様な[8]を踏まえ売り上げを高めるよう，[9]して行われていることを理解すること。

(ウ) 見学・調査したり地図などの資料で調べたりして，[1]などにまとめること。

イ 次のような思考力，判断力，表現力等を身に付けること。

(ア) 仕事の種類や[10]の分布，仕事の[11]などに着目して，生産に携わっている人々の仕事の様子を捉え，地域の人々の生活との[12]を考え，表現すること。

(イ) 消費者の[8]，[6]の仕方，他地域や外国との関わりなどに着目して，[6]に携わっている人々の仕事の様子を捉え，それらの仕事に見られる[9]を考え，表現すること。

(3) 地域の[13]を守る働きについて，学習の問題を追究・解決する活動を通して，次の事項を身に付けることができるよう指導する。

ア 次のような知識及び技能を身に付けること。

(ア) 消防署や警察署などの関係機関は，地域の[13]を守るために，相互に連携して[14]に対処する体制をとっていることや，関係機関が地域の人々と[15]して火災や[16]などの防止に努めていることを理解すること。

(イ) 見学・調査したり地図などの資料で調べたりして，まとめること。

イ 次のような思考力，判断力，表現力等を身に付けること。

(ア) 施設・設備などの配置，[14]への備えや対応などに着目して，関係機関や地域の人々の諸活動を捉え，相互の[12]や従事する人々の働きを考え，表現すること。

(4) 市の様子の移り変わりについて，学習の問題を追究・解決する活動を通して，次の事項を身に付けることができるよう指導する。

ア 次のような知識及び技能を身に付けること。

(ア) 市や人々の生活の様子は，時間の[17]に伴い，移り変わってきたことを理解すること。

第3学年	(イ) 聞き取り調査をしたり地図などの資料で調べたりして，[18]などにまとめること。 イ 次のような思考力，判断力，表現力等を身に付けること。 (ア) 交通や[3]，土地利用や人口，生活の[19]などの時期による違いに着目して，市や人々の生活の様子を捉え，それらの[20]を考え，表現すること。
第4学年	(1) 都道府県（以下「県」という。）の様子について，学習の問題を追究・解決する活動を通して，次の事項を身に付けることができるよう指導する。 ア 次のような知識及び技能を身に付けること。 (ア) 自分たちの県の地理的環境の概要を理解すること。また，47都道府県の[1]を理解すること。 (イ) 地図帳や各種の資料で調べ，[2]などにまとめること。 イ 次のような思考力，判断力，表現力等を身に付けること。 (ア) 我が国における自分たちの県の位置，県全体の地形や主な産業の分布，[3]や主な[4]の位置などに着目して，県の様子を捉え，地理的環境の特色を考え，表現すること。 (2) 人々の[5]や生活環境を支える事業について，学習の問題を追究・解決する活動を通して，次の事項を身に付けることができるよう指導する。 ア 次のような知識及び技能を身に付けること。 (ア) 飲料水，電気，[6]を供給する事業は，安全で[7]的に供給できるよう進められていることや，地域の人々の[5]な生活の維持と[8]に役立っていることを理解すること。 (イ) [9]を処理する事業は，衛生的な処理や資源の[10]ができるよう進められていることや，生活環境の維持と[8]に役立っていることを理解すること。 (ウ) 見学・調査したり地図などの資料で調べたりして，まとめること。 イ 次のような思考力，判断力，表現力等を身に付けること。 (ア) 供給の仕組みや経路，県内外の人々の協力などに着目して，飲料水，電気，[6]の供給のための事業の様子を捉え，それらの事業が果たす[11]を考え，表現すること。 (イ) 処理の仕組みや再利用，県内外の人々の協力などに着目して，[9]の処理のための事業の様子を捉え，その事業が果たす[11]を考え，表現すること。 (3) 自然災害から人々を守る活動について，学習の問題を追究・解決する活動を通して，次の事項を身に付けることができるよう指導する。 ア 次のような知識及び技能を身に付けること。 (ア) 地域の関係機関や人々は，自然災害に対し，様々な協力をして[12]してきたことや，今後想定される災害に対し，様々な[13]をしていることを理解すること。 (イ) 聞き取り調査をしたり地図や[14]などの資料で調べたりして，まとめること。 イ 次のような思考力，判断力，表現力等を身に付けること。 (ア) [15]に発生した地域の自然災害，関係機関の協力などに着目して，災害から人々を守る活動を捉え，その働きを考え，表現すること。

第4学年	(4) 県内の伝統や文化，先人の働きについて，学習の問題を追究・解決する活動を通して，次の事項を身に付けることができるよう指導する。 ア　次のような知識及び技能を身に付けること。 (ア) 県内の[16]や年中行事は，地域の人々が受け継いできたことや，それらには地域の[17]など人々の様々な願いが込められていることを理解すること。 (イ) 地域の[17]に尽くした先人は，様々な[18]や努力により当時の生活の[8]に貢献したことを理解すること。 (ウ) 見学・調査したり地図などの資料で調べたりして，[14]などにまとめること。 イ　次のような思考力，判断力，表現力等を身に付けること。 (ア) 歴史的背景や現在に至る経過，保存や[19]のための取組などに着目して，県内の[16]や年中行事の様子を捉え，人々の願いや努力を考え，表現すること。 (イ) 当時の世の中の課題や人々の願いなどに着目して，地域の[17]に尽くした先人の具体的事例を捉え，先人の働きを考え，表現すること。 (5) 県内の特色ある地域の様子について，学習の問題を追究・解決する活動を通して，次の事項を身に付けることができるよう指導する。 ア　次のような知識及び技能を身に付けること。 (ア) 県内の特色ある地域では，人々が協力し，特色あるまちづくりや観光などの産業の[17]に努めていることを理解すること。 (イ) 地図帳や各種の資料で調べ，[2]などにまとめること。 イ　次のような思考力，判断力，表現力等を身に付けること。 (ア) 特色ある地域の位置や[20]，人々の活動や産業の歴史的背景，人々の協力関係などに着目して，地域の様子を捉え，それらの特色を考え，表現すること。
第5学年	(1) 我が国の国土の様子と国民生活について，学習の問題を追究・解決する活動を通して，次の事項を身に付けることができるよう指導する。 ア　次のような知識及び技能を身に付けること。 (ア) 世界における我が国の国土の位置，国土の構成，[1]の範囲などを大まかに理解すること。 (イ) 我が国の国土の地形や[2]の概要を理解するとともに，人々は自然環境に適応して生活していることを理解すること。 (ウ) 地図帳や地球儀，各種の資料で調べ，まとめること。 イ　次のような思考力，判断力，表現力等を身に付けること。 (ア) 世界の[3]と主な海洋，主な国の位置，海洋に囲まれ多数の島からなる国土の構成などに着目して，我が国の国土の様子を捉え，その特色を考え，表現すること。 (イ) 地形や[2]などに着目して，国土の自然などの様子や[4]から見て特色ある地域の人々の生活を捉え，国土の自然環境の特色やそれらと国民生活との関連を考え，表現すること。 (2) 我が国の農業や[5]における食料生産について，学習の問題を追究・解決する活動を通して，次の事項を身に付けることができるよう指導する。 ア　次のような知識及び技能を身に付けること。 (ア) 我が国の食料生産は，[4]を生かして営まれていることや，国民の食料を確保する重要な役割を果たしていることを理解すること。

第5学年

(イ) 食料生産に関わる人々は，生産性や品質を高めるよう努力したり[6]方法や販売方法を工夫したりして，[7]な食料を消費地に届けるなど，食料生産を支えていることを理解すること。

(ウ) 地図帳や地球儀，各種の資料で調べ，まとめること。

イ 次のような思考力，判断力，表現力等を身に付けること。

(ア) 生産物の種類や分布，[8]の変化，輸入など外国との関わりなどに着目して，食料生産の概要を捉え，食料生産が国民生活に果たす役割を考え，表現すること。

(イ) 生産の工程，人々の協力関係，技術の向上，[6]，価格や費用などに着目して，食料生産に関わる人々の工夫や努力を捉え，その働きを考え，表現すること。

(3) 我が国の工業生産について，学習の問題を追究・解決する活動を通して，次の事項を身に付けることができるよう指導する。

ア 次のような知識及び技能を身に付けること。

(ア) 我が国では様々な工業生産が行われていることや，国土には工業の盛んな地域が広がっていること及び工業製品は国民生活の向上に重要な役割を果たしていることを理解すること。

(イ) 工業生産に関わる人々は，消費者の[9]や社会の変化に対応し，優れた製品を生産するよう様々な工夫や努力をして，工業生産を支えていることを理解すること。

(ウ) [10]や運輸は，原材料の確保や製品の販売などにおいて，工業生産を支える重要な役割を果たしていることを理解すること。

(エ) 地図帳や地球儀，各種の資料で調べ，まとめること。

イ 次のような思考力，判断力，表現力等を身に付けること。

(ア) 工業の種類，工業の盛んな地域の分布，工業製品の[11]などに着目して，工業生産の概要を捉え，工業生産が国民生活に果たす役割を考え，表現すること。

(イ) 製造の工程，工場相互の協力関係，優れた技術などに着目して，工業生産に関わる人々の工夫や努力を捉え，その働きを考え，表現すること。

(ウ) [12]の広がり，外国との関わりなどに着目して，[10]や運輸の様子を捉え，それらの役割を考え，表現すること。

(4) 我が国の産業と情報との関わりについて，学習の問題を追究・解決する活動を通して，次の事項を身に付けることができるよう指導する。

ア 次のような知識及び技能を身に付けること。

(ア) 放送，[13]などの産業は，国民生活に大きな影響を及ぼしていることを理解すること。

(イ) 大量の情報や[14]の活用は，様々な産業を発展させ，国民生活を向上させていることを理解すること。

(ウ) 聞き取り調査をしたり映像や[13]などの各種資料で調べたりして，まとめること。

イ 次のような思考力，判断力，表現力等を身に付けること。

(ア) 情報を集め[15]するまでの工夫や努力などに着目して，放送，[13]などの産業の様子を捉え，それらの産業が国民生活に果たす役割を考え，表現すること。

(イ) 情報の種類，情報の活用の仕方などに着目して，産業における情報活用の現状を捉え，情報を生かして発展する産業が国民生活に果たす役割を考え，表現すること。

第5学年	(5) 我が国の国土の自然環境と国民生活との関連について，学習の問題を追究・解決する活動を通して，次の事項を身に付けることができるよう指導する。 ア 次のような知識及び技能を身に付けること。 (ア) 自然災害は国土の[4]などと関連して発生していることや，自然災害から国土を[16]し国民生活を守るために国や県などが様々な対策や事業を進めていることを理解すること。 (イ) 森林は，その育成や[17]に従事している人々の様々な工夫と努力により国土の[16]など重要な役割を果たしていることを理解すること。 (ウ) 関係機関や地域の人々の様々な努力により[18]の防止や生活環境の改善が図られてきたことを理解するとともに，[18]から国土の環境や国民の健康な生活を守ることの大切さを理解すること。 (エ) 地図帳や各種の資料で調べ，まとめること。 イ 次のような思考力，判断力，表現力等を身に付けること。 (ア) 災害の種類や発生の位置や時期，[19]などに着目して，国土の自然災害の状況を捉え，[4]との関連を考え，表現すること。 (イ) [20]の分布や働きなどに着目して，国土の環境を捉え，[20]が果たす役割を考え，表現すること。 (ウ) [18]の発生時期や経過，人々の協力や努力などに着目して，[18]防止の取組を捉え，その働きを考え，表現すること。
第6学年	(1) 我が国の政治の働きについて，学習の問題を追究・解決する活動を通して，次の事項を身に付けることができるよう指導する。 ア 次のような知識及び技能を身に付けること。 (ア) 日本国憲法は国家の理想，[1]の地位，国民としての権利及び義務など国家や[2]の基本を定めていることや，現在の我が国の[3]は日本国憲法の基本的な考え方に基づいていることを理解するとともに，立法，行政，司法の三権がそれぞれの役割を果たしていることを理解すること。 (イ) 国や地方公共団体の政治は，[4]の考え方の下，[2]の安定と向上を図る大切な働きをしていることを理解すること。 (ウ) 見学・調査したり各種の資料で調べたりして，まとめること。 イ 次のような思考力，判断力，表現力等を身に付けること。 (ア) 日本国憲法の基本的な考え方に着目して，我が国の[3]を捉え，日本国憲法が[2]に果たす役割や，国会，内閣，裁判所と国民との関わりを考え，表現すること。 (イ) 政策の内容や計画から実施までの過程，[5]や予算との関わりなどに着目して，国や地方公共団体の政治の取組を捉え，[2]における政治の働きを考え，表現すること。 (2) 我が国の歴史上の主な事象について，学習の問題を追究・解決する活動を通して，次の事項を身に付けることができるよう指導する。 ア 次のような知識及び技能を身に付けること。その際，我が国の歴史上の主な事象を手掛かりに，大まかな歴史を理解するとともに，関連する先人の業績，優れた[6]を理解すること。 (ア) 狩猟・採集や農耕の生活，古墳，大和朝廷（大和政権）による統一の様子を手掛かりに，むらからくにへと変化したことを理解すること。その際，[7]・伝承を手掛かりに，国の形成に関する考え方などに関心をもつこと。

第6学年

(イ) 大陸文化の摂取，大化の改新，大仏造営の様子を手掛かりに，［ 1 ］を中心とした政治が確立されたことを理解すること。

(ウ) 貴族の生活や文化を手掛かりに，［ 8 ］の文化が生まれたことを理解すること。

(エ) 源平の戦い，鎌倉幕府の始まり，元との戦いを手掛かりに，［ 9 ］による政治が始まったことを理解すること。

(オ) 京都の［ 10 ］に幕府が置かれた頃の代表的な建造物や絵画を手掛かりに，今日の生活文化につながる［ 10 ］文化が生まれたことを理解すること。

(カ) キリスト教の伝来，織田・豊臣の天下統一を手掛かりに，［ 11 ］の世が統一されたことを理解すること。

(キ) 江戸幕府の始まり，参勤交代や鎖国などの幕府の政策，［ 12 ］制を手掛かりに，［ 9 ］による政治が安定したことを理解すること。

(ク) 歌舞伎や浮世絵，国学や蘭学を手掛かりに，［ 13 ］の文化が栄え新しい学問がおこったことを理解すること。

(ケ) 黒船の来航，廃藩置県や四民平等などの改革，文明開化などを手掛かりに，我が国が明治維新を機に欧米の文化を取り入れつつ［ 14 ］化を進めたことを理解すること。

(コ) 大日本帝国憲法の発布，日清・日露の戦争，条約改正，科学の発展などを手掛かりに，我が国の国力が充実し［ 15 ］が向上したことを理解すること。

(サ) 日中戦争や我が国に関わる第二次世界大戦，日本国憲法の制定，オリンピック・パラリンピックの開催などを手掛かりに，戦後我が国は民主的な国家として出発し，［ 2 ］が向上し，［ 16 ］の中で重要な役割を果たしてきたことを理解すること。

(シ) 遺跡や文化財，地図や［ 17 ］などの資料で調べ，まとめること。

イ 次のような思考力，判断力，表現力等を身に付けること。

(ア) 世の中の様子，人物の働きや代表的な［ 6 ］などに着目して，我が国の歴史上の主な事象を捉え，我が国の歴史の展開を考えるとともに，歴史を学ぶ意味を考え，表現すること。

(3) グローバル化する世界と日本の役割について，学習の問題を追究・解決する活動を通して，次の事項を身に付けることができるよう指導する。

ア 次のような知識及び技能を身に付けること。

(ア) 我が国と［ 18 ］や文化などの面でつながりが深い国の人々の生活は，多様であることを理解するとともに，スポーツや文化などを通して他国と交流し，異なる文化や［ 19 ］を尊重し合うことが大切であることを理解すること。

(イ) 我が国は，平和な世界の実現のために［ 20 ］の一員として重要な役割を果たしたり，諸外国の発展のために援助や協力を行ったりしていることを理解すること。

(ウ) 地図帳や地球儀，各種の資料で調べ，まとめること。

イ 次のような思考力，判断力，表現力等を身に付けること。

(ア) 外国の人々の生活の様子などに着目して，日本の文化や［ 19 ］との違いを捉え，国際交流の果たす役割を考え，表現すること。

(イ) 地球規模で発生している課題の解決に向けた連携・協力などに着目して，［ 20 ］の働きや我が国の［ 21 ］の様子を捉え，［ 16 ］において我が国が果たしている役割を考え，表現すること。

〈参考〉第6学年で取り上げる歴史上の人物の例（※太字は外国人）

卑弥呼，聖徳太子，小野妹子，中大兄皇子，中臣鎌足，聖武天皇，行基，**鑑真**，藤原道長，紫式部，清少納言，平清盛，源頼朝，源義経，北条時宗，足利義満，足利義政，雪舟，**ザビエル**，織田信長，豊臣秀吉，徳川家康，徳川家光，近松門左衛門，歌川広重，本居宣長，杉田玄白，伊能忠敬，**ペリー**，勝海舟，西郷隆盛，大久保利通，木戸孝允，明治天皇，福沢諭吉，大隈重信，板垣退助，伊藤博文，陸奥宗光，東郷平八郎，小村寿太郎，野口英世

【各学年において対象や事例を選択して学習する項目】

	学習内容	取り上げる範囲と方法
第3学年	生産	農家，[1]などの中から選択。
第4学年	飲料水，[2]，ガス	飲料水，[2]，ガスの中から選択。
	廃棄物の処理	ごみ，[3]のいずれかを選択。
	自然災害	[4]災害，津波災害，風水害，火山災害，雪害などの中から，過去に県内で発生したものを選択。
	地域の発展に尽くした先人	開発，教育，[5]，文化，産業などの地域の発展に尽くした先人の中から選択。
	特色ある地域	[6]的な技術を生かした地場産業が盛んな地域，国際交流に取り組んでいる地域及び地域の資源を保護・活用している地域を取り上げる。 地域の資源を保護・活用している地域については，自然環境，[6]的な文化のいずれかを選択。
第5学年	主な国	近隣の諸国を含めて取り上げる。
	農業・水産業（食料生産）	[7]のほか，野菜，果物，畜産物，水産物などの中から一つを取り上げる。
	工業（工業生産）	[8]工業，機械工業，化学工業，食料品工業などの中から一つを取り上げる。
	放送，新聞などの産業	放送，新聞などの中から選択。
	様々な産業	情報や情報技術を活用して発展している販売，[9]，観光，医療，福祉などに関わる産業の中から選択。
	自然災害	[4]災害，津波災害，風水害，火山災害，雪害などを取り上げる。
	公害	大気の汚染，[10]の汚濁などの中から具体的事例を選択。
第6学年	国民としての権利及び義務	[11]，納税の義務などを取り上げる。
	国や地方公共団体の政治	社会保障，自然災害からの復旧や復興，地域の開発や活性化などの取組の中から選択。
	神話・伝承	[12]，日本書紀，風土記などの中から適切なものを取り上げる。
	我が国の国際協力の様子	[13]，医療，農業などの分野で世界に貢献している事例の中から選択。

3 指導計画の作成と内容の取扱い

1 指導計画の作成に当たっては，次の事項に配慮するものとする。

(1) 単元など内容や時間のまとまりを見通して，その中で育む資質・能力の育成に向けて，児童の[1]で深い学びの実現を図るようにすること。その際，問題解決への見通しをもつこと，[2]の見方・考え方を働かせ，事象の特色や意味などを考え概念などに関する知識を獲得すること，学習の過程や成果を振り返り学んだことを活用することなど，学習の問題を追究・解決する活動の充実を図ること。

(2) 各学年の目標や内容を踏まえて，[3]の取り上げ方を工夫して，内容の配列や授業時数の配分などに留意して効果的な年間指導計画を作成すること。

(3) 我が国の47都道府県の名称と位置，世界の大陸と主な海洋の名称と位置については，学習内容と関連付けながら，その都度，[4]や地球儀などを使って確認するなどして，小学校卒業までに身に付け活用できるように工夫して指導すること。

(4) 障害のある児童などについては，学習活動を行う場合に生じる困難さに応じた指導内容や指導方法の工夫を計画的，組織的に行うこと。

(5) 第1章総則の第1の2の(2)に示す道徳教育の目標に基づき，道徳科などとの関連を考慮しながら，第3章特別の教科道徳の第2に示す内容について，社会科の[5]に応じて適切な指導をすること。

2 第2の内容の取扱いについては，次の事項に配慮するものとする。

(1) 各学校においては，[6]を生かし，児童が[7]をもって学習に取り組めるようにするとともに，観察や見学，聞き取りなどの[8]を含む具体的な体験を伴う学習やそれに基づく[9]の一層の充実を図ること。また，[2]の特色や意味，社会に見られる課題などについて，[10]に考えたことや選択・判断したことを論理的に説明したり，立場や根拠を明確にして議論したりするなど言語活動に関わる学習を一層重視すること。

(2) 学校図書館や[11]，コンピュータなどを活用して，情報の収集やまとめなどを行うようにすること。また，全ての学年において，[4]を活用すること。

(3) 博物館や資料館などの施設の活用を図るとともに，身近な地域及び国土の遺跡や[12]などについての[8]を取り入れるようにすること。また，内容に関わる専門家や関係者，関係の諸機関との連携を図るようにすること。

(4) 児童の[13]を考慮し，[2]については，児童の考えが深まるよう様々な見解を提示するよう配慮し，多様な見解のある事柄，未確定な事柄を取り上げる場合には，有益適切な教材に基づいて指導するとともに，特定の事柄を強調し過ぎたり，一面的な見解を十分な配慮なく取り上げたりするなどの偏った取扱いにより，児童が[10]に考えたり，事実を客観的に捉え，[14]に判断したりすることを妨げることのないよう留意すること。

2 地理

重要度 A

ここが要点　地形図の読み方や縮尺，地図記号，時差，日本の気候区分，野菜・果実の主要生産地，地球環境問題が重要。基本的な問題が多いため，基礎知識の把握に努めよう。

ポイント・アドバイス

地図は，(4)の地形図の読図問題の攻略を最初にしておくこと。(3)の時差の計算の仕方もマスターしておく必要がある。(1)，(2)は確認程度に覚えておこう。

1 地球と地図

(1) **地球とその表面**

地球は東西にやや膨らんだ球形で，地球の半径は約6,400km，全周（赤道の長さ）は約[1]km，表面積は約[2]km^2である。陸地と海洋の面積比は[3]で，北半球の方が陸地が広い。

(2) **世界地図**

① **グード図法**…サンソン図法と[4]図法を組み合わせ，海洋を切断して表現。ひずみが小さいため[5]図などによく利用される。ホモロサイン図法ともいう。

② **正距方位図法**…図の中心からの方位と距離が正しく，[6]図として利用される。[7]のマークはこれを図案化。

③ **メルカトル図法**…角度が正しく表されるが，高緯度ほど実際の面積と距離よりも大きく表される。[8]図として利用される。

▼[9]図法

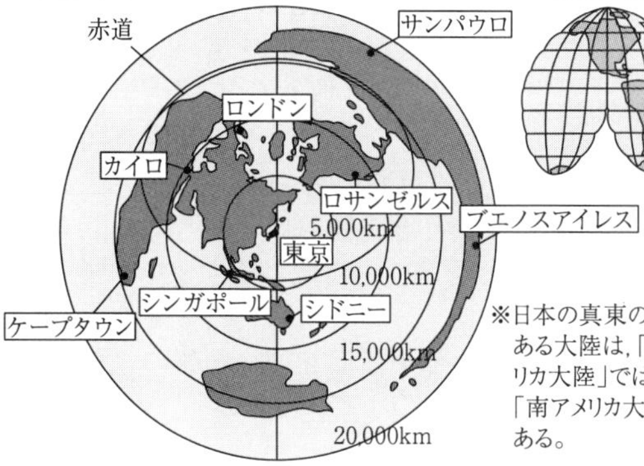

※日本の真東の方位にある大陸は，「北アメリカ大陸」ではなく，「南アメリカ大陸」である。

▼[10]図法

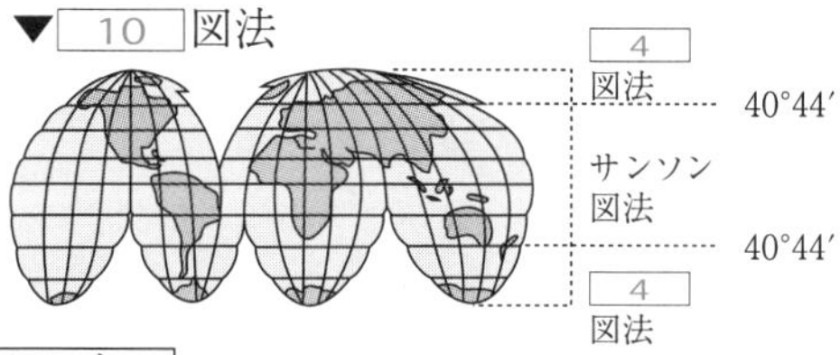

▼[11]図法

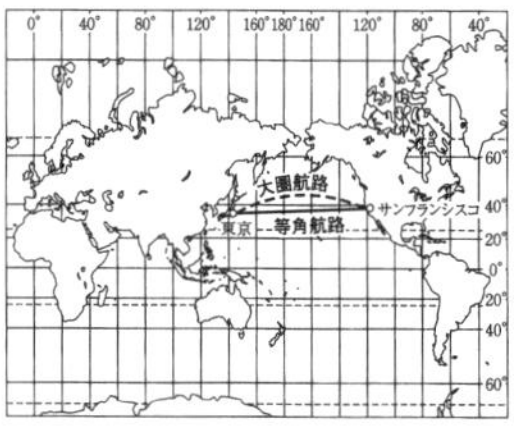

【問】　ロンドンは東京からみて[12]の方向にある。東京－ロンドンと東京－[13]は，ほぼ同距離である。

(3) **時差**

日本標準時子午線は東経[14]度…[15]県[16]市などを通過している。経度[17]度ごとに1時間の時差が生じ，西にある方が時間が遅い。

【問】　日本が2月7日の午後8時のとき，ロンドンとワシントンは何日の何時か。ただし，ロンドンは経度0度，ワシントンは西経75度とする。

[ロンドン]：(式)　135 ÷ [17] = 9
イギリスは日本より西にあるので，〔日本－9〕時間。
よって，〔2月7日午前11時〕。

[ワシントン]：(式)　[18]
日本より時刻は遅いので，〔日本－[19]〕時間。
よって，[20]。

(4) 地形図の読み方

Ⅰ

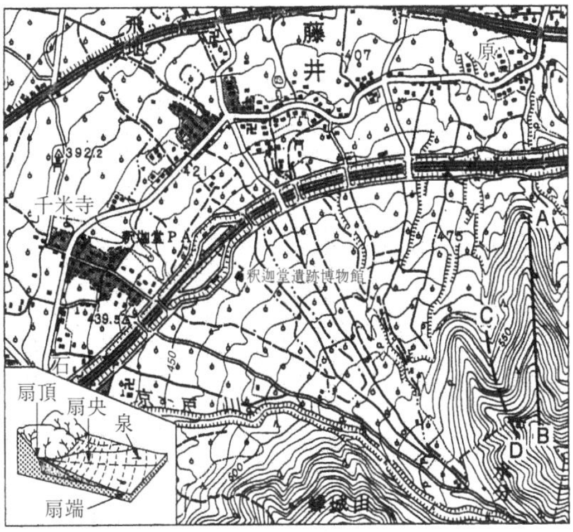

Ⅱ

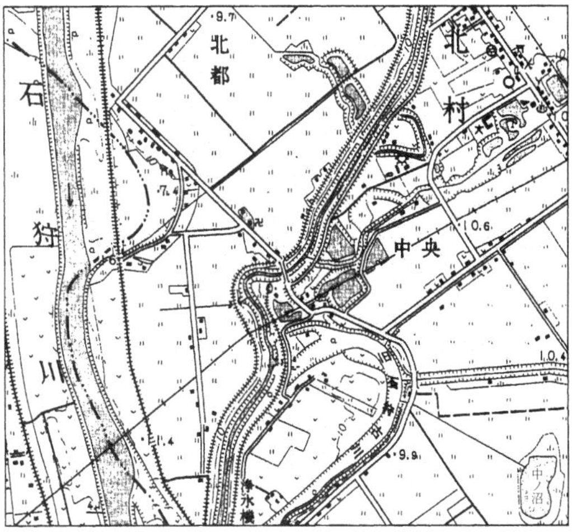

① **縮尺**　地図Ⅰ：計曲線が［21］mごとに引かれていることから，［22］分の1の地図だとわかる。また，釈迦堂遺跡博物館から藤井の寺まで直線で1.8cmなので，実際の距離は［23］mである。

地図Ⅱ：北村の町役場の南4.5cmのところに中ノ沼がある。この間の実際の距離が2250mのとき，縮尺は［24］分の1である。

② **地形**　地図Ⅰ：**A**—**B**は［25］線を，**C**—**D**は［26］線を表す。また，地図Ⅰのように，谷口に扇形に発達した地形を［27］といい，石から千米寺を経て藤井，原に至る集落は扇形の端〔［28］〕に当たる。

地図Ⅱ：大きな河川周辺にみられる地形である。中央付近の沼は石狩川の旧流路が取り残されたもので［29］湖という。北村の集落は自然堤防の外側，［30］に発達した集落である。

③ **土地利用**　地図Ⅰ：扇状地の中央部〔［31］〕は［32］として利用され，山地には［33］林と［34］林が混在している。

地図Ⅱ：石狩川沿いの自然堤防は主に［35］として利用され，その外側の［30］は［36］として利用されている。

〈参考〉 △は［37］といい，三角測量の基準点となる。また，水準点⊡は［38］を決める基準点である。

④ **断面図**　右の**ア**—**イ**の断面図を描く。D部は［39］線の間隔が狭いので，傾斜が急だとわかる。逆に，B部は［39］線の間隔が広いので，傾斜は緩やかである。

〈参考〉 右図のように川の両側にほぼ同様の台地が階段状にできている地形を［40］という。また，図中のＯは［41］を，⏊⏊は［42］を，∨は［43］を表す。

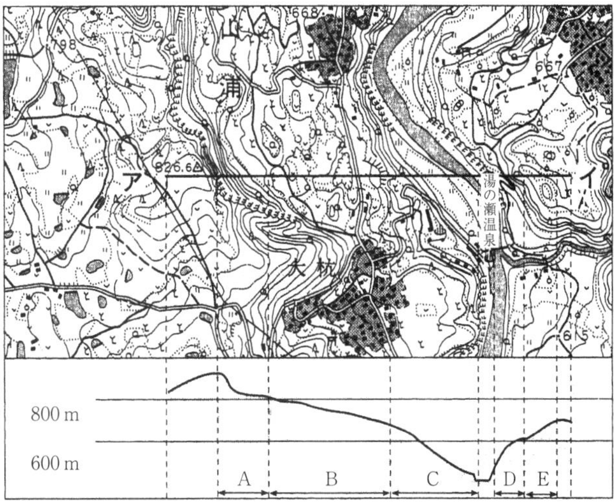

2 世界の地理

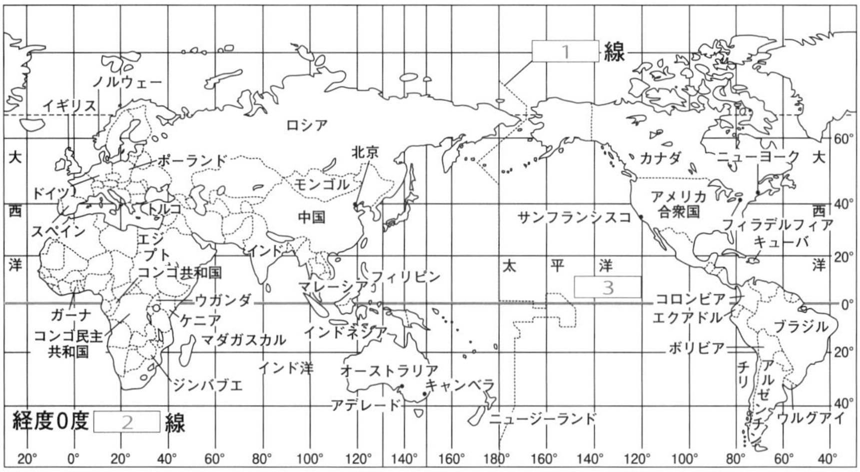

(1) **国土面積**

[4]が世界第1位で，日本の約45倍の国土を有する。第2位は[5]で，アメリカ，中国がそれに続く。世界最小の国は，イタリアの首都ローマ市内にある[6]で，面積は0.4km^2。

(2) **地形**

① **六大陸**…[7]大陸，アフリカ大陸，北アメリカ大陸，南アメリカ大陸，[8]大陸，南極大陸

② **三大洋**…[9]洋，[10]洋，インド洋

③ **海岸地形**

・[11]…山地が海に沈んで，谷の部分に海水が入り込んでできた海岸。日本では三陸海岸，三重県の[12]，若狭湾などでみられる。

・[13]…氷河の侵食によって生じたU字型の谷に，海水が入り込んでできた入り江となっている地形。ノルウェーが世界的に有名。

(3) **世界の気候**

① 風

・[14]風…緯度40～60度付近で，一年を通して西から吹く風。

・[15]風…緯度30度付近から赤道に向かって吹く風。

② **主な気候区分**

熱帯	[16]気候（Af）	年中高温多雨，気温の年較差が小さい
	サバナ気候（Aw）	年中高温であるが，雨季と乾季が明瞭
乾燥帯	砂漠気候（BW）	降雨がほとんどなくオアシスに草や樹木が生育
	[17]気候（BS）	長い乾季と短い雨季，短い草や低木が育つ
温帯	[18]気候（Cs）	夏は高温乾燥，冬は偏西風等の影響で温暖湿潤
	温暖湿潤気候（Cfa）	夏は高温で雨が多く，冬は低温で乾燥
	[19]気候（Cfb）	夏涼しく冬温暖で，気温の年較差が小さい
冷帯（亜寒帯，D）		夏は短く雨が降り気温も高くなるが，冬は低温
寒帯	[20]気候（ET）	最暖月の平均気温は10℃未満，短い夏がある
	氷雪気候（EF）	最暖月の平均気温は0℃未満，大半がアネクメーネ

3 日本の国土

(1) 日本の領域

・日本の領土の面積は約【1】万km^2で，本州，北海道，九州，四国の四大島と，そのまわりの約【2】の小島からなる。

・北方領土…日本は択捉島，【3】，【4】，歯舞群島を日本固有の領土であるとして，ロシアに返還を要求し続けている。

・【5】水域…領海の外側で，領土の沿岸から【6】海里以内に設定され，沿岸国に漁業・鉱物資源の開発の権利が認められる水域。日本は国土面積の約11倍。

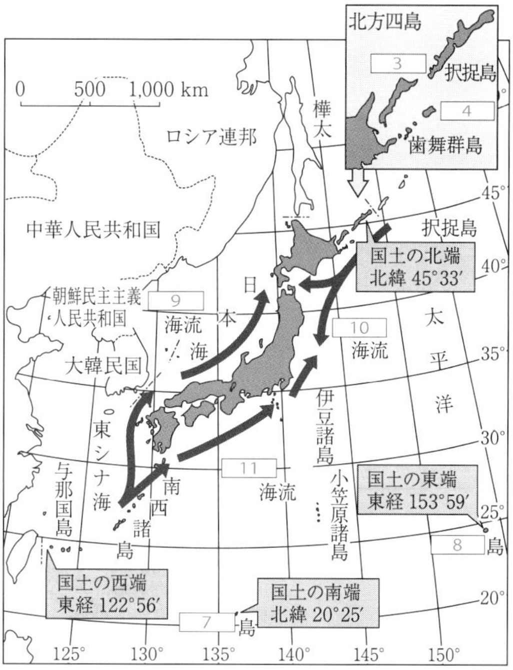

(2) 日本の気候

▼【12】の気候

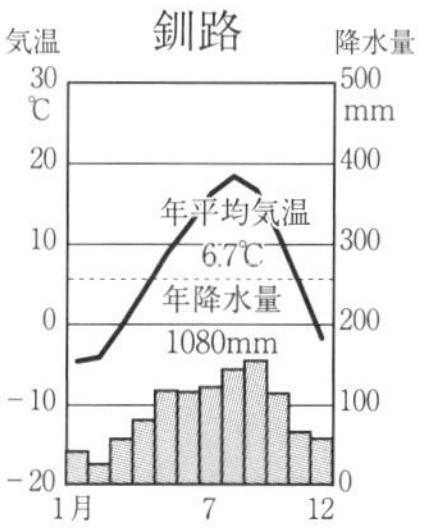

▼【13】の気候

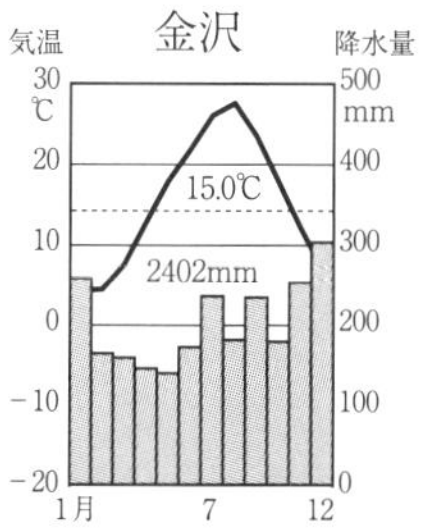

▼【14】の気候

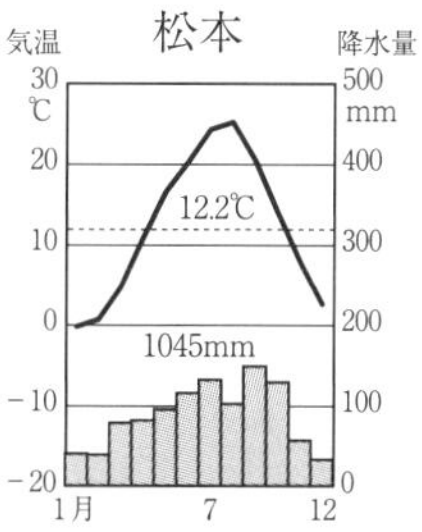

▼【15】の気候

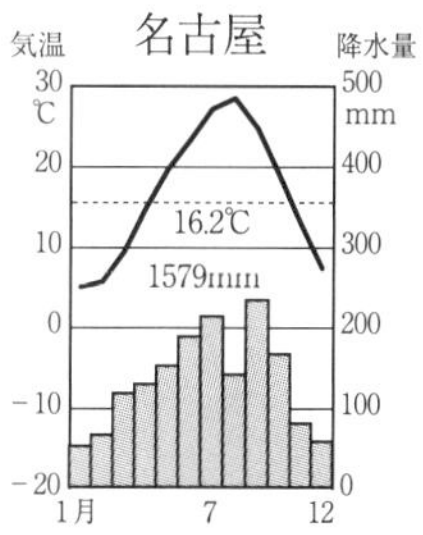

▼【16】の気候

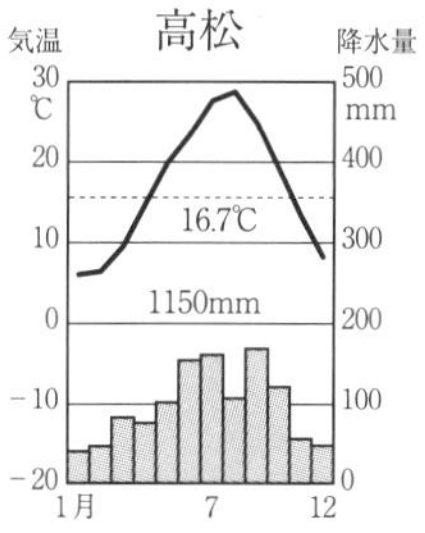

▼【17】の気候

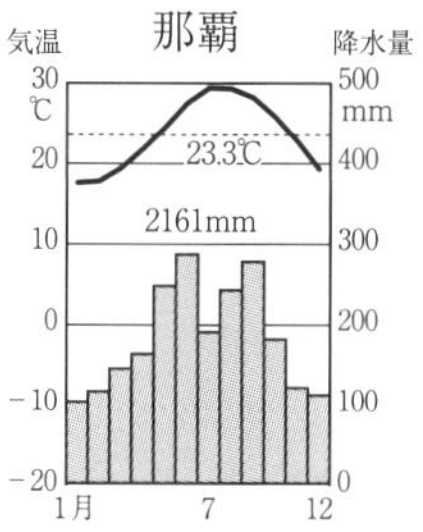

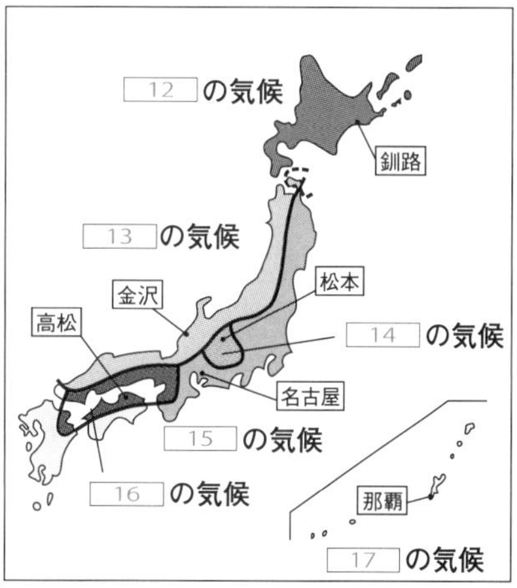

4 日本の産業

(1) **農産物の生産割合**（米・[3]は2022年，他は2021年　%）

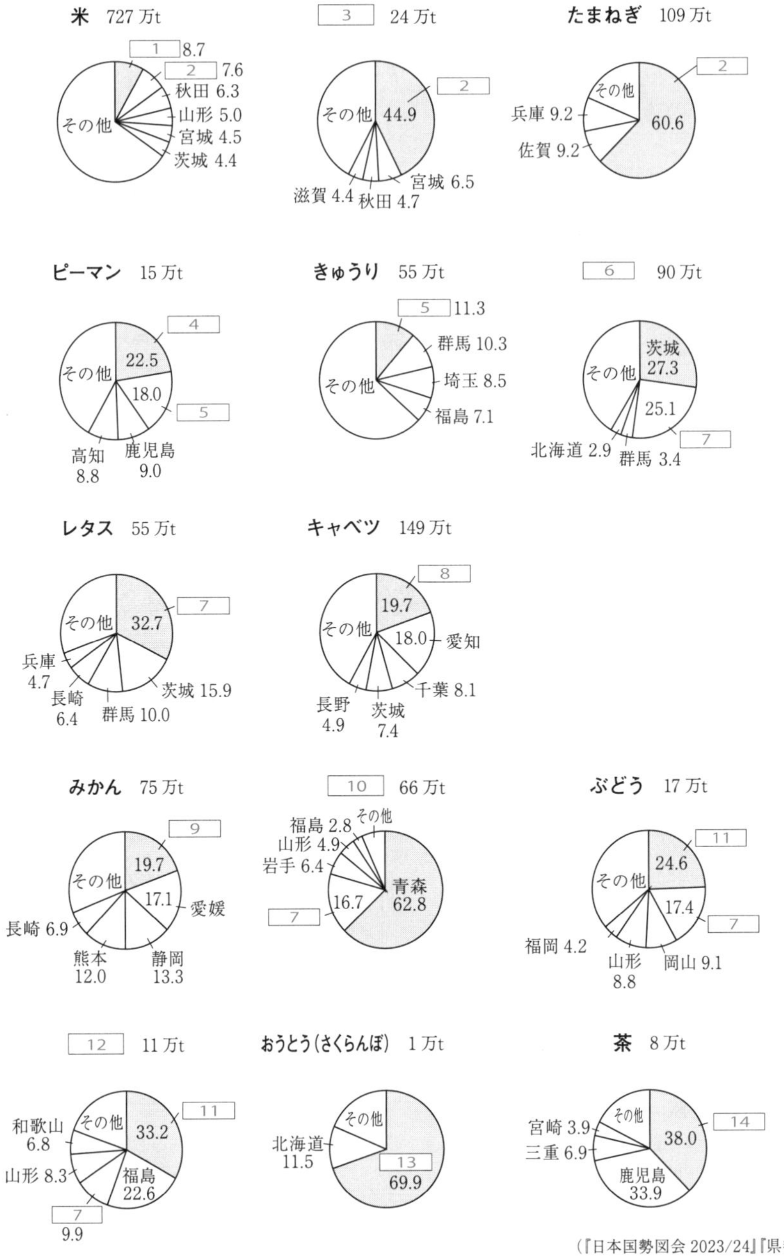

（『日本国勢図会 2023/24』『県勢 2023』）

(2) **日本の水産業**

① 現状

〈漁業種類別生産量の推移〉

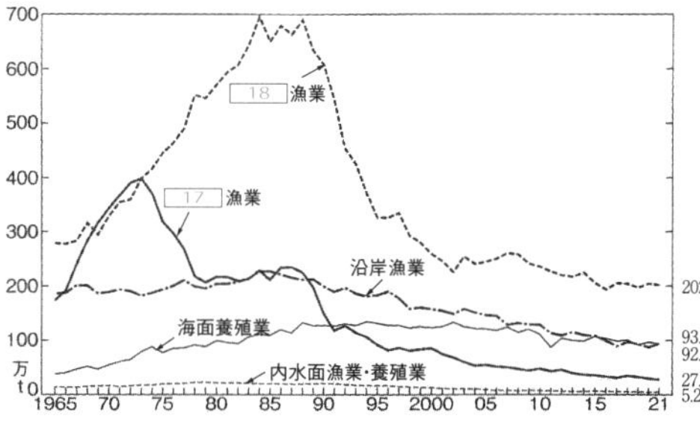

(『日本国勢図会 2023/24』)

・世界有数の漁業国であるが，水産物の輸入は世界第［15］位（2020年）。

・［16］水域の設定や石油危機による燃料負担増で［17］漁業は衰退。漁獲量の制限や魚の減少で［18］漁業は不振。

② とる漁業から，育てる漁業へ

・［19］漁業…出荷するまで稚魚や稚貝などを人工のいけすなどで育てる。

・［20］漁業…稚魚などを人工的にふ化させて一定期間育てた後，自然の海や川に放流し，自然の中で育ててからとる。

(3) **日本の工業**

① 日本の工業の歩み

・1940年代までは［21］工業が中心。

・1960年代に臨海地域で重工業が発展し，原料を輸入し高い技術力で優れた工業製品をつくって輸出する［22］貿易を行う。

・1980年代には，技術や製造の拠点を東南アジアや中国などの海外へ移転する企業が増加し，国内の産業が衰える「産業の［23］」という問題がおこった。

② 工業の盛んな地域

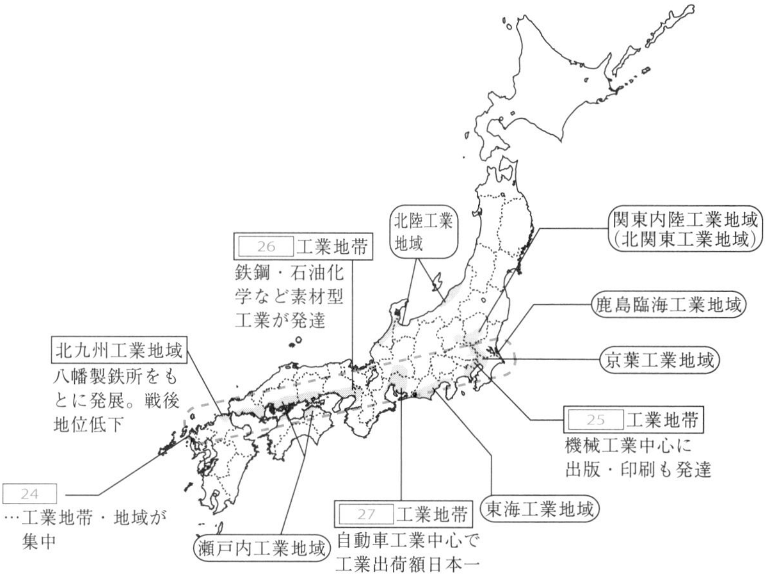

③ 三大工業地帯の産業別出荷額割合（2020年）

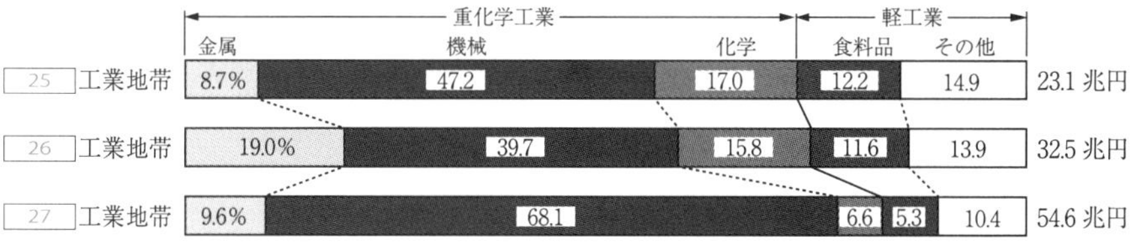

(『日本国勢図会 2023/24』)

5 日本の各地の特色

(1) 九州地方

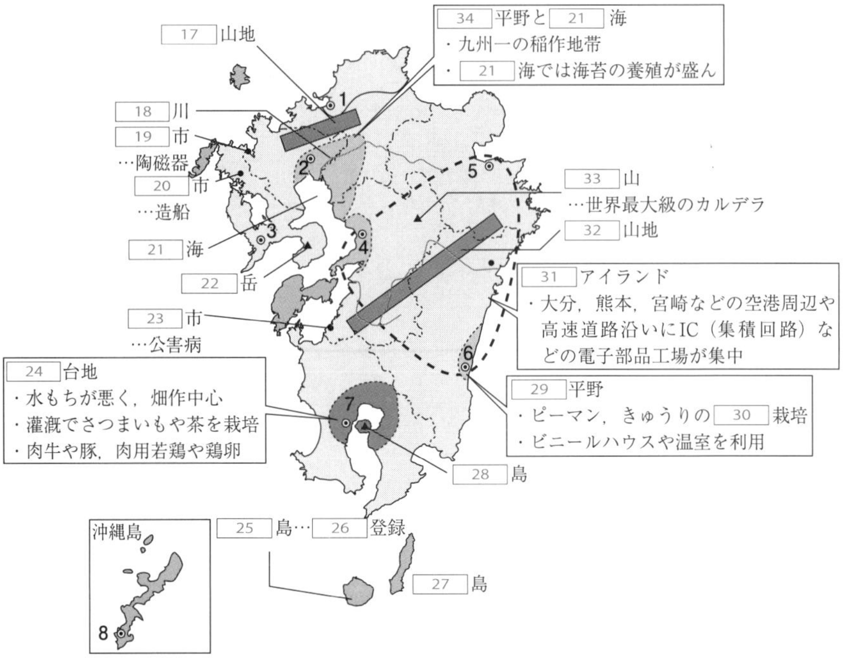

地図上の番号	県名〔県庁所在地〕	面積（km^2）	人口（万人）	農業産出額（億円）	製造品出荷額等（億円）	主な生産物	特色
1	1〔2〕	4,987	512	1,977	99,760	コークス，たけのこ，たい類	福岡市は中世から商業の中心として栄える，九州地方最大の都市。
2	3〔4〕	2,441	81	1,219	20,839	陶磁器製置物，養殖のり類，えび類，たまねぎ	佐賀平野にはクリークが発達。19・有田・唐津焼など陶磁器の産地。
3	5〔6〕	4,131	130	1,491	17,385	あじ類，養殖ふぐ類，びわ	1990年に 22 岳が噴火。諫早湾干拓問題。有人離島の数日本一。
4	7〔8〕	7,409	173	3,407	28,706	すいか，トマト，葉たばこ	23 湾沿岸で 23 病が発生。近年はIC関連産業や輸送機械工業が発展。
5	9〔10〕	6,341	111	1,208	43,135	かぼす，デジタルカメラ，ぎんなん	八丁原に日本最大の地熱発電所。温泉の源泉数・湧出量日本一。
6	11〔12〕	7,735	106	3,348	16,523	マンゴー，きゅうり，キンカン	黒潮の影響で一年中温暖。29 平野では野菜の 30 栽培が盛ん。
7	13〔14〕	9,186	158	4,772	20,247	養殖うなぎ，さとうきび，さつまいも，かんしょ	畜産業が盛ん。火山灰が堆積した 24 台地は保水性が低く，畑作中心。
8	15〔16〕	2,282	147	910	4,990	さとうきび，パイナップル，養殖もずく類	亜熱帯性の気候。出生率全国一（2021年）。

（※面積・人口2021年，農業産出額2020年，製造品出荷額等2019年，『県勢2023』）

(2) 中国・四国地方

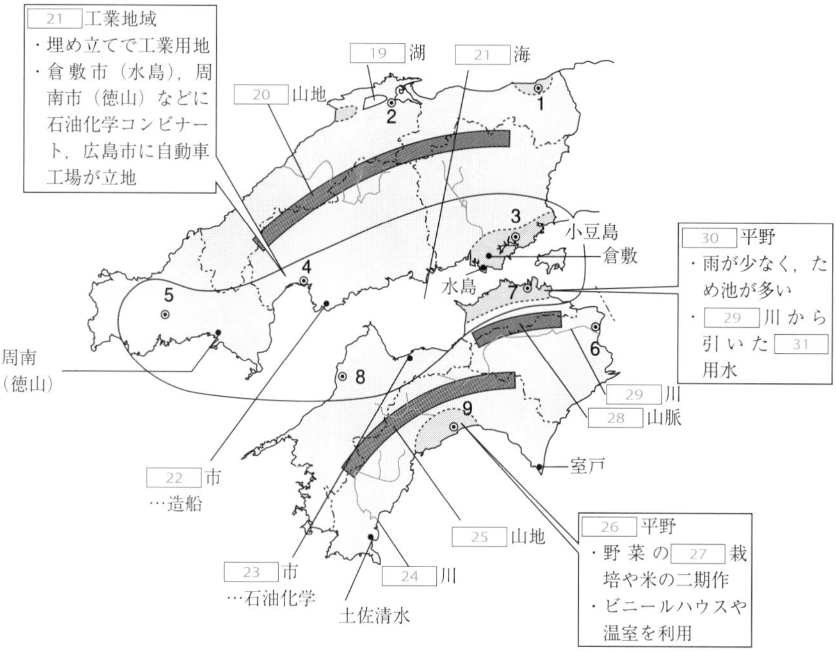

地図上の番号	県名〔県庁所在地〕	面積（km^2）	人口（万人）	農業産出額（億円）	製造品出荷額等（億円）	主な生産物	特色
1	1〔2〕	3,507	55	764	7,868	らっきょう，かに類，織物製背広服上衣	鳥取砂丘は日本最大の砂丘。水木しげるロードは観光名所として有名。
2	3〔4〕	6,708	66	620	12,488	しじみ，あなご類，固定コンデンサ	19 湖は海水と淡水が混ざる汽水湖で，しじみ漁が盛ん。
3	5〔6〕	7,114	188	1,414	77,397	織物製学生服，畳表，田植機，マッシュルーム	温暖少雨の瀬戸内気候。ぶどうなど果物を栽培。児島湾干拓地で稲作。
4	7〔8〕	8,479	278	1,190	98,047	レモン，養殖かき類，ソース類	21 工業地域の中核として発展。広島市は中国・四国地方最大の都市。
5	9〔10〕	6,113	133	589	65,735	あまだい類，トルエン	秋吉台は石灰岩からなる，日本最大の 32 台地。鍾乳洞が発達。
6	11〔12〕	4,147	71	955	19,209	すだち，発光ダイオード，しろうり	29 川が徳島平野を形成。京阪神地方へ野菜を出荷する近郊農業が盛ん。
7	13〔14〕	1,877	94	808	27,416	オリーブ，うちわ，扇子	日本で最も面積が小さい県。はまちや海苔などの養殖業が盛ん。
8	15〔16〕	5,676	132	1,206	43,303	タオル，養殖まだい	柑橘類の栽培が盛ん。造船・化学・製紙業が発達。今治市はタオル生産で有名。
9	17〔18〕	7,104	68	1,113	5,953	ぶんたん，花みょうが，しょうが，ゆず	黒潮の影響で温暖。夏の雨量が多い。土佐清水，室戸は 33 漁業の基地。

(3) 近畿地方

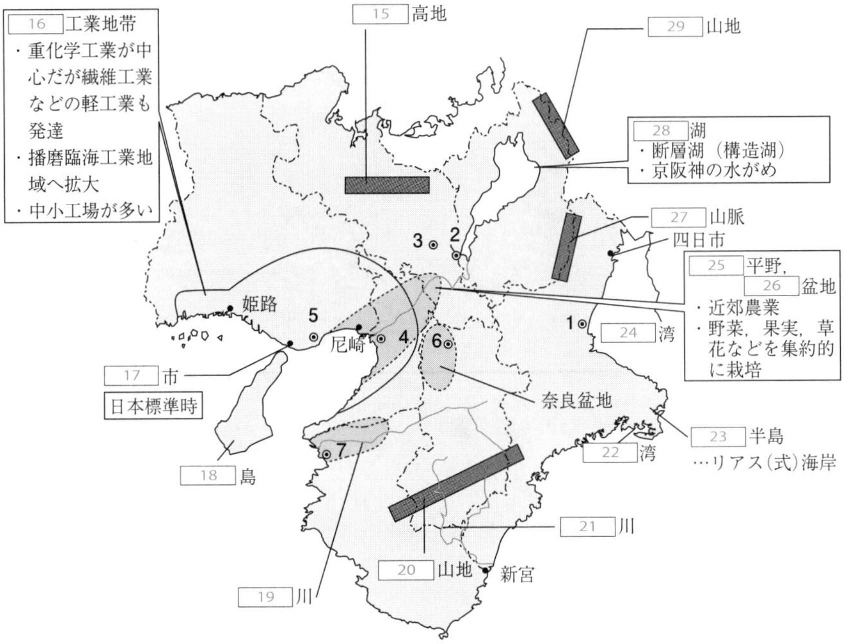

地図上の番号	府県名〔府県庁所在地〕	面積(km²)	人口(万人)	農業産出額(億円)	製造品出荷額等(億円)	主な生産物	特色
1	[1]〔[2]〕	5,774	176	1,043	107,685	液晶パネル，いせえび，陶磁器製台所用品，錠・かぎ	[23]半島で真珠やかきを養殖。四日市に石油化学コンビナート。公害発生。
2	[3]〔[4]〕	4,017	141	619	80,754	理容用電気器具，はかり，即席めん類	[28]湖は日本最大の湖で，県の面積の約6分の1を占める。
3	[5]〔[6]〕	4,612	256	642	57,419	絹織物，既製和服，帯	[30]織，清水焼など伝統工業が発展。歴史的街並みは世界遺産に登録。
4	[7]〔[8]〕	1,905	881	311	172,701	自転車，魔法びん，石けん	西日本最大の都市。古くから商業が盛ん。[16]工業地帯の中心。
5	[9]〔[10]〕	8,401	543	1,478	163,896	清酒，ガス風呂釜，ずわいがに，原子炉，同部品類	神戸港は日本有数の貿易港。鉄鋼・造船・機械・化学などの工業が発展。
6	[11]〔[12]〕	3,691	131	395	21,494	ソックス，歯ブラシ，アルミ・合同金粉	[20]山地では林業が発展。奈良盆地には多くの文化遺産が点在。
7	[13]〔[14]〕	4,725	91	1,104	26,754	うめ，柿，みかん，はっさく	黒潮の影響で温暖多雨。柑橘類の栽培。大部分を山地が占め，林業が盛ん。

(4) 中部地方

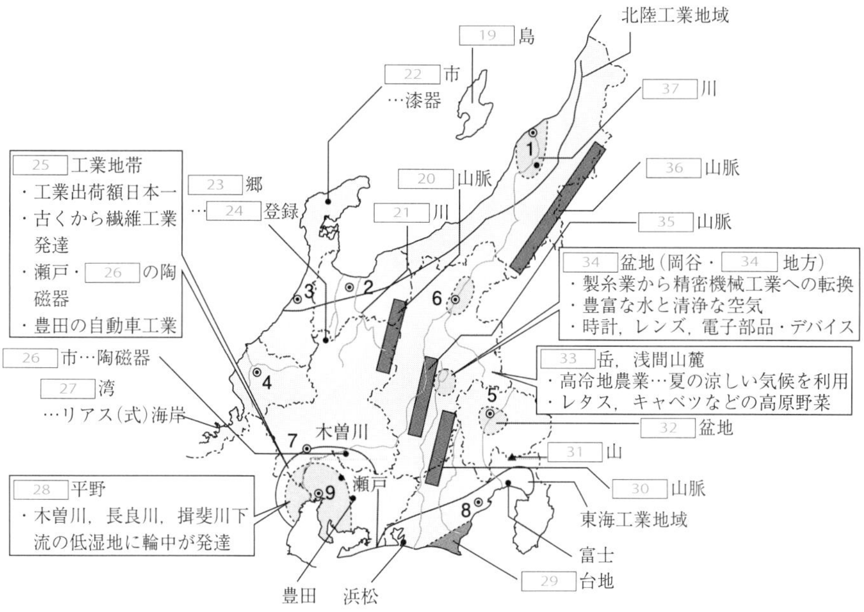

地図上の番号	県名〔県庁所在地〕	面積(km²)	人口(万人)	農業産出額(億円)	製造品出荷額等(億円)	主な生産物	特色
1	1〔2〕	12,584	218	2,526	50,113	米(水稲)，金属洋食器，まいたけ	全国有数の米どころで「コシヒカリ」が有名。油田・ガス田を持つ。
2	3〔4〕	4,248	103	629	39,411	球根類，アルミサッシ	扇状地が発達。砺波平野に散村。神通川流域でイタイイタイ病が発生。
3	5〔6〕	4,186	113	535	30,478	金属はく，漆器製家具	輪島塗，山中漆器，九谷焼，加賀友禅などの伝統工芸が盛ん。
4	7〔8〕	4,191	76	451	22,902	眼鏡枠，漆器製食卓用品，さわら類	若狭湾はリアス(式)海岸。沿岸に原子力発電所が多数立地。
5	9〔10〕	4,465	81	974	25,053	もも，ぶどう，ウイスキー	32 盆地の扇状地は寒暖の差が大きく，果樹栽培が盛ん。湧水も豊富。
6	11〔12〕	13,562	203	2,697	62,194	レタス，わさび，みそ，寒天	高冷地で高原野菜，盆地で果樹の栽培。日本アルプスを擁する。
7	13〔14〕	10,621	197	1,093	59,896	包丁，陶磁器製和飲食器	木曽地方でひのきの生産が盛ん。工業は繊維や陶磁器など軽工業が中心。
8	15〔16〕	7,777	361	1,887	172,749	ピアノ，茶，プラモデル，かつお類	焼津は遠洋漁業の基地。東海工業地域を形成。登呂遺跡は弥生時代の遺跡。
9	17〔18〕	5,173	752	2,893	481,864	衛生陶器，電動工具，あさり類	自動車の生産は日本一。25 工業地帯の中心。近郊農業が盛ん。

(5) 関東地方

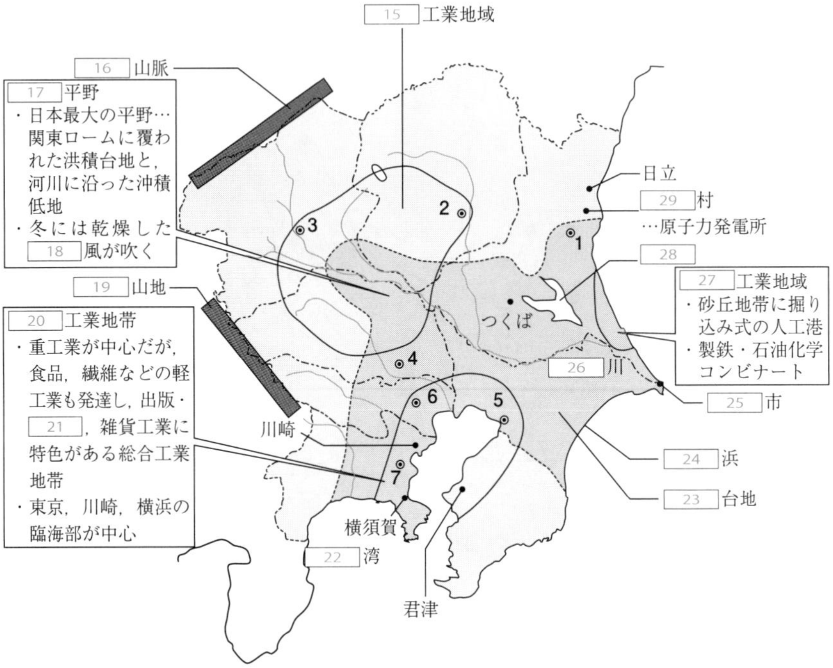

地図上の番号	都県名〔都県庁所在地〕	面積（km^2）	人口（万人）	農業産出額（億円）	製造品出荷額等（億円）	主な生産物	特色
1	1〔 2 〕	6,097	285	4,417	126,383	メロン，ピーマン，はくさい，れんこん	つくば市に筑波研究学園都市。 29 村に日本初の原子力発電所。
2	3〔 4 〕	6,408	192	2,875	90,110	いちご，かんぴょう，うど	東北自動車道に沿って工業地域が発達。日光の社寺は世界遺産に登録。
3	5〔 6 〕	6,362	193	2,463	90,522	キャベツ，こんにゃくいも	絹織物など伝統的な繊維業が発達。農業は畑作，畜産が中心。
4	7〔 8 〕	3,798	734	1,678	139,529	さといも，ほうれんそう	東京のベッドタウンとして発展。近郊農業が盛ん。
5	9〔 10 〕	5,157	628	3,853	125,846	らっかせい，ねぎ，だいこん	農業産出額が高い。 25 市は全国有数の漁獲高を誇り，醤油の生産も盛ん。
6	11〔 12 〕	2,194	1,401	229	74,207	補聴器，電子顕微鏡	日本の全人口の約10分の1が在住。一極集中が進む。世界経済の中心の一つ。
7	13〔 14 〕	2,416	924	659	178,722	トラック，口紅，ほお紅等	工業出荷額は愛知に次いで第2位（2019年）。横浜港は日本有数の貿易港。

(6) **東北地方**

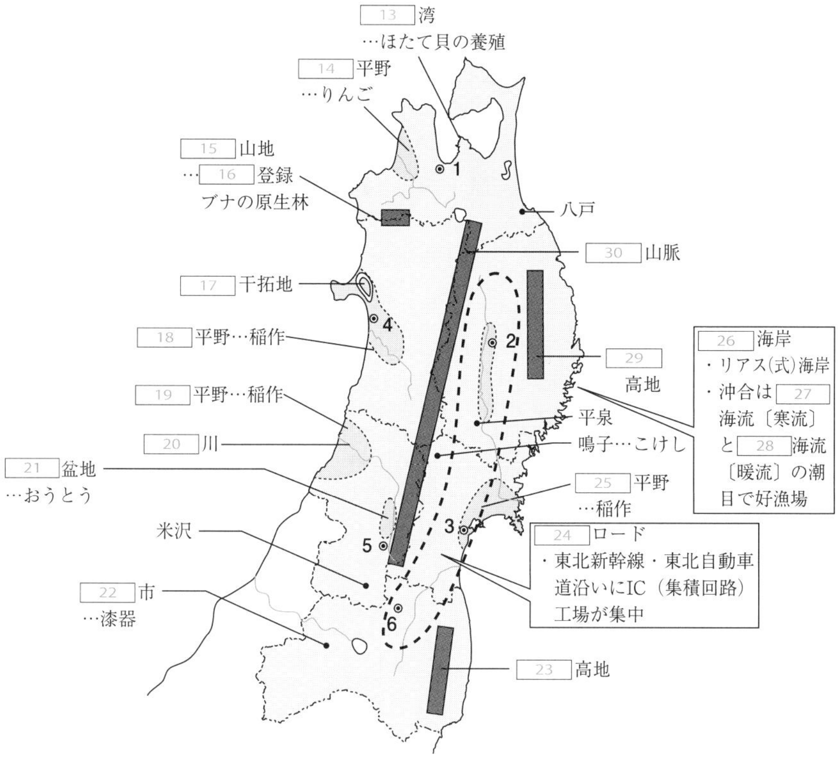

地図上の番号	県名〔県庁所在地〕	面積（km^2）	人口（万人）	農業産出額（億円）	製造品出荷額等（億円）	主な生産物	特色
1	1 〔 2 〕	9,646	122	3,262	17,504	りんご，にんにく，ごぼう	ほたて貝の養殖。八戸は日本有数の漁港。六ヶ所村にエネルギー関連施設。
2	3 〔 4 〕	15,275	120	2,741	26,435	生うるし，おきあみ類，りんどう	全国第2位の面積。三陸海岸沿岸は豊かな漁場。南部鉄器。
3	5 〔 6 〕	7,282	229	1,902	45,590	かじき類，養殖ぎんざけ	仙台は東北地方最大の都市。25 平野で稲作。26 海岸では水産業が盛ん。
4	7 〔 8 〕	11,638	94	1,898	12,998	ラズベリー，プリズム	米どころで，「あきたこまち」の栽培が盛ん。17 の干拓。秋田すぎの山林。
5	9 〔 10 〕	9,323	105	2,508	28,679	さくらんぼ（おうとう），西洋なし	夏はフェーン現象で高温になりやすい。盆地では果樹栽培が盛ん。
6	11 〔 12 〕	13,784	181	2,116	51,232	固定局通信装置，桐	福島盆地でもももなど果物の栽培。郡山市を中心に工業が発展。

(7) 北海道

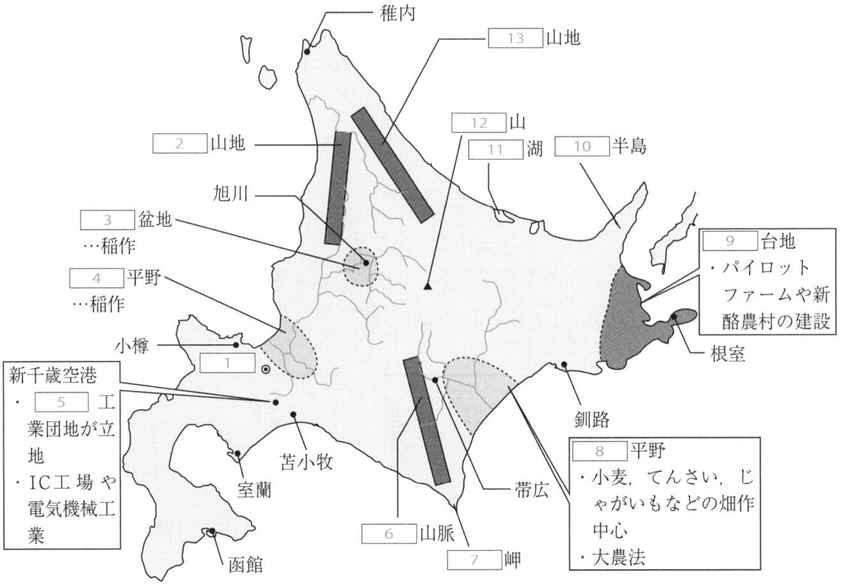

道名〔道庁所在地〕	面積（km^2）	人口（万人）	農業産出額（億円）	製造品出荷額等（億円）	主な生産物	特色
北海道〔 1 〕	78,421	518	12,667	61,336	てんさい，大豆，小豆，小麦，ばれいしょ，そば，にんじん，かぼちゃ，たまねぎ，さけ類，生乳	国土の約5分の1の面積を占める。農業産出額，漁獲高，素材生産量日本一。稲作は 3 盆地や 4 平野，畑作は 8 平野，酪農は 9 台地が中心。工業は食料品工業が中心。苫小牧には製紙・パルプ，室蘭には鉄鋼，石油化学が発展。

過去問に挑戦！

次の説明文からその都道府県名を答えよ。また，その都道府県の形をア～エから選び，記号で答えよ。

(1) みかんやいよかん，キウイフルーツなど柑橘類の栽培が盛んである。

(2) 全国における茶のシェアの約40％を占める（2021年）。

(3) 伝統的に繊維業・窯業が盛んであるが，現在は自動車工業が中心である。

ア.

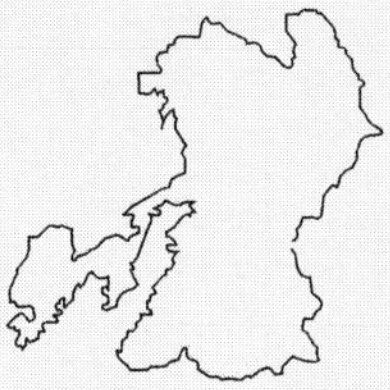

イ.

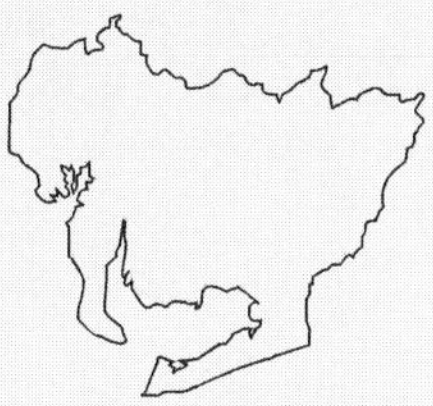

ウ.

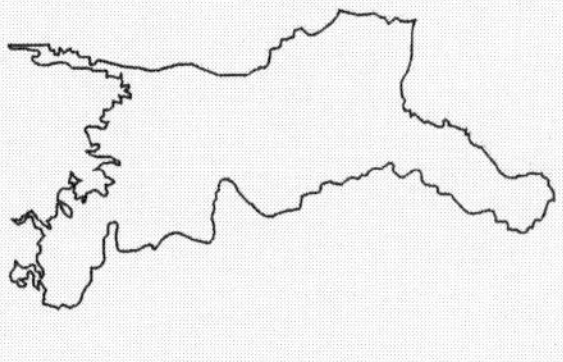

エ.

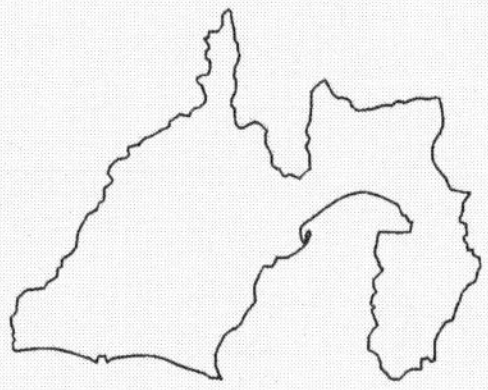

（佐賀県　改題）

6 日本の貿易

(1) 貿易相手国（2021年）

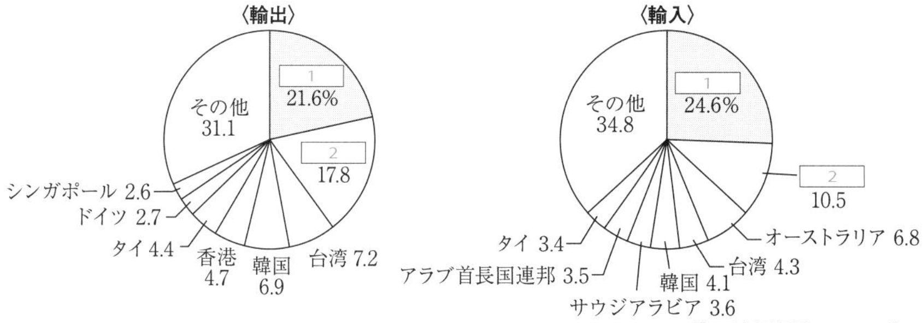

（『日本国勢図会 2023/24』）

(2) 輸出入品目

〈輸出入品の内訳〉

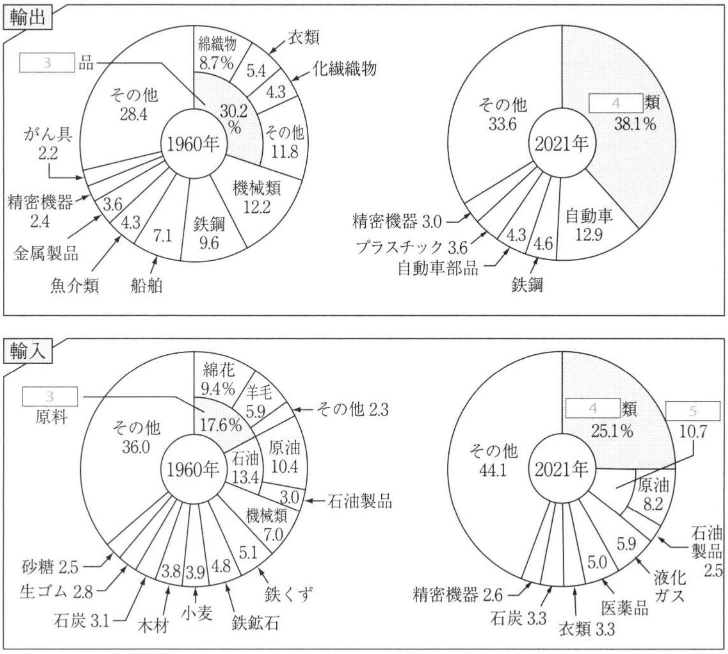

（『日本国勢図会 2023/24』）

(3) 日本の主要輸入品輸入先（2021年）

（金額円による百分比　%）

原材料	原油	6 40.0	アラブ首長国連邦 34.8	クウェート 8.5	カタール 7.4
	7	オーストラリア 67.2	インドネシア 11.3	ロシア 10.2	アメリカ 4.8
	鉄鉱石	オーストラリア 55.3	8 28.3	カナダ 7.0	南アフリカ共和国 3.7
	9	チリ 35.0	オーストラリア 18.0	インドネシア 13.0	ペルー 9.9
	液化天然ガス	オーストラリア 36.0	10 12.5	アメリカ 11.0	カタール 11.0
	11	カナダ 29.8	アメリカ 17.0	ロシア 13.1	スウェーデン 9.2
食料品	12	アメリカ 29.1	タイ 13.4	オーストラリア 10.2	－
	魚介類	13 18.0	チリ 9.2	ロシア 9.1	アメリカ 8.6
	14	アメリカ 45.1	カナダ 35.5	オーストラリア 19.2	－
	とうもろこし	アメリカ 72.7	8 14.2	アルゼンチン 8.0	－
	野菜	13 49.4	アメリカ 15.0	15 5.4	タイ 4.0

（『日本国勢図会2023/24』）

7 世界と日本の人口

(1) **世界人口**

① 世界の人口

2022年現在約[1]億人で，地域別ではアジアが約[2]％を占める。2050年には97億人を超えると予測されている。

② 人口ピラミッド

年齢別，男女別の人口構成グラフのこと。[3]型（発展途上国）→[4]型→[5]型（日本など先進国）と推移する。

(2) **日本の人口**

2022年現在，約[6]億人。

[7]歳以上の老年人口は全人口の28.9％を占め，[8]歳未満の年少人口の割合（11.8％）を大きく上回っている（2021年）。一人の女性が生涯に産む子どもの数の平均値である[9]は，非常に低く，2021年は1.30と6年連続で低下している。

8 地球環境問題

(1) **環境問題**

地球温暖化	二酸化炭素などの[1]の濃度が増加し，地球の平均気温が上昇する現象。1997年の地球温暖化防止京都会議（気候変動枠組み条約第3回締約国会議　COP3）で[2]議定書が締結され，先進国に温室効果ガスの削減目標が設定された。その後，2015年に開催された気候変動枠組み条約第21回締約国会議（COP21）では京都議定書に代わる[3]が採択された。同協定では先進国のみならず途上国も含めたすべての国・地域が参加し，2020年以降の排出量削減の枠組み（平均気温の上昇を産業革命以前から2度未満に抑える）が合意された。

(2) **国際的な取り組み**

① 国連人間環境会議…1972年にスウェーデンの[4]で開かれ，環境問題が初めて国際的に検討された。「[5]（only one earth）」をスローガンに掲げ，人間環境宣言を採択した。

② 国連環境開発会議（[6]）…1992年にブラジルの[7]で開かれ，「[8]」を基本理念にリオ宣言のほか，アジェンダ21や気候変動枠組み条約，生物多様性条約を採択した。

③ 国連持続可能な開発サミット…2015年に開かれ，「持続可能な開発のための2030アジェンダ」が採択され，17のゴール（目標）と169のターゲットからなる「[9]」が掲げられた。

・[10]条約…絶滅の危機にある野生動植物の国際取引を規制することにより，それらの保護を図ることを目的とする条約。

・[11]条約…湿地を保全することにより生態系を保護することを目的とする条約。

・[12]条約…ユネスコ総会で採択された条約。正式名称を「世界の文化遺産及び自然遺産の保護に関する条約」という。

〈我が国のラムサール条約の登録地（2023年6月現在）〉

所在地	名　称
北海道	釧路湿原，クッチャロ湖，ウトナイ湖，霧多布湿原，厚岸湖・別寒辺牛湿原，宮島沼，雨竜沼湿原，サロベツ原野，濤沸湖，阿寒湖，風蓮湖・春国岱，野付半島・野付湾，大沼
青森県	仏沼
宮城県	伊豆沼・内沼，化女沼，蕪栗沼・周辺水田，志津川湾
山形県	大山上池・下池
茨城県・栃木県・群馬県・埼玉県	渡良瀬遊水地
茨城県	涸沼
栃木県	奥日光の湿原
群馬県	芳ヶ平湿地群
福島県・群馬県・新潟県	尾瀬
新潟県	佐潟，瓢湖
千葉県	13 干潟
東京都	葛西海浜公園
富山県	立山弥陀ヶ原・大日平
石川県	片野鴨池
福井県	14 湖，中池見湿地
愛知県	15 干潟，東海丘陵湧水湿地群
滋賀県	琵琶湖
兵庫県	円山川下流域・周辺水田
和歌山県	串本沿岸海域
鳥取県・島根県	中海
島根県	宍道湖
広島県	宮島
山口県	秋吉台地下水系
佐賀県	東よか干潟，肥前鹿島干潟
熊本県	荒尾干潟
大分県	くじゅう坊ガツル・タデ原湿原
鹿児島県	藺牟田池，屋久島永田浜，16 の越冬地
沖縄県	漫湖，慶良間諸島海域，名蔵アンパル，久米島の渓流・湿地，与那覇湾

〈我が国の世界遺産（2023年6月現在）〉

★は自然遺産、◆は文化遺産、数字は登録年

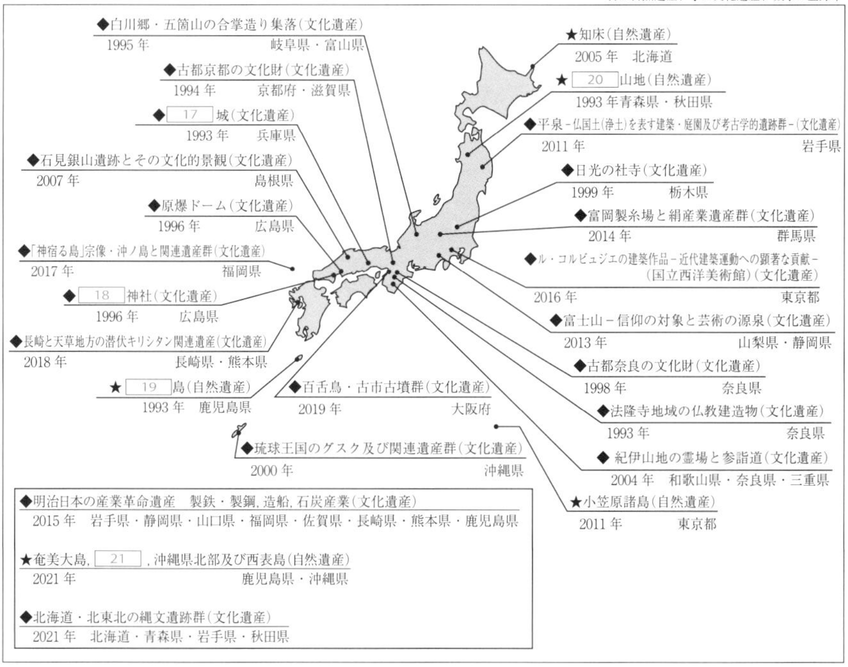

3 歴史

重要度 A

ここが要点 古代から近・現代までいつ，誰が，何を，どうしたのか，ポイントをまとめておこう。日本文化史は必須。また，世界のできごとと融合させた問題もみられる。難解な問題は少ないので，基礎的知識を確実に身に付けておこう。

1 古代（縄文時代～平安時代）

日本の動き			世界の動き	
弥生	239	邪馬台国女王［1］が魏に遣使	395	ローマ帝国の東西分裂
古墳			476	西ローマ帝国滅亡
			481	フランク王国建国
	538	仏教の伝来		
飛鳥	593	［2］が推古天皇の摂政となる	589	隋が中国を統一
	604	［3］の憲法制定 飛鳥文化		
	607	［4］を隋に派遣	610	ムハンマドがイスラーム教開く
			618	唐が中国を統一
	630	第1回遣唐使		
	645	［5］始まる		
	672	壬申の乱	661	イスラーム帝国（ウマイヤ朝）成立
	701	［6］完成		
	708	和同開珎鋳造		
奈良	710	元明天皇が平城京に遷都 天平文化		
	723	三世一身法施行		
			732	トゥール・ポワティエ間の戦い
	743	［7］法，［8］の詔発布		
平安	794	桓武天皇が平安京に遷都		
			843	フランク王国分裂
	894	［9］の建議により遣唐使派遣中止		
			907	唐の滅亡
	939	平将門の乱，藤原純友の乱		
			960	北宋建国
			962	神聖ローマ帝国成立
	1017	［10］が太政大臣となる 国風文化	1038	セルジューク朝成立
	1069	延久の荘園整理令発布		
	1086	白河上皇が［11］を始める		
			1096	十字軍の遠征始まる
	1156	保元の乱	1127	南宋建国
	1159	平治の乱		
	1167	［12］が太政大臣となる		
	1185	［13］の戦いで平氏滅亡		

(1) 弥生時代・邪馬台国

① 歴史書

・[14]志…紀元前1世紀頃の日本の様子について記述された歴史書。紀元前後には100あまりの小国が分立していたとされる。

・[15]伝…倭の奴国の王が後漢に使者を派遣し，57年に光武帝から金印を授かったことが記されている。

・[16]伝…3世紀半ばの日本の様子について記述された歴史書。邪馬台国などについて記されている。

② 邪馬台国

・女王[17]が政治を行い，30あまりの小国を支配。

・[17]は，239年に中国の皇帝に国王の地位を認めてもらうため，魏に使者を派遣し，「親魏倭王」の称号と金印などを授かった。

(2) 飛鳥時代

① 聖徳太子（厩戸王）の政治

[18]天皇の摂政として政治を行い，蘇我馬子と協力して天皇中心の統一国家を目指す。

〈聖徳太子と伝えられる肖像〉

・[19]（の制）…人材登用が目的。役人の位を12の冠の色に分け，功績や能力に応じて冠位を与えた。

・十七条の憲法…役人の心得を示したもの。

・遣隋使…隋の進んだ制度や文化を取り入れるため，600年から数回にわたり派遣。607・608年には[20]らが送られた。

・仏教の奨励…[21]寺，四天王寺を建立。

〈重要史料〉十七条の憲法

一に曰《いわ》く、和を以て貴《たっと》しとなし、忤《さか》ふること無きを宗《むね》とせよ。

二に曰く、篤《あつ》く三宝《さんぼう》を敬へ。

三に曰く、詔《みことのり》を承りては必ず謹め。

② 律令国家の形成

・[22]…中大兄皇子（後の天智天皇）や中臣鎌足（後の藤原鎌足）らが蘇我氏を倒す。唐の律令制をもとに，公地公民制に基づく天皇中心の中央集権国家建設を目標とする。

・壬申の乱…天智天皇の子の大友皇子と弟の大海人皇子との間での皇位をめぐる争い。勝利した大海人皇子は飛鳥浄御原宮で即位し，天武天皇となった。

・[23]…律令政治の基本となる法典。唐の律令にならい制定された。

・[24]法…6年ごとに戸籍を作成し，これに基づき口分田（6歳以上の男子に2段，女子はその3分の2）が与えられる。唐の均田制を手本とする。

・農民の義務…租・調・庸のほか，労役・兵役が課せられた。

租：田地に課される税。口分田1反につき収穫高の3％程度の稲を納める。

[25]：絹・布・糸や各地の特産品を納める。

[26]：年に10日間都で労役に服するか，かわりに布などを納める。

雑徭：国司の命令によって年間60日以内の労役を行う。

(3) 奈良時代

① 平城京

・元明天皇が唐の都[27]にならって，奈良に都を造る。

・都やその周辺では，708年に鋳造された[28]が使われた。

② 聖武天皇の政治

貴族の勢力争いや飢饉・疫病などの社会的不安を仏教の力でしずめ，国家の安定を図ろうとした。

・諸国に[29]・[30]を建立。

・東大寺…総国分寺として都に建立。大仏造営には，僧の[31]が協力。

③ 開墾の奨励

・口分田の荒廃…租調庸などの負担に苦しむ農民の中には，口分田を捨てて逃亡し浮浪人となる者も現れ，口分田が荒廃し不足した。

・[32]法…新たに開墾した土地の永久私有を認める法令で，開墾を奨励。私有地が広がり，公地公民制がしだいに崩れていった。

〈東大寺大仏〉

〈重要史料〉貧窮問答歌ー山上憶良 （万葉集）

…竈《かまど》には　火気《ほけ》ふき立てず　甑《こしき》には　蜘蛛《くも》の巣懸《すか》きて　飯炊《いいかし》く　事も忘れて　鵺鳥《ぬえどり》の　呻吟《のどよ》ひ居るに……術無きものか　世間《よのなか》の道

（※貧しい農民の生活が詠まれている。）

(4) 平安時代

① 平安京

[33]天皇は，仏教政治の弊害を改め，天皇権力を強化するため，784年に平城京から長岡京，794年には平安京に都を移した。

② 新仏教

・[34]〔伝教大師〕…比叡山に延暦寺を建て，天台宗を広めた。

・[35]〔弘法大師〕…高野山に金剛峰寺を建て，真言宗を広めた。

③ 遣唐使の派遣中止

630年から10数回派遣されたが，国内政治の乱れから唐が急速に衰えたため，894年に[36]の建議により中止される。[36]は，のちに大宰府に追放された。

④ 摂関政治

9世紀後半から藤原氏が外戚（母方の親戚）として，天皇が幼いときは摂政，成人してからも関白として，天皇にかわって政治の実権を握った。11世紀前半の[37]・頼通父子の頃，全盛となった。

⑤ 院政の開始

摂関政治が衰えたことから，[38]天皇は退位して上皇となった後も御所の院で政治を始めた。上皇（院）と天皇（朝廷）の対立から，保元の乱がおこった。

⑥ 平氏政権

・[39]…保元の乱や平治の乱に勝利し，武士として初めて太政大臣となり，政治の実権を握った。

・[40]貿易…大輪田泊（現在の神戸港）を改修して貿易を行い，利益をあげた。

2 中世（鎌倉時代～安土・桃山時代）

時代	年	日本の動き	年	世界の動き
鎌倉	1192	[1]が征夷大将軍となる		
		鎌倉文化	1206	チンギス＝ハンがモンゴルを統一
			1215	大憲章（マグナ＝カルタ）制定
	1221	[2]の乱，六波羅探題設置		
	1232	北条泰時が[3]制定		
			1260	フビライ＝ハン即位
			1271	元が中国を統一
	1274	文永の役 } [4]		
	1281	弘安の役 } [4]		
	1297	永仁の徳政令		
			1300頃	オスマン帝国成立
			1309	教皇のバビロン捕囚（～77年）
	1333	鎌倉幕府滅亡		
南北朝	1334	[5]天皇が建武の新政		
	1336	建武式目制定		
	1338	[6]が征夷大将軍となる	1339	英仏百年戦争（～1453年）
			1368	明が中国を統一
	1392	南北朝の合体	1392	（李氏）朝鮮建国
室町	1404	足利義満が[7]貿易開始		
	1428	正長の徳政一揆（土一揆）		
		北山文化		
	1457	コシャマインの戦い	1453	オスマン帝国が東ローマ（ビザンツ）帝国を滅ぼす
	1467	[8]の乱（～77年）		
	1485	山城の国一揆（～93年）		
		東山文化	1492	コロンブスがアメリカ大陸に到達
	1488	加賀の一向一揆（～1580年）		
			1498	ヴァスコ＝ダ＝ガマがインド航路発見
			1517	ルターの宗教改革（九十五カ条の論題発表）
			1522	マゼラン一行が世界一周達成
	1543	ポルトガル人が鉄砲を伝える		
	1549	[9]がキリスト教を伝える		
			1558	イギリスでエリザベス1世即位
	1560	[10]の戦い		
	1573	[11]が将軍足利義昭を追放，室町幕府滅亡		
安土桃山	1575	[12]合戦		
	1582	本能寺の変　安土桃山文化		
	1588	[13]令発布	1588	スペイン無敵艦隊がイギリス艦隊に敗北
	1590	[14]が全国を統一		
	1592	文禄の役（～93年）		
	1597	慶長の役（～98年）		
	1600	[15]の戦い，リーフデ号が豊後に漂着	1600	イギリスが東インド会社設立

(1) 鎌倉時代

① 鎌倉幕府の成立

・源頼朝…壇の浦の戦いで平氏一門を滅ぼした後，[16]に任ぜられた。

・[17]制度…土地を仲立ちとして御恩と奉公の関係で結ばれた主従関係。将軍と主従関係を結んだ有力な武士を[18]といい，将軍から領地を与えられるかわりに，忠誠を誓う。

② 執権政治

・[19]…頼朝の妻・北条政子の父。頼朝の死後，初代[20]となる。

・[21]の乱…[22]上皇が倒幕を計って挙兵したが，北条氏率いる幕府軍に敗れ，隠岐に流罪となる。幕府は京都に[23]を設置し，朝廷の監視や西国の統轄に当たった。

・[24]…北条泰時が制定した武家社会の最初の成文法典。

③ 元寇（モンゴル帝国の襲来）

・元寇…元のフビライ＝ハンが1274年（文永の役）と1281年（弘安の役）の2度にわたり北九州に来襲。[25]を執権とする幕府が撃退した。

〈元軍と戦う日本軍（「蒙古襲来絵巻」）〉

・[26]令…元寇への出陣のため，戦いに参加した御家人は十分な恩賞をもらえず，生活が窮乏化したことから，御家人を救済しようとした。

④ 鎌倉新仏教

宗　派	開祖	内　容
浄土宗	[27]	念仏唱和による極楽浄土への往生
[28]宗	親鸞	一念発起，悪人正機説
時　宗	一遍	踊念仏・民間信仰と結びついた全国遊行
日蓮宗（法華宗）	日蓮	題目唱和による救済。激しい他宗排撃
臨済宗	[29]	公案による修行と悟り。幕府の保護を受ける
[30]宗	道元	坐禅による修行と悟り（只管打坐）

⑤ 鎌倉幕府の滅亡と南北朝の動乱

・鎌倉幕府の滅亡…[31]天皇のよびかけに応じ，足利高氏（のち尊氏），新田義貞らが倒幕を果たす。

・[32]…[31]天皇は，公家と武士を従えて自ら政治を行うが，公家重視の政策を行ったことから，足利尊氏の挙兵により終わる。

・南北朝時代…[33]に逃がれた[31]天皇の朝廷（南朝）と，足利尊氏がたてた光明天皇の朝廷（北朝）が対立した。足利義満の時代に南北朝の合体が実現した。

(2) 室町時代

① 室町幕府

・[34]…北朝の光明天皇より征夷大将軍に任命され，幕府を開く。

・[35]…第3代将軍。南北朝の合体が実現，室町幕府全盛期を築く。

・[36]貿易…[35]が貿易の利益に着目して始める。倭寇と正式な貿易船と区別するために勘合（勘合符）を用いた。

② 戦国時代

・[37]の乱…将軍の跡継ぎ争いに守護大名の勢力争いがからんでおこる。京都を中心として11年間争いが続き，戦乱が全国に波及。

・[38]…下剋上の風潮の中で，実力で一国の新しい支配者となった者。

③　ヨーロッパ人の来航

・鉄砲の伝来…ポルトガル人が[39]に漂着して伝える。各地の戦国大名の間に広がり，堺などで生産された。

・キリスト教の伝来…イエズス会の宣教師フランシスコ＝ザビエルが[40]に来航して伝える。大名の保護を受け，西日本を中心に布教活動を進めた。

〈フランシスコ＝ザビエル〉

・[41]貿易…ポルトガルやスペインとの間で，平戸・長崎を中心に行う。生糸や鉄砲，火薬などを輸入し，主に銀を輸出。

(3)　安土・桃山時代

①　織田信長の統一事業

a）統一の経過

・[42]の戦い…駿河の今川義元を破る。

・室町幕府の滅亡…第15代将軍[43]を追放。

・[44]合戦…足軽鉄砲隊を使い，家康軍とともに甲斐の武田勝頼軍を破る。

・[45]城を築く…天下統一の拠点として近江に築城。

・本能寺の変…統一事業の半ばで，家臣の[46]に倒される。

〈[44]合戦図屏風〉

b）政策

・キリスト教の保護…貿易による利益，寺院勢力を抑えるのが目的。

・[47]の廃止，楽市・楽座…商工業を保護し，城下への集住を図る。

②　豊臣秀吉の天下統一

a）統一の完成…小田原の北条氏を滅ぼし，全国を統一。関白の位に就く。[48]城を築き，本拠地とする。

b）国内政策

・[49]…土地台帳を作成して土地・農民を直接支配し，年貢を徴収。荘園が完全に崩壊し，封建的な土地所有制度が確立。

〈豊臣秀吉〉

・[50]…一揆を防ぐため，農民や寺院からすべての武器を取り上げる。兵農分離が進み，封建的身分制度が整えられた。

〈重要史料〉刀狩令　『小早川家文書』

一　諸国百姓、刀、脇差《わきざし》、弓、やり、てつはう、其外《そのほか》武具のたぐひ所《しょ》持《じ》候事、堅《かた》く御停止《ごちょうじ》候。其子細《しさい》は、入《い》らざる道具をあひたくはへ、……

c）対外政策

・キリスト教の禁止…初めは保護したが，長崎がイエズス会の教会に寄進されていることを知って，宣教師を国外へ追放。

・[51]侵略…明の征服を目指し，1592年（文禄の役）と1597年（慶長の役）の2度にわたり出兵したが失敗。

・[52]貿易…渡航許可証を与えられた船による，東南アジア各地との貿易。

3 近世（江戸時代）

日本の動き		世界の動き	
1603	[1]が征夷大将軍となり，江戸幕府を開く		
1614	大坂冬の役（陣）		
1615	大坂夏の役（陣），武家諸法度制定	1618	三十年戦争
1635	[2]が参勤交代制度を定める		
1637	[3]・天草一揆		
1639	ポルトガル船の来航禁止		
1641	平戸のオランダ商館を長崎の[4]に移し鎖国完成	1640	イギリスでイギリス（ピューリタン）革命（～60年）
		1648	ウェストファリア条約
		1661	フランスでルイ14世の絶対王政
1669	シャクシャインの戦い		
1685	生類憐みの令制定　**元禄文化**	1688	イギリスで名誉革命（～89年）
		1689	イギリスで権利の章典
		1701	スペイン継承戦争（～13年）
1709	[5]による正徳の政治		
1716	[6]による享保の改革（～45年）		
1742	公事方御定書制定		
1772	田沼意次の政治（～86年）		
	宝暦・天明期の文化	1775	アメリカ独立戦争（～83年）
		1776	アメリカ独立宣言
1782	天明の飢饉（～87年）		
1787	[7]による寛政の改革（～93年）	1789	フランス革命（～99年），人権宣言
1792	ロシアの[8]が根室に来航	1796	ナポレオン戦争（～1815年）
1804	ロシアのレザノフが長崎に来航	1804	ナポレオンが皇帝となる
	化政文化		
1808	フェートン号事件	1814	ウィーン会議（～15年）
1825	異国船打払令	1830	フランスで七月革命
1837	大坂で[9]の乱，モリソン号事件	1840	中国でアヘン戦争（～42年）
1841	[10]による天保の改革（～43年）	1842	南京条約
		1848	フランスで二月革命
		1851	中国で太平天国の乱（～64年）
1853	アメリカの[11]が浦賀に来航	1853	クリミア戦争（～56年）
1854	日米和親条約締結		
		1856	中国でアロー戦争（～60年）
		1857	インド大反乱（シパーヒーの反乱）
1858	[12]条約締結	1858	ムガル帝国が滅亡
	安政の大獄（～59年）		
1860	[13]の変で井伊直弼を暗殺	1860	北京条約
1863	薩英戦争	1861	アメリカ南北戦争（～65年）
1864	四国艦隊下関砲撃事件		
1866	薩長連合（同盟）		
1867	大政奉還，王政復古の大号令		
1868	[14]戦争（～69年）		

(1) 江戸幕府と鎖国

① 江戸幕府の成立

徳川家康は，[15]の戦いで石田三成らを破り，全国支配の実権を握る。征夷大将軍となり，江戸幕府を開いた。将軍と大名（幕府と藩）が全国の土地と人民を支配する[16]体制をしく。

〈徳川家康〉

② 統制のしくみ

・[17]…大名を取り締まるため，築城や結婚などを制限。違反した大名は領地没収，国替えなど厳しく罰せられた。将軍の代替りごとに発布。
・[18]…天皇や公家の行動を制限。
・参勤交代…第3代将軍[19]のときに新たな[17]（寛永令）を発布し，義務化。大名は江戸と国元とを1年交代で往復させられる。
・農民への規制…土地の売買を禁止した[20]の禁止令や，分割相続による田畑の細分化を防ぐため，分地制限令などを発令。
・江戸時代の身分制…武士，百姓，町人

〈重要史料〉武家諸法度（元和令）　『徳川禁令考』

一　文武弓馬ノ道、専《もっぱ》ラ相嗜《あいたしな》ムベキ事。……

一　諸国ノ居城修《しゅう》補《ほ》ヲ為スト雖《いえど》モ、必ズ言上《ごんじょう》スベシ。……

〈重要史料〉田畑永代売買の禁止令　『御触書寛保集成』

身上《しんしょう》能《よ》き百姓は田地を買取り、弥《いよいよ》宜《よろし》く成り、身体《しんたい》成らざる者は田畠を沽《こ》却《きゃく》せしめ、猶々身上成るべからざるの間、向後田畠売買停止たるべき事。

③ 鎖国

キリスト教禁止の徹底と貿易の独占を図るため，幕府のみが長崎において，オランダ・清と貿易（長崎貿易）。

・中国船を除く外国船の寄港地を[21]と長崎に制限。
・[3]・天草一揆…九州の[3]・天草地方でおこった，キリスト教徒を中心とする農民の大規模な一揆。幕府の大軍により鎮圧。
・[22]船の来航禁止（1639年）。
・平戸のオランダ商館を長崎の[23]に移す…鎖国が完成。

(2) 幕藩体制の動揺

① 徳川綱吉（第5代将軍）の政治

江戸幕府の将軍としては最も安定した強い権力をもち，独裁的な政治を展開した。

・儒学（朱子学）の奨励…儒学者[24]が建てた聖堂を江戸の湯島に移す。
・幕府の財政難…質の悪い貨幣を発行し，かえって物価の上昇を招く。
・[25]の令…生類すべての殺生を禁じ，民衆の反感を買う。

② 新井白石の政治〔[26]の政治〕

朱子学者であった新井白石が，第6代将軍徳川家宣・第7代将軍徳川家継に用いられ，朱子学に基づく[27]政治により財政の立て直しを図る。物価の安定のため[26]小判など良貨を発行し，長崎貿易を制限して（海舶互市新例），金銀の国外流出を抑えようとした。

③　三大改革

[28] の改革	[29] の改革	[30] の改革
徳川吉宗（第8代将軍）	松平定信（老中）	水野忠邦（老中）
・公事方御定書 ・目安箱の設置 ・上げ米 ・足高の制	・囲米 ・棄捐令 ・寛政異学の禁 ・旧里帰農令	・株仲間の解散 ・人返しの法 ・上知令

④　国学・蘭学の発達

・国学…日本の古典を研究し，日本人固有の精神を明らかにしようとする学問。[31] が『古事記伝』を著して大成。

・蘭学…オランダ語を通じて西洋の学術・文化を研究する学問。前野良沢・[32] らが『解体新書』を著す。[33] が『大日本沿海輿地全図』を作成。

〈[31]〉

(3)　開国と江戸幕府の滅亡

①　日本の開国

・ペリー…アメリカ使節で，[34] に来航し，開国を要求。

・[35] 条約…下田・箱館を開港（事実上の開国）。

・日米修好通商条約…総領事 [36] と大老井伊直弼が締結し，[37]・[38]・長崎・新潟・兵庫の5港を開き貿易を開始。

〈ペリー〉

【日米修好通商条約が不平等条約といわれる理由】

・領事裁判権を認めたこと

・日本に [39] 権がないこと

②　開国の混乱

大老井伊直弼は，攘夷（外国勢力排斥思想）を主張する [40] らを処罰（安政の大獄）したことから，[41] の変で暗殺される。こののち，幕府の権威が急速に衰えていった。

③　攘夷から倒幕へ

幕府は朝廷の要請で攘夷の命令を下した。しかし，薩英戦争や下関砲撃事件などで外国の攻撃を受け，攘夷が不可能なことを知った [42] 藩・[43] 藩を中心に倒幕運動へと変化していった。

④　幕府の滅亡

・[44] …第15代将軍徳川慶喜が政権を朝廷に返上し，江戸幕府滅ぶ。

・[45] 令…摂関・幕府を廃絶し，天皇が直接政治を行うことを宣言。

・[46] 戦争…旧幕府軍は鳥羽・伏見の戦いをおこしたが敗北。新政府軍の江戸攻撃に際し，勝海舟，西郷隆盛の会見などにより江戸城を無血開城させる。[47] の五稜郭で旧幕府軍が降伏したことにより，戦争は終結し，新政府軍が全国を統一。

4 近代（明治時代〜大正時代）

	日本の動き		世界の動き	
明治	1868	五箇条の御誓文		
	1869	[1]，北海道開拓使設置		
			1870	プロイセン＝フランス（普仏）戦争（〜71年）
	1871	廃藩置県，日清修好条規締結	1871	ドイツ帝国成立
	1872	学制発布，富岡製糸場開業		
	1873	[2]改正，徴兵令公布		
	1874	板垣退助らが[3]の建白書提出		
	1875	[4]交換条約締結，江華島事件		
	1876	日朝修好条規締結		
	1877	[5]戦争		
	1880	国会期成同盟結成		
	1881	[6]が自由党結成		
	1882	[7]が立憲改進党結成	1882	三国同盟（ドイツ・オーストリア・イタリア）
	1884	秩父事件		
	1885	内閣制度創設		
	1886	ノルマントン号事件		
	1889	[8]憲法発布		
	1890	第一回帝国議会開会		
	1894	[9]が領事裁判権撤廃成功，[10]戦争（〜95年）	1894	朝鮮で甲午農民戦争（東学の乱）
	1895	[11]条約締結，三国干渉		
			1898	ファショダ事件
			1900	中国で義和団事件（〜01年）
	1901	八幡製鉄所操業開始		
	1902	日英同盟締結		
	1904	[12]戦争（〜05年）		
	1905	[13]条約締結		
			1907	三国協商（イギリス，フランス，ロシア）
	1910	韓国併合，大逆事件		
	1911	[14]が関税自主権の回復に成功	1911	中国で辛亥革命（〜12年），清，滅亡
大正			1912	中華民国建国
	1914	第一次世界大戦に参戦	1914	第一次世界大戦（〜18年）
	1915	中華民国の袁世凱政府に対し，二十一カ条の要求		
			1917	ロシア革命
	1918	シベリア出兵，米騒動，[15]内閣成立（初の本格的政党内閣）		
			1919	ヴェルサイユ条約締結，中国で五・四運動，朝鮮で三・一独立運動
	1920	国際連盟に加盟	1920	国際連盟発足
	1922	全国水平社結成	1922	イタリアでムッソリーニのファシスト政権成立，ソヴィエト社会主義共和国連邦成立
	1923	関東大震災		
	1925	普通選挙法・[16]法制定		

(1) 近代日本の成立

① 明治維新

・[17]…明治新政府の方針を，明治天皇が神に誓う形で発布。

・版籍奉還…藩主が所有する土地（版図）と人民（戸籍）を天皇に返上。

・[18]…藩を廃止して，地方を府・県に区分し，中央から府知事・県令を派遣。全国を政府の直接支配の下に置く中央集権体制が実現。

・身分制度の廃止…江戸時代の身分制度を改め，華族・士族・平民の3族籍に再編。

② 富国強兵と殖産興業

・殖産興業…富岡製糸場などの官営模範工場や官営鉱山を設立し，工業化を図る。貨幣制度・金融制度・郵便制度を整備。

・学制…フランスの制度にならい，国民皆学，教育の機会均等，実学の実践を基本とした。

・[19]改正…土地所有者に地価の[20]％の税（地租）を金納させる。農民の負担は重く，各地で反対の一揆が続発。

・[21]令…20歳以上の男子に兵役の義務。役人や戸主などは免除。

③ 文明開化

西洋風の文化が積極的に取り入れられ，国民生活が大きく変化。

・[22]…ルソーの『社会契約論』を翻訳して『民約訳解』を著す。

・[23]…『学問のすゝめ』を著し，人間の平等，学問の大切さを説く。

(2) 近代日本の歩み

① 自由民権運動の展開

・民撰議院設立の建白書…[24]らが政府に提出し，国会開設を要求。

・西南戦争…[25]を中心として鹿児島の士族がおこした反乱。

・国会開設の勅諭…政府が10年後の国会開設を約束。

・政党の結成…自由民権派が国会開設に備えて結成。

自由党	[24]	フランス流の民権思想（急進的）
[26]党	大隈重信	イギリス流の立憲思想（穏健）

② 憲法制定の過程

・憲法の起草…伊藤博文が渡欧して[27]憲法などを研究し，帰国後，憲法草案を作成。天皇の相談機関として設けられた枢密院で審議し決定。

・内閣の発足…最高行政機関として創設。初代内閣総理大臣は[28]。

・[29]憲法の発布…アジア最初の立憲君主国となる。帝国議会は天皇の協賛機関，内閣は天皇の輔弼機関。

③ 帝国議会の開設

国民の直接選挙による衆議院と，勅撰議員からなる貴族院の二院制。第1回衆議院議員選挙での選挙権は，直接国税[30]円以上を納める満[31]歳以上の男子に限られ，有権者は総人口の約1.1％にすぎなかった。

④ 条約改正

・欧化政策…条約改正のため，外相井上馨を中心に欧米の風俗・習慣を取り入れる。外国貴賓の接待と上流社会の社交の場として東京日比谷に[32]を建設。

・ノルマントン号事件…難破したイギリス船の日本人乗客が全員水死した事件。船長の責任は問われなかったため，領事裁判権撤廃の要求が強まる。

・領事裁判権の撤廃…[33]外相が日英通商航海条約を締結し，成功。

・関税自主権の回復…[34]外相が日米通商航海条約を締結し，成功。

(3) 日清・日露戦争

① 日清戦争

朝鮮の支配権をめぐって日本と清との対立があり，朝鮮でおこった[35]（東学の乱）に出兵した日清両国が，乱がしずまった後も対立し戦争となった。清は敗北を認め，[36]条約を締結。

② 三国干渉と中国の分割

・三国干渉…[37]がフランス・ドイツとともに，遼東半島を清に返還するよう要求。3国の軍事力をおそれた日本は，賠償金の増額を条件に要求を受け入れる。

・中国の分割…ヨーロッパの列国は，清から租借地を得て，勢力範囲を拡大。外国人排斥を目指す義和団事件がおこると，列国は清に出兵して鎮圧（北清事変）。

③ 日露戦争

義和団事件後もロシアが満州に軍隊をとどめていたことから，ロシアの南下政策に備えて，日本は[38]同盟（協約）を締結。さらにロシアとの対立が深まったことから開戦。アメリカのセオドア＝ローズヴェルト大統領の仲介で[39]条約を締結した。賠償金が得られない条約の内容を不満として日比谷焼き打ち事件がおこる。

④ 自然科学の発達

北里柴三郎	[40]菌の発見，破傷風の血清療法の発見
志賀潔	赤痢菌の発見
[41]	アフリカで黄熱病の研究

(4) 第一次世界大戦と日本

① 第一次世界大戦

「ヨーロッパの火薬庫」ともいわれるバルカン半島をめぐり，列強が対立。[42]皇太子夫妻がセルビアの青年将校に暗殺（サラエボ事件）されたことから，[42]がセルビアに宣戦し，第一次世界大戦に発展。ドイツ・[42]などが同盟国で，イギリス・フランス・ロシア，セルビア・イタリアなどが連合国。日本は[38]同盟を理由に連合国側で参戦し，後にアメリカも連合国側で参戦。ドイツで革命がおこり帝政が崩壊，連合国と休戦協定を結ぶ。

② 国際協調の時代

・[43]条約…パリ講和会議で結ばれた第一次世界大戦の講和条約。連合国と敗戦国ドイツとの間で締結。アメリカ大統領[44]が提出した14カ条からなる平和原則に基づく。

・国際連盟…[44]が提案。アメリカは議会の反対で不参加，ドイツ・ソ連は当初除外，日本は常任理事国。

③ 大正デモクラシー

・大正デモクラシー…自由主義・民主主義の傾向が強まり，改革への動きが活発化した大正時代の風潮。吉野作造の民本主義，美濃部達吉の天皇機関説が影響を及ぼす。

・普通選挙制の成立…[45]歳以上のすべての男子に選挙権を与えられる。同時に[46]法を制定し，社会主義運動の取り締まりを強化。

5 現代（昭和時代～平成時代）

日本の動き			世界の動き	
昭和	1931	満州事変	1929	世界恐慌
	1932	[1]事件（犬養毅首相暗殺）		
	1933	国際連盟脱退	1933	ドイツでヒトラーのナチ党政権成立
	1936	[2]事件		
	1937	[3]戦争（～45年）	1936	イタリアがエチオピアを併合
	1938	国家総動員法制定		
			1939	第二次世界大戦始まる（～45年）
	1940	日独伊三国同盟締結		
	1941	真珠湾攻撃により[4]戦争開始（～45年）	1941	大西洋憲章発表
	1945	広島・長崎に原子爆弾投下，[5]受諾により終戦	1945	ヤルタ会談，国際連合発足
	1946	[6]法公布		
	1947	教育基本法，学校教育法公布	1949	中華人民共和国成立
	1951	[7]条約締結，日米安全保障条約締結	1950	朝鮮戦争（～53年）
	1954	自衛隊発足		
	1956	日ソ共同宣言，[8]に加盟	1955	アジア＝アフリカ（バンドン）会議，ワルシャワ条約機構発足
	1960	日米新安全保障条約締結		
			1962	キューバ危機
	1964	東海道新幹線開業，[9]オリンピック開催		
	1965	日韓基本条約締結	1965	ベトナム戦争激化（～75年）
	1967	公害対策基本法制定		
	1968	小笠原諸島が日本に復帰		
	1970	日本万国博覧会（大阪万博）開催		
	1972	沖縄日本返還，日中共同声明，札幌オリンピック開催	1973	第4次中東戦争，第1次石油危機
	1978	[10]条約締結	1979	ソ連，アフガニスタンに軍事介入（～89年）
			1980	イラン＝イラク戦争（～88年）
	1989	消費税（3%）導入	1989	ベルリンの壁撤去 マルタ会談（冷戦の終結宣言）
平成			1990	東西ドイツの統一
	1991	牛肉・オレンジ輸入自由化	1991	湾岸戦争，ソビエト連邦の解体
	1992	PKO（国連平和維持活動）協力法制定	1993	EU（欧州連合）成立
	1995	阪神・淡路大震災		
	1997	消費税（5%）引き上げ	1997	香港，中国に返還
	1998	[11]オリンピック開催		
			1999	マカオ，中国に返還
	2001	中央省庁再編	2001	アメリカで同時多発テロ

日本の動き			世界の動き	
	2011	東日本大震災	2003	イラク戦争
	2014	消費税（8％）引き上げ		
	2019	消費税（10％）引き上げ		

⑴ **第二次世界大戦と日本**

① 日本の中国侵略

・[12]…日本軍が奉天郊外で鉄道を爆破（柳条湖事件）して開始。満州全域を占領して，満州国を建国。国際連盟が満州からの撤退勧告を決議したが，日本は国際連盟を脱退。

・軍部の台頭…政党政治が終わり，軍部が政治を支配。

五・一五事件	1932年	海軍将校が[13]首相を暗殺
[14]事件	1936年	陸軍将校が大臣や重臣を殺害

・[15]戦争…盧溝橋事件から全面戦争に突入し，短期間で南京を占領。国家総動員法により，戦時体制強化。

② 第二次世界大戦

・経過

[16]がポーランドに侵攻し，ポーランドを支援するイギリス・フランスが[16]に宣戦布告して戦争が勃発。[16]がソ連に侵攻し，アメリカを中心に連合国が反撃。日本は，ハワイの真珠湾にあるアメリカ軍基地を奇襲（太平洋戦争の開始）し，アメリカ・イギリスに宣戦布告。これにより世界大戦に発展。

・戦争の終結

広島・長崎に原爆が投下され，日本は[17]を受諾して無条件降伏。

⑵ **現代の日本と世界**

① 日本の独立

・[18]戦争…特需により経済が復興。日本を資本主義国の一員とする占領政策の転換がなされ，[19]が創設（のちの自衛隊）。

・[20]条約…日本と連合国との講和条約。連合国による日本占領が解かれ，独立を回復。

・日米安全保障条約…吉田茂内閣が[20]条約と同時に締結。アメリカ軍の日本駐留を認める。

・[21]宣言…鳩山一郎内閣が調印し，ソ連と国交を回復。国際連合への加盟を果たし，国際社会へ復帰。

・日韓基本条約…佐藤栄作内閣が締結し，大韓民国との国交正常化を実現。日韓の結びつきが強化された。

・[22]の日本復帰…第二次世界大戦後，アメリカの施政権下におかれていた。

・[23]声明…田中角栄内閣が発表し，中華人民共和国との国交正常化を実現。のち福田赳夫内閣が日中平和友好条約を締結。

② 激動する世界

・ドイツの統一…1989年[24]撤去，1990年東西ドイツ統一。

・ソ連の解体…[25]大統領がペレストロイカ実施。バルト3国が独立し，ソ連は解体。独立国家共同体（CIS）を結成。

6 日本文化史

(1) 飛鳥文化

飛鳥地方を中心に日本最初の[1]文化が栄えた。中国，朝鮮，ギリシア，ペルシア，インドなどの文化の影響を受ける。

〈[2]寺〉

建　築	[2]寺〔現存する世界最古の木造建築物〕
彫　刻	[2]寺の釈迦三尊像・百済観音像，玉虫厨子

〈[3]〉

(2) 天平文化

唐の文化の影響を受け，国際色豊かな貴族中心の[1]文化が発達。

建　築	東大寺の正倉院宝庫〔校倉造〕，唐招提寺〔[3]が建立〕
文　学	『古事記』，『日本書紀』，『万葉集』

〈[5]堂〉

(3) 国風文化

[4]文字の発達や遣唐使の廃止などを背景として，日本風の優雅な貴族文化が発達。

建　築	[5]堂〔藤原頼通〕
文　学	『古今和歌集』〔[6]ら編纂〕，『[7]』〔紫式部〕， 『枕草子』〔[8]〕

(4) 鎌倉文化

武士の気風を反映した素朴で力強い文化が発達。

和　歌	『[9]和歌集』〔藤原定家ら編纂〕，『山家集』〔西行〕
随　筆	『[10]』〔兼好法師〕，『方丈記』〔鴨長明〕
軍記物	『平家物語』〔琵琶法師が語り伝える〕
彫　刻	東大寺南大門の「金剛力士像」〔[11]の作〕
絵　画	「伝源頼朝像」〔似絵〕，「蒙古襲来絵巻」〔絵巻物〕

(5) 室町文化

公家文化と武家文化が融合するとともに，禅宗の影響を受け簡素で気品のある文化が栄えた。足利義満の頃の文化を[12]文化，足利義政の頃の文化を[13]文化という。住宅建築様式として[14]が成立し，この頃に誕生した茶の湯（茶道）や生け花（華道），能などは現在の暮らしの中でも親しまれている。

〈鹿苑寺金閣〉

〈慈照寺銀閣〉

文　学	『太平記』〔軍記物〕，絵入り物語の「御伽草子」，宗祇が連歌を大成
芸　能	観阿弥・世阿弥父子が[15]を大成，村田珠光が侘び茶を創出
建　築	金閣〔[16]が建てる〕，銀閣〔[17]が建てる〕
美　術	[18]が水墨画を大成，狩野正信・元信父子が狩野派を確立

(6) 桃山文化

新興の大名や大商人の気風を反映した，豪華・雄大で活気にあふれた文化で，南蛮文化の影響を受ける。

〈唐獅子図屏風〉

建　築	天守閣や書院造の御殿などをもつ城郭 〔安土城，大坂城，姫路城〕
障壁画	「唐獅子図屏風」〔[19]作〕
茶　道	[20]が大成。茶器・茶室建築が発達
芸　能	出雲の阿国が[21]を始める 三味線を伴奏とする浄瑠璃が発達
工　芸	朝鮮の陶工によって有田焼，萩焼，薩摩焼などが誕生

(7) 元禄文化

大坂・京都の上方を中心に，人間的で華麗な[22]文化が発達。

文　学	浮世草子	[23]	『日本永代蔵』『世間胸算用』
	蕉風（正風）俳諧	[24]	『奥の細道』
	浄瑠璃の台本	[25]	『国性（姓）爺合戦』『曽根崎心中』
絵　画	装飾画	尾形光琳	「紅白梅図屏風」
	浮世絵	菱川師宣	「見返り美人図」
演　劇	歌舞伎，人形浄瑠璃など		

(8) 化政文化

江戸町人を中心とする庶民性の強い，円熟した[22]文化が発達。

〈富嶽三十六景「凱風快晴」〉

〈東海道五十三次「庄野」〉

文　学	滑稽本	[26]	『東海道中膝栗毛』
	読　本	[27]	『南総里見八犬伝』
	俳　諧	与謝蕪村，小林一茶	
	川　柳	柄井川柳	
美　術	多色刷りの浮世絵である[28]が発達		
	美人画	喜多川歌麿	「ポッピンを吹く女」
	風景画	[29]	「富嶽三十六景」
		[30]	「東海道五十三次」
	役者絵	東洲斎写楽	「三代目大谷鬼次の奴江戸兵衛」

4 政治・経済・国際社会

重要度A

ここが要点 政治では，基本的人権の分類，三権分立，国会や内閣の権限，衆議院の優越，議院内閣制，地方自治の直接請求権，経済では，租税と社会保障制度，国際社会では，国際連合，UNESCO，UNICEFなどの国連機関についてが重要である。

1 政治

(1) 日本国憲法

① 日本国憲法の三大基本原理は，[1]・[2]・[3]である。

② 憲法改正手続きが通常の法律よりも厳格な[4]憲法。憲法を改正するには，「各議院の総議員の[5]以上の賛成で，国会が，これを発議」し，国民投票などで[6]の賛成が得られる必要がある。

③ **基本的人権**

自由権	[7]自由	思想・良心の自由，信教の自由，表現の自由，学問の自由
	[8]自由	居住・移転・職業選択の自由，財産権
	身体の自由	法定手続の保障，奴隷的拘束からの自由　など
社会権	[9]〔憲法第25条で規定〕，教育を受ける権利，労働基本権	
平等権	法の下の平等，両性の本質的平等　など	
[10]権	選挙権・被選挙権，最高裁判所裁判官国民審査権　など	
[11]権	請願権，裁判を受ける権利，国家賠償請求権　など	

④ 新しい人権

日本国憲法に明文規定はないが，人権に対する考え方の深まりや社会・経済の変化に伴い，第13条の幸福追求権などを根拠に新たに主張されるようになった人権。

・[12]権…人間の生存にとって必要な環境を享受する権利。

・[13]の権利…私的な生活をみだりに公開されず，かつ自分に関する情報をコントロールする権利。

・[14]権利…行政機関などがもっている情報の公開を請求し，それらを知る権利。

⑤ **国民の三大義務**

・子どもに[15]義務（第26条第2項）

・[16]の義務（第27条第1項）

・[17]の義務（第30条）

(2) 日本の政治機構

① **三権分立**…権力の濫用を防ぎ，国民の権利をできる限り保障しようとするしくみ。

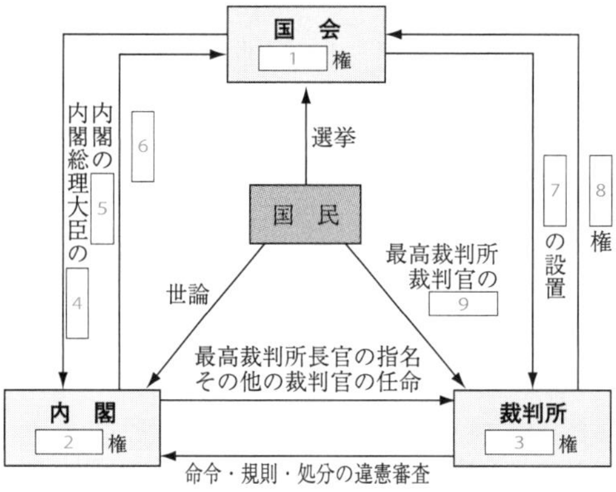

② 国会

a）国会の地位と権限

国会は国権の[10]機関で，国の唯一の[11]機関。

国会の権限	・法律案の議決 ・予算案の議決 ・条約の[12] ・憲法改正の発議 ・内閣総理大臣の[13] ・[14]裁判所の設置　　など

※この他に，両議院がそれぞれ有する権限として[15]権，衆議院のみが有する権限として内閣不信任決議権・予算先議権がある。

b）二院制〔衆議院と参議院〕

二院制がとられているのは，国民の多様な意見を国政に反映できる，予算・法律案などの審議を慎重に行うことができる，ためである。

	定数	任　期	被選挙権
衆議院	465名	[16]年（解散あり）	満[17]歳以上
参議院	248名	[18]年（3年ごとに半数改選）	満[19]歳以上

c）**衆議院の優越**

衆議院は任期が短く解散制度もあるため，国民の意思を反映させやすいことから，参議院に対する優越が認められている。

議決上の優越	・内閣総理大臣の指名 ・条約の承認 ・予算案の議決	[20]協議会を開いても意見が一致しないとき，または，内閣総理大臣の指名については[21]日以内，条約の承認，予算の議決については[22]日以内に参議院が議決しないとき，衆議院の議決が国会の議決となる。
	・法律案の議決	衆議院が可決した法律案を参議院で否決したとき，衆議院で出席議員の[23]以上の多数で再可決された場合，その法律案は成立する。また，参議院が60日以内に議決しないときは，衆議院は参議院が否決したとみなすことができる。
権限上の優越	・内閣不信任決議権 ・予算[24]権	

d）国会の種類

種類	召　集	主要議題
常会 （[25]国会）	毎年1回，1月中 会期150日	次年度の予算審議
[26]会 （[26]国会）	内閣，あるいはいずれかの議院の総議員の4分の1以上の要求	予算・外交など国政上緊急を要する議題
[27]会 （[27]国会）	衆議院の解散・総選挙後[28]日以内	内閣総理大臣の指名

③ 内閣

a）[29]制…国会の信任に基づいて内閣が存立するしくみ。内閣は，行政権の行使について，国会に対し[30]して責任を負う。

b）内閣の組織

・内閣総理大臣…[31]の中から国会の議決によって指名され，天皇が任命。[32]でなければならない。

・国務大臣…[33]によって任命され，その過半数は国会議員でなければならず，また，[32]でなければならない。

c）内閣総理大臣と内閣の権限

内閣総理大臣の権限	・国務大臣の任命・罷免 ・行政各部の指揮監督　など
内閣の権限	・法律を誠実に執行し，国務を総理すること ・外交関係の処理 ・条約の[34] ・予算を作成して国会に提出すること ・[35]の制定 ・恩赦（減刑，刑の執行の免除など）の決定 ・最高裁判所長官の指名，最高裁判所長官以外の最高裁判所裁判官及び下級裁判所裁判官の任命 ・天皇の[36]行為に対する助言・承認　など

d）内閣の総辞職

・衆議院で内閣不信任決議案を可決，または信任決議案を否決したとき，内閣が[37]日以内に衆議院を解散しない場合

・衆議院議員総選挙後，初めて国会が召集された場合

・内閣総理大臣が欠けた場合　など

④　**裁判所**

a）司法権の帰属

すべて司法権は，最高裁判所及び[38]裁判所（高等裁判所・地方裁判所・家庭裁判所・簡易裁判所）に属する。[39]裁判所の設置は禁止されている。

b）**司法権の独立**

裁判が公正・中立に行われるために，裁判所が国会や内閣，裁判官が上級裁判所などから圧力や干渉を受けないこと。そのために，最高裁判所に規則制定権を与えたり，裁判官の職権の独立や身分を保障されたりしている。

〈裁判官の職権の独立〉

「すべて裁判官は，その[40]に従ひ独立して職権を行ひ，この憲法及び[41]にのみ拘束される。」（日本国憲法第76条第3項）

〈裁判官の罷免〉

・[42]で罷免を可とされた場合

・裁判により，[43]の故障のために職務をとることができないと決定された場合

・[44]により，罷免が可とされた場合（最高裁判所裁判官のみ）

c）**最高裁判所**

司法権の最高機関で，終審の裁判所。長官は[45]の指名に基づき天皇が任命し，その他の裁判官は内閣が任命する。最高裁判所の裁判官は，任命後，最初の衆議院議員総選挙のとき[44]に付され（その後は10年ごと），投票者の過半数が罷免を可とした場合，罷免される。

d）[46]制…裁判を慎重に行うことによって誤審を防ぎ，人権保障を確実にするためのしくみ。原則として1つの事件について3回まで裁判を求めることができる。

e）[47]権…国会や内閣が制定した法律，命令，規則または処分が，

憲法に適合しているかどうかを審査する権限。

⑤ **地方自治**

a）地方公共団体の組織

首長 〔任期4年〕	住民の直接選挙（選挙権は満18歳以上）で選ばれ，被選挙権は都道府県の知事が満[48]歳以上，市町村長は満[49]歳以上。議会の議決に対し拒否権，不信任決議には議会の解散権を有する。
地方議会 〔議員の任期4年〕	都道府県・市町村議会の議員は住民の直接選挙（選挙権は満18歳以上）で選ばれ，被選挙権は満[50]歳以上。議会は一院制で，条例の制定・改廃，予算の議決，首長に対する不信任決議などを行う。

b）直接請求権

分類	請求の種類	必要署名数	請求先	処理手続
イニシアティブ	[51]の制定・改廃の請求	有権者の[52]以上	首長	議会の過半数で議決
——	事務の監査の請求		監査委員	監査結果を公表，議会・首長などにも報告
[53]	議会の解散の請求	有権者の[54]以上（原則）	[55]	住民投票で過半数の同意があれば解散
	議員・首長の解職の請求			住民投票で過半数の同意があれば解職
	主要公務員の解職の請求		[56]	議会で総議員の3分の2以上出席，4分の3以上の同意で解職

c）地方財政

・[57]…地方公共団体間の財政格差の是正を目的として，国税収入の一部を交付。使途に制限はない。

・[58]…国が使途を限定して交付。義務教育費の国家負担金など。

(3) **日本の選挙制度**

議院	定数	選挙形式
衆議院 ［任期4年］	465名	[1]制。小選挙区選挙で289名，全国を[2]ブロックとする比例代表選挙で176名を選出。比例代表では，各政党の提出した名簿の登載順位に従って当選者が確定する[3]式を採用。
参議院 ［任期6年］	※ 248名	都道府県単位で行われる[4]区選挙で148名，全国を1単位とする比例代表選挙で100名を選出。比例代表では，有権者は個人名あるいは[5]名を記入して投票し，政党に比例配分された議席数について，候補者個人の得票数が多い順に当選者が確定する非拘束（一部拘束）名簿式を採用。

※2018年7月の改正公職選挙法により，上記定数に増加。比例区では個人の得票数に関係なく優先的に当選できる「[6]」を政党の判断で採用できるようになった。

2 経済

(1) 需要と供給

① 需要と供給の法則

・需要の法則…価格が下がれば需要量は増大し，価格が上がれば需要量は減少する。需要曲線（D）は右[1]。

・供給の法則…価格が上がれば供給者は利潤が増えることから供給量は増大し，下がれば利潤が減るため供給量は減少する。供給曲線（S）は右[2]。

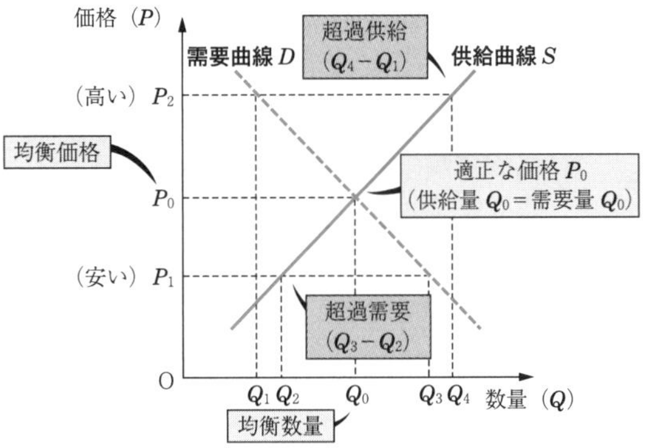

② 価格の[3]機能

価格の上下変動を通じて，自動的に需要量と供給量が一致するようになること。そのときの価格を[4]価格といい，需要曲線と供給曲線の交点で示される。

(2) 独占禁止政策

① [5]法…市場の独占や不公正な取引を制限・禁止し，公正かつ自由な競争を促進することを目的とする法律。

② [6]…[5]法の目的を達成するために設置された行政委員会。

(3) 金融のしくみと役割

① 日本銀行の三大業務

・[7]銀行…日本銀行券を独占的に発行することが認められている。

・[8]銀行…市中銀行に対し，資金の貸付，準備金受け入れなどを行う。

・政府の銀行…政府にかわって税金などの国庫金の保管や出納，国債の発行・償還に関する事務の代行，外国為替事務の代行などを行う。

② 金融政策

種類	方　法	好況時	不況時
公開市場操作	日本銀行が，国債や手形などの有価証券を公開の市場で売買する。	[9]オペレーション	[10]オペレーション
預金（支払）準備率操作	市中銀行が受け入れた預金のうち日本銀行に預け入れる割合（預金準備率）を上下させる。	引き[11]	引き[12]

⑷ 財政のしくみと役割

① 財政の機能…資源配分機能，[13]機能，経済安定化（景気調整）機能

② 政府の財政政策

政策	好況時	不況時
税　制	税率を[14]	税率を[15]
財政支出	公共事業を[16]	公共事業を[17]

③ [18]…財政の中に組み込まれた累進課税制度や社会保障制度が，自動的に景気を調節する機能をもつこと。

④ 租税

税　種		[19]税	[20]税
国　税		所得税，法人税，相続税，贈与税	消費税，酒税，揮発油税，たばこ税，関税，石油ガス税
地方税	都道府県税	都道府県民税，事業税，自動車税，不動産取得税	都道府県たばこ税，ゴルフ場利用税
	市（区）町村税	市（区）町村民税，固定資産税	市（区）町村たばこ税

・**ふるさと納税**…本来は住んでいる自治体に納税する税金を，任意の自治体に寄付できる制度。

⑤ 国債

・[21]国債…社会資本建設といった公共事業費などを賄うために発行される国債。財政法上，発行は認められている。

・[22]国債…一般会計歳入の不足分を補い，人件費や事務経費などの経常的な支出にあてるための国債。財政法上，発行は禁止。

⑸ 労働関係

① 労働三権…[23]・[24]・[25]が日本国憲法第28条に規定。

② 労働三法…[26]・[27]・[28]。このうち，[26]には労働条件の最低基準が示されている。

③ [29]法…募集・採用，配置・昇進にあたり，男女差別を行うことを禁止。

⑹ 社会保障制度

① 日本の社会保障制度

・[30]…疾病，老齢，失業などにより生活が困難になったとき，被保険者の保険料を中心として現金・サービス給付を行う。医療，年金，雇用，労働災害，[31]の5つの分野からなる。

・[32]…児童，老人，障害者，母子家庭など保護を必要とする社会的弱者に対し，施設やサービスなどを国・地方公共団体などが無償もしくは軽負担で提供。福祉六法を中心に行われる。

・[33]…生活保護法に基づき，最低限度の生活を維持できない生活困窮者に不足分を公費で給付。

・[34]…国民の健康維持・増進を目的に，感染症予防などを行う。

② 社会福祉に関する用語

・[35]…高齢者も子どもも，障害のある者もない者も，すべての人がともにノーマルな生活を送ることができる社会の実現を目指すべきであるとする考え方。

・[36]…高齢者や障害者などが安心して快適に暮らせる環境を作るため，社会から物質的・精神的バリア（障壁）をなくしていこうとする考え方。

・[37]…空間づくりや商品の設計の際，誰もが利用しやすいデザインを初めからとり入れること。

3 国際社会

(1) **国際連合**

① 設立

サンフランシスコ会議で決定された[1]に基づき，1945年に発足。本部は[2]。日本は1956年に加盟し，2023年6月現在，193ヵ国が加盟している。

② 主要機関

a）総会

全加盟国によって構成され，1国に1票の投票権が与えられている。一般事項は過半数，重要事項は[3]以上による多数決で表決。議決に対する法的拘束力はない。

b）**安全保障理事会**

国際平和と安全の維持に関する主要な責任を負う機関。[4]権を有する[5]・[6]・[7]・[8]・[9]の5常任理事国と，任期2年の10非常任理事国の計15ヵ国で構成される。実質事項は5常任理事国を含む[10]ヵ国以上の賛成で表決。軍事的強制措置をとることができ，議決に対する法的拘束力がある。

c）[11]

経済・社会・文化・教育・保健などの分野で研究・報告・勧告などを行う機関。国連専門機関や非政府組織〔[12]〕などと連携。

d）[13]

加盟国間の紛争解決に当たる機関。

③ 主な国連専門機関と補助機関

名称	略称	目的・活動
[14]	ILO	国際的規模での労働条件の改善を図る。
国連教育科学文化機関	[15]	教育・科学・文化・情報流通などの面での協力を推進することにより，世界平和の確立に寄与する。
世界保健機関	[16]	諸国民の健康保持と増進を目的とし，伝染病・風土病の撲滅や公衆衛生の向上などを図る。
国連食糧農業機関	[17]	世界の栄養水準の向上，食糧と農業生産の増大などを任務とする。
[18]	WTO	GATT(関税及び貿易に関する一般協定)にかわり発足。多角的な貿易自由化の推進を図る。
[19]	UNICEF	子どもたちの生命と健やかな成長を守るため，健康・衛生・栄養・教育などの支援を行う。
国連難民高等弁務官事務所	[20]	難民の国際的な保護・救済を促進。本国への自発的帰国や第三国への定住の支援も行う。
[21]	UNCTAD	南北問題を解決することを目的とし，発展途上国の経済開発と貿易の促進を図る。

④ PKO〔[22]〕

加盟国から自発的に提供された要員を停戦合意後の紛争現地などに派遣し，PKF(平和維持軍)による停戦監視のほか，難民帰還支援，選挙監視などを行う。

(2) **地域的経済統合**

名称	略称	目的・活動
東南アジア諸国連合	[23]	東南アジア諸国における経済・社会・政治分野にわたる地域協力機構。10ヵ国が加盟。
アジア太平洋経済協力〔会議〕	[24]	アジア太平洋地域における経済協力のための会議。貿易・投資の自由化，技術協力を実施。
[25]	USMCA	北米自由貿易協定（NAFTA）に代わる新協定で，2020年7月に発効。
南米南部共同市場	MERCOSUR	[26]，アルゼンチン，ウルグアイ，パラグアイ，ベネズエラ（現在，資格停止）間の関税同盟。
欧州連合	[27]	政治的・経済的統合を推進するヨーロッパの地域統合。2002年1月より，単一通貨[28]の紙幣・硬貨の市場流通が開始された。2013年にクロアチアが新たに加わり，28ヵ国が加盟。2020年1月にイギリスが正式に離脱し，現在のEU加盟国は27ヵ国。

(3) **先進国の協力機構・体制**

① [29]〔経済協力開発機構〕

加盟各国の経済発展と貿易の拡大，及び発展途上国援助の促進と調整を図ることを目的とし，2023年6月現在，先進38ヵ国が参加する経済協力組織。日本は1964年に加盟。

② サミット〔主要国首脳会議〕

毎年1回，アメリカ，イギリス，フランス，ドイツ，イタリア，日本，[30]，ロシアの首脳が集まり，政治・経済問題などについて討議する。（ロシアはクリミア問題により2014年以降，参加停止）

③ [31]〔政府開発援助〕

発展途上国の経済開発や福祉の向上を目的とする，先進国による発展途上国への政府レベルでの経済援助。日本の実績は，1991年から2000年まで10年連続第1位であったが，2020年にはアメリカ，ドイツ，イギリスに次いで世界第4位となっている（贈与相当額ベース）。なお，日本のODAはJICA（独立行政法人国際協力機構）が中心となって実施している。

過去問に挑戦！

1 次の問いに答えよ。

(1) 次のア～エから，内閣の権限を選べ。

ア．内閣総理大臣の任命　　イ．条約の締結

ウ．弾劾裁判所の設置　　エ．条約の承認

(2) 貿易・援助・経済開発などに関する南北間の諸問題を協議する国連の機関を次から選べ。

ア．UNCTAD　　イ．OECD

ウ．UNESCO　　エ．USMCA

（山梨県　改題）

2 所得税では，所得が多くなるにしたがって，段階的に税率が高くなっている。税負担の公平さを保つためにとり入れられているこの制度の名称を漢字6字で書け。

（千葉県・千葉市　改題）

3 算数

●解答解説P256～P260

1 学習指導要領

重要度A

ここが要点

学習指導要領では，教科目標・学年目標の空欄補充問題，各学年の内容に関して何学年のものかを答える問題がみられる。領域別のキーワードのみ把握していれば容易に答えることができるため，各領域について系統的に理解しておこう。

1 教科目標

数学的な見方・考え方を働かせ，[1]を通して，数学的に考える[2]を次のとおり育成することを目指す。

(1) 数量や図形などについての[3]な概念や性質などを理解するとともに，日常の事象を[4]に処理する[5]を身に付けるようにする。

(2) 日常の事象を[4]に捉え[6]をもち[7]を立てて考察する力，[3]な数量や図形の性質などを見いだし統合的・発展的に考察する力，[8]を用いて事象を[9]に表したり目的に応じて[10]に表したりする力を養う。

(3) [1]の楽しさや数学のよさに気付き，学習を振り返ってよりよく[11]しようとする態度，算数で学んだことを[12]や学習に活用しようとする態度を養う。

〈参考〉各学年の用語・記号

学年	用語・記号
第1学年	一の位，十の位，＋，－，＝
第2学年	直線，直角，頂点，辺，面，単位，×，>，<
第3学年	等号，不等号，小数点，$\frac{1}{10}$の位，数直線，分母，分子，÷
第4学年	和，差，積，商，以上，以下，未満，真分数，仮分数，帯分数，平行，垂直，対角線，平面
第5学年	最大公約数，最小公倍数，通分，約分，底面，側面，比例，％
第6学年	線対称，点対称，対称の軸，対称の中心，比の値，ドットプロット，平均値，中央値，最頻値，階級，：

2 各学年の目標

第1学年	(1)　［ 1 ］とその表し方及び計算の意味を理解し，量，図形及び数量の関係についての理解の基礎となる［ 2 ］を重ね，数量や図形についての［ 3 ］を豊かにするとともに，［ 4 ］の計算をしたり，形を構成したり，身の回りにある量の大きさを比べたり，簡単な［ 5 ］や図などに表したりすることなどについての技能を身に付けるようにする。 (2)　ものの数に着目し，［ 6 ］や図などを用いて数の数え方や計算の仕方を考える力，ものの形に着目して特徴を捉えたり，具体的な［ 7 ］を通して形の構成について考えたりする力，身の回りにあるものの特徴を量に着目して捉え，量の大きさの比べ方を考える力，データの［ 8 ］に着目して身の回りの事象の特徴を捉える力などを養う。 (3)　数量や図形に親しみ，算数で学んだことのよさや［ 9 ］を感じながら学ぶ態度を養う。
第2学年	(1)　［ 1 ］についての理解を深め，計算の意味と性質，基本的な［ 10 ］，量の概念，簡単な表とグラフなどについて理解し，数量や図形についての［ 3 ］を豊かにするとともに，加法，減法及び［ 11 ］の計算をしたり，図形を構成したり，長さや［ 12 ］などを測定したり，表やグラフに表したりすることなどについての技能を身に付けるようにする。 (2)　数とその表現や数量の関係に着目し，必要に応じて［ 6 ］や図などを用いて数の表し方や計算の仕方などを考察する力，［ 13 ］の特徴を図形を構成する要素に着目して捉えたり，身の回りの事象を図形の性質から考察したりする力，身の回りにあるものの特徴を量に着目して捉え，量の［ 14 ］を用いて的確に表現する力，身の回りの事象をデータの特徴に着目して捉え，［ 15 ］に表現したり考察したりする力などを養う。 (3)　数量や図形に進んで関わり，数学的に表現・処理したことを振り返り，［ 16 ］のよさに気付き生活や学習に活用しようとする態度を養う。
第3学年	(1)　数の表し方，整数の計算の意味と性質，［ 17 ］の意味と表し方，基本的な［ 10 ］，量の概念，［ 18 ］などについて理解し，数量や図形についての［ 3 ］を豊かにするとともに，整数などの計算をしたり，図形を構成したり，長さや［ 19 ］などを測定したり，表やグラフに表したりすることなどについての技能を身に付けるようにする。 (2)　数とその表現や数量の関係に着目し，必要に応じて［ 6 ］や図などを用いて数の表し方や計算の仕方などを考察する力，［ 13 ］の特徴を図形を構成する要素に着目して捉えたり，身の回りの事象を図形の性質から考察したりする力，身の回りにあるものの特徴を量に着目して捉え，量の［ 14 ］を用いて的確に表現する力，身の回りの事象をデータの特徴に着目して捉え，［ 15 ］に表現したり適切に判断したりする力などを養う。 (3)　数量や図形に進んで関わり，数学的に表現・処理したことを振り返り，［ 16 ］のよさに気付き生活や学習に活用しようとする態度を養う。

第4学年	(1)　[17]の意味と表し方，四則の関係，[13]と立体図形，面積，角の大きさ，[20]などについて理解するとともに，整数，[17]の計算をしたり，図形を構成したり，図形の面積や角の大きさを求めたり，表やグラフに表したりすることなどについての技能を身に付けるようにする。 (2)　数とその表現や数量の関係に着目し，目的に合った表現方法を用いて計算の仕方などを考察する力，図形を構成する要素及びそれらの[21]に着目し，図形の性質や図形の計量について考察する力，伴って変わる二つの数量やそれらの関係に着目し，変化や対応の特徴を見いだして，二つの数量の関係を表や式を用いて考察する力，目的に応じてデータを[22]し，データの特徴や傾向に着目して表やグラフに的確に表現し，それらを用いて問題解決したり，解決の[23]や結果を多面的に捉え考察したりする力などを養う。 (3)　数学的に表現・処理したことを振り返り，多面的に捉え[24]してよりよいものを求めて[25]態度，数学のよさに気付き学習したことを生活や学習に活用しようとする態度を養う。
第5学年	(1)　整数の性質，分数の意味，小数と分数の計算の意味，面積の公式，図形の意味と性質，図形の体積，[26]，割合，[27]などについて理解するとともに，小数や分数の計算をしたり，図形の性質を調べたり，図形の面積や体積を求めたり，表やグラフに表したりすることなどについての技能を身に付けるようにする。 (2)　数とその表現や計算の意味に着目し，目的に合った表現方法を用いて数の性質や計算の仕方などを考察する力，図形を構成する要素や図形間の関係などに着目し，図形の性質や図形の計量について考察する力，伴って変わる二つの数量やそれらの関係に着目し，変化や対応の特徴を見いだして，二つの数量の関係を表や式を用いて考察する力，目的に応じてデータを[22]し，データの特徴や傾向に着目して表やグラフに的確に表現し，それらを用いて問題解決したり，解決の[23]や結果を多面的に捉え考察したりする力などを養う。 (3)　数学的に表現・処理したことを振り返り，多面的に捉え[24]してよりよいものを求めて[25]態度，数学のよさに気付き学習したことを生活や学習に活用しようとする態度を養う。
第6学年	(1)　分数の計算の意味，[28]を用いた式，図形の意味，図形の体積，[29]，度数分布を表す表などについて理解するとともに，分数の計算をしたり，図形を構成したり，図形の面積や体積を求めたり，表やグラフに表したりすることなどについての技能を身に付けるようにする。 (2)　数とその表現や計算の意味に着目し，[30]に考察して問題を見いだすとともに，目的に応じて[31]な表現方法を用いながら数の表し方や計算の仕方などを考察する力，図形を構成する要素や図形間の関係などに着目し，図形の性質や図形の計量について考察する力，伴って変わる二つの数量やそれらの関係に着目し，変化や対応の特徴を見いだして，二つの数量の関係を表や式，グラフを用いて考察する力，身の回りの事象から[32]した問題について，目的に応じてデータを[22]し，データの特徴や傾向に着目して適切な[33]を選択して分析を行い，それらを用いて問題解決したり，解決の[23]や結果を[34]に考察したりする力などを養う。 (3)　数学的に表現・処理したことを振り返り，多面的に捉え[24]してよりよいものを求めて[25]態度，数学のよさに気付き学習したことを生活や学習に活用しようとする態度を養う。

3 算数科の内容

A 数と計算

	学年	身に付ける知識・技能
数の構成と表し方	第1学年	(ア) ものとものとを対応させることによって，ものの個数を比べること。 (イ) 個数や［1］を正しく数えたり表したりすること。 (ウ) 数の大小や順序を考えることによって，数の系列を作ったり，［2］の上に表したりすること。 (エ) 一つの数をほかの数の和や差としてみるなど，ほかの数と関係付けてみること。 (オ) 2位数の表し方について理解すること。 (カ) 簡単な場合について，3位数の表し方を知ること。 (キ) 数を，十を単位としてみること。 (ク) 具体物をまとめて数えたり［3］したりして整理し，表すこと。
	第2学年	(ア) 同じ大きさの集まりにまとめて数えたり，［4］して数えたりすること。 (イ) 4位数までについて，十進位取り記数法による数の表し方及び数の大小や順序について理解すること。 (ウ) 数を［5］を単位としてみるなど，数の相対的な大きさについて理解すること。 (エ) 一つの数をほかの数の積としてみるなど，ほかの数と関係付けてみること。 (オ) 簡単な事柄を［4］整理し，それを数を用いて表すこと。 (カ) $\frac{1}{2}$，$\frac{1}{3}$など簡単な分数について知ること。
整数の表し方	第3学年	(ア) ［6］の単位について知ること。 (イ) 10倍，100倍，1000倍，［7］の大きさの数及びそれらの表し方について知ること。 (ウ) 数の相対的な大きさについての理解を深めること。
	第4学年	(ア) 億，［8］の単位について知り，十進位取り記数法についての理解を深めること。
概数	第4学年	(ア) 概数が用いられる場合について知ること。 (イ) 四捨五入について知ること。 (ウ) 目的に応じて四則計算の結果の［9］をすること。
小数とその表し方	第3学年	(ア) ［10］部分の大きさを表すのに小数を用いることを知ること。また，小数の表し方及び［7］の位について知ること。 (イ) ［7］の位までの小数の加法及び減法の意味について理解し，それらの計算ができることを知ること。
分数とその表し方	第3学年	(ア) 等分してできる部分の大きさや［10］部分の大きさを表すのに分数を用いることを知ること。また，分数の表し方について知ること。 (イ) 分数が単位分数の幾つ分かで表すことができることを知ること。 (ウ) 簡単な場合について，分数の加法及び減法の意味について理解し，それらの計算ができることを知ること。

	学年	身に付ける知識・技能
整数の性質及び整数の構成	第5学年	(ア) 整数は，観点を決めると偶数と奇数に類別されることを知ること。 (イ) [11]，倍数について知ること。
整数及び小数の表し方	第5学年	(ア) ある数の10倍，100倍，1000倍，$\frac{1}{10}$，$\frac{1}{100}$ などの大きさの数を，小数点の位置を移してつくること。
分数	第5学年	(ア) 整数及び小数を分数の形に直したり，分数を小数で表したりすること。 (イ) 整数の除法の結果は，分数を用いると常に一つの数として表すことができることを理解すること。 (ウ) 一つの分数の分子及び分母に同じ数を乗除してできる分数は，元の分数と同じ大きさを表すことを理解すること。 (エ) 分数の[12]及び大小について知り，大小を比べること。
加法及び減法	第1学年	(ア) 加法及び減法の意味について理解し，それらが用いられる場合について知ること。 (イ) 加法及び減法が用いられる場面を式に表したり，式を読み取ったりすること。 (ウ) 1位数と1位数の加法及びその逆の減法の計算が確実にできること。 (エ) 簡単な場合について，2位数などについても加法及び減法ができることを知ること。
	第2学年	(ア) 2位数の加法及びその逆の減法の計算が，1位数などについての基本的な計算を基にしてできることを理解し，それらの計算が確実にできること。また，それらの[13]の仕方について理解すること。 (イ) 簡単な場合について，3位数などの加法及び減法の計算の仕方を知ること。 (ウ) 加法及び減法に関して成り立つ性質について理解すること。 (エ) 加法と減法との[14]について理解すること。
	第3学年	(ア) 3位数や4位数の加法及び減法の計算が，2位数などについての基本的な計算を基にしてできることを理解すること。また，それらの[13]の仕方について理解すること。 (イ) 加法及び減法の計算が確実にでき，それらを適切に用いること。
乗法	第2学年	(ア) 乗法の意味について理解し，それが用いられる場合について知ること。 (イ) 乗法が用いられる場面を式に表したり，式を読み取ったりすること。 (ウ) 乗法に関して成り立つ簡単な性質について理解すること。 (エ) 乗法九九について知り，1位数と1位数との乗法の計算が確実にできること。 (オ) 簡単な場合について，2位数と1位数との乗法の計算の仕方を知ること。
	第3学年	(ア) 2位数や3位数に1位数や2位数をかける乗法の計算が，乗法九九などの基本的な計算を基にしてできることを理解すること。また，その[13]の仕方について理解すること。 (イ) 乗法の計算が確実にでき，それを適切に用いること。 (ウ) 乗法に関して成り立つ性質について理解すること。

	学年	身に付ける知識・技能
除法	第3学年	(ア) 除法の意味について理解し，それが用いられる場合について知ること。また，余りについて知ること。 (イ) 除法が用いられる場面を式に表したり，式を読み取ったりすること。 (ウ) 除法と乗法や減法との関係について理解すること。 (エ) 除数と［ 15 ］が共に1位数である除法の計算が確実にできること。 (オ) 簡単な場合について，除数が1位数で［ 15 ］が2位数の除法の計算の仕方を知ること。
整数の除法	第4学年	(ア) 除数が1位数や2位数で［ 16 ］が2位数や3位数の場合の計算が，基本的な計算を基にしてできることを理解すること。また，その［ 13 ］の仕方について理解すること。 (イ) 除法の計算が確実にでき，それを適切に用いること。 (ウ) 除法について，次の関係を理解すること。 (［ 16 ］) = (除数) × (商) + (余り) (エ) 除法に関して成り立つ性質について理解すること。
小数とその計算	第4学年	(ア) ある量の何倍かを表すのに小数を用いることを知ること。 (イ) 小数が整数と同じ仕組みで表されていることを知るとともに，数の相対的な大きさについての理解を深めること。 (ウ) 小数の加法及び減法の計算ができること。 (エ) 乗数や除数が整数である場合の小数の乗法及び除法の計算ができること。
分数と（その）加法及び減法	第4学年	(ア) 簡単な場合について，大きさの等しい分数があることを知ること。 (イ) ［ 17 ］の分数の加法及び減法の計算ができること。
	第5学年	(ア) ［ 18 ］の分数の加法及び減法の計算ができること。
小数の乗法及び除法	第5学年	(ア) 乗数や除数が小数である場合の小数の乗法及び除法の意味について理解すること。 (イ) 小数の乗法及び除法の計算ができること。また，［ 19 ］の大きさについて理解すること。 (ウ) 小数の乗法及び除法についても整数の場合と同じ関係や［ 20 ］が成り立つことを理解すること。
分数の乗法及び除法	第6学年	(ア) 乗数や除数が整数や［ 21 ］である場合も含めて，分数の乗法及び除法の意味について理解すること。 (イ) 分数の乗法及び除法の計算ができること。 (ウ) 分数の乗法及び除法についても，整数の場合と同じ関係や［ 20 ］が成り立つことを理解すること。
計算に関して成り立つ性質	第4学年	(ア) 四則に関して成り立つ性質についての理解を深めること。
数量の関係を表す式	第3学年	(ア) 数量の関係を表す式について理解するとともに，数量を□などを用いて表し，その関係を式に表したり，□などに数を当てはめて調べたりすること。
	第4学年	(ア) 四則の混合した式や( )を用いた式について理解し，正しく計算すること。 (イ) ［ 22 ］についての考え方を理解し，［ 22 ］を用いること。 (ウ) 数量を□，△などを用いて表し，その関係を式に表したり，□，△などに数を当てはめて調べたりすること。

	学年	身に付ける知識・技能
数量の関係を表す式	第5学年	(ア) 数量の関係を表す式についての理解を深めること。
	第6学年	(ア) 数量を表す言葉や□，△などの代わりに，a，xなどの[23]を用いて式に表したり，[23]に数を当てはめて調べたりすること。
そろばんを用いた数の表し方と計算	第3学年	(ア) そろばんによる数の表し方について知ること。 (イ) 簡単な加法及び減法の計算の仕方について知り，計算すること。
	第4学年	(ア) 加法及び減法の計算をすること。

B 図形

	学年	身に付ける知識・技能
身の回りにあるものの形	第1学年	(ア) ものの形を認め，形の特徴を知ること。 (イ) 具体物を用いて形を作ったり[1]したりすること。 (ウ) 前後，左右，上下など方向や位置についての言葉を用いて，ものの位置を表すこと。
図形	第2学年	(ア) 三角形，四角形について知ること。 (イ) 正方形，長方形，[2]について知ること。 (ウ) 正方形や長方形の面で構成される箱の形をしたものについて理解し，それらを構成したり[1]したりすること。
	第3学年	(ア) [3]，正三角形などについて知り，[4]などを通してそれらの関係に次第に着目すること。 (イ) 基本的な図形と関連して角について知ること。 (ウ) [5]について，中心，半径，直径を知ること。また，[5]に関連して，球についても直径などを知ること。
平面図形	第4学年	(ア) 直線の平行や[6]の関係について理解すること。 (イ) 平行四辺形，[7]，台形について知ること。
	第5学年	(ア) 図形の形や大きさが決まる要素について理解するとともに，図形の[8]について理解すること。 (イ) 三角形や四角形など多角形についての簡単な性質を理解すること。 (ウ) [5]と関連させて正多角形の基本的な性質を知ること。 (エ) [9]の意味について理解し，それを用いること。
	第6学年	(ア) 縮図や拡大図について理解すること。 (イ) [10]な図形について理解すること。
立体図形	第4学年	(ア) [11]，直方体について知ること。 (イ) 直方体に関連して，直線や平面の平行や[6]の関係について理解すること。 (ウ) 見取図，[12]について知ること。
	第5学年	(ア) 基本的な角柱や[13]について知ること。
ものの位置	第4学年	(ア) ものの位置の表し方について理解すること。

	学年	身に付ける知識・技能
身の回りにある形の概形やおよその面積など	第6学年	(ア) 身の回りにある形について，その概形を捉え，およその面積などを求めること。
平面図形の面積	第4学年	(ア) 面積の単位（平方センチメートル（cm^2），平方メートル（m^2），平方キロメートル（km^2））について知ること。 (イ) 正方形及び長方形の面積の計算による求め方について理解すること。
	第5学年	(ア) 三角形，平行四辺形，[7]，台形の面積の計算による求め方について理解すること。
	第6学年	(ア) [5]の面積の計算による求め方について理解すること。
立体図形の体積	第5学年	(ア) 体積の単位（立方センチメートル（cm^3），立方メートル（m^3））について知ること。 (イ) [11]及び直方体の体積の計算による求め方について理解すること。
	第6学年	(ア) 基本的な角柱及び[13]の体積の計算による求め方について理解すること。
角の大きさ	第4学年	(ア) 角の大きさを[14]の大きさとして捉えること。 (イ) 角の大きさの単位（度（°））について知り，角の大きさを測定すること。

C　測定（第1学年〜第3学年）

	学年	身に付ける知識・技能
身の回りのものの大きさ	第1学年	(ア) 長さ，[1]，かさなどの量を，具体的な操作によって直接比べたり，他のものを用いて比べたりすること。 (イ) 身の回りにあるものの大きさを単位として，その幾つ分かで大きさを比べること。
量の単位と測定	第2学年	(ア) 長さの単位（ミリメートル（mm），センチメートル（cm），メートル（m））及びかさの単位（ミリリットル（mL），デシリットル（dL），リットル（L））について知り，測定の意味を理解すること。 (イ) 長さ及びかさについて，およその見当を付け，単位を適切に選択して測定すること。
	第3学年	(ア) 長さの単位（キロメートル（km））及び重さの単位（グラム（g），キログラム（kg））について知り，測定の意味を理解すること。 (イ) 長さや重さについて，適切な単位で表したり，およその見当を付け[2]を適切に選んで測定したりすること。
時刻	第1学年	(ア) [3]の中で時刻を読むこと。
時刻と時間	第2学年	(ア) 日，時，[4]について知り，それらの関係を理解すること。
	第3学年	(ア) [5]について知ること。 (イ) [3]に必要な時刻や時間を求めること。

C　変化と関係（第4学年～第6学年）

	学年	身に付ける知識・技能
伴って変わる二つの数量	第4学年	(ア)　変化の様子を表や式，[1]を用いて表したり，変化の特徴を読み取ったりすること。
	第5学年	(ア)　簡単な場合について，比例の関係があることを知ること。
	第6学年	(ア)　比例の関係の意味や性質を理解すること。 (イ)　比例の関係を用いた[2]の方法について知ること。 (ウ)　[3]の関係について知ること。
異種の二つの量の割合として捉えられる数量	第5学年	(ア)　速さなど単位量当たりの大きさの意味及び表し方について理解し，それを求めること。
二つの数量の関係	第4学年	(ア)　簡単な場合について，ある二つの数量の関係と別の二つの数量の関係とを比べる場合に[4]を用いる場合があることを知ること。
	第5学年	(ア)　ある二つの数量の関係と別の二つの数量の関係とを比べる場合に[4]を用いる場合があることを理解すること。 (イ)　百分率を用いた表し方を理解し，割合などを求めること。
	第6学年	(ア)　比の意味や表し方を理解し，数量の関係を比で表したり，等しい比をつくったりすること。

D　データの活用

	学年	身に付ける知識・技能
数量の整理	第1学年	(ア)　ものの個数について，簡単な絵や図などに表したり，それらを読み取ったりすること。
データの分析	第2学年	(ア)　身の回りにある数量を分類整理し，簡単な表やグラフを用いて表したり読み取ったりすること。
	第3学年	(ア)　日時の観点や場所の観点などからデータを分類整理し，表に表したり読んだりすること。 (イ)　[1]の特徴やその用い方を理解すること。
データの収集とその分析	第4学年	(ア)　データを二つの観点から分類整理する方法を知ること。 (イ)　折れ線グラフの特徴とその用い方を理解すること。
	第5学年	(ア)　[2]や帯グラフの特徴とそれらの用い方を理解すること。 (イ)　データの収集や適切な手法の選択など[3]な問題解決の方法を知ること。
	第6学年	(ア)　[4]の意味や求め方を理解すること。 (イ)　度数分布を表す表やグラフの特徴及びそれらの用い方を理解すること。 (ウ)　目的に応じてデータを収集したり適切な手法を選択したりするなど，[3]な問題解決の方法を知ること。
測定した結果を平均する方法	第5学年	(ア)　平均の意味について理解すること。
起こり得る場合	第6学年	(ア)　起こり得る場合を順序よく整理するための図や表などの用い方を知ること。

4 指導計画の作成と内容の取扱い

1　指導計画の作成に当たっては，次の事項に配慮するものとする。

(1)　単元など内容や時間のまとまりを見通して，その中で育む[1]の育成に向けて，数学的活動を通して，児童の主体的・対話的で深い学びの実現を図るようにすること。その際，数学的な[2]を働かせながら，日常の事象を数理的に捉え，算数の問題を見いだし，問題を自立的，[3]に解決し，学習の過程を振り返り，概念を形成するなどの学習の充実を図ること。

(2)　第2の各学年の内容は，次の学年以降においても必要に応じて継続して指導すること。数量や図形についての基礎的な能力の[4]を図るため，適宜練習の機会を設けて計画的に指導すること。なお，その際，第1章総則の第2の3の(2)のウの(ｲ)に掲げる指導を行う場合には，当該指導のねらいを明確にするとともに，単元など内容や時間のまとまりを見通して[1]が偏りなく育成されるよう計画的に指導すること。また，学年間の指導内容を円滑に接続させるため，適切な[5]による学習指導を進めるようにすること。

(3)　第2の各学年の内容の「Ａ数と計算」，「Ｂ図形」，「Ｃ測定」，「Ｃ変化と関係」及び「Ｄデータの活用」の間の指導の関連を図ること。

(4)　低学年においては，第1章総則の第2の4の(1)を踏まえ，他教科等との関連を積極的に図り，[6]を高めるようにするとともに，幼稚園教育要領等に示す幼児期の終わりまでに育ってほしい姿との関連を考慮すること。特に，小学校入学当初においては，生活科を中心とした[7]な指導や，弾力的な時間割の設定を行うなどの工夫をすること。

(5)　障害のある児童などについては，学習活動を行う場合に生じる困難さに応じた指導内容や指導方法の工夫を計画的，組織的に行うこと。

(6)　第1章総則の第1の2の(2)に示す道徳教育の目標に基づき，[8]などとの関連を考慮しながら，第3章特別の教科道徳の第2に示す内容について，算数科の特質に応じて適切な指導をすること。

2　第2の内容の取扱いについては，次の事項に配慮するものとする。

(1)　思考力，判断力，表現力等を育成するため，各学年の内容の指導に当たっては，[9]，図，[10]，数，式，表，グラフなどを用いて考えたり，説明したり，互いに自分の考えを表現し伝え合ったり，学び合ったり，高め合ったりするなどの学習活動を積極的に取り入れるようにすること。

(2)　数量や図形についての感覚を豊かにしたり，表やグラフを用いて表現する力を高めたりするなどのため，必要な場面において[11]などを適切に活用すること。また，第1章総則の第3の1の(3)のイに掲げるプログラミングを体験しながら[12]を身に付けるための学習活動を行う場合には，児童の負担に配慮しつつ，例えば第2の各学年の内容の〔第5学年〕の「Ｂ図形」の(1)における[13]の作図を行う学習に関連して，正確な繰り返し作業を行う必要があり，更に一部を変えることでいろいろな[13]を同様に考えることができる場面などで取り扱うこと。

(3)　各領域の指導に当たっては，[9]を操作したり，日常の事象を観察したり，児童にとって身近な算数の問題を解決したりするなどの具体的な体験を伴う学習を通して，数量や図形について実感を伴った理解をしたり，算数を学ぶ[14]を実感したりする機会を設けること。

(4)　第2の各学年の内容に示す〔用語・記号〕は，当該学年で取り上げる内容の程度や範囲を明確にするために示したものであり，その指導に当たっては，各学年の内容と密接に関連させて取り上げるようにし，それらを用いて表したり考えたりすることのよさが分かるようにすること。

(5) 数量や図形についての[15]を育てるとともに，およその大きさや形を捉え，それらに基づいて適切に判断したり，[16]な処理の仕方を考え出したりすることができるようにすること。

(6) 筆算による計算の技能を確実に身に付けることを重視するとともに，目的に応じて計算の結果の[17]をして，計算の仕方や結果について適切に判断できるようにすること。また，低学年の「Ａ数と計算」の指導に当たっては，そろばんや[9]などの教具を適宜用いて，数と計算についての意味の理解を深めるよう留意すること。

3　数学的活動の取組においては，次の事項に配慮するものとする。

(1) 数学的活動は，基礎的・基本的な知識及び技能を確実に身に付けたり，思考力，判断力，表現力等を高めたり，算数を学ぶことの楽しさや[14]を実感したりするために，重要な役割を果たすものであることから，各学年の内容の「Ａ数と計算」，「Ｂ図形」，「Ｃ測定」，「Ｃ変化と関係」及び「Ｄデータの活用」に示す事項については，数学的活動を通して指導するようにすること。

(2) 数学的活動を楽しめるようにする機会を設けること。

(3) 算数の問題を解決する方法を理解するとともに，自ら問題を見いだし，解決するための[18]を立て，実践し，その結果を評価・改善する機会を設けること。

(4) [9]，図，数，式，表，グラフ相互の関連を図る機会を設けること。

(5) 友達と考えを伝え合うことで学び合ったり，学習の過程と成果を振り返り，よりよく[19]できたことを実感したりする機会を設けること。

5　指導法に関する問題

例題１　〈分数の除法〉

次のような問題を解く場合，計算の式は$\frac{2}{5} \div \frac{3}{4}$となるが，この計算の仕方を児童にどのように説明すればよいか。図を用いた説明と計算のきまりを用いた説明の２通りの方法で答えよ。

「$\frac{3}{4}$分間に$\frac{2}{5}$Lの水が出る水道があります。この水道は1分間に何Lの水が出るでしょう。」

［解答］〈図を用いた説明〉

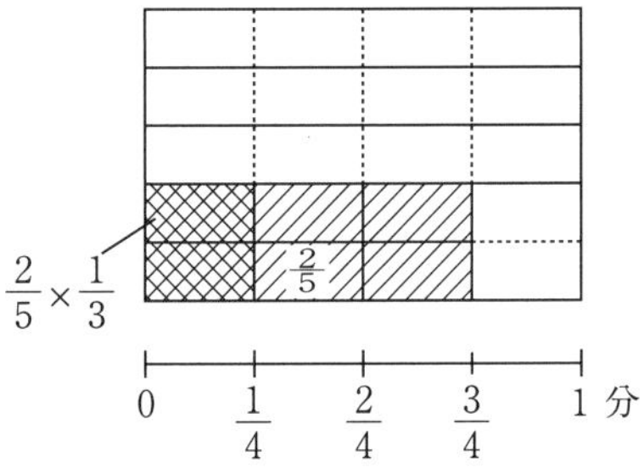

$\frac{3}{4}$分間に $\frac{2}{5}$Lの水が出るのだから，

[1]分間では，$\frac{2}{5}\times$[2]Lの水が出ることになる。

1分間は[1]分間の[3]倍だから，$\frac{2}{5}\times$[2]$\times$[3]Lの水が出ることになる。

よって，$\dfrac{2}{5}\div\dfrac{3}{4}=\dfrac{2}{5}\times\boxed{\ 4\ }=\boxed{\ 5\ }$〔L〕

〈計算のきまりを用いた説明〉

割る数$\dfrac{3}{4}$は，$\boxed{\ 6\ }$をかけて1になるから，

$$\frac{2}{5}\div\frac{3}{4}=\left(\frac{2}{5}\times\boxed{\ 6\ }\right)\div\left(\frac{3}{4}\times\boxed{\ 6\ }\right)$$
$$=\left(\frac{2}{5}\times\boxed{\ 6\ }\right)\div 1=\frac{2}{5}\times\boxed{\ 6\ }$$
$$=\boxed{\ 5\ }\text{〔L〕}$$

例題2　〈台形の面積〉

右の図のような台形の面積について，5年生の児童が答えそうな計算方法を3つ答えよ。ただし，三角形と平行四辺形の面積の求め方は習っているものとする。

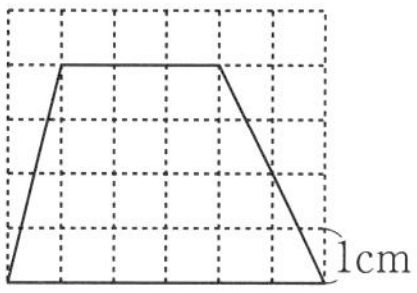

［解答例］① 対角線を結んで2つの$\boxed{\ 7\ }$に分ける。

$3\times4\div2+6\times4\div2=6+12=18$〔$cm^2$〕

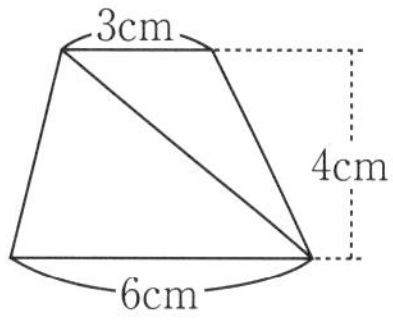

② $\boxed{\ 8\ }$と$\boxed{\ 9\ }$に分ける。

$3\times4+3\times4\div2=12+6=18$〔$cm^2$〕

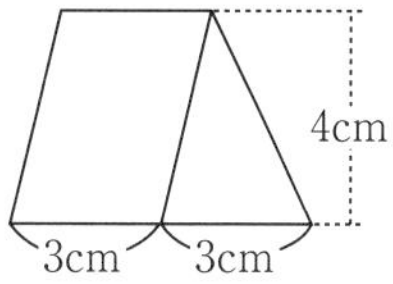

③ $\boxed{\ 10\ }$と2つの$\boxed{\ 11\ }$に分ける。

$3\times4+1\times4\div2+2\times4\div2$
$=12+2+4=18$〔cm^2〕

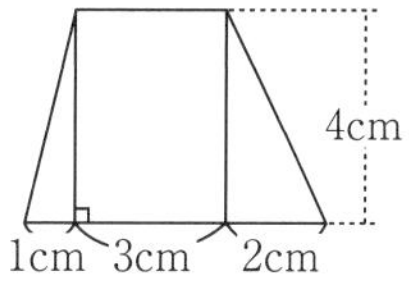

④ 台形2つで$\boxed{\ 12\ }$を作る。

$(3+6)\times4\div2=18$〔cm^2〕

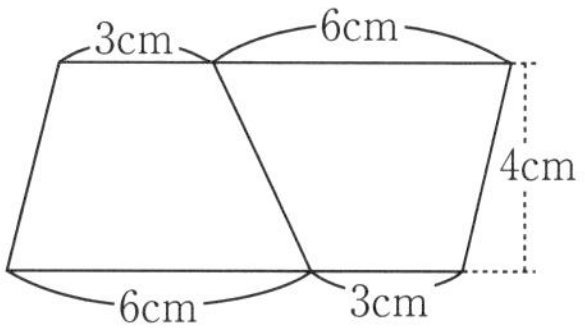

⑤ $\boxed{\ 13\ }$から2つの$\boxed{\ 14\ }$をひく。

$(6\times4)-(1\times4\div2)-(2\times4\div2)$
$=24-2-4=18$〔cm^2〕

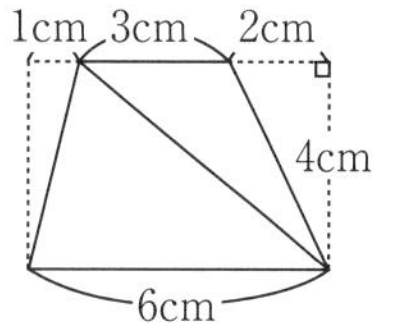

⑥ 面積移動させて2つの$\boxed{\ 15\ }$に分ける。

$(3\times2)+(6\times2)=6+12=18$〔$cm^2$〕

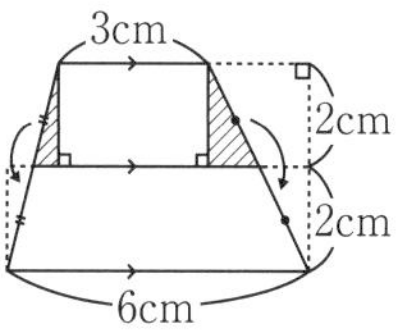

のうちから3つ

2 数や式と計算

重要度 A

ここが要点　この分野からの難問はほとんどない。四則混合計算では小数や分数あるいは累乗の形のものが混じっていて複雑そうにみえるが，計算内容は小学生レベルであるから落ち着いて解こう。乗法公式や平方根は手順が多少ややこしいものがあるが，くり返し類題に取り組めば慣れてくるものである。計算ミスのないように注意しよう。

1 四則混合計算

(1) $(-2)^2\times\dfrac{1}{2}+\left(\dfrac{1}{3}-\dfrac{1}{2}\right)\times(-3^2)$

$=\boxed{1}\times\dfrac{1}{2}+\left(-\dfrac{1}{6}\right)\times(\boxed{2})=\dfrac{\boxed{4}}{\boxed{3}}$

(2) $\left(-\dfrac{1}{3}\right)^3\times1.8+(0.3)^2\div0.05-0.4$

$=\dfrac{\boxed{6}}{\boxed{5}}\times\dfrac{9}{5}+\dfrac{\boxed{8}}{\boxed{7}}\times\boxed{9}-\dfrac{2}{5}$

$=\dfrac{\boxed{11}}{\boxed{10}}+\dfrac{\boxed{13}}{\boxed{12}}-\dfrac{2}{5}$

$=\dfrac{\boxed{15}}{\boxed{14}}$

ポイント・アドバイス

- 累乗があるときは，累乗を最初に計算する。
- かっこのあるときは，かっこの中を先に計算する。
- 乗除→加減の順に計算する。
- 小数は分数になおしてから計算する。

2 因数分解

(1) $x^2+15x+56=(x+\boxed{1})(x+8)$

(2) $18x^2-3x-3=3(\boxed{2}x+1)(\boxed{3}x-1)$

(3) $xy^2-x=x(\boxed{4}+1)(\boxed{4}-1)$

(4) $1-x^2+2xy-y^2=1-(x-\boxed{5})^2$

$=(1+x-\boxed{5})(1-x+\boxed{5})$

(5) $xy+y-x-1=y(\boxed{6}+1)-(\boxed{6}+1)$

$=(\boxed{6}+1)(y-\boxed{7})$

(6) $(x^2+x-5)(x^2+x-3)-3$

$x^2+x=\mathrm{A}$とおくと，

$(\mathrm{A}-5)(\mathrm{A}-3)-3=\mathrm{A}^2-8\mathrm{A}+\boxed{8}$

$=(\mathrm{A}-2)(\mathrm{A}-\boxed{9})$

Aを元に戻して，

$=(x^2+x-2)(x^2+x-\boxed{9})$

$=(x-\boxed{10})(x+2)(x-\boxed{11})(x+3)$

ポイント・アドバイス

〈因数分解の公式〉

$\boldsymbol{a^2+2ab+b^2=(a+b)^2}$

$\boldsymbol{a^2-2ab+b^2=(a-b)^2}$

$\boldsymbol{a^2-b^2=(a+b)(a-b)}$

$\boldsymbol{x^2+(a+b)x+ab}$

$\boldsymbol{=(x+a)(x+b)}$

$\boldsymbol{acx^2+(ad+bc)x+bd}$

$\boldsymbol{=(ax+b)(cx+d)}$

(4)　$\boldsymbol{(x-\square)^2=A^2}$とおいて，$\boldsymbol{1=1^2}$と考えるとよい。

3 平方根

(1) $(\sqrt{2}+\sqrt{5}+\sqrt{7})(\sqrt{2}+\sqrt{5}-\sqrt{7})=(\sqrt{2}+\boxed{1})^2-(\boxed{2})^2$

$=\boxed{3}+2\sqrt{10}+\boxed{4}-\boxed{5}$

$=2\sqrt{10}$

(2) $\left(2\sqrt{8}+\dfrac{1}{\sqrt{2}}\right)-\dfrac{3}{\sqrt{2}}=\left(\boxed{6}\sqrt{2}+\dfrac{\boxed{8}}{\boxed{7}}\sqrt{2}\right)-\dfrac{\boxed{10}}{\boxed{9}}\sqrt{2}$

$=\dfrac{\boxed{12}}{\boxed{11}}\sqrt{2}-\dfrac{\boxed{10}}{\boxed{9}}\sqrt{2}=\boxed{13}\sqrt{2}$

ポイント・アドバイス

〈根号を含む基本計算〉

$\boldsymbol{\sqrt{a}\times\sqrt{b}=\sqrt{ab}}$

$\boldsymbol{\sqrt{a^2b}=a\sqrt{b}}$

(1)　$\boldsymbol{\sqrt{2}+\square=A}$とおいて考える。

(2)　分母の有理化を行ってから計算する。

$\boldsymbol{\dfrac{a}{\sqrt{b}}=\dfrac{a\sqrt{b}}{\sqrt{b}\times\sqrt{b}}}$

$\boldsymbol{=\dfrac{a}{b}\sqrt{b}}$

$\boldsymbol{(a>0,\ b>0)}$

(3)　$x=\sqrt{3}+\sqrt{2}$，$y=\sqrt{3}-\sqrt{2}$のとき，x^2+xy+y^2の値を求めよ。

$x+y=\boxed{14}$，$xy=\boxed{15}$

$x^2+xy+y^2=(x+y)^2-\boxed{16}$
$=(\boxed{14})^2-\boxed{15}$　←各値を代入する
$=\boxed{17}$

ポイント・アドバイス

(3)　$\boldsymbol{x^2+xy+y^2}$を$\boldsymbol{x+y}$と$\boldsymbol{xy}$で表し，それぞれの数値を代入。

4　公倍数と公約数

(1)　48と84の最大公約数は$\boxed{1}$，最小公倍数は$\boxed{2}$である。

(2)　50から100までの整数のうち，6で割り切れる数は$\boxed{3}$個，9で割り切れる数は$\boxed{4}$個，6または9で割り切れる数は$\boxed{5}$個である。

(3)　90cm×126cm×72cmの直方体を同じ大きさの立方体を使って作るとき，できるだけ大きい立方体を使うには，その立方体の1辺の長さを$\boxed{6}$cmにすればよい。また，このとき使う立方体の個数は$\boxed{7}$個である。

ポイント・アドバイス

(3)　立方体の個数は直方体の各辺が立方体のいくつ分になるかで考える。

5　記数法

(1)　10進法の32は3進法では$\boxed{1}$，5進法では$\boxed{2}$と表すことができる。

(2)　$3210_{(4)}$を10進法で表すと，

$3210_{(4)}=3\times\boxed{3}+2\times\boxed{4}+1\times\boxed{5}+0=\boxed{6}$

(3)　$11011_{(2)}$と$1011_{(2)}$の和を4進法で表せ。

解き方　2進法の数を10進法に変換すると，

$11011_{(2)}=1\times\boxed{7}+1\times\boxed{8}+1\times\boxed{9}+1\times\boxed{10}=\boxed{11}$

$1011_{(2)}=1\times\boxed{12}+1\times\boxed{13}+1\times\boxed{14}=\boxed{15}$

$\boxed{11}+\boxed{15}=\boxed{16}$

$\boxed{16}$を4進法で表すと$\boxed{17}$である。

ポイント・アドバイス

(3)　$\boldsymbol{n}$進法の加減乗除は**10**進法に変換してから行う。

6　数列

(1)　初項3，公差が2の等差数列の第15項は，

$a_{15}=\boxed{1}+2(\boxed{2}-1)=\boxed{3}$

(2)　初項5，公差3の等差数列の初項から第10項までの和は，

$S_{10}=\dfrac{\boxed{4}}{2}\{2\times\boxed{5}+(\boxed{6}-1)\times3\}=\boxed{7}$

(3)　1辺の長さが1cmの正方形を下図のように，1段，2段，3段，4段，…と並べる。50段並べたときの正方形の総数を求めよ。

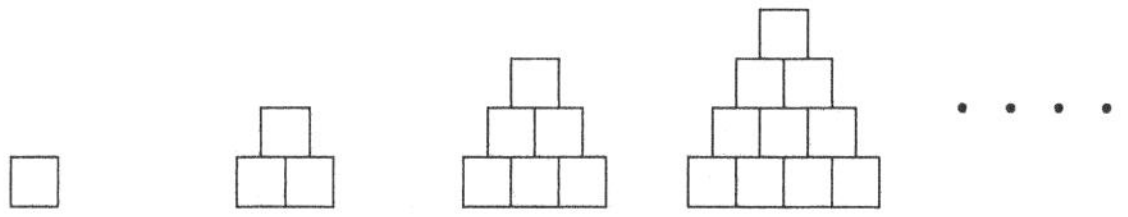

1段　2段　3段　4段　・・・・

解き方　1段のときは1個，2段のときは1＋2〔個〕，3段のときは1＋2＋3〔個〕，…

よって，50段のときは，

$1+2+3+\cdots+50=\dfrac{1}{2}\times\boxed{8}\times(\boxed{8}+1)=\boxed{9}$〔個〕

ポイント・アドバイス

(1)　初項$\boldsymbol{a}$，公差$\boldsymbol{d}$の等差数列の第$\boldsymbol{n}$項$(\boldsymbol{a_n})$は，

$\boldsymbol{a_n=a+(n-1)d}$

(2)　初項から第$\boldsymbol{n}$項までの和$\boldsymbol{S_n}$は，

$\boldsymbol{S_n=\dfrac{1}{2}n\{2a+(n-1)d\}}$

(3)　**1**から$\boldsymbol{n}$までの自然数の和

$\boldsymbol{1+2+\cdots+n=\dfrac{1}{2}n(n+1)}$

3 方程式・不等式

重要度 A

ここが要点 出題頻度の高い分野である。特に文章題の出題が多く，食塩水の濃度や速さなどが目立つ。まずは文章を理解し，立式できるかどうかがカギとなる。1次方程式や連立方程式は中学レベルのものなので，苦手意識をもたずに取り組んでいこう。

1 1次方程式・連立方程式・不等式

(1) $\dfrac{x}{4}+1=\dfrac{2x+5}{6}$ を解け。　$x=\boxed{1}$

(2) $\begin{cases} 8x+y=-10 \\ -3x+\dfrac{5}{6}y=11 \end{cases}$ を解け。　$(x,\ y)=(\boxed{2},\ \boxed{3})$

(3) $\dfrac{x}{3}>\dfrac{x-1}{5}+1$ を解け。　$\boxed{4}$

(4) 太さの違うA，Bの管と375L入る水槽がある。Aの管を使い，水を入れはじめると，5分後に 75Lになり，その後Bの管も一緒に使い，水を入れると，17分後に満水になった。このときBの管では1分間に何L水を入れることができたか求めよ。

解き方 Aは1分間に $\boxed{5}$ L入れることができる。
Bが1分間に x L入れることができるとすると，次の方程式が成り立つ。

$$(\boxed{5}+x)\times(17-\boxed{6})=\boxed{7}-75$$

これを解いて　$x=\boxed{8}$
よって，求める水量は $\boxed{8}$ L

(5) 濃度12％ の食塩水600gがある。ここから何gか汲み出した後，それと同じ重さの水を加えたら濃度が9％になった。汲み出した食塩水の重さを求めよ。

解き方 汲み出した食塩水の重さをxgとすると，そのうちの食塩の重さは $\boxed{9}$ xgで，食塩の重さについて次の方程式が成り立つ。

$$\underbrace{600\times\boxed{10}}_{\text{最初の12％の食塩水600gに含まれる食塩}}-\underbrace{\boxed{9}\,x}_{\text{汲み出した食塩水に含まれる食塩}}=\underbrace{\boxed{11}\times\boxed{12}}_{\text{9％の食塩水に含まれる食塩}}$$

これを解いて，$x=\boxed{13}$
よって，求める食塩水の重さは $\boxed{13}$ g

(6) ある商品に2割の利益を見込んで定価をつけたが，売れないので定価の1割引きで売った。売値が1620円のとき，仕入れ値はいくらか。

解き方 仕入れ値をx円とすると，定価は $\boxed{14}$ x円。この1割引きで売ったので，次の方程式が成り立つ。

$$\boxed{14}\,x\times\boxed{15}=1620$$　これを解いて，$x=\boxed{16}$

よって，求める仕入れ値は $\boxed{16}$ 円

(7) ある2桁の自然数の十の位と一の位の数字の和は11である。この自然数から各位の数字を入れ替えた数を引いた数が45のとき，この自然数を求めよ。

解き方 求める2桁の自然数の十の位を x，一の位を y とすると，この自然数は $\boxed{17}$ $x+y$ と表すことができ，次の連立方程式が成り立つ。

$$\begin{cases} x+y=11 \\ (\boxed{17}\,x+y)-(\boxed{18}\,y+x)=45 \end{cases}$$

これを解いて，$(x,\ y)=(\boxed{19},\ \boxed{20})$
よって，求める自然数は $\boxed{21}$

ポイント・アドバイス
(1)(3) 両辺に分母の最小公倍数をかける。
(2) 一方の方程式を他方の方程式に代入して文字を消去する。
$y=-8x-10$ を代入。

ポイント・アドバイス
(5) 食塩水の濃度〔%〕

$$=\frac{\text{溶けている食塩の重さ}}{\text{水の重さ}+\text{溶けている食塩の重さ}}\times100$$

(8)　1個240円のケーキと160円のケーキを合わせて20個買うことにした。3800円以内で240円のケーキをできるだけ多く買うとすると，240円のケーキは何個まで買えるか。

解き方　240円のケーキをx個買うとすると，160円のケーキは[22]個買えるので，次の不等式が成り立つ。

$240x + 160($[22]$) \leqq 3800$

$x \leqq$ [23]

よって，240円のケーキは[24]個まで買える。

2　2次方程式

(1)　$2x^2 + x - 6 = 0$を解け。$x =$ [1]，[2]

(2)　2次方程式$x^2 - 3ax + 4a = 0$の1つの解が$x = 2$であるとき，$a =$ [3]，もう1つの解は$x =$ [4]である。

(3)　ある正方形の縦を3cm短くし，横を2倍にすると，もとの正方形の面積より16cm^{2}大きくなった。もとの正方形の1辺の長さを求めよ。

解き方　もとの正方形の1辺の長さを$x$cmとすると，変形させた後の縦の長さは[5]cm，横の長さは[6]cmとなり，次の方程式が成り立つ。

[6]([5]$) = x^2 + 16$

これを解くと，$x =$ [7]，[8]

$x > 0$より，正方形の1辺の長さは[8]cm

ポイント・アドバイス

〈2次方程式の解法〉

・$(x+a)^2 = b$の解
　$\rightarrow x = -a \pm \sqrt{b}$

・$x^2 + bx + c$
　$= (x+p)(x+q) = 0$
　の解
　$\rightarrow x = -p,\ -q$

・解の公式
　$ax^2 + bx + c = 0$の解
　$\rightarrow x = \dfrac{-b \pm \sqrt{b^2 - 4ac}}{2a}$

過去問に挑戦！

1　ある仕事を**A**が**1**人ですると**12**日間かかり，**B**が**1**人ですると**15**日間かかる。この仕事を**A**が**3**日間した後，**A**と**B**の**2**人で何日間かして終わった。**A**が始めてから何日目で仕事を終えたか。

（山形県　改題）

2　弟が家から時速**4km**で歩いて学校へ出発した後，兄が**15**分後に時速**19km**で家から自転車で弟を追いかけ，弟が学校に着く前に追いつくことができた。兄が弟に追いついたのは家を出てから何分後か。

（青森県　改題）

3　**A**は自転車で，**B**は徒歩で**1**周**8km**のコースを周る。いま，**2**人が同じ地点から同時に出発するとき，**A**と**B**が反対方向に進むと**30**分後に出会い，同じ方向へ進むと**1**時間後に追いつく。**A**と**B**の時速をそれぞれ求めよ。

（神奈川県・横浜市・川崎市　改題）

4　連続する**3**つの整数のうち，最も大きい数の**2**乗は，真ん中の数と最も小さい数それぞれの**2**乗の和に等しくなる。この**3**つの整数をすべて求めよ。

（岩手県　改題）

4 関数

重要度 B

ここが要点　グラフや表からxとyの関係式を求める問題から，1次関数と2次関数の融合問題まで難易度は様々である。しかし，直線の方程式や交点の座標を求めたり，面積を求めてそれを2等分する直線を答えたりするなどパターン化されているので，方程式を解くことと一緒に練習し解法を身に付けよう。

1 1次関数

ポイント・アドバイス

- 直線$y=ax+b$において，
  切片（y軸との交点）$=b$，
  変化の割合
  $=\dfrac{y\text{の増加量}}{x\text{の増加量}}=$傾き$a$
- 傾きaで点(x_1, y_1)を通る直線
  $y-y_1=a(x-x_1)$
- 2直線の交点は，2つの式のyを消去して求める。

(1)　yはxの1次関数である。xの増加量が2のときyの増加量は3であり，そのグラフは点(4，1)を通る。この1次関数の式は，

$y=$ [1] $x-$ [2] である。

(2)　右の図で直線lは傾きが3で，y軸と(0，-2)で交わっている。また，直線mは点(6，0)を通り，lと点Pで交わっている。点Pのy座標が4のとき，直線mの式と直線l，m及びx軸で囲まれた三角形の面積を求めよ。

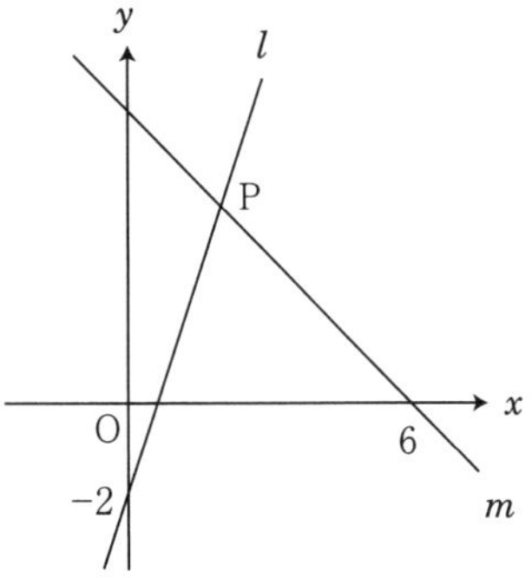

解き方　直線lの式は$y=$ [3] $x-2$

点Pはl上の点でもあるので，

$y=4$を直線lの式に代入して，

$x=$ [4]

したがって，点Pの座標は

([4]，4)

直線mの式を$y=ax+b$とおくと，点Pと(6，0)を通るので

$\begin{cases} 4= [\ 4\ ]\,a+b \\ 0= [\ 5\ ]\,a+b \end{cases}$

これを解いて，$a=$ [6]，$b=$ [7]

よって，直線mの式は，$y=$ [6] $x+$ [7] である。

また，求める三角形の面積は，点Pのy座標が高さであり，直線lとx軸との交点が，([8]，0)なので，次式から求められる。

$\dfrac{1}{2}\times(6-$ [8] $)\times 4=$ [9]

よって，[9] である。

2 2次関数

ポイント・アドバイス

(1)　グラフをかくとよい。

(2)　変化の割合
$=\dfrac{y\text{の増加量}}{x\text{の増加量}}$

(3)　交点の座標は2式の連立方程式の解である。

(1)　関数$y=\dfrac{1}{2}x^2$について，xの変域が$-2\leqq x\leqq 4$のとき，yの変域を求めよ。

解き方　x^2の係数$a=\dfrac{1}{2}>0$であるから，

最小値は$x=$ [1] のとき

$y=$ [2]

$x=4$のとき，$y=\dfrac{1}{2}\times 4^2=$ [3]

$x=-2$のとき，$y=\dfrac{1}{2}\times(-2)^2=$ [4]

よって，求めるyの変域は，

[5] $\leqq y\leqq$ [6]

(2)　関数$y=3x^2$について，xの値がaから$a+1$まで増加するとき，変化の割合は9である。このとき，$a=$ [7] である。

(3) 関数$y=2x^2$と$y=7x+4$のグラフの交点の座標は，([8] ， [9])，(4， [10])である。

(4) 放物線$y=2x^2$と直線$y=2x+4$の交点をそれぞれA，Bとする。点Oを通り，△OABの面積を2等分する直線の式を求めよ。

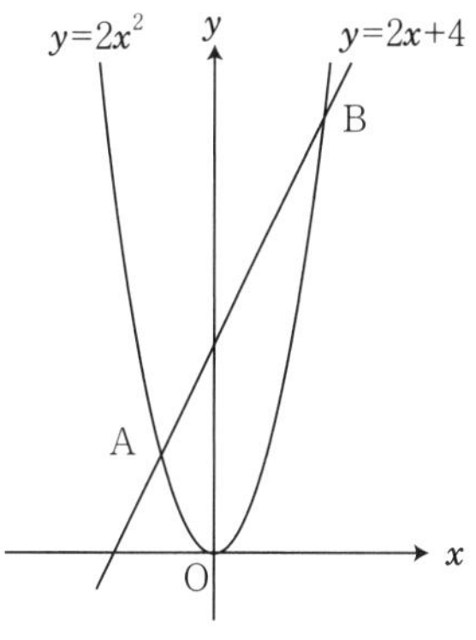

解き方 交点の座標は，A([11] ， [12])，

B([13] ， [14])

求める直線は，点Oを通り，線分ABの中点([15] ， [16])を通る。

よって，求める直線の式は，

$y=$ [17] x

過去問に挑戦！

1 直線$x=1$に関して，関数$y=2x-3$のグラフと対称なグラフの式を求めよ。

（山梨県）

2 右図のように，点(**5**，**2**)を通り，変化の割合が-2である直線がy軸，x軸と交わる点をそれぞれ**A**，**B**とし，線分**AB**の中点を**C**とする。また線分**OA**を**3**：**1**に内分する点を**D**とする。このとき，四角形**OBCD**の面積を求めよ。

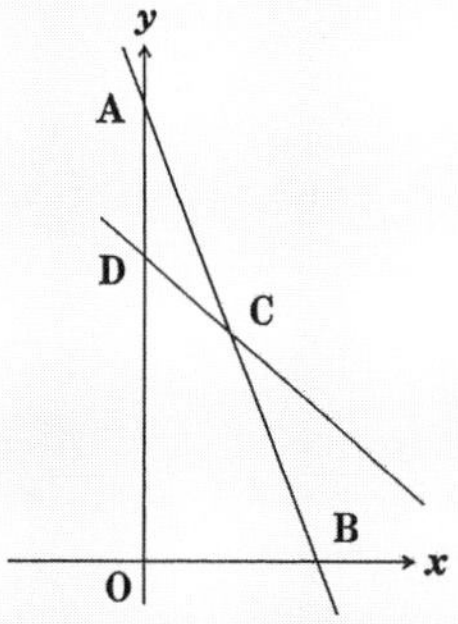

（福岡県・福岡市・北九州市　改題）

3 関数$y=x^2-1$のグラフ上に点**A**，**B**，**C**がある。**A**，**B**，**C**のx座標がそれぞれ-1，**0**，**3**であるとき，△**ABC**の面積を求めよ。

（三重県　改題）

4 右図のように，放物線$y=2x^2$上に点**A**，放物線$y=\frac{1}{2}x^2$上に**2**点**B**，**D**をとり，長方形**ABCD**を作る。長方形の各頂点のx座標はすべて正で，**A**と**B**のx座標が等しいとき，各問いに答えよ。

(1) 点**A**のx座標が**2**のとき，長方形**ABCD**の面積を求めよ。

(2) 直線$y=4x$が長方形**ABCD**を**2**等分するとき，辺**AB**と**DC**に交わるという。このときの点**A**のx座標を求めよ。

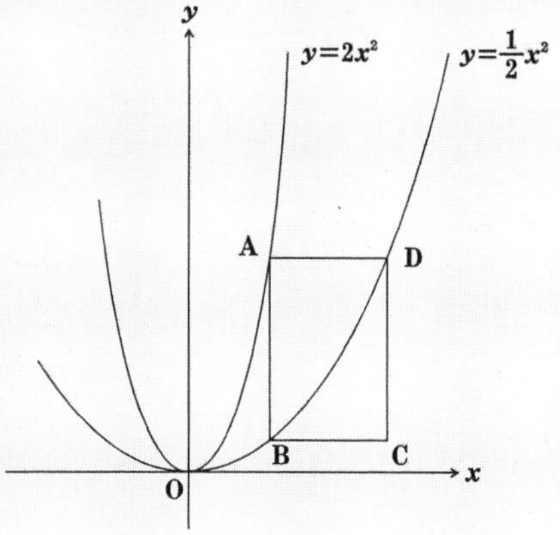

（奈良県　改題）

5 図形

重要度 A

ここが要点　算数分野では最も出題頻度が高く，様々な内容がみられる。三角形の性質，相似，円の性質，三平方の定理などを利用できるように，とにかく数多くの問題に取り組むことが必要である。

1 角と平行線

ポイント・アドバイス

(1)　補助線を入れる。

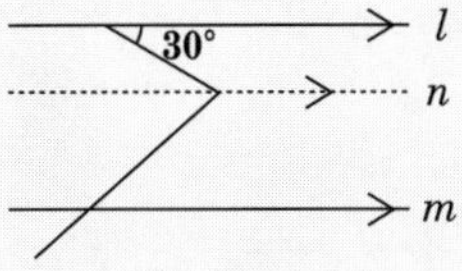

$l \parallel n \parallel m$

(2)　三角形の内角の和は**180°**で，外角は他の内角の和に等しい。

(3)　**360°**から（**110°＋110°**）を引いた角度が，**2**つの∠•と**2**つの∠×の和にあたる。

(4)　n角形の内角の和は**180°×（n－2）**

(1)　$l \parallel m$

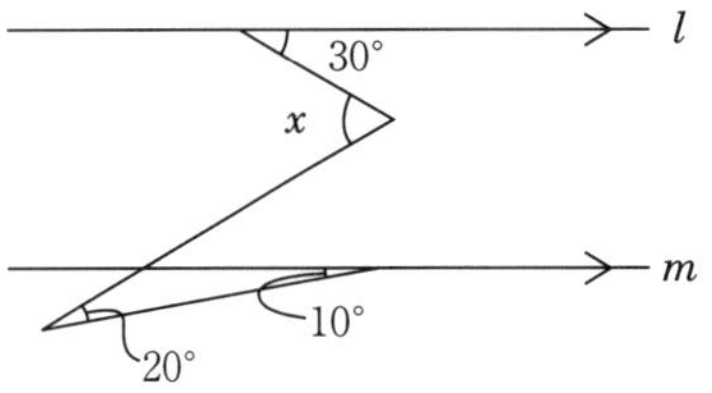

$x =$ [1]°

(2)

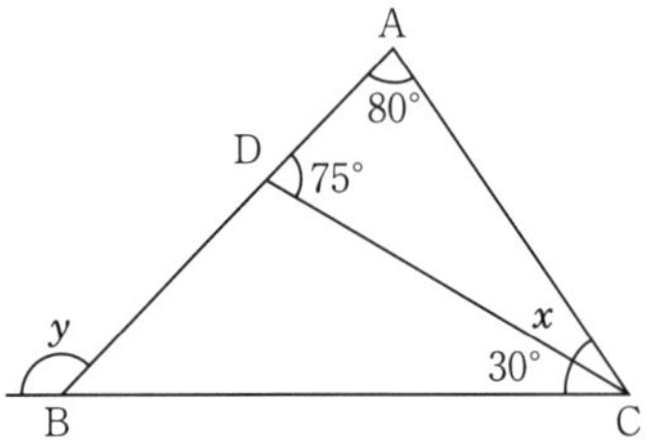

$x =$ [2]°，$y =$ [3]°

(3)

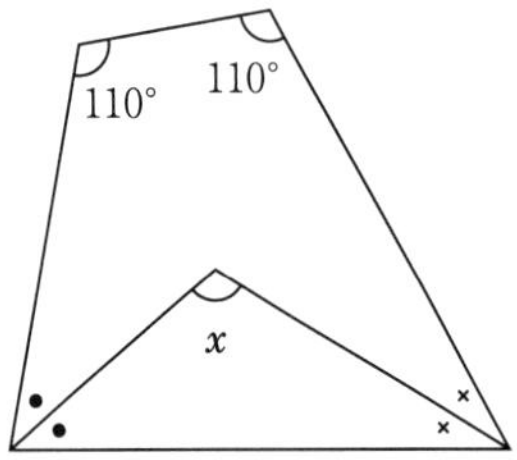

360° －（110° ＋ 110°）＝ 140°

$x =$ [4]°

(4)

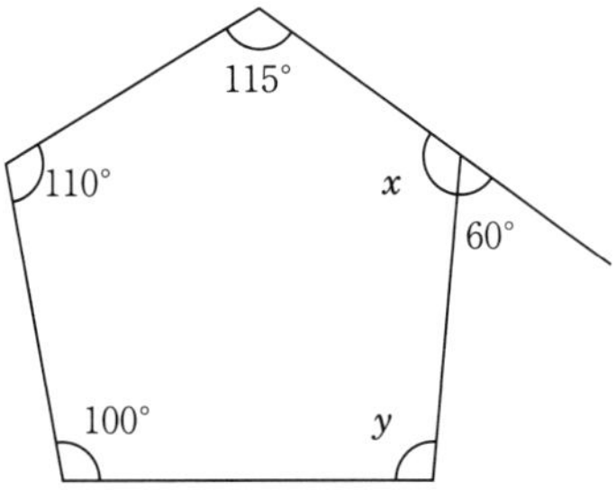

$x =$ [5]°，$y =$ [6]°

2 三角形

ポイント・アドバイス

〈三角形の合同条件〉
①**3**辺がそれぞれ等しい。
②**2**辺とその間の角がそれぞれ等しい。
③**1**辺とその両端の角がそれぞれ等しい。

〈三角形の相似条件〉
①**3**組の辺の比が等しい。
②**2**組の辺の比とその間の角が等しい。
③**2**組の角がそれぞれ等しい。

(1)　対応する辺の比は等しい。

(2)　中点連結定理
DE // BC,
$\mathbf{DE = \frac{1}{2}BC}$

(1)

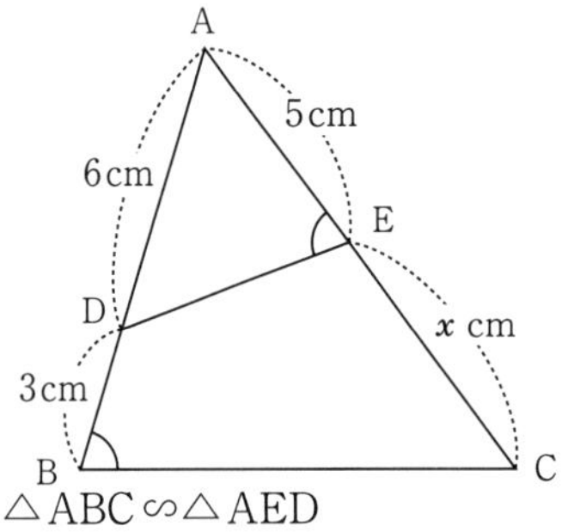

△ABC∽△AED

AC：AD＝AB：[1]

$(x + 5)$：6＝(6＋3)：[2]

$x =$ [3]〔cm〕

(2)　AD＝DB，AE＝EC

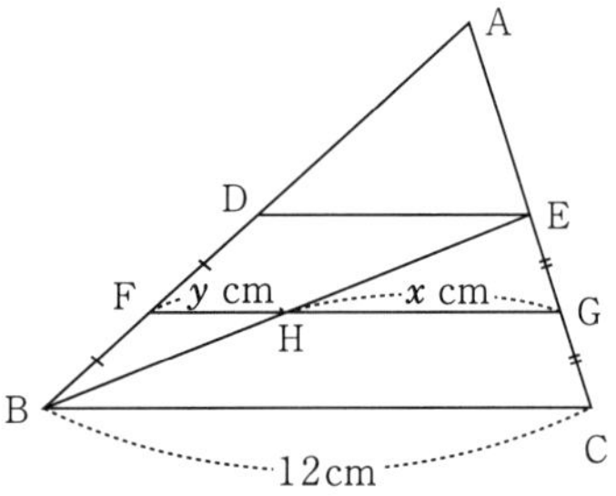

$x =$ [4]〔cm〕

$y = \frac{1}{2}$DE＝[5]〔cm〕

(3)　ABとACの中点をそれぞれD，Eとするとき，△EDFと△ECFの面積比を求めよ。

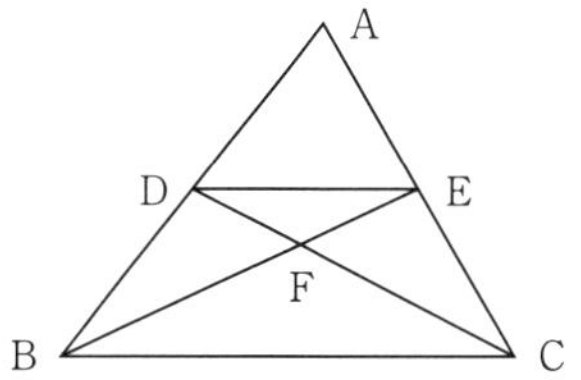

DE：BC＝[6]：[7]より，
DF：FC＝[6]：[7]
よって，
△EDF：△ECF
＝[6]：[7]

(4)　△AEGの面積を求めよ。
ただし，AC // EFとする。

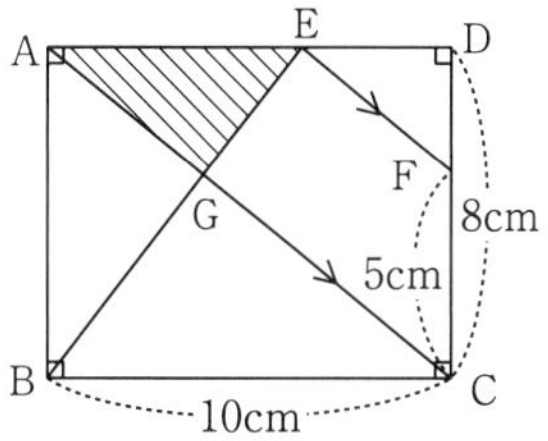

AC // EFより，
FC：DF：DC
＝[8]：[9]：[10]
＝AE：ED：AD
AD＝BC，△AEG∽△CBGより，
AE：CB＝EG：BG
＝[11]：[12]
CB＝10cmより，AE＝[13]cm
△AEG＝[14]△ABE
$=[14]\times\left(\frac{1}{2}\times 8\times[13]\right)$
＝[15]〔cm^2〕

ポイント・アドバイス
(3)(4)　高さが等しいとき，面積比は底辺の比に等しい。

(5)　△ABCの面積を求めよ。

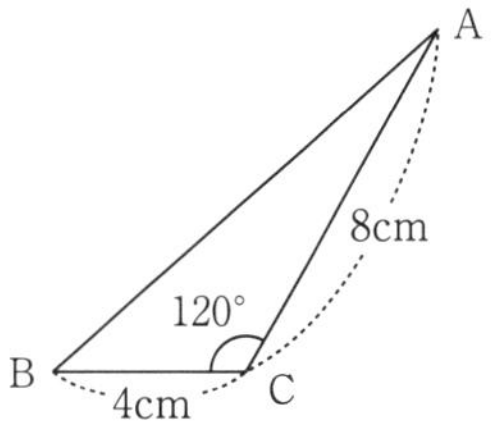

BCを底辺としたとき，
△ABCの高さは[16]cm
よって，面積は，
$\frac{1}{2}\times 4\times[16]=[17]$〔$cm^2$〕

(6)　正四面体A－BCDの高さAHを求めよ。

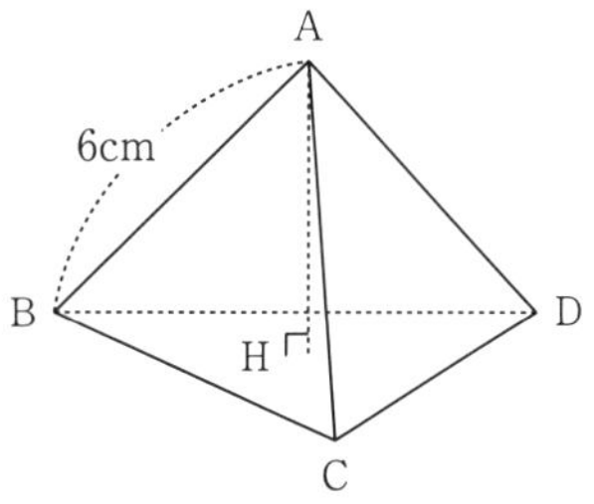

BH＝[18]〔cm〕
$AH=\sqrt{6^2-([18])^2}$
＝[19]〔cm〕

ポイント・アドバイス
(5)

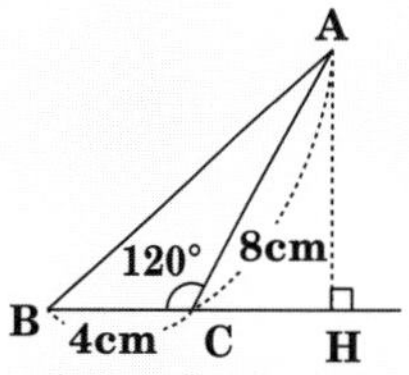

直角三角形**ACH**の辺の比を考える。
(6)　**H**は△**BCD**の重心である。

ポイント・アドバイス

(1) 円周角$=\frac{1}{2}\times$中心角

(2) 接弦定理
接線と弦のなす角
=その弦の弧に対する
円周角

(3) 円に内接する四角形において，**1**つの外角は，それととなり合う内角の対角に等しい。

ポイント・アドバイス

(4) 円の接線は，その接点を通る半径に垂直である。

3 円の性質

(1)

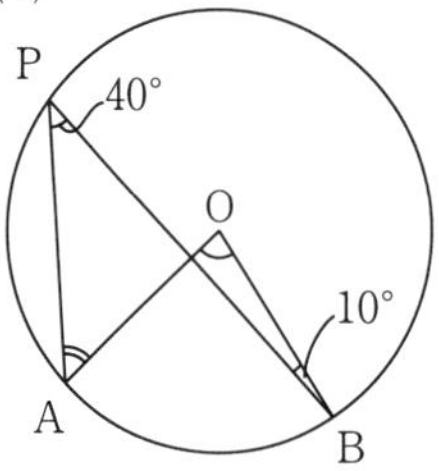

∠AOB = [1]°
∠OAP = [2]°

(2)

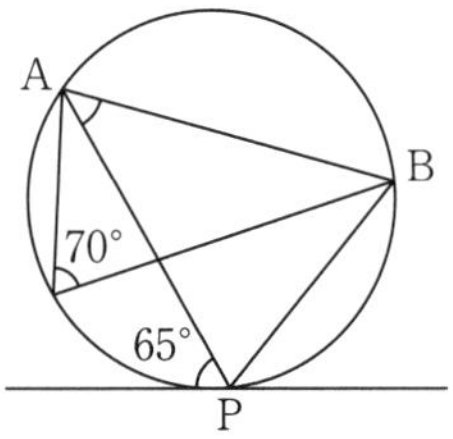

∠PAB = [3]°

(3)

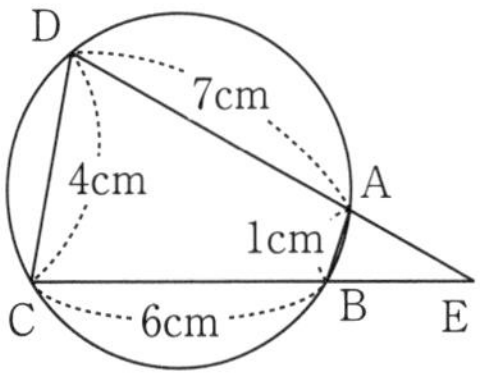

△EAB ∽ △[4]
相似比 = 1：[5]
EA = [6] cm
EB = [7] cm

(4) 円Oは△ABCに内接し，それぞれの辺の接点をP，Q，Rとする。辺ACの長さと円Oの半径を求めよ。

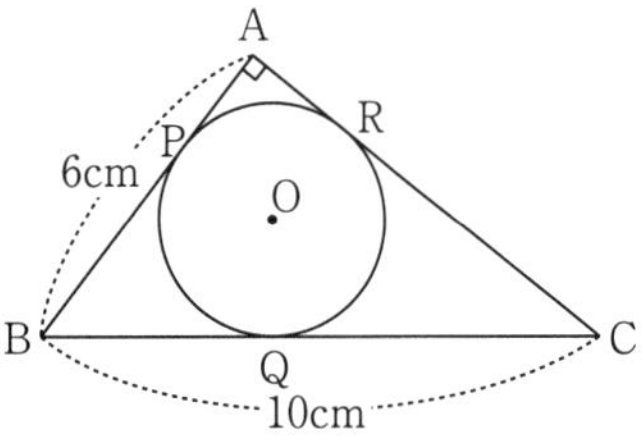

三平方の定理より，
AC = [8] cm
OP = OQ = OR = r(半径) とおくと，
BP = BQ = ([9])cm
CR = CQ = ([10])cm
BQ + CQ = ([9] + [10]) = 10　より，r = [11]
よって，円Oの半径は[11] cm

4 図形の求積

(1) 斜線部の面積を求めよ。

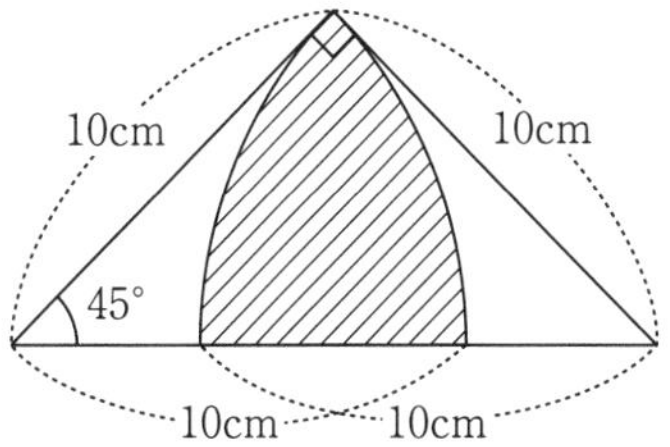

中心角45°の扇形の面積は
[1] cm^2
直角二等辺三角形の面積は
[2] cm^2
よって，斜線部の面積は
[3] cm^2

(2) 扇形OABに円O′が内接している。斜線部の面積を求めよ。

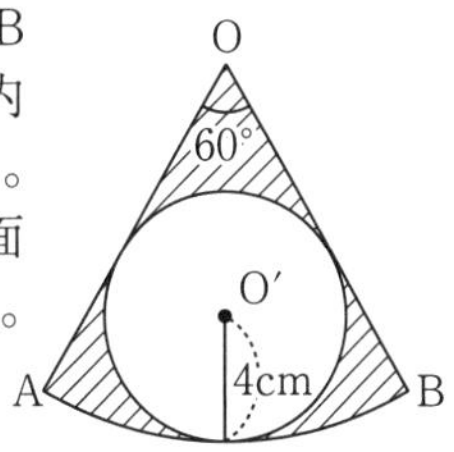

OO′= [4] cmより，
扇形の半径は [5] cm
扇形の面積は [6] cm^2
円O′の面積は [7] cm^2
よって，斜線部の面積は
[8] cm^2

(3) 次のような展開図の円すいの底面の半径と体積を求めよ。

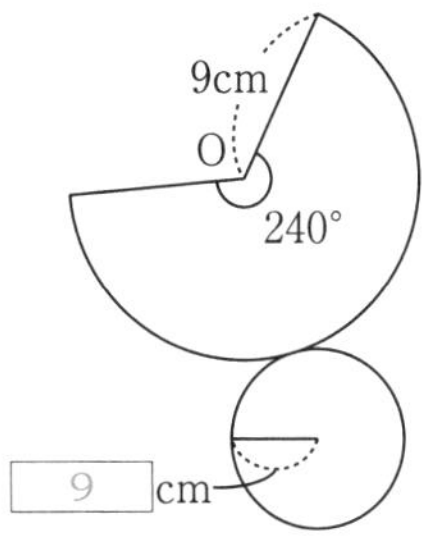

この展開図からできる円すいは下図の様になる。

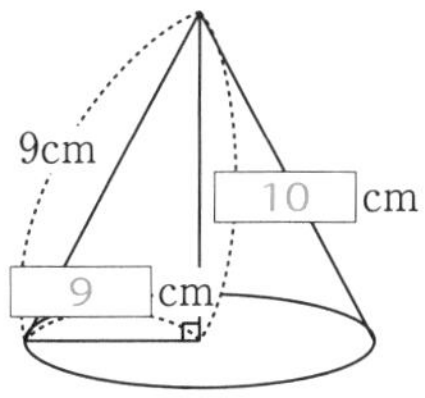

底面の半径は [9] cm,
高さは [10] cm。
よって，円すいの体積は [11] cm^3

(4) 平行四辺形ABCDにおいて，BAの延長上にAE＝4cmとなる点Eをとるとき，△EAFと△ABCの面積比を簡単な整数値で表せ。

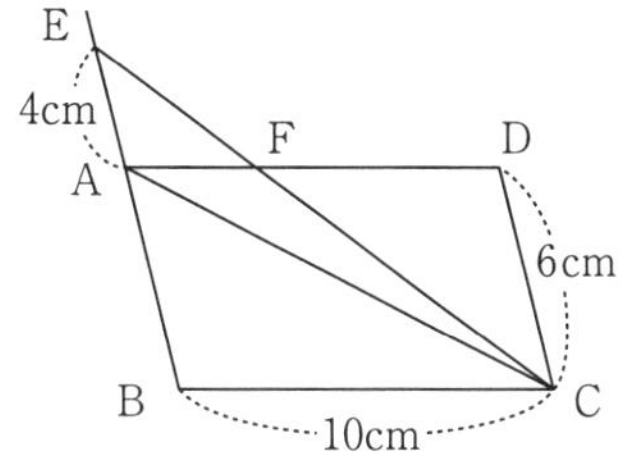

△CDF：△EAF
＝ [12]^2 ： [13]^2
＝ [14] ： [15]
△CDF：△CFA
＝DF：FA＝ [16] ： [17]
△ABC＝△ADC
＝△CDF＋△CFA
よって，△EAF：△ABC
＝ [18] ： [19]

ポイント・アドバイス

(1) 中心角**45°**の**2**つの扇形の面積の和から，直角二等辺三角形の面積を引く。

(2)

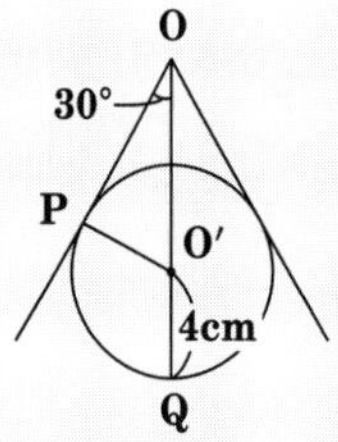

O′P＝O′Q
O′P：OP：OO′
＝1：$\sqrt{3}$：2

(4) 相似な**2**つの図の相似比（辺の比）がa：bであるとき，面積の比は，
a^2：b^2

5 図形の展開

ポイント・アドバイス

(1) 展開図に頂点の記号を入れてみる。

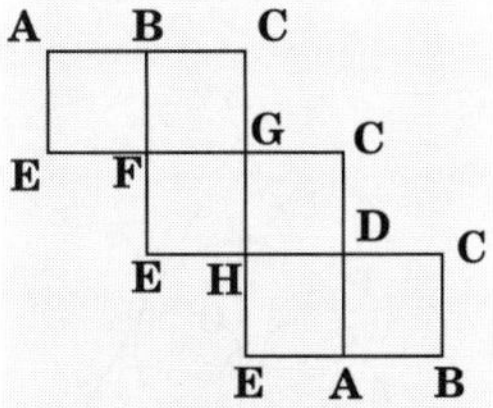

(2) 最短距離は，展開図の上では直線になる。

(1) 図Ⅰの立方体を図Ⅱの展開図になるように，切り開く。図Ⅰの太線以外にあとどの一辺を切り開くとよいか。

辺 [1]

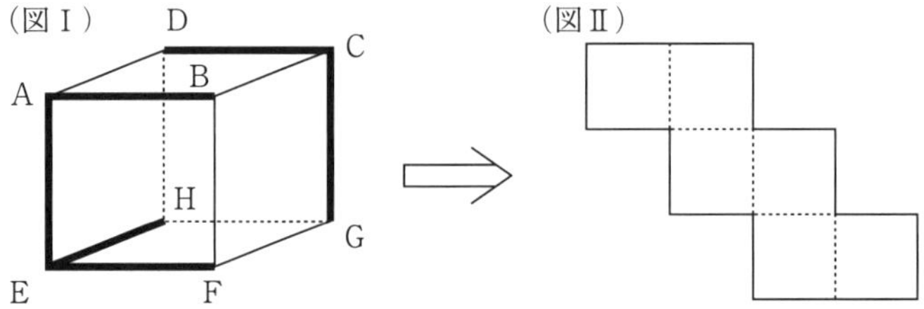

(2) 図のように，正四角柱ABCD－EFGHの点BからFまで糸をらせん状に2周させた。糸の長さが最短となるとき，その長さを求めよ。

ただし，AB＝5cm，BF＝10cmとする。

解き方　展開図で考えたとき，BFの中点hを通る直線が最短となる。

Bh＝ [2] cm

よって，最短距離の長さは [3] cm

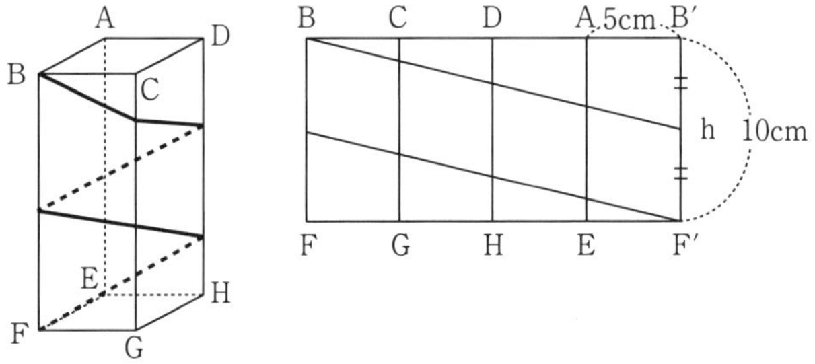

過去問に挑戦！

1 正三角形**ABC**を右図のように線分**PQ**で折り返したとき，∠xの大きさを求めよ。

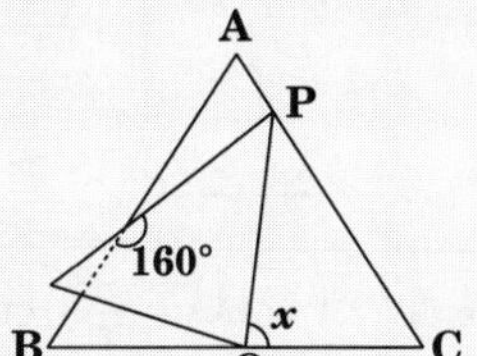

（長野県　改題）

2 右の図で，点**P**，**Q**，**R**はそれぞれ直角三角形**ABC**の内接円**O**と辺**CA**，**AB**，**BC**との接点である。このとき，次の各問いに答えよ。

(1) **PA＝5cm**，**PC＝3cm**のとき斜線部の面積を求めよ。ただし，円周率は**3.14**とする。

(2) ∠**QPR＝70°**のとき，∠**ABC**を求めよ。

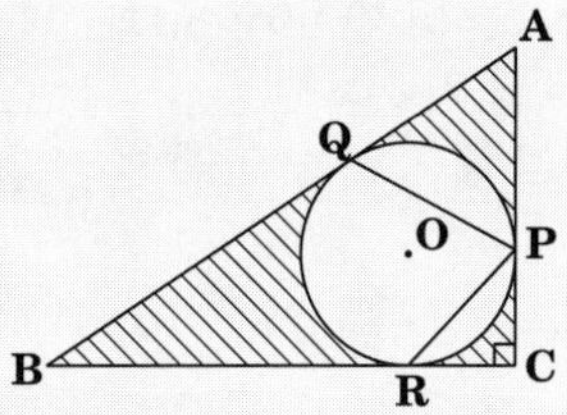

（岡山県　改題）

3 **AB＝4cm**，**AO＝6cm**，**M**は**AO**の中点である円すいについて，**BM**の最短距離を求めよ。

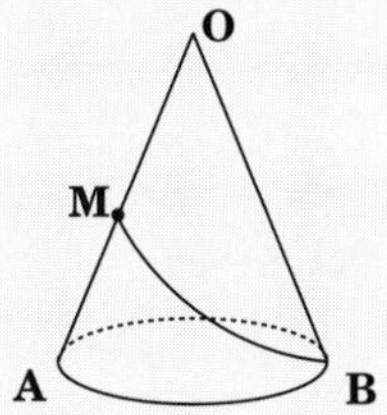

（秋田県）

6 確率・データの活用

重要度B

ここが要点　確率は場合の数が基になって求められることが多いので，場合の数を正確に求められるようにすることが大切である。順列や組合せなどの問題の区別やパターン分けを理解しておくと容易に解けるようになるので，くり返し練習していこう。

1 場合の数

(1)　10円硬貨，50円硬貨，100円硬貨を使って200円支払う方法は（ただし，すべての種類の硬貨を使わなくてもよい），

100円硬貨が0枚のとき [1] 通り，
100円硬貨が1枚のとき [2] 通り，
100円硬貨が2枚のとき [3] 通り。

よって，全部で [1] + [2] + [3] = [4] 通りである。

(2)　0，1，2，3，4，5の6枚のカードを使用して3桁の整数を作るとき，全部で何通りできるか。ただし，同じカードは1回しか使わないものとする。

解き方　[5] は百の位に使えないので，百の位は [6] 通り。
十と一の位は百の位で使った以外の残り5枚のカードから2枚選んで並べればよいので，

[7] P [8] = [9] 通り

積の法則より，3桁の整数は [10] 通り作ることができる。

(3)　男子4人，女子3人がいる。

①　このうち4人を選ぶ選び方は，${}_7C_4$ = [11] 通りである。
②　このうち男子2人，女子1人を選ぶ選び方は，[12] 通りである。
③　男女交互に並ぶ並び方は，[13] 通りである。
④　全員が手をつなぎ，輪を作るとき，並び方は [14] 通りである。

ポイント・アドバイス

(2)　順列 ${}_nP_r$
(3)　①　異なる7個のものから4個取り出して1組にした組合せの総数として考える。
③　n 個の異なるものをすべて並べる順列の総数 $n!$ を用いて考える。
$4! \times 3!$
④　異なる n 個のものを円形に並べた円順列として考える。
$(n-1)!$ 通り

2 確率

(1)　袋の中に赤球2個，白球3個，青球2個が入っている。

①　同時に2個取り出すとき，2個とも赤球である確率は [1]，2個とも白球である確率は [2]，赤球と白球が1個ずつである確率は [3] である。

②　少なくとも1個が青球である確率は，青球を取り出さないことの余事象だから，

1 − ([1] + [2] + [3]) = 1 − [4] = [5]

(2)　5本のうち2本の当たりが入っているくじを，Aが先に1本引き，続いてBが引く。引いたくじを元に戻さないとき，Bの当たる確率は，Aが当たりを引く場合とはずれを引く場合の確率の和だから，

$\left(\frac{2}{5} \times \right.$ [6] $\left.\right) + \left(\frac{3}{5} \times \right.$ [7] $\left.\right) =$ [8]

(3)　大・中・小の大きさの3個のさいころがある。

①　同時に振って，すべてのさいころの目が等しくなる確率は [9] である。

②　同時に振って出た目の和が10以上になる確率を求めよ。

解き方　3つのさいころの目の出方は全部で [10] 通り。
そのうち出た目の和が10以上になる目の出方は [11] 通りなので，求める確率は [12] である。

ポイント・アドバイス

(1)　球は全部で7個あり，2個の球を取り出す場合の数は，${}_7C_2$
①　赤球2個を取り出す場合の数は，${}_2C_2$，赤球1個，白球1個を取り出す場合の数は，${}_2C_1 \times {}_3C_1$
②　「少なくとも…」が出てきたら余事象を考える。

ポイント・アドバイス

(3)　②　出た目の和が9以下になる目の出方を考える。

(4)　右の図のように東西に4本，南北に4本の道がある。最短距離でAからBまで行くとき，Pを通る確率を求めよ。

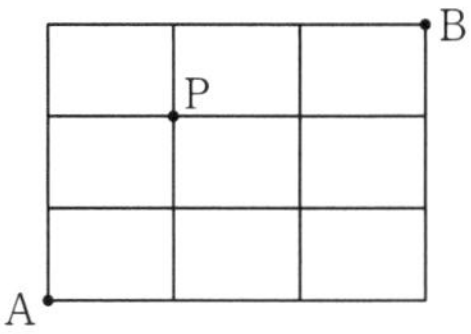

解き方　AからBまでの経路は全部で[13]通り。
AからPまでの行き方は[14]通り，
PからBまでの行き方は[15]通り。
よって，求める確率は，[16]である。

3 データの活用

あるサッカーチームが1年間に行った試合の得点が下のような結果であった。

2　0　3　5　1　3　4　3　6　4　3　5

3　4　2　3　4　5　3　5　2　5　4

4　3　4　0　5　4　2　6　1　3　5　（点）

このとき，平均値，中央値，最頻値を求めよ。ただし，平均値は小数第二位を四捨五入し，小数第一位まで求めよ。

解き方　データを表に整理すると，次のようになる。

得点（点）	0	1	2	3	4	5	6	計
度数（回）	2	2	4	[1]	[2]	7	2	[3]

平均値は，（得点）×（度数）の総和を度数の合計で割った値なので，
$(0\times2+1\times2+2\times4+3\times$[1]$+4\times$[2]$+5\times7+6\times2)$
$\div$[3]
$=$[4]$\div$[3]
$\fallingdotseq$[5]〔点〕
中央値は，データの値を大きさの順に並べたときの17番目と18番目の値の平均なので，
([6]＋[7]) / 2 ＝[8]〔点〕
最頻値は度数の最も多い値なので，[9]点である。

ポイント・アドバイス
中央値はデータを大きさの順に並べたときの中央にくる値である。データの大きさが偶数のときは，中央にくる2つの値の平均を中央値とする。

過去問に挑戦！

1　次の図形を赤，青，黄の3色で塗り分ける方法は全部で何通りあるか。ただし，隣り合う長方形には違う色を塗ることとし，3色すべてを使うことにする。

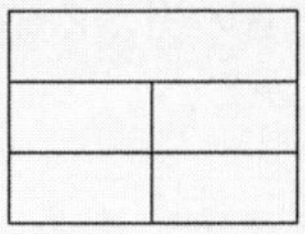

（三重県　改題）

2　A，B，C，Dの4人が4人がけの椅子に座るとき，AとBが隣り合わないで座る確率を求めよ。
（茨城県）

3　下の表は，ある野球チームが昨年度行った20試合について，試合ごとの得点をまとめたものである。この資料の平均値，中央値，最頻値をそれぞれ求めなさい。

3，9，2，4，1，1，2，2，3，1，2，0，11，5，4，2，3，0，3，6

（静岡県・静岡市・浜松市　改題）

4 理科

●解答解説P261～P267

1 学習指導要領

重要度B

ここが要点　学習指導要領については，まず教科目標，学年目標を押さえることが必要である。教科目標の空欄補充問題や，各学年の目標に関して何学年のものかを答える問題などに対応できるよう，キーワードを中心に各々の語句を確実に覚えるようにしよう。

1 教科目標

自然に親しみ，理科の見方・考え方を働かせ，[1]をもって観察，実験を行うことなどを通して，自然の事物・現象についての問題を[2]に解決するために必要な[3]を次のとおり育成することを目指す。

(1)　自然の事物・現象についての[4]を図り，観察，実験などに関する基本的な[5]を身に付けるようにする。

(2)　観察，実験などを行い，[6]の力を養う。

(3)　[7]心情や主体的に[6]しようとする態度を養う。

2 学年目標

(1)　物質・エネルギー

第3学年	①　物の性質，風とゴムの力の働き，[1]の性質，磁石の性質及び[2]についての理解を図り，観察，実験などに関する基本的な技能を身に付けるようにする。 ②　物の性質，風とゴムの力の働き，[1]の性質，磁石の性質及び[2]について追究する中で，主に差異点や共通点を基に，問題を[3]を養う。 ③　物の性質，風とゴムの力の働き，[1]の性質，磁石の性質及び[2]について追究する中で，主体的に問題解決しようとする態度を養う。
第4学年	①　空気，[4]及び金属の性質，[5]についての理解を図り，観察，実験などに関する基本的な技能を身に付けるようにする。 ②　空気，[4]及び金属の性質，[5]について追究する中で，主に既習の内容や生活経験を基に，根拠のある予想や仮説を[6]を養う。 ③　空気，[4]及び金属の性質，[5]について追究する中で，主体的に問題解決しようとする態度を養う。
第5学年	①　物の溶け方，[7]の運動，電流がつくる[8]についての理解を図り，観察，実験などに関する基本的な技能を身に付けるようにする。 ②　物の溶け方，[7]の運動，電流がつくる[8]について追究する中で，主に予想や仮説を基に，解決の方法を[6]を養う。 ③　物の溶け方，[7]の運動，電流がつくる[8]について追究する中で，主体的に問題解決しようとする態度を養う。

第6学年	①　燃焼の仕組み，[9]の性質，てこの[10]及び電気の性質や働きについての理解を図り，観察，実験などに関する基本的な技能を身に付けるようにする。 ②　燃焼の仕組み，[9]の性質，てこの[10]及び電気の性質や働きについて追究する中で，主にそれらの仕組みや性質，[10]及び働きについて，より妥当な考えを[11]を養う。 ③　燃焼の仕組み，[9]の性質，てこの[10]及び電気の性質や働きについて追究する中で，主体的に問題解決しようとする態度を養う。

(2)　生命・地球

第3学年	①　[12]，太陽と地面の様子についての理解を図り，観察，実験などに関する基本的な技能を身に付けるようにする。 ②　[12]，太陽と地面の様子について追究する中で，主に差異点や共通点を基に，問題を[3]を養う。 ③　[12]，太陽と地面の様子について追究する中で，生物を[13]する態度や主体的に問題解決しようとする態度を養う。
第4学年	①　人の体のつくりと運動，[14]や植物の成長と環境との関わり，[15]と地面の様子，気象現象，月や[16]についての理解を図り，観察，実験などに関する基本的な技能を身に付けるようにする。 ②　人の体のつくりと運動，[14]や植物の成長と環境との関わり，[15]と地面の様子，気象現象，月や[16]について追究する中で，主に既習の内容や生活経験を基に，根拠のある予想や仮説を[6]を養う。 ③　人の体のつくりと運動，[14]や植物の成長と環境との関わり，[15]と地面の様子，気象現象，月や[16]について追究する中で，生物を[13]する態度や主体的に問題解決しようとする態度を養う。
第5学年	①　生命の[17]，流れる水の働き，気象現象の[10]についての理解を図り，観察，実験などに関する基本的な技能を身に付けるようにする。 ②　生命の[17]，流れる水の働き，気象現象の[10]について追究する中で，主に予想や仮説を基に，解決の方法を[6]を養う。 ③　生命の[17]，流れる水の働き，気象現象の[10]について追究する中で，生命を[18]する態度や主体的に問題解決しようとする態度を養う。
第6学年	①　生物の体のつくりと働き，生物と環境との関わり，[19]のつくりと変化，月の形の見え方と太陽との[20]についての理解を図り，観察，実験などに関する基本的な技能を身に付けるようにする。 ②　生物の体のつくりと働き，生物と環境との関わり，[19]のつくりと変化，月の形の見え方と太陽との[20]について追究する中で，主にそれらの働きや関わり，変化及び関係について，より妥当な考えを[11]を養う。 ③　生物の体のつくりと働き，生物と環境との関わり，[19]のつくりと変化，月の形の見え方と太陽との[20]について追究する中で，生命を[18]する態度や主体的に問題解決しようとする態度を養う。

3 各学年の内容

内容の構成

学年	A [1]		B [2]	
	エネルギー	粒子	生命	地球
第3学年	・風とゴムの力の働き ・[3]の性質 ・磁石の性質 ・[4]の通り道	・物と重さ	・身の回りの生物	・[5]と[6]の様子
第4学年	・[7]の働き	・空気と水の性質 ・金属，水，空気と温度	・人の体のつくりと[8] ・季節と生物	・雨水の行方と[6]の様子 ・[9]の様子 ・月と[10]
第5学年	・振り子の運動 ・[7]がつくる磁力	・物の溶け方	・植物の[11]，成長，結実 ・動物の誕生	・[12]の働きと土地の変化 ・[9]の変化
第6学年	・てこの規則性 ・[4]の利用	・[13]の仕組み ・水溶液の性質	・人の体のつくりと働き ・植物の養分と水の通り道 ・生物と[14]	・土地のつくりと変化 ・月と[5]

4 指導計画の作成と内容の取扱い

1　指導計画の作成に当たっては，次の事項に配慮するものとする。

(1)　単元など内容や時間のまとまりを見通して，その中で育む資質・能力の育成に向けて，児童の[1]・対話的で深い学びの実現を図るようにすること。その際，理科の学習過程の[2]を踏まえ，理科の見方・考え方を働かせ，見通しをもって観察，実験を行うことなどの，問題を科学的に解決しようとする学習活動の充実を図ること。

(2)　各学年で育成を目指す思考力，[3]，表現力等については，該当学年において育成することを目指す力のうち，主なものを示したものであり，実際の指導に当たっては，他の学年で掲げている力の育成についても十分に配慮すること。

(3)　障害のある児童などについては，学習活動を行う場合に生じる[4]に応じた指導内容や指導方法の[5]を計画的，組織的に行うこと。

(4)　第1章総則の第1の2の(2)に示す道徳教育の目標に基づき，道徳科などとの関連を考慮しながら，第3章特別の教科道徳の第2に示す内容について，理科の[2]に応じて適切な指導をすること。

2　第2の内容の取扱いについては，次の事項に配慮するものとする。

(1)　問題を見いだし，予想や[6]，観察，実験などの方法について考えたり説明したりする学習活動，観察，実験の結果を整理し考察する学習活動，科学的な[7]や概念を使用して考えたり説明したりする学習活動などを重視することによって，[8]が充実するようにすること。

(2)　観察，実験などの指導に当たっては，指導内容に応じて[9]や情報通信ネットワークなどを適切に活用できるようにすること。また，第1章総則の第3の1の(3)のイに掲げる[10]を体験しながら論理的思考力を身に付けるための学習活動を行う場合には，児童の負担に配慮しつつ，例えば第2の各学年の内容の〔第6学年〕の「A物質・エネルギー」の(4)における電気の性質や働きを利用した道具があることを捉える学習など，与えた[11]に応じて動作していることを考察し，更に[11]を変えることにより，動作が変化することについて考える場面で取り扱うものとする。

(3) 生物，[12]，川，土地などの指導に当たっては，[13]に出掛け地域の自然に親しむ活動や[14]を多く取り入れるとともに，生命を尊重し，自然環境の[15]に寄与する態度を養うようにすること。

(4) [12]，川，土地などの指導に当たっては，[16]に関する基礎的な理解が図られるようにすること。

(5) 個々の児童が[1]に問題解決の活動を進めるとともに，[17]や他教科等との関連を図った学習活動，目的を設定し，計測して[18]するという考え方に基づいた学習活動が充実するようにすること。

(6) 博物館や[19]などと連携，協力を図りながら，それらを積極的に活用すること。

3　観察，実験などの指導に当たっては，[20]に十分留意すること。また，環境整備に十分配慮するとともに，使用薬品についても[21]をとるよう配慮すること。

2 物質・エネルギー（物理分野）

重要度 **A**

ここが要点 出題傾向としては，電磁気の分野が最も多い。特に，合成抵抗を求める問題やオームの法則を使う問題は頻出である。その他，凸レンズ，てこ，浮力，振り子といった内容もよく出題されている。

1 光と音

光の性質

① 光が[1]するとき…入射角＝[1]角

② 光が[2]するとき…光が空気中から水やガラス中に進むとき，

入射角＞[2]角

光が水やガラス中から空気中に進むとき，

入射角＜[2]角

凸レンズ

① 凸レンズを通る光線の進み方

・レンズの中心を通る光線…そのまま直進する。

・光軸と平行な光線…レンズで屈折し，反対側の[3]を通る。

・焦点を通った光線…レンズで屈折し，光軸と[4]に進む。

② 凸レンズの公式

焦点距離をf，凸レンズから物体までの距離をa，凸レンズからスクリーンまでの距離をbとすると，

$$\frac{1}{f}=\frac{1}{a}+\frac{1}{b}$$

鏡にうつる像

① 鏡による光の進み方

鏡にうつる像が見えるのは，物体から出た光が鏡で反射して目に入ってくる（図のA→O→E）からである。しかし，目に見える像は，物体から出た光が直進して目に入ってできたもの（図のB→O→E）のように感じられる。したがって，鏡にうつる像は虚像である。

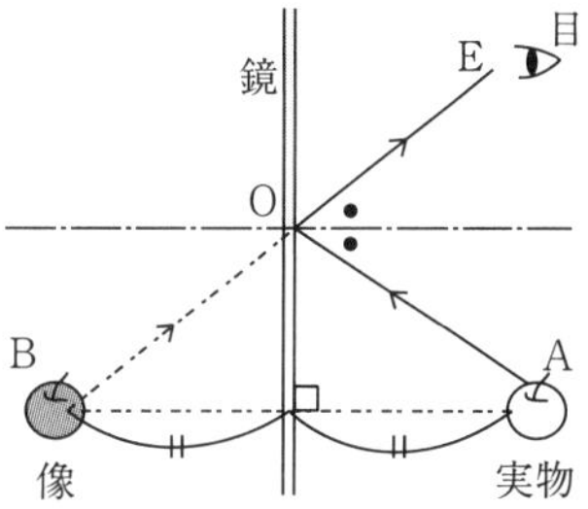

② 実物と虚像の関係

実物と虚像は鏡に対して[5]な位置にある。

音が伝わる速さ

空気中を伝わる音…1秒間に約340m（気温15℃のとき）の速さで進む。

【問】 凸レンズの前方30cmのところに物体を置いたところ，レンズの後方20cmのところにあるスクリーン上に実像ができた。このレンズの焦点距離を求めよ。

解き方 凸レンズの公式に$a=$[6]，$b=$[7]を代入すると，

$$\frac{1}{f}=\frac{1}{[\ 6\ ]}+\frac{1}{[\ 7\ ]}$$

$\therefore f=$[8]〔cm〕

2 力のつり合い

力

① ［ 1 ］…地球上にある物体が地球の中心に向かって引かれる力。質量1kgの物体にはたらく［ 1 ］の大きさは，重力加速度を$9.8\mathrm{m/s^2}$とすると［ 2 ］N。

② ［ 3 ］…面が物体に及ぼす力。特に，接触している面が物体に垂直に及ぼす力を［ 4 ］という。

③ ［ 5 ］…おもりに糸を付けてつるしたとき，糸がおもりを引く力。

④ ［ 6 ］…力が加わって変形した物体（ばねやゴムなど）が，もとの状態に戻ろうとして他の物体に及ぼす力。

⑤ 摩擦力…物体と物体が触れ合う面との間にはたらく力のことをいい，物体の運動をさまたげる力。

力の合成と分解

① 力の合成

2力F_1，F_2を合わせて同じはたらきをする1つの力Fを求めることを力の［ 7 ］といい，［ 7 ］した力のことを［ 8 ］という。2力F_1，F_2の［ 8 ］Fは，F_1，F_2を隣り合う辺とする平行四辺形の対角線によって表される。

② 力の分解

1つの力Fを同じはたらきをする2つの力F_1，F_2に分けることを力の［ 9 ］といい，分けた2つの力を［ 10 ］という。

力のつり合い

1つの物体にいくつかの力が同時にはたらいても，それらの合力が0であるときは，これらの力はつり合っているという。

ばね

① ばねののび

ばねののびは，加えた力に比例する（フックの法則）。

ばねにF〔N〕の力を加えてx〔m〕のびたとき，

$F = kx$ （k〔N/m〕は，ばね定数）

② ばねのつなぎ方とのびの関係

・直列…どのばねにも同じ大きさの力が加わる。
ばね全体ののびは，ばねの本数に［ 11 ］する。

・並列…ばね1本ののびは，ばねの本数に［ 12 ］する。

【問】 重さ4.0Nのおもりが，図のように天井からつり下げられている。天井につなげられている2本の糸にはたらく張力T_1，T_2はそれぞれ何Nか。ただし，$\sqrt{3} = 1.73$とし，小数第1位まで求めよ。

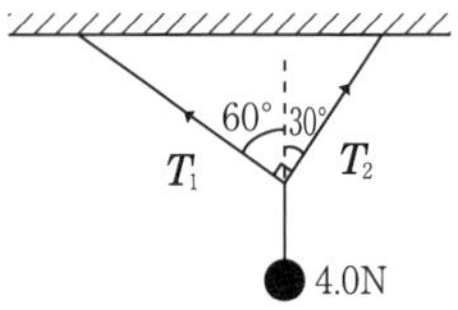

解き方 T_1，T_2を二辺として平行四辺形をつくると，力の関係は図のように表される。

三角形の辺の比を利用して，

$1 : 2 : \sqrt{3} = T_1 : 4.0 : T_2$

より，

$T_1 =$ ［ 13 ］〔N〕

$T_2 \fallingdotseq$ ［ 14 ］〔N〕

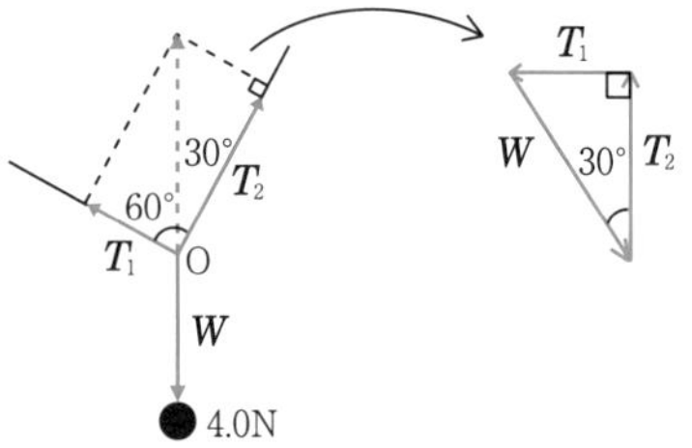

【問】　重さ2Nのおもりをつるすと4cmのびる同じ長さのばねが2本ある。

(1)　このばねのばね定数を求めよ。

(2)　この2本のばねを図1のようにつなぎ，重さ3Nのおもりをつるすと，ばねは何cmのびるか。

(3)　図2のようにつなぎ，重さ3Nのおもりをつるすと，全体で何cmのびるか。

〈図1〉　〈図2〉

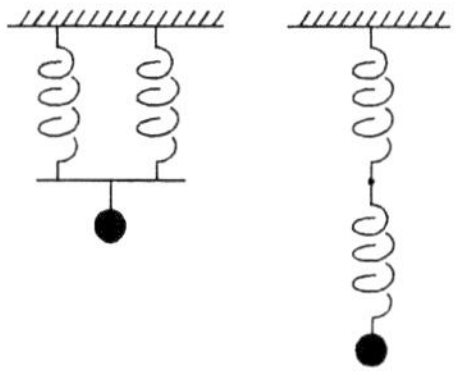

解き方　(1)　$F=kx$より，$F=$ [15]，$x=$ [16] を代入して，

[15] $=k\times$ [16]　　$\therefore k=$ [17]〔N/m〕

(2)　3Nのおもりをつるしたとき，このばねののびx〔cm〕は，$F=kx$より，

$3=$ [17] $\times\dfrac{x}{100}$　　$\therefore x=$ [18]〔cm〕…①

図1におけるばねは並列につながっているので，ばね一本ののびは，ばねの本数に反比例する。よって，ばねののびは，

[18] $\times\dfrac{1}{2}=$ [19]〔cm〕

(3)　図2におけるばねは直列につながっているので，ばね全体ののびは，ばねの本数に比例する。よって，ばねののびは，①より，

[18] $\times 2=$ [20]〔cm〕

3　てこ

てこの原理

①　作用点にはたらく力を大きくする。
⇒支点から力点までの距離を，支点から作用点までの距離より大きくする。

②　作用点にはたらく力を小さくする。
⇒支点から作用点までの距離を，支点から力点までの距離より大きくする。

- [1]…てこを支えている動かない点(回転の中心となる点)
- [2]…てこに力を加える点
- [3]…加えた力がものにはたらく点

てこのつり合いの条件

(おもりの質量)×(支点からの距離)
が [4] を中心にして等しくなっているとき，てこはつり合う。

【問】　棒の中点Oを支点として，図のようにおもりをつるしたとき，棒は水平につりあった。このとき，おもりA，Bの質量は何gか。ただし，1目盛りは1cmとし，棒の質量は考えないものとする。

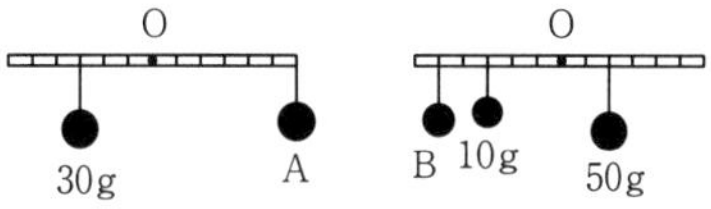

解き方　Aの質量をx〔g〕とすると，

$30\times$ [5] $=x\times$ [6]　　$\therefore x=$ [7]〔g〕

Bの質量をy〔g〕とすると，

$y\times$ [8] $+10\times$ [9] $=50\times$ [10]

$\therefore y=$ [11]〔g〕

4 圧力と浮力

圧力…単位面積あたりの面を垂直に押す力。

$$\text{圧力}〔\mathrm{N/m^2}〕=\frac{\text{力の大きさ}〔\mathrm{N}〕}{\text{面積}〔\mathrm{m^2}〕}$$

$1\,\mathrm{Pa} = 1\,\mathrm{N/m^2}$

水圧

水圧の大きさ…水面からの深さに[1]する。

浮力

① [2]の原理…浮力は物体が押しのけた液体の重さに等しい。

② 物体にはたらく浮力と重力がつり合っているとき，物体は浮く。

【問】 一辺の長さが，それぞれ0.2m，0.3m，0.5mで，重さが600Nの直方体がある。この直方体を床に置いたとき，圧力の最大値はいくらか。

解き方 直方体が床を垂直に押す力は600Nで一定であり，圧力は面積に[3]するので，面積が[4]い面を下にして置いたとき，圧力は最も大きくなる。よって，このときの圧力は，

600 ÷ [5] = [6]〔$\mathrm{N/m^2}$〕

【問】 図のように質量100gのビーカーに水を入れ，質量50g，体積30$\mathrm{cm^3}$の物体をばねばかりにつるして，完全に水につけた。このとき，ばねばかりの目盛りは何gを示すか。ただし，重力加速度を10$\mathrm{m/s^2}$とする。

解き方 物体にはたらく浮力は，物体が押しのけた水の[7]に等しい。水の密度は[8]$\mathrm{g/cm^3}$なので，物体が押しのけた水の[7]は，

$$\frac{[\ 8\ ]\times 30}{1000}\times 10 = [\ 9\ ]〔\mathrm{N}〕$$

よって，物体にはたらく浮力は[9]〔N〕となる。

(ばねばかりを引く力) = (物体にはたらく重力) − (物体にはたらく浮力)となるので，ばねばかりを引く力は，

0.50 − [9] = [10]〔N〕

5 仕事と仕事率

仕事

物体に力F〔N〕が作用して，力の向きに距離s〔m〕だけ移動したとき，力Fのした仕事W〔J〕は，

W = [1]

重力に関係する仕事

質量m〔kg〕の物体が鉛直方向にh〔m〕落下，あるいは物体を鉛直方向にh〔m〕持ち上げるときする仕事W〔J〕は，

$$W = mgh〔\mathrm{J}〕$$

仕事の原理

てこや滑車，斜面などの道具を使うと，動かす力は[2]なるが，物体を動かす距離は[3]なるため，道具の質量や摩擦を無視できるときは，道具を使う場合と使わない場合の仕事の量は等しくなる。

滑車と仕事

① 定滑車…F(ひもを引く力) = W(物体にかかる重力)

・ひもを引く力は物体の重さと同じ。

・ひもを引く距離は物体を持ち上げる距離と同じ。

② 動滑車…$F = \dfrac{W}{2}$

・ひもを引く力は物体の重さの[4]倍（動滑車の重さを無視する場合）。

・ひもを引く距離は物体を持ち上げる距離の[5]倍。

仕事率…時間t〔秒〕の間に仕事W〔J〕を行うときの仕事率P〔W〕は，

$$P = \frac{W}{t}$$

【問】 A君，B君の2人が図のようにして重さ100Nの荷物を2mの高さまで持ち上げた。この作業をするのに，A君は10秒，B君は8秒かかった。ただし，動滑車の重さは考えないものとする。

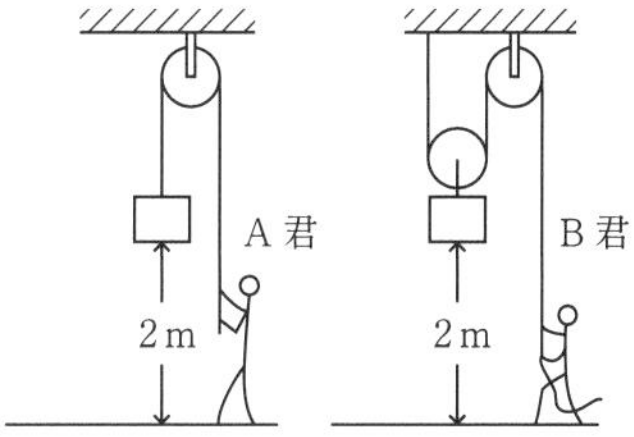

(1) A君，B君がこの作業でした仕事は，それぞれ何Jか。

(2) A君，B君の仕事率はそれぞれ何Wか。

解き方 (1) A君は[6]Nの力でひもを[7]m引き，B君は動滑車を1個使っているので，[8]Nの力でひもを[9]m引いたことになる。したがって，

A君のした仕事：[6]×[7]＝[10]〔J〕

B君のした仕事：[8]×[9]＝[11]〔J〕

(2) A君の仕事率：[10]÷[12]＝[13]〔W〕

B君の仕事率：[11]÷[14]＝[15]〔W〕

6 力学的エネルギー

運動エネルギーと位置エネルギー

[1]エネルギー	[2]エネルギー	
	重力による	弾性力による
質量m〔kg〕の物体が速さv〔m/s〕で運動しているとき，$K = \frac{1}{2}mv^2$	質量m〔kg〕の物体が基準点からh〔m〕の高さにあるとき，$U = mgh$	ばね定数k〔N/m〕のばねを自然長からx〔m〕だけのばしたとき，$U = \frac{1}{2}kx^2$

力学的エネルギーの保存

① 力学的エネルギー保存の法則

物体に保存力（重力や弾性力）のみが作用する場合，運動エネルギーと位置エネルギーの和である[3]は一定になる。

重力に仕事をされて運動する場合	弾性力に仕事をされて運動する場合
$\frac{1}{2}mv^2 + mgh =$ 一定	$\frac{1}{2}mv^2 + \frac{1}{2}kx^2 =$ 一定

② 位置エネルギーと運動エネルギーの移り変わり

〈物体が落下するとき〉

物体がある高さから落ちるにつれて，物体のもつ位置エネルギーが[4]していき，その分，運動エネルギーが[5]していく。

〈物体を投げ上げたとき〉

物体の位置が高くなるにつれて，物体のもつ運動エネルギーが[6]していき，その分，位置エネルギーが[7]していく。

振り子

振り子の周期T(1往復する時間)は，$T=2\pi\sqrt{\dfrac{l}{g}}$（$g$は重力加速度，$l$は振り子の長さ）で表されるから，振り子の周期は振り子の[8]で決まり，おもりの質量，振幅を変えても周期は変化しない。

【問】 図のような振り子がある。天井に糸の一端を固定し，その真下のところにくぎを刺してある。A点で手を離した振り子が最下点のB点に達するとその後はくぎを支点として振れる。ただし，空気抵抗はないものとする。

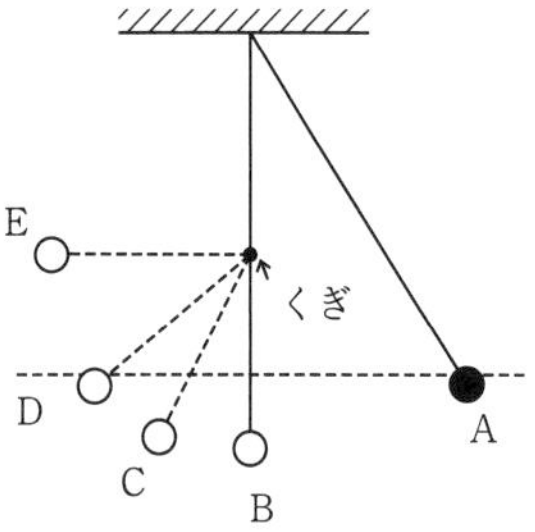

(1) おもりがA点からB点へ動くと力学的エネルギーはどうなるか。
(2) A点からE点のうち，おもりの運動エネルギーが最大となるのは，どの位置にあるときか。
(3) おもりが最下点であるB点を過ぎた後，おもりの最高点はC点，D点，E点のいずれか。

解き方 (1) 振り子には保存力である重力しかはたらかないので，力学的エネルギーは[9]。
(2) (1)より，力学的エネルギーは[9]から，位置エネルギーが[10]の点で運動エネルギーは最大となる。よって，運動エネルギーが最大となるのは，[11]点である。
(3) 最高点は，力学的エネルギーが位置エネルギーのみのときである。(1)より，力学的エネルギーは[9]ので，B点を過ぎた後の最高点は[12]点と同じ高さの[13]点である。

7 電流と電圧

オームの法則

電流をI〔A〕，電圧をV〔V〕，抵抗をR〔Ω〕とすると，$V=$[1]

抵抗の接続

	合成抵抗	電圧	電流	分圧比・分流比
[2] 回路	$R=R_1+R_2$	$V=V_1+V_2$	$I=I_1=I_2$	$V_1:V_2=R_1:R_2$
[3] 回路	$\dfrac{1}{R}=\dfrac{1}{R_1}+\dfrac{1}{R_2}$	$V=V_1=V_2$	$I=I_1+I_2$	$I_1:I_2=R_2:R_1$

【問】 2Ω，4Ω，12Ωの抵抗と6Vの電池を図のように接続した。

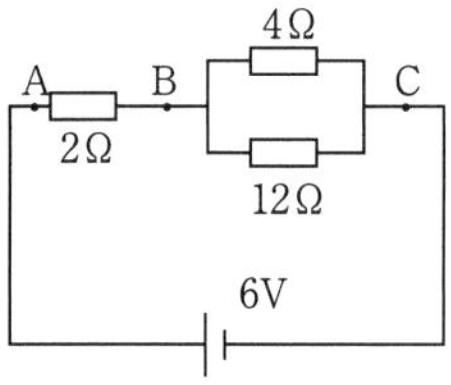

(1) BC間の2個の抵抗の合成抵抗はいくらか。
(2) AC間の3個の抵抗の合成抵抗はいくらか。
(3) 2Ωの抵抗を流れる電流と電圧はいくらか。
(4) 4Ωの抵抗を流れる電流と電圧はいくらか。

解き方 (1) BC間の4Ω，12Ωの抵抗は[4]回路なので，合成抵抗R_{BC}は，

$$\frac{1}{R_{BC}}=[\ 5\ ]+[\ 6\ ] \qquad \therefore R_{BC}=[\ 7\ ]〔Ω〕$$

(2) 2Ωの抵抗とBC間の合成抵抗は直列につながっているので，AC間の合成抵抗Rは，

$$R=[\ 8\ ]+[\ 9\ ]=[\ 10\ ]〔Ω〕$$

(3)　電圧が6V，回路全体の合成抵抗が［10］Ωなので，回路を流れる電流をIとすると，オームの法則より，

［11］=［12］×I　　　∴ I =［13］〔A〕

したがって，2Ωの抵抗を流れる電流は［13］A

よって，2Ωの抵抗にかかる電圧V_{AB}は，オームの法則より，

V_{AB} =［14］〔V〕

(4)　(3)より，BC間にかかる電圧は，

V_{BC} = 6 −［14］=［15］〔V〕

したがって，4Ωの抵抗には［15］Vの電圧がかかるので，流れる電流Iは，オームの法則より，

I =［16］〔A〕

8　電流計と電圧計の使い方

電流計の使い方

・測りたい部分に対して［1］につなぐ。

・導線の－側は－端子のうち最も［2］電流が測れる端子（右端）につなぐ。針がよく振れないときは，次に小さい値の端子につなぎかえて目盛りを読み取る。

電圧計の使い方

・測りたい部分に対して［3］につなぐ。

・導線の－側は－端子のうち最も［4］電圧が測れる端子（左端）につなぐ。針がよく振れないときは，次に小さい値の端子につなぎかえて目盛りを読み取る。

【問】　ある電熱線の抵抗の大きさを調べるために次のように電流計と電圧計をつないだ。正しいつなぎ方をしているものは次のア～ウのどれか。

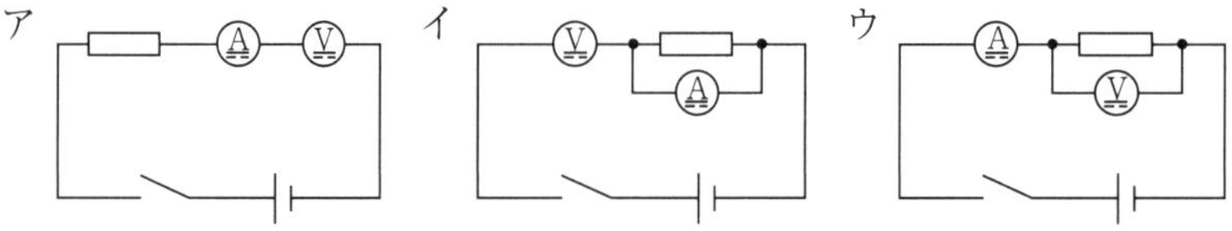

解き方　電流計は測りたい電熱線に対して［5］につなぎ，電圧計は図りたい電熱線に対して［6］につなぐ。したがって，正しいつなぎ方は［7］である。

9 電力と電力量

電力と電力量

① 電力（消費電力）

電池や電流が単位時間当たりにした仕事（仕事率）。流れる電流をI〔A〕，電圧をV〔V〕，抵抗をR〔Ω〕とすると，

電力P〔W〕＝[1]

② 電力量

電池や電流のする仕事量。電力をP〔W〕，時間をt〔秒〕とすると，

電力量W〔J〕＝[2]

また，時間をt〔時間〕とすると，電力量W〔Wh〕＝[2]より，1Wh＝3600Jである。

ジュールの法則

電力をP〔W〕，時間をt〔秒〕とすると，

熱量$\boldsymbol{Q}$〔J〕＝Pt＝VIt

水の温度を上げる熱量

水1gの温度を[3]℃上げるのに必要な熱量は4.2Jである。したがって，次の関係が成立する。

熱量〔J〕＝4.2×水の質量〔g〕×水の[4]〔℃〕

豆電球の明るさと電力

① 豆電球の明るさ

電力が大きいほど明るくなる。つまり，豆電球にかかる[5]が大きいほど明るい。

② 豆電球のつなぎ方と明るさ

・豆電球の[6]つなぎ…電圧を等分するので，明るさは豆電球1個つないだときより暗くなる。

・豆電球の[7]つなぎ…豆電球の数に関係なく，明るさは豆電球1個つないだときと同じ。

③ 電池のつなぎ方と電圧

・電池の直列つなぎ…全体の電圧＝電池1個の電圧×個数

・電池の並列つなぎ…全体の電圧＝電池1個の電圧

（電池が1個の場合に比べて長持ちする）

【問】 10Vの電源に4Ωの電熱線をつなぎ，15℃の水100gの入った容器に電熱線を入れて電流を流した。電熱線で発生した熱はすべての水の温度上昇に使われているものとする。

(1) 電熱線における消費電力は何Wか。

(2) 電流を7分間流したとき，水の温度は何℃になったか。

解き方 (1) オームの法則より，電流$I = \dfrac{V}{R}$＝[8]〔A〕

消費電力P〔W〕＝VI＝[9]〔W〕

(2) 7分間＝[10]秒であるから，電熱線から生じる熱量はジュールの法則より

$\boldsymbol{Q}$〔J〕＝[9]×[10]＝[11]〔J〕

これがすべて水の温度上昇のための熱量となるので，水の温度変化をt〔℃〕とすると，

熱量＝4.2×水の質量×水の温度変化

[11]＝4.2×[12]×t

$\therefore t$＝[13]〔℃〕

よって，水の温度は[13]℃上昇したので，電流を流した後の水の温度は，15 + [13] = [14]〔℃〕

【問】 豆電球と乾電池をつないで，次のア～オのような回路をつくった。ア～オの中で最も明るい豆電球はどれか。また，最も暗い豆電球はどれか。豆電球と乾電池はすべて同じものとする。

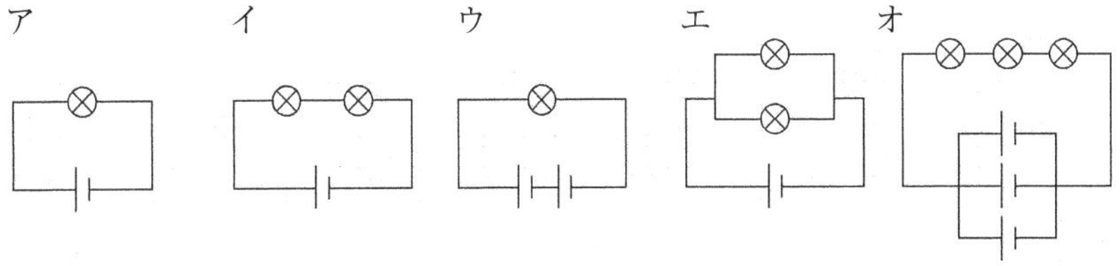

解き方 豆電球の明るさは電圧が大きいほど明るいから，電源の電圧を求めた後，それぞれの豆電球にかかる電圧を求め，比較すればよい。乾電池1個の電圧をE〔V〕とすると，それぞれの回路の電源の電圧は，

ア：[15]　イ：[16]　ウ：[17]
エ：[18]　オ：[19]

それぞれの豆電球1個にかかる電圧は，

ア：[20]　イ：[21]　ウ：[22]
エ：[23]　オ：[24]

よって，最も明るい豆電球は[25]，最も暗い豆電球は[26]

10 電流と磁界

磁石と磁力線

・磁力線は磁石の[1]極から出て[2]極に入る。
・磁力線どうし交差しない。
・枝分かれしたり，くっついたりしない。

電流によってつくられる磁界

① 右ねじの法則
ねじの進む向き → 電流の向き
ねじを回す向き → 磁界の向き

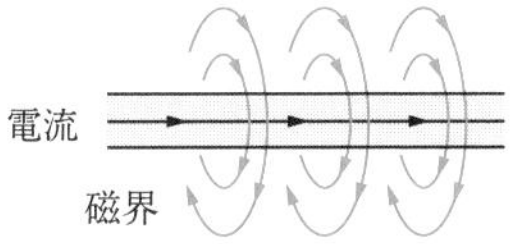

② コイルのまわりの磁界
コイルに電流を流すと磁界を生じる。
・コイルの内側の磁界の向き
右手の親指以外の4本の指を電流の向きにあわせてコイルを握ったときの親指の指す向き。
・コイルの外側の磁界の向き
コイルの内側と反対向き。

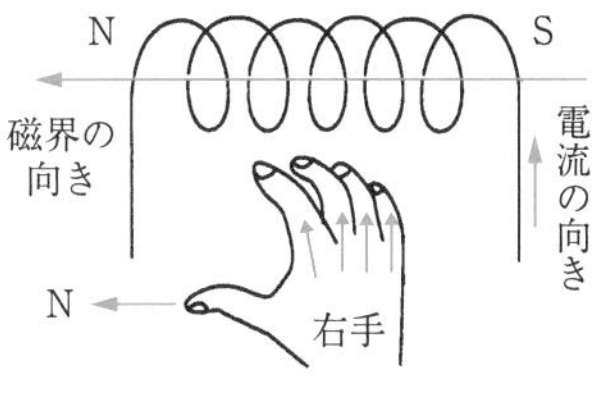

電流が磁界から受ける力

電流が磁界から受ける力の向きを考えるとき，[3]の法則を使う。左手の中指が[4]の向き，人さし指が[5]の向き，親指が[6]の向きを表す。

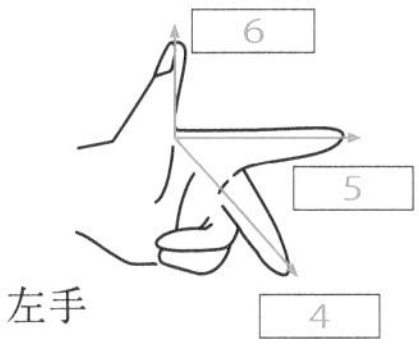

電磁誘導

磁石の磁極をコイルに近づけたり遠ざけたりして，コイルの中の[7]を変化させると，コイルの両端に電圧が生じる現象。流れる電流のことを[8]という。

誘導電流の特徴

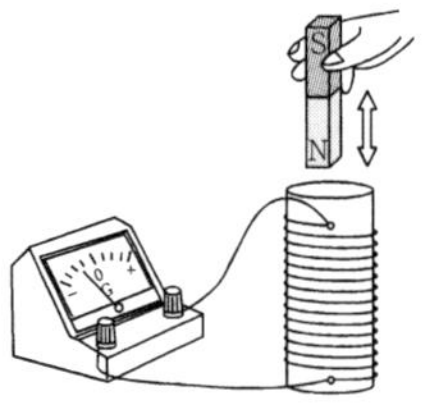

① 大きな誘導電流を流す方法
・強い磁石を使用する。
・コイルの巻き数を［ 9 ］する。
・磁石の出し入れを［ 10 ］する。

② 誘導電流の向き
誘導電流は，誘導電流のつくる磁界が，外部からの磁界の変化を妨げるような向きに生じる（［ 11 ］の法則）。

【問】 図のような磁針とコイルを用意し，コイルに電流を流したところ，磁針のN極が右に向いた。このとき，コイルに流した電流の向きは，a，bのどちらか。

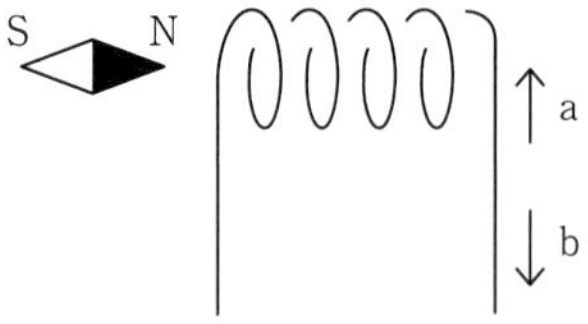

解き方 磁針のN極が右を向いたことから，コイルに生じた磁界は，コイルの左側が［ 12 ］極，右側が［ 13 ］極となることから，［ 14 ］向きであるとわかる。
よって，右ねじの法則より，電流の流れる向きは［ 15 ］である。

3 物質・エネルギー（化学分野）　重要度A

ここが要点　近年の傾向として，実験に直接関係する問題が増えてきていることが挙げられる。器具や薬品の安全な取扱い方から，実験の手順とそうした手順をとる根拠，反応の説明といった点まで述べさせる総合的問題が多いため，難問よりも基礎を重視し，視野の広い対策を心掛けよう。

1 器具の取扱い

アルコールランプ

① アルコールを容器に[1]分目入れる。少ないと容器内のアルコールと空気の混合気体に[2]して，爆発する危険性がある。
② マッチの炎を[3]から点火。
③ ふたを[4]からかぶせて消火。いったんふたを取り，アルコールランプが冷えてから再びふたをする。

ガスバーナー

① 点火法
1） 空気・ガスの2つの調節ねじが閉まっているか確認する。
2） ガスの[5]を開く。
3） マッチに火をつけ，[6]調節ねじを開きながらななめ下から火を近づけ，点火。
4） [7]調節ねじで炎の大きさを調整。
5） ガス調節ねじを押さえ，[8]調節ねじを開いて[9]色の炎にする。

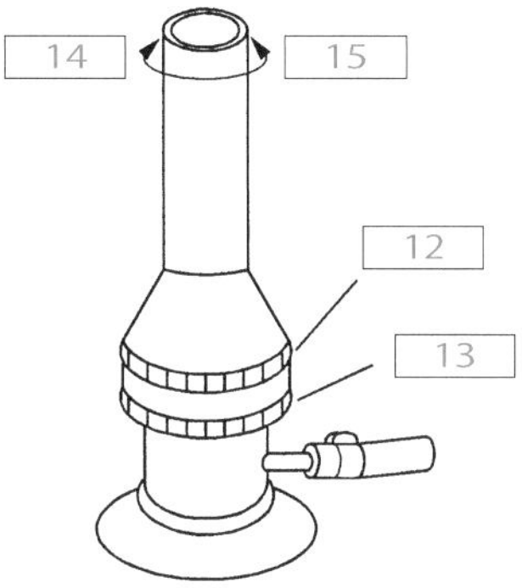

② 消火法
1） [10]調節ねじを閉める。
2） [11]調節ねじを閉めて消火する。ガスの元栓を閉める。

2 薬品の取扱い

留意点

① 薬品は[1]に密栓して保管する。
② 液体の薬品は，液もれによってラベルが汚れるのを防ぐため，薬品びんのラベルを[2]にして持ち，[3]を伝わせて取り出す。
③ 残った薬品を廃棄するときは，元のびんに戻さず，決められた容器に捨てる。
④ 薬品が手についたときは，すぐに[4]で洗い流す。
⑤ 薬品が目に入った場合，応急手当として多量の[5]で15分間以上洗眼する。

強酸の希釈

① 濃塩酸を薄めるときは，[6]に[7]を少しずつ加えていく。
② 濃硫酸を薄めるときは，発熱し突沸することがあるので，冷却，[8]しながら，[9]に[10]を少しずつ加えていく。

水酸化ナトリウム

① [11]性があり，空気中の水分を吸収し，べとつく。
② 水溶液を作るときは，[12]に少しずつ[13]を加えて溶かす。
③ [14]に溶着することがあるため，[15]栓で密栓して保管する。
④ [16]を侵すため，[17]についたときは流水で洗い流す。
⑤ 目に入った場合は，水で洗眼し，すみやかに[18]の診断を受ける。

3 物質の三態

状態変化

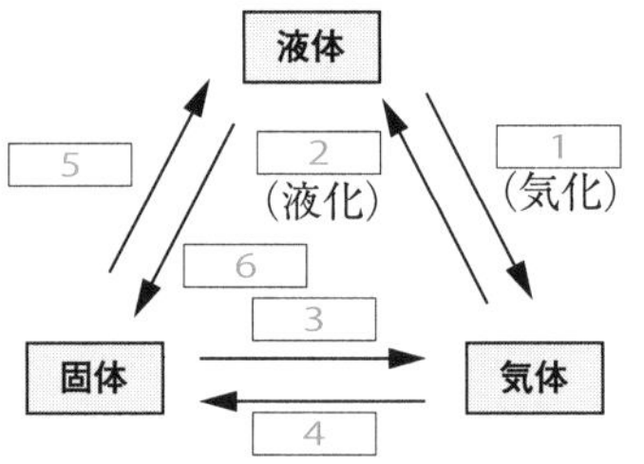

・［ 7 ］…固体が融解するときの温度。
・［ 8 ］…液体が凝固するときの温度。
・［ 9 ］…液体が沸騰するときの温度。

状態変化と体積・密度

① 質量…状態変化しても，質量は［ 10 ］。
② 体積…一般に，凝固するとき体積は［ 11 ］なり，気化するとき体積は［ 12 ］なる。
③ 密度…一般に，密度は［ 13 ］体が最も大きく，［ 14 ］体が最も小さい。

$$\text{密度〔g/cm}^3\text{〕} = \frac{[\ 16\ ]\text{〔g〕}}{[\ 15\ ]\text{〔cm}^3\text{〕}}$$

水の状態変化と体積

① 水⟶氷（凝固）…体積は約［ 17 ］倍に増加する。
② 水⟶水蒸気（蒸発）…体積は約［ 18 ］倍に大きく増加する。

4 ものの溶け方

溶液

食塩水の場合，溶液は［ 1 ］，溶質は［ 2 ］，溶媒は［ 3 ］。

質量パーセント濃度

［ 4 ］100gに含まれる［ 5 ］の質量〔g〕を百分率〔%〕で表した濃度。

$$\text{質量パーセント濃度〔\%〕} = \frac{[\ 7\ ]\text{の質量〔g〕}}{[\ 6\ ]\text{の質量〔g〕}} \times 100$$

溶解度

① ［ 8 ］
溶媒（一般に水）100gに対し，溶質の溶ける限界量をg単位で表した数値。［ 8 ］は，物質によって異なり，［ 9 ］によっても変化する。

② ［ 10 ］
溶質が限界量まで溶けた溶液。溶媒が水のときは［ 11 ］という。

〈主な物質の［ 12 ］曲線〉

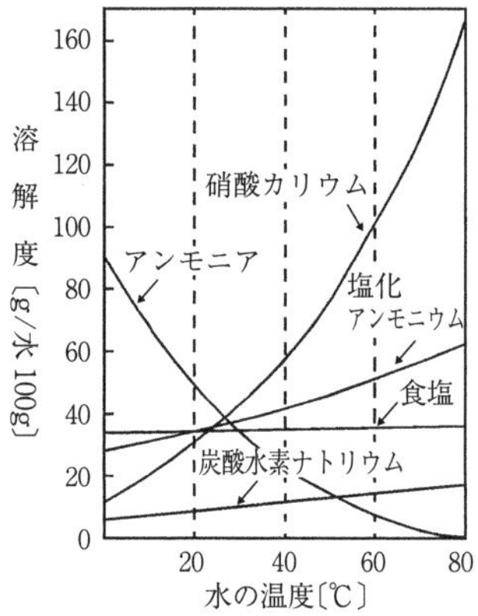

【問】 ある物質Aの水に対する溶解度は10℃で20，40℃で60である。
(1) 40℃における物質Aの飽和水溶液の質量パーセント濃度を求めよ。
(2) 40℃の物質A飽和水溶液360gを10℃に冷やしたとき，溶けきれずに析出するのは何gか。

解き方　(1)　質量パーセント濃度 $= \dfrac{\boxed{14}\text{の質量}}{\boxed{13}\text{の質量}} \times 100$ より，

$$\frac{\boxed{17}}{\boxed{15}+\boxed{16}} \times 100 = \boxed{18}\ 〔\%〕$$

(2)　40℃の飽和水溶液360g中にx〔g〕の物質Aが含まれているとすると，

$$60 : 160 = x : \boxed{19}$$

$$\therefore x = \boxed{20}\ 〔\mathrm{g}〕$$

10℃に冷やした水溶液に溶けている物質Aの量をy〔g〕とすると，10℃の溶解度は20であるから，

$$20 : 120 = y : 〔\boxed{21} + y〕$$

$$\therefore y = \boxed{22}\ 〔\mathrm{g}〕$$

したがって，$\boxed{23} - \boxed{24} = \boxed{25}$〔g〕が析出する。

混合物の分離

① [26]

ろ紙のすき間を通過できない固体成分を液体から分離する方法。(右図)

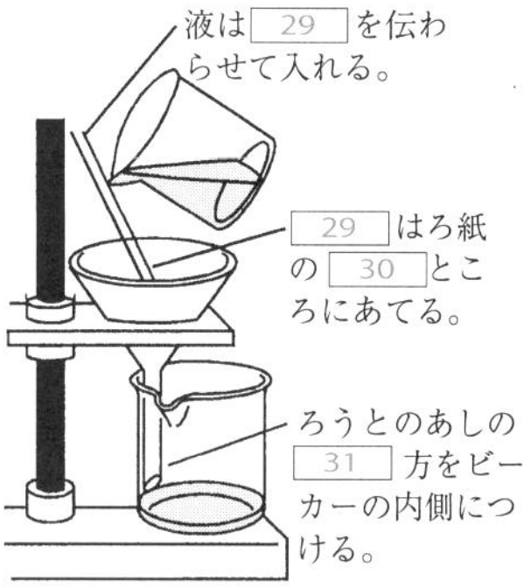

② [27]

液体の混合物を加熱して出てきた気体を冷却し，沸点の違いを利用して，再び液体として取り出す方法。

③ [28]

固体の物質を水に溶かし，再び結晶として取り出すこと。水溶液を冷却する方法と水を蒸発させる方法とがある。

5 気体の性質

気体(化学式)	色	におい	水溶性	空気と比較した重さ	捕集方法	その他の性質・特徴
酸素 [1]	[2]	[3]	×	わずかに重い	[4]置換法	ものを燃やすはたらき(助燃性)
二酸化炭素 [5]	無色	[6]	○	重い(空気の約1.5倍)	[7]置換法 [8]置換法	水溶液は[9]性，[10]を白く濁らせる
水素 [11]	無色	[12]	×	非常に[13]	[14]置換法	空気中でよく燃え，燃えると水ができる
アンモニア [15]	[16]	[17]	◎	[18]	[19]置換法	水溶液は[20]性
塩素 [21]	黄緑色	[22]	○	かなり重い	下方置換法	水溶液は[23]性で，漂白・殺菌作用
窒素 [24]	無色	無臭	×	わずかに軽い	水上置換法	空気中の体積の約[25]%を占める
塩化水素 [26]	無色	[27]	◎	重い	下方置換法	水溶液は[28]といい，強い[29]性を示す

【問】 次の操作によって発生する気体名をそれぞれ書け。

(1) 亜鉛やアルミニウムなどの金属に希塩酸や希硫酸を加える。[30]

(2) 二酸化マンガンにうすい過酸化水素水を加える。[31]

(3) 炭酸水素ナトリウム（重曹）を加熱する。[32]

(4) 石灰石に希塩酸を加える。[33]

(5) 塩化アンモニウムに水酸化カルシウム（消石灰）を加えて加熱する。[34]

6 水溶液の性質

指示薬

<table>
<tr><th>指示薬</th><th colspan="2">酸性</th><th>中性</th><th colspan="2">アルカリ性</th></tr>
<tr><td>リトマス紙</td><td colspan="2">[1]色→[2]色</td><td>[3]</td><td colspan="2">[4]色→[5]色</td></tr>
<tr><td>BTB溶液</td><td colspan="2">[6]色</td><td>[7]色</td><td colspan="2">[8]色</td></tr>
<tr><td>[9]液</td><td colspan="2">無色</td><td>無色</td><td colspan="2">赤色</td></tr>
<tr><td rowspan="2">ムラサキキャベツ液</td><td>強酸性</td><td>弱酸性</td><td rowspan="2">紫色</td><td>弱アルカリ性</td><td>強アルカリ性</td></tr>
<tr><td>[10]色</td><td>ピンク色</td><td>[11]色</td><td>黄色</td></tr>
</table>

主な水溶液の性質

<table>
<tr><th>液性</th><th>水溶液</th><th>主な性質</th></tr>
<tr><td rowspan="3">[12]性</td><td>[13]</td><td>・塩化水素HClの水溶液。[14]臭がある。
・[15]，[16]，鉄（スチールウール）と反応して，[17]を発生する。銅とは反応しない。</td></tr>
<tr><td>[18]</td><td>・[19]，[20]，鉄と反応して，[21]を発生する。銅とは反応しない。
・バリウム，カルシウムを含む水溶液に加えると，白色の沈殿（硫酸塩）が発生する。</td></tr>
<tr><td>炭酸水</td><td>・[22]の水溶液。金属とは反応しない。</td></tr>
<tr><td rowspan="3">[23]性</td><td>水酸化ナトリウム水溶液</td><td>・二酸化炭素を吸収するはたらきがある。
・[24]，[25]と反応し，水素を発生する。鉄，銅とは反応しない。
・水溶液の水を蒸発させると，水酸化ナトリウムが残る。</td></tr>
<tr><td>アンモニア水</td><td>・[26]臭がある。
・金属とは反応しない。</td></tr>
<tr><td>[27]</td><td>・水酸化カルシウム$Ca(OH)_2$（消石灰）の水溶液。水溶液の水を蒸発させると，水酸化カルシウムが残る。
・[28]と反応すると，白色の沈殿（炭酸カルシウム$CaCO_3$）が発生するため，[28]の検出に使われる。</td></tr>
<tr><td>[29]性</td><td>[30]</td><td>・塩化ナトリウムNaClの水溶液。水溶液の水を蒸発させると，食塩が残る。</td></tr>
</table>

酸とアルカリの反応

塩酸と水酸化ナトリウム水溶液の[31]の化学反応式

HCl + [32] → [33] + H_2O

① 塩酸と水酸化ナトリウム水溶液は，次のように電離している。

HCl → [34] + [35]

NaOH → [36] + [37]

② 塩酸に水酸化ナトリウム水溶液を加えていくと，

(i) H^+ と OH^- が反応して混合液の H^+ が次第に減っていく。…[38]性

(ii) H^+ と OH^- がすべて反応すると中和する。…[39]性
水溶液中に含まれるイオンは[40]と[41]だけとなる（水の電離は考えないものとする）。

(iii) さらに水酸化ナトリウム水溶液を加えると，[42]と[43]が増える。…[44]性

〈塩酸に水酸化ナトリウム水溶液を加えたときのイオンの数の変化〉

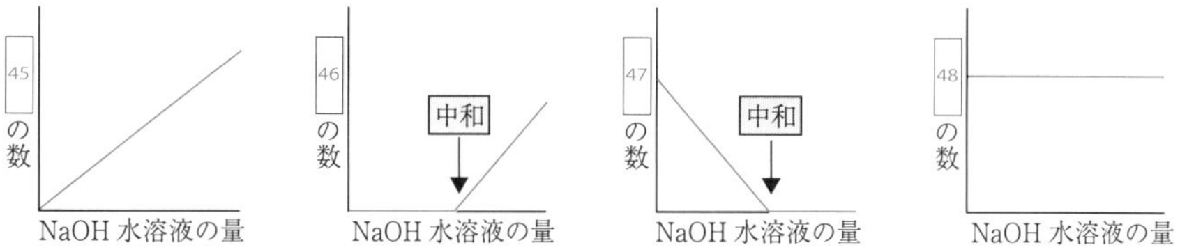

7 燃焼と酸化・還元

燃焼…[1]の一種で，激しく[2]や[3]を出しながら物質が[4]と化合する化学変化。

〈有機物の燃焼〉

有機物 ＋ [5] ⟶ [6] ＋ [7]

メタン CH_4 ＋ $2O_2$ ⟶ CO_2 ＋ [8] H_2O

エタノール C_2H_6O ＋ $3O_2$ ⟶ [9] CO_2 ＋ [10] H_2O

酸化…[11]と化合する化学変化。

① マグネシウムの酸化

マグネシウム＋酸素⟶[12]（白色）

化学反応式：[13]＋[14]⟶[15]

※マグネシウムと酸素の質量比　マグネシウム：酸素＝[16]：[17]

② 銅の酸化

銅（赤褐色）＋酸素⟶[18]（黒色）

化学反応式：[19]＋[20]⟶[21]

※銅と酸素の質量比　銅：酸素＝[22]：[23]

還元…酸化物が[24]を失う化学変化。還元がおこるときには酸化も同時におこっている。

① 酸化銅の炭素による還元

酸化銅＋炭素⟶[25]＋[26]

化学反応式：[27]＋[28]⟶[29]＋[30]

② 酸化銅の水素による還元

酸化銅＋水素⟶[31]＋[32]

化学反応式：[33]＋[34]⟶[35]＋[36]

8 化合と分解

鉄と硫黄の化合

鉄＋硫黄⟶[1]（Ⅱ）（黒色）

化学反応式：[2]＋[3]⟶[4]

[1]の特徴…[5]につかない。

希塩酸を加えると[6]臭の[7]が発生する。

炭酸水素ナトリウム（重曹）の分解

炭酸水素ナトリウム⟶炭酸ナトリウム＋水＋二酸化炭素

化学反応式：[8] ⟶ [9] ＋ [10] ＋ [11]

〈実験方法〉

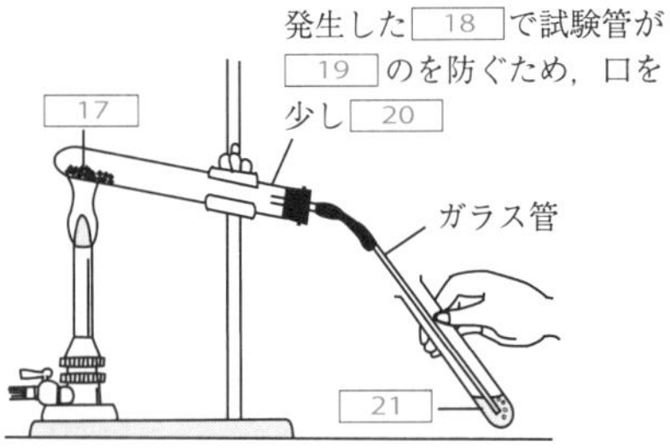

① 炭酸水素ナトリウム（白色の粉末）を試験管に入れて加熱する。

② 加熱する際，粉末は試験管の底の方に入れ，試験管の口の方を少し[12]ておく（試験管の口の付近についた[13]が底の方に流れると，試験管が割れることがあるため）。

③ 反応が終わり，火を止めるときは，ガラス管の先を石灰水の外に出してからにする（石灰水の[14]を防ぐため）。

・二酸化炭素の確認…[15]を入れて振ると白く濁る。

・水の確認…試験管の口付近の内側が[16]で白くくもったり，水滴ができたりする。

・炭酸ナトリウムの確認…水に溶かし，フェノールフタレイン溶液を加えると赤変する。

9 電気分解

塩化銅水溶液の電気分解

塩化銅水溶液を電気分解すると，陽極から[1]臭のある[2]が発生し，陰極に赤褐色の[3]が付着する。塩化銅水溶液は[4]色であるが，[3]が付着していくにつれて，[4]色は薄くなる。

$CuCl_2 \longrightarrow Cl_2 + Cu$

〈陽極〉[5] ⟶ [6] ＋2[7]

〈陰極〉[8] ＋2[9] ⟶ [10]

水の電気分解

水に少量の水酸化ナトリウム水溶液（または希硫酸）を加えて，電流を流すと，陽極から[11]，陰極から[12]が発生する。

$2H_2O \longrightarrow 2H_2 + O_2$

〈陽極〉4[13] ⟶ 2[14] ＋ [15] ＋4[16]

〈陰極〉2[17] ＋2[18] ⟶ [19] ＋ $2OH^-$

〈体積比〉 水素：酸素＝[20]：[21]

〈塩化銅水溶液の電気分解〉

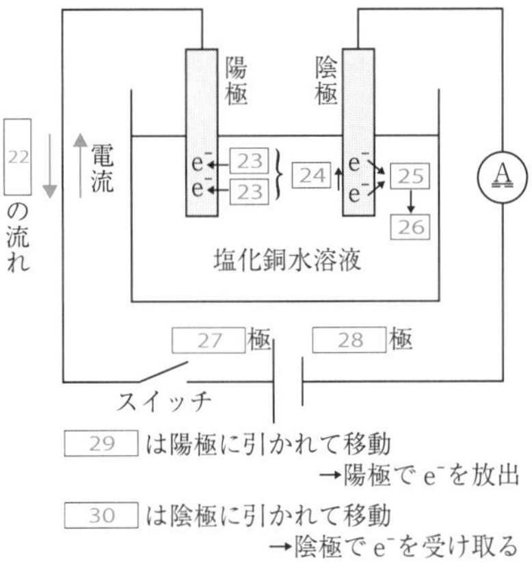

〈水の電気分解〉

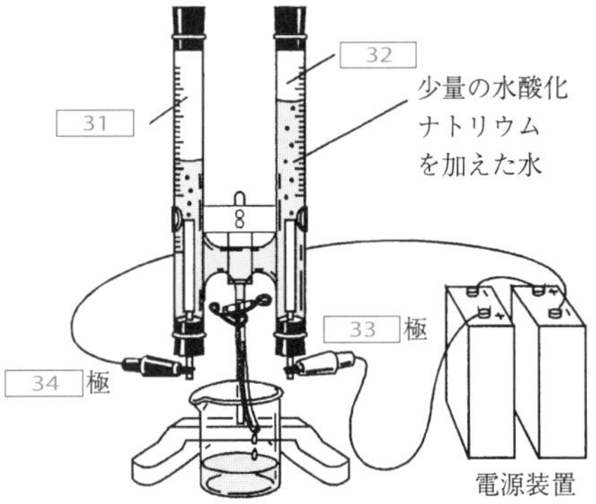

10 化学反応式と物質量

原子量・分子量

[1]…質量数12の炭素原子 ^{12}C の1個の質量を12としたときの各原子の相対的質量。

〈主な原子の原子量〉

元　素		原子量	元　素		原子量	元　素		原子量
水素	H	1.0	ナトリウム	Na	23.0	カルシウム	Ca	40.0
炭素	C	12.0	硫黄	S	32.0	鉄	Fe	55.9
酸素	O	16.0	塩素	Cl	35.5	銅	Cu	63.6

[2]…分子の相対的質量。分子を構成する原子の原子量の総和に等しい。

例 H_2O の分子量＝[3]×2＋[4]＝[5]

H_2SO_4 の分子量＝[6]×2＋[7]＋[8]×4＝[9]

物質量

① モル質量

原子量・分子量・式量にg/molの単位をつけたもので表される。

例 原子量23.0のNa（ナトリウム）のモル質量＝[10] g/mol

分子量16.0の CH_4（メタン）のモル質量＝[11] g/mol

② 物質量とモル質量

分子量 M の物質 w〔g〕の物質量 n〔mol〕は，

$$\text{物質量}\ n\,[\text{mol}] = \frac{\boxed{13}\,[\text{g}]}{\boxed{12}\,[\text{g/mol}]}$$

例 分子量18.0の H_2O（水）27gの物質量 n〔mol〕は，

$$n = \frac{\boxed{15}\,[\text{g}]}{\boxed{14}\,[\text{g/mol}]} = \boxed{16}\,[\text{mol}]$$

H_2O 0.25molの質量 w〔g〕は，

$$w = \boxed{17}\,[\text{g/mol}] \times \boxed{18}\,[\text{mol}] = \boxed{19}\,[\text{g}]$$

③ 気体分子1molの体積

0℃，1.0×10^5Paの標準状態において，1molの気体の占める体積は，気体の種類に関係なく[20]Lである。

0℃，1.0×10^5Paで V〔L〕の気体の物質量 n〔mol〕$= \dfrac{\boxed{22}\,[\text{L}]}{\boxed{21}\,[\text{L/mol}]}$

例 0℃，1.0×10^5Paで，11.2Lの酸素の物質量 n〔mol〕は，

$$n = \frac{\boxed{24}\,[\text{L}]}{\boxed{23}\,[\text{L/mol}]} = \boxed{25}\,[\text{mol}]$$

化学反応式の量的関係

化学反応式	$2H_2$	＋	O_2	⟶	$2H_2O$	左右の原子の数は等しい
物質量	[26] mol		[27] mol		[28] mol	係数の比＝物質量の比
質量	[29]×2g		[30]×32g		[31]×18g	左辺の質量和＝右辺の質量和
気体の体積	2×[32]L		1×[32]L		—	標準状態（0℃, 1.0×10^5Pa）

※化学反応式中の係数は，各物質の物質量（mol）の比を表す。

モル濃度

溶液1L中に含まれている溶質の量を物質量〔mol〕で表した濃度。

溶液V〔L〕中にn〔mol〕の溶質が含まれている場合のモル濃度〔mol/L〕は，

$$\text{モル濃度〔mol/L〕} = \frac{\boxed{34}\,\text{〔mol〕}}{\boxed{33}\,\text{〔L〕}}$$

例　0.50mol/Lの希硫酸30mLに含まれるH_2SO_4の物質量は，

$$\boxed{35} \times \frac{\boxed{37}}{\boxed{36}} = \boxed{38}\,\text{〔mol〕}$$

過去問に挑戦！

1　右図のような装置で，酸素を発生させる実験をおこなった。

(1)　右図で，アに入れる物質は何か。物質名を書け。

(2)　右図のような気体の捕集方法を何というか。

(3)　この実験の反応における二酸化マンガンのような役割をするものを何というか。

(4)　二酸化マンガンに過酸化水素水を加える際に，急に噴き出し，手に触れて皮膚が侵されたり，ゴム栓が飛んだり，フラスコが破裂する事故が起こる場合がある。これらの事故の原因と考えられることを**1**つ書け。

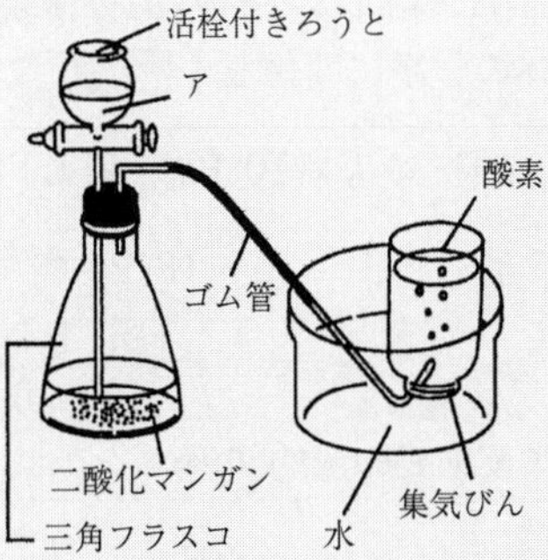

（三重県　改題）

2　(1)〜(3)にあてはまる物質をア〜オから選び，記号で答えよ。

(1)　赤色リトマス紙が青色に変わる。

(2)　スライドガラスの上で水溶液を蒸発させると白い粉が残る。

(3)　アルミニウム箔を入れると溶ける。

ア．アンモニア水　　イ．塩酸　　ウ．炭酸水　　エ．食塩水　　オ．石灰水

（石川県　改題）

3　一定濃度の塩酸を**10cm³**ずつ入れた**4**つのビーカーがある。それらに一定濃度の水酸化ナトリウム水溶液を**5, 8, 10, 12cm³**加えてできた水溶液をそれぞれ**A, B, C, D**とする。このうち**C**の水溶液は中性であった。次の各問いに答えよ。ただし，水の電離は考えないものとする。

(1)　**D**の水溶液に存在するイオンのうち，数の多いものを**3**種類イオン記号で答えよ。

(2)　**A**と**B**の水溶液に残っている水素イオンの比を整数で答えよ。

（愛知県　改題）

4 生命・地球（生物分野） 重要度A

ここが要点 中学校の学習内容全般から出題されている。特に植物のつくりと特徴，光合成などは頻出問題なので，本書をもとに効率のよい学習をしておきたい。また，小学校の学習内容の種子の発芽，昆虫やメダカなどの小動物について学習しておくことも必要である。さらに実験・観察の方法，器具の取扱いまで目を通しておけば万全である。

1 器具の取扱い

顕微鏡の使い方

① 顕微鏡を，直射日光が当たらない窓際などの明るい水平な場所に置く。

② [1]レンズをつけ，次に[2]レンズ（最初は低い倍率）をつける。

③ [3]の向きをかえて，視野全体が明るくなるように調節する。

④ [4]がステージの穴の真ん中にくるように置き，クリップでとめる。

⑤ [5]から見ながら調節ねじを回し，[6]レンズと[4]をできるだけ[7]。

⑥ [8]レンズをのぞきながら調節ねじを回し，[6]レンズを[4]から遠ざけ，ピントを合わせる。

・顕微鏡の倍率＝[9]×[10]

・右図で視野のAの位置に見えたものを中央にもっていくためには，プレパラートをア～クのうち[11]の方へ動かす。

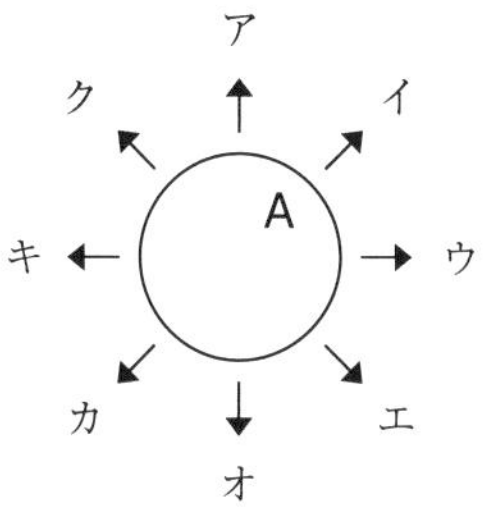

ルーペの取扱い

ルーペを目に近づけて持ち，焦点の内側からのぞく。[12]を前後に動かしてピントを合わせる。

2 生物の細胞

[1]…生命活動の中心。ふつう1つの細胞に1個ある。[2]で赤色に染まる。

[3]…細胞の核以外の部分で，実際の生命活動を行う。葉緑体，液胞は植物細胞にみられる。

[4]…細胞質の一部で，細胞質と核を包む薄い膜。

[5]…細胞膜の外側にある厚くてじょうぶな膜。

3 植物のつくり

花のつくりと種子のでき方

① **被子植物**

・[1]…おしべの花粉がめしべの柱頭につくこと。

・[2]が成長して種子になり，[3]は果実になる。

② **裸子植物**

・雌花と雄花に分かれる。

・雌花の胚珠に花粉がつくと，種子になる。

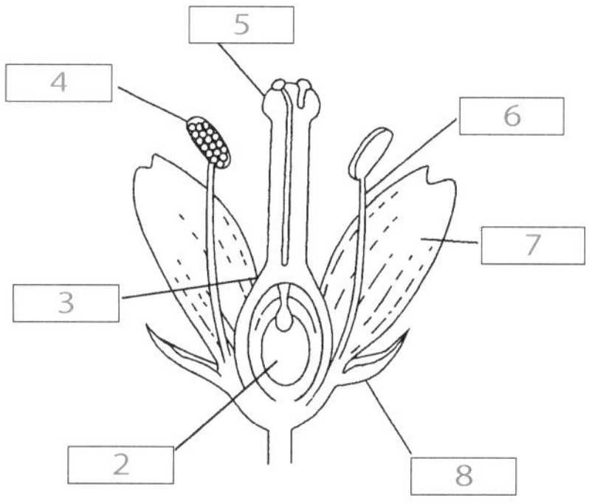

茎のつくりとはたらき

[9]…根から吸収した水や養分を運ぶ管。

[10]…葉で光合成によってつくられた栄養分を運ぶ管。

〈[11]植物の茎の断面〉　〈[12]植物の茎の断面〉

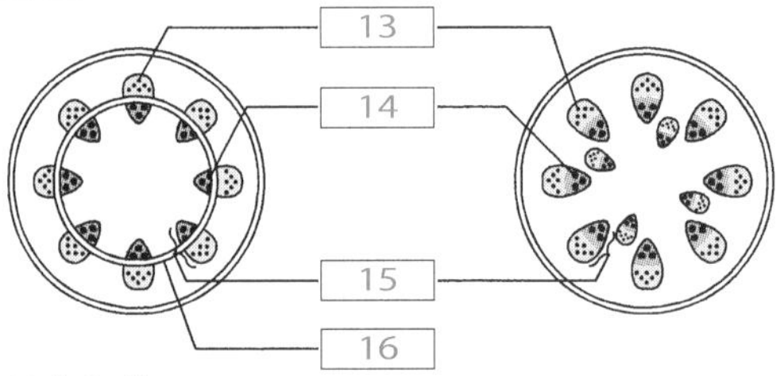

葉のつくりとはたらき

[17]…葉の表皮にある[18]に囲まれたすきま。葉の表側よりも裏側のほうに多い。光合成や呼吸に関係のある酸素，二酸化炭素，水蒸気の出入り口となる。

[19]作用…植物体内の余分な水を水蒸気として体外へ出す。

〈葉の断面〉

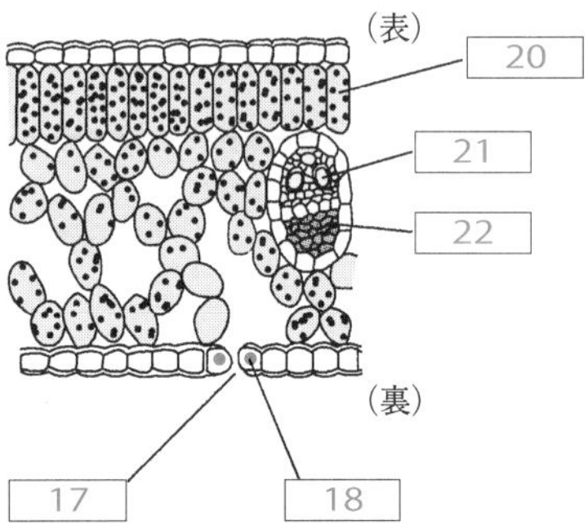

4 種子の発芽

発芽の条件…[1]，[2]，適当な[3]

〈発芽と[1]の関係を調べる実験〉

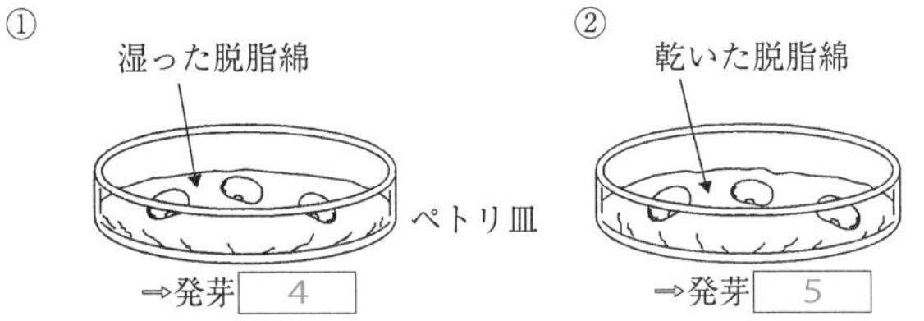

〈発芽と[2]の関係を調べる実験〉

〈発芽と[3]の関係を調べる実験〉

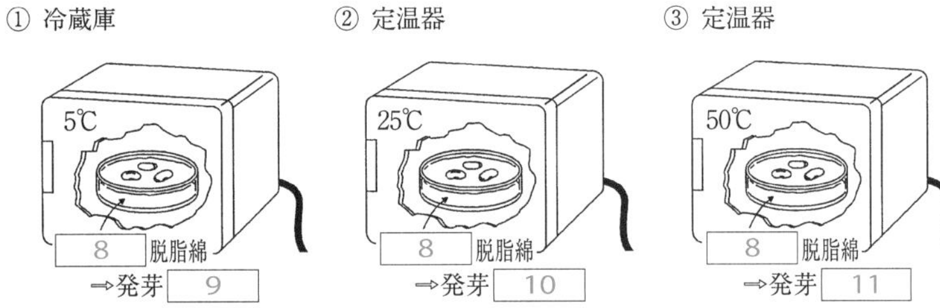

※このように，ある条件だけを変えてそれ以外はすべて同じ状態にして結果を比べる実験を[12]という。

5 光合成

光合成

植物が，[1]で[2]のエネルギーを利用して，[3]と[4]からデンプンなどの[5]と[6]を合成するはたらきを光合成という。[5]はあとでデンプンに作り変えられる。

$$6[7] + 12[8] + \text{光エネルギー} \longrightarrow C_6H_{12}O_6 + 6[9] + 6[10]$$

〈ふ入りのアサガオの葉の実験〉

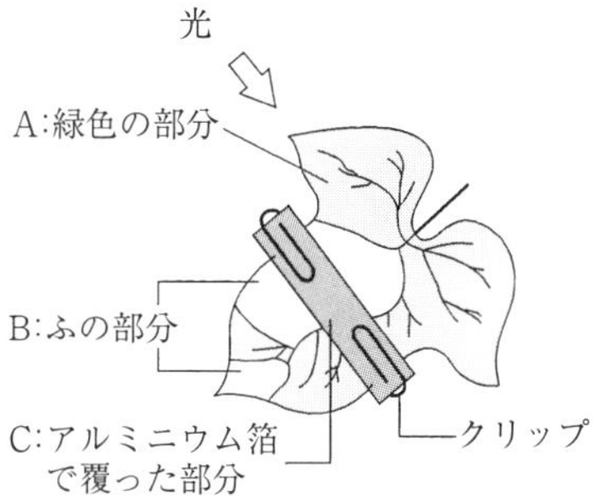

① 右図のようにふ入りのアサガオの葉の一部をアルミニウム箔で覆い，葉の[11]をなくすために一昼夜暗室に置いた後，葉全体に十分日光を当てる。

② 葉をつみとり，熱湯につけ光合成の酵素反応を止めた後，[12]を溶かして脱色するため，温めた[13]に入れる。

③ ヨウ素溶液に浸すと，[14]の部分と[15]の部分は，色の変化は見られず，それ以外の部分は[16]反応が現れ，[17]色になる。

④ [14]の部分には[18]がないため，また[15]の部分には日光が当たらないため，それぞれ[19]は行われず[20]ができなかった。このことから，[21]には[22]と[23]が必要であることがわかる。

〈オオカナダモの実験〉

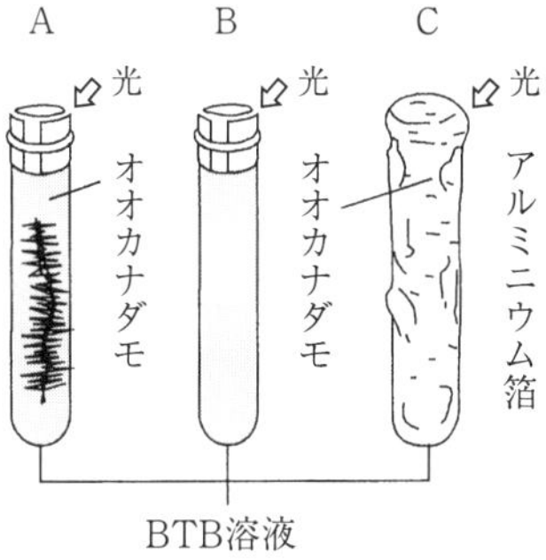

① 右図のように3本の試験管を水で満たし，それぞれに青色のBTB溶液を加え，息を吹きこんで緑色（中性）にする。

② A，Cにはオオカナダモを入れ，Cはアルミニウム箔で完全に覆い，ゴム栓をして3本に同じように日光を当てる。

③ BTB溶液の色の変化を観察すると，Aは[24]色，Bは[25]色，Cは[26]色となる。

④ A…[27]によって[28]がなくなる。
中性→[29]性。
C…[30]によって[31]がふえる。
中性→[32]性。

⇒[33]には[34]と光が必要である。

光合成と呼吸との関係

昼間…[35]量＞[36]量。二酸化炭素を吸収し，酸素を放出する。

夜間…[37]のみ。酸素を吸収し，二酸化炭素を放出する。

6 植物などの分類

<table>
<tr><th colspan="4">植物などの種類</th><th>特　　徴</th><th>例</th></tr>
<tr><td rowspan="6">[1]をする</td><td rowspan="3">[2]植物</td><td rowspan="2">[3]植物</td><td>[5]類</td><td rowspan="2">・根・茎・葉が発達
・[7]が[8]に包まれている</td><td>合弁花類：[11]
離弁花類：[12]</td></tr>
<tr><td>[6]類</td><td>[13]</td></tr>
<tr><td colspan="2">[4]植物</td><td>・根・茎・葉が発達
・[9]がなく，[10]はむき出し
・雄花と雌花の区別がある</td><td>[14]</td></tr>
<tr><td colspan="3">シダ植物</td><td>・根・茎・葉の区別がある
・維管束がある
・湿ったところに多く生育
・胞子でふえる</td><td>[15]</td></tr>
<tr><td colspan="3">コケ植物</td><td>・根・茎・葉の区別がない
・維管束はない
・からだの全表面から水を吸収
・胞子でふえる</td><td>ゼニゴケ，エゾスナゴケ，コスギゴケ</td></tr>
<tr><td colspan="3">藻類</td><td>・根・茎・葉の区別がない
・水中で生活する
・胞子（遊走子）はべん毛で水中を泳ぐ</td><td>ワカメ，アオサ，テングサ，ケイソウ，アオミドロ，クロレラ</td></tr>
<tr><td rowspan="2">[1]をしない</td><td colspan="3">菌類</td><td>・からだは菌糸でできている
・寄生生活をする</td><td>マツタケ，シイタケ，アオカビ，クロカビ，ミズカビ，コウボ菌</td></tr>
<tr><td colspan="3">細菌類</td><td>・寄生生活をする</td><td>大腸菌，結核菌，コレラ菌，乳酸菌，ブドウ状球菌</td></tr>
</table>

【問】 次の図はホウセンカとトウモロコシの子葉，茎の維管束，葉脈を表している。それぞれあてはまるものをa～fから選べ。

ホウセンカ：[16]，[17]，[18]

トウモロコシ：[19]，[20]，[21]

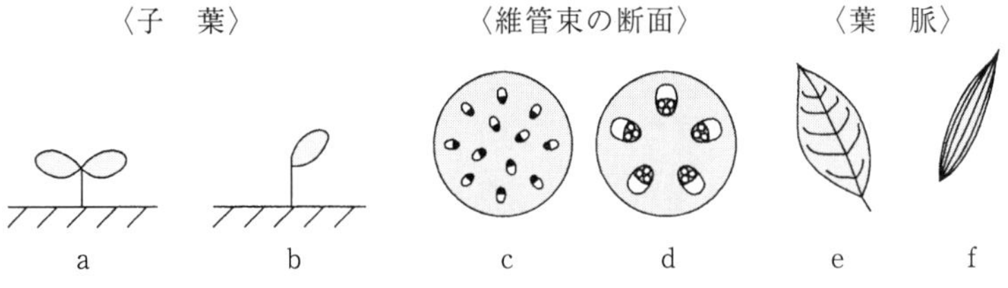

7 動物の分類

<table>
<tr><th colspan="3">動物の種類</th><th colspan="6">特　徴</th><th>例</th></tr>
<tr><td rowspan="5">［1］動物</td><td colspan="2">［3］類</td><td>2心房2心室</td><td rowspan="3">［15］受精</td><td>胎生</td><td rowspan="3">［17］呼吸</td><td rowspan="2">恒温</td><td rowspan="5">［19］がある</td><td>コウモリ，イルカ，クジラ</td></tr>
<tr><td colspan="2">［4］類</td><td>2心房2心室</td><td rowspan="4">卵生</td><td>ペンギン，フクロウ，カラス</td></tr>
<tr><td colspan="2">［5］類</td><td>2心房2心室（不完全）</td><td rowspan="12">変温</td><td>［20］</td></tr>
<tr><td colspan="2">［6］類</td><td>2心房1心室
子はえらで，親は肺で呼吸</td><td rowspan="2">［16］受精</td><td rowspan="2">［18］呼吸</td><td>［21］</td></tr>
<tr><td colspan="2">［7］類</td><td>1心房1心室</td><td>サメ，メダカ，ナマズ，フナ，ウナギ</td></tr>
<tr><td rowspan="8">［2］動物</td><td colspan="2">キョク皮動物</td><td colspan="4">からだは放射状で，殻やとげをもつものが多い</td><td rowspan="8">［19］がない</td><td>ウニ，ヒトデ，ナマコ</td></tr>
<tr><td rowspan="4">節足動物</td><td>［8］類</td><td>からだは［9］部・［10］部・［11］部に分かれ，［12］部に3対のあしと羽をもつ（羽がないものもあり）</td><td rowspan="2">変態する</td><td>羽がある</td><td rowspan="4">外骨格をもつ</td><td>チョウ，ハチ，カブトムシ，アリ，バッタ，セミ，トンボ，カ，ゴキブリ，ゲンゴロウ</td></tr>
<tr><td>甲殻類</td><td>外骨格でおおわれる</td><td rowspan="3">羽がない</td><td>［22］</td></tr>
<tr><td>多足類</td><td>胴部の各部に1又は2対のあしをもつ</td><td rowspan="2">変態しない</td><td>ムカデ，ゲジ</td></tr>
<tr><td>クモ類</td><td>からだは［13］部・［14］部に分かれる
書肺で呼吸</td><td>クモ，サソリ，ダニ</td></tr>
<tr><td rowspan="2">軟体動物</td><td>頭足類</td><td rowspan="2" colspan="3">からだが外とう膜でおおわれ，節も外骨格ももたない。貝殻をもつものもある</td><td rowspan="3">外骨格がない</td><td>［23］</td></tr>
<tr><td>貝類</td><td>ナメクジ，アサリ，ハマグリ</td></tr>
<tr><td colspan="2">原生動物</td><td colspan="3">単細胞動物</td><td>ゾウリムシ，アメーバ</td></tr>
</table>

〈クワガタ〉

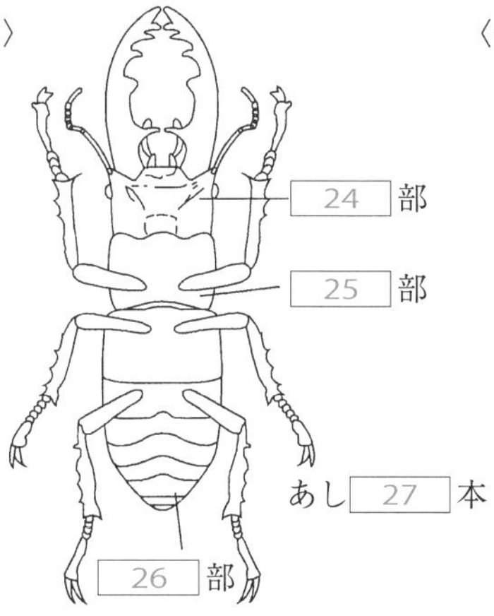

〈クモ〉

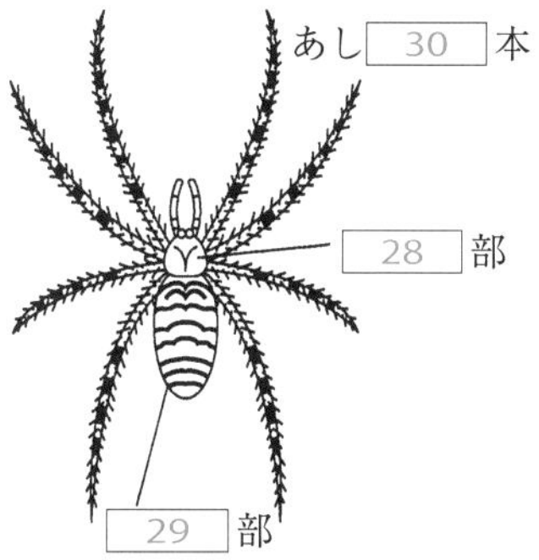

8 身近な動物

昆虫の変態

完全変態…卵→[1]→[2]→[3]と姿をかえて成長する。

例 [4]，[5]，[6] など

不完全変態…卵→[7]→[8]と成長し，[9]の時期がない。

例 [10]，[11]，[12] など

メダカのオスとメス

〈[13]〉

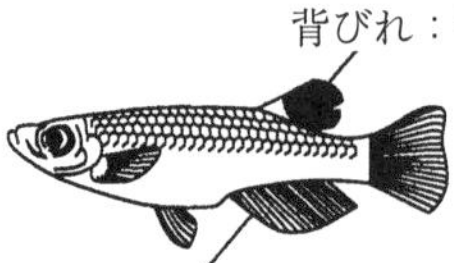

〈[16]〉

9 ヒトのからだとしくみ

血液循環

[1]循環…血液が心臓から出て，肺をめぐり心臓に戻る経路。肺で[2]を取り入れ，[3]を放出する。

[4]→[5]脈→肺→[6]脈→[7]

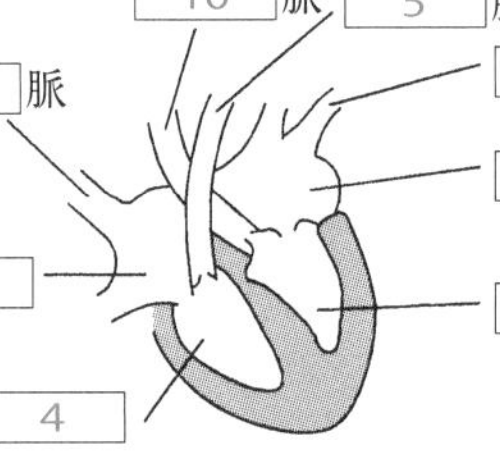

[8]循環…血液が心臓から出て，肺以外の全身をめぐり心臓に戻る経路。全身の毛細血管で酸素を放出し，二酸化炭素を回収する。

[9]→[10]脈→全身の毛細血管→[11]脈→[12]

【問】 図はヒトの循環系を模式的に示したものである。

(1) 図の器官名を正しく組み合わせているものを選べ。[13]

① A－小腸 B－肝臓 C－腎臓

② A－腎臓 B－小腸 C－肝臓

③ A－肝臓 B－小腸 C－腎臓

(2) 次の血管を図中a～fから選べ。

・酸素を最も多く含む血液が流れる。

…[14]

・栄養分を最も多く含む血液が流れる。

…[15]

・尿素が最も少ない血液が流れる。

…[16]

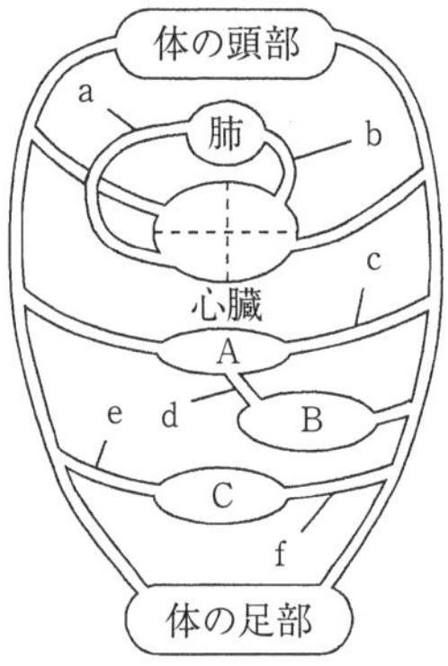

血液の成分とはたらき

赤血球 …酸素を運ぶ。[17]を含む。

[18]…体内に侵入した細菌を殺す。

[19]…血液を凝固させ，出血をとめる。

[20]…栄養分，二酸化炭素，不要物を運ぶ。

〈だ液の消化作用の実験〉

うすいデンプンのりを6本の試験管A～Fに入れ，次の図のような実験を行った。

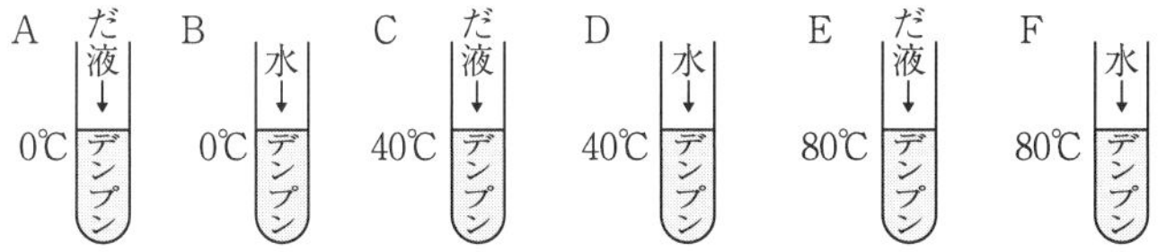

[21] 反応…ヨウ素溶液と [22] → [23] 色

[24] 反応…ベネジクト液と [25] 加熱→ [26] 色の沈殿

	A	B	C	D	E	F
[21] 反応	[27]	[28]	[29]	[30]	[31]	[32]
[24] 反応	[33]	[34]	[35]	[36]	[37]	[38]

※　○：反応あり　　×：反応なし

以上の結果から，だ液には一定の温度範囲で [39] を [40] に変えるはたらきがあることがわかる。

肝臓と腎臓

① **肝臓のはたらき**

・タンパク質が分解されるときにできる有害なアンモニアを無害な [41] に変える。

・血液中の [42] を [43] につくりかえて貯蔵し，必要に応じて [44] に分解し血液中に供給する。

・体内に入った有害物質（酒に含まれるアルコールなど）の解毒作用。

・[45] を生成する（胆のうに貯められ，十二指腸へ分泌される）。

・古くなった [46] を破壊する。

② **腎臓のはたらき**

・毛細血管中の血液から，水や [47] などの老廃物をこし取って尿を生成する。

・尿は輸尿管を通って，[48] に一時ためられ，尿道から体外へ排出される。

10 生物のつながり

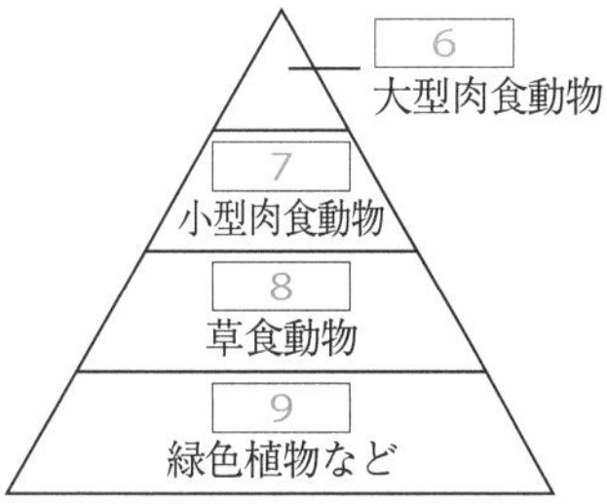

[1] …光合成によって無機物から有機物をつくり出すことのできる緑色植物や植物プランクトン。

[2] … [3] がつくり出した有機物を，直接食べる草食動物と間接的に食べる肉食動物。

[4] …生物の死がいや排出物に含まれる有機物を，二酸化炭素や水，窒素化合物などの無機物に分解する菌類・細菌類など。

[5] …自然界の生物どうしが「食う・食われる」の関係にあること。

例　イネ→イナゴ→カエル→ヘビ→サギ

ケイソウ→ミジンコ→フナ

炭素の循環

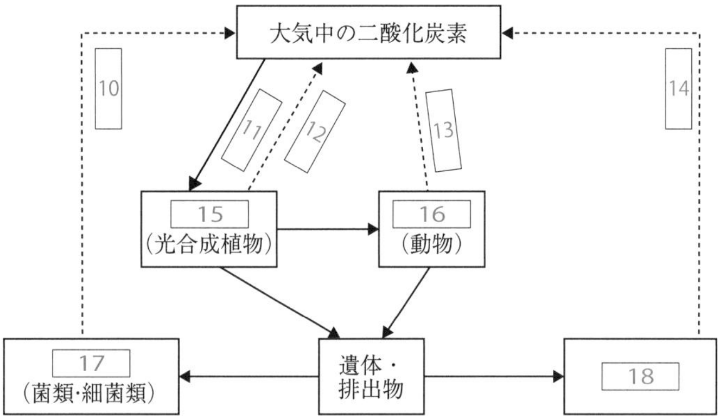

過去問に挑戦！

1 次のア～コの植物の中から花の咲かない植物をすべて選べ。
ア．シイタケ　イ．ナズナ　ウ．スギナ　エ．シャクナゲ
オ．スギゴケ　カ．ソテツ　キ．マツ　ク．ノキシノブ
ケ．コムギ　コ．スズメノカタビラ

（兵庫県　改題）

2 右図はヒトの消化に関わる器官を示した模式図である。
(1) タンパク質を消化するのはA～Gのどこか。すべて選べ。
(2) 炭水化物を消化するのはA～Gのどこか。すべて選べ。
(3) Gの器官から体に吸収される養分は何か。2つ書け。
(4) B，Dの器官名を答えよ。

青森県　改題）

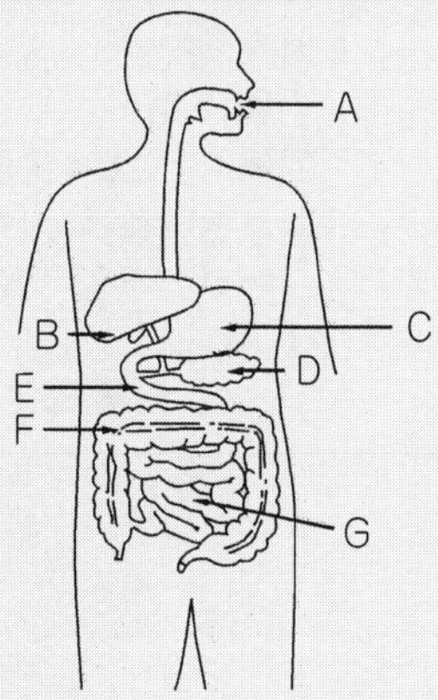

3 ヒトの体内に取り入れられた気体は，血液中の何という固体成分に含まれているか。また，その中に含まれる呼吸色素を何というか。ア～キからそれぞれ選べ。
ア．赤血球　イ．白血球　ウ．血しょう
エ．血小板　オ．コレステロール　カ．ヘモグロビン
キ．リンパ球

（佐賀県　改題）

5　生命・地球（地学分野）

重要度A

ここが要点　太陽，月，星の見かけの動きについての出題が最も多い。観測・観察の結果からわかること，またその現象が起こる理由を考えて理解を深めるとよい。ほかに水蒸気量と湿度の関係，天気の変化について，火成岩の特徴，地震についての基本事項をまとめ，本書を活用して効率よく学習を進めてほしい。

1　気象の観測

気温

① 気温は，風通しのよい[1]で，地上から1.2～1.5mくらいのところでの空気の温度をはかる。

② 晴れの日には，日の出前頃が[2]気温となり，太陽の高度，地温が高くなるとともに上がっていき，14時頃に[3]気温となる。これは，地温が13時頃最高になり，その後地面からの放熱により大気が温められるからである。

天気記号

○ [4]	⦶ [5]	◎ [6]	● [7]	⊗ [8]

左図の天気記号の天気は[9]，[10]の風，風力[11]である。ただし，上が北を表す。

2　空気中の水蒸気の変化

[1]…空気1m³中に含むことができる水蒸気の最大量。気温が高いほど飽和水蒸気量は多い。

$$湿度〔\%〕=\frac{空気1\mathrm{m}^3中の[3]〔\mathrm{g/m}^3〕}{その気温での[2]〔\mathrm{g/m}^3〕}\times 100$$

[4]…空気中の水蒸気が凝結し，水滴ができはじめるときの温度。

乾湿計が図1のような温度を示している場合，乾球は[5]℃，湿球は[6]℃であるから，乾球と湿球の示度の差は[7]となる。表1の[8]℃と[9]の交点より，湿度は[10]%である。

この空気の飽和水蒸気量は，表2より[11]g/m³であるから，1m³当たりの水蒸気量は，

[12]×[13]≒[14]〔g/m³〕

この空気を冷やしていくと，約[15]℃で飽和に達し，凝結し始める。このときの温度を[16]という。

〈図1〉

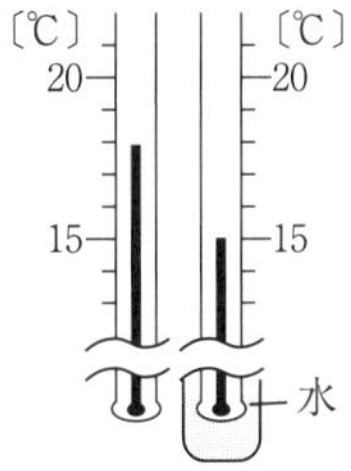

〈表1〉

乾燥の示度〔℃〕	乾球と湿球の示度の差 0	1	2	3	4
19	100	90	81	72	63
18	100	90	80	71	62
17	100	90	80	70	61
16	100	89	79	69	59
15	100	89	78	68	58
14	100	89	78	67	57

〈表2〉

気温〔℃〕	飽和水蒸気量〔g/m³〕
12	10.7
13	11.3
14	12.1
15	12.8
16	13.6
17	14.5
18	15.4
19	16.4

3 気圧と前線

気圧と風

高気圧	地表付近では，北半球の場合，高気圧の中心から風が[1]回りに吹き出す。 高気圧の中心付近では，[2]気流が生じ，雲はできないため，天気がよい。	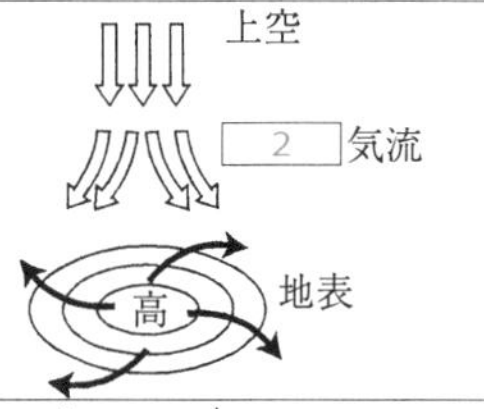
低気圧	地表付近では，北半球の場合，低気圧の中心に風が[3]回りに吹き込む。 低気圧の中心付近では[4]気流が生じ，雲ができやすいため，天気が悪い。	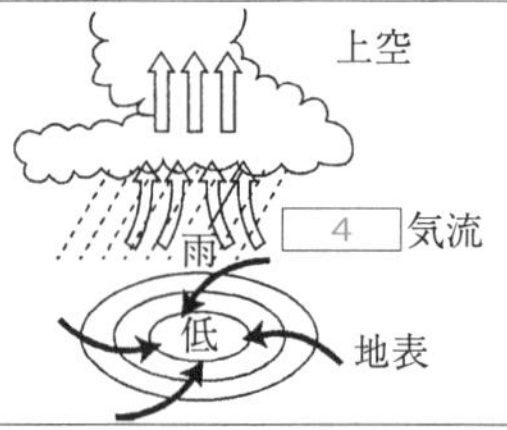

前線と天気の変化

前線名	特　徴	通過時の天気	通過後の天気
[5]前線	暖気が寒気の上にゆっくりはい上がり，寒気を押して進む。 [6]雲などが発生。	[7]い雨が，[8]い範囲で[9]時間降り続く。	雨がやみ，気温が[10]がり，[11]寄りの風が吹く。
[12]前線	寒気が暖気の下にもぐり込み，暖気を激しく押し上げて進む。 [13]雲などが発生。	突風が吹き，[14]い雨が[15]い範囲で[16]時間降る。	気温が急に[17]がり，[18]寄りの風が吹き，天気は回復する。
[19]前線	寒気と暖気の勢力がほぼ等しいときにできる。ほぼ東西方向にのび，ほとんど動かない。梅雨時の梅雨前線，秋の秋雨前線。		
[20]前線	寒冷前線が温暖前線に追いついて，重なったときにできる。 地表面は寒気でおおわれる。		

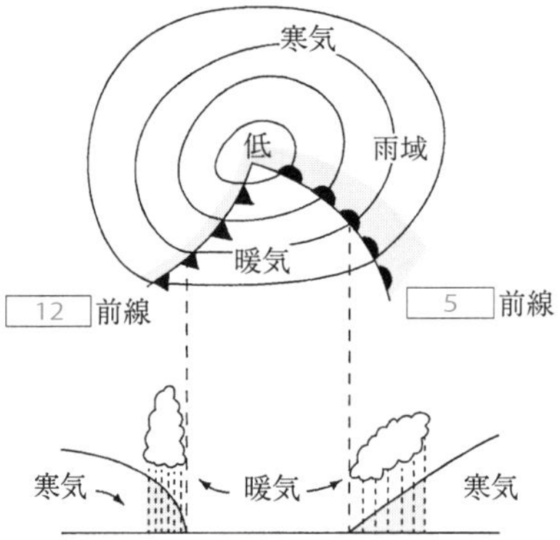

4 日本の天気

日本付近の気団

気団名	気団の性質	活動期
A [1] 気団	寒冷乾燥	主に冬
B [2] 気団	温暖湿潤	主に夏
C [3] 気団	寒冷湿潤	梅雨期や秋雨期

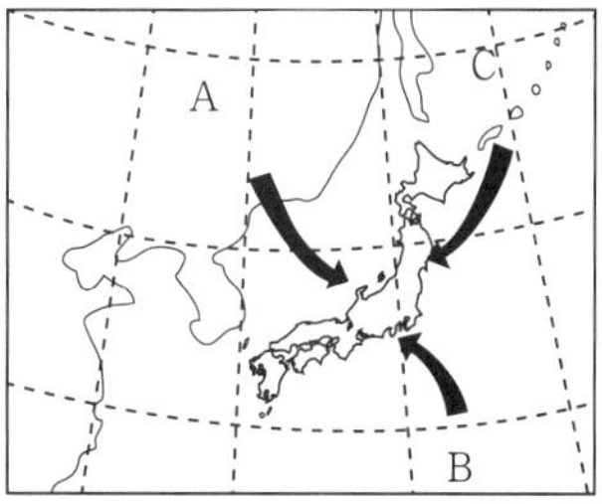

四季の天気

① 冬の天気

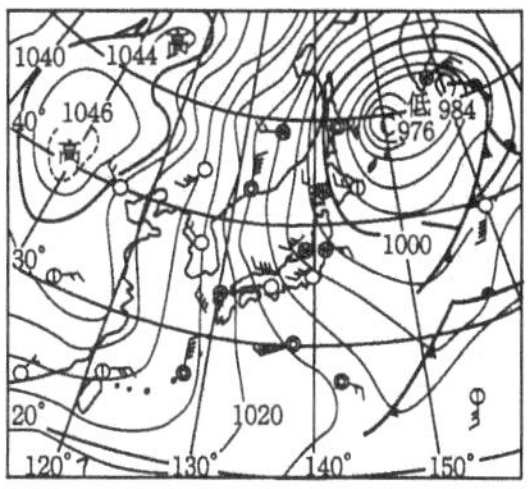

・大陸に [4] 気圧（シベリア気団），日本の東海上から千島方面に発達した [5] 気圧があり，[6] の気圧配置となる。
・等圧線は [7] 方向に走り，間隔が狭い。
・寒冷で強い [8] の季節風が吹く。
・[9] 側は雪，[10] 側は乾燥した晴れの日が続く。

② 夏の天気

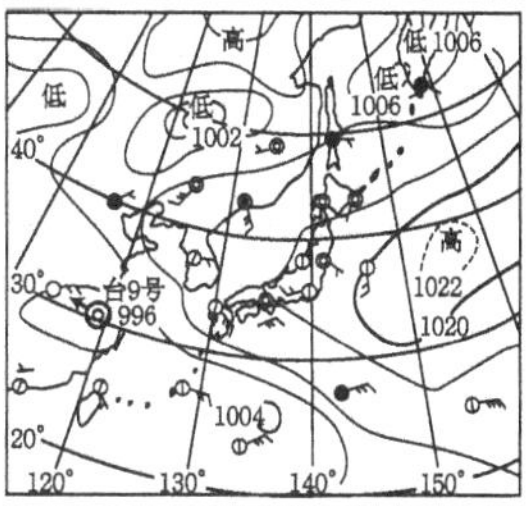

・日本の東南海上に [11] 気圧（小笠原気団），大陸に [12] 気圧があり，[13] の気圧配置となる。
・高温多湿な [14] の季節風が吹く。
・晴天が続き，湿度が [15] い。
・積乱雲が発達し，雷や夕立が発生しやすい。

③ 春と秋の天気

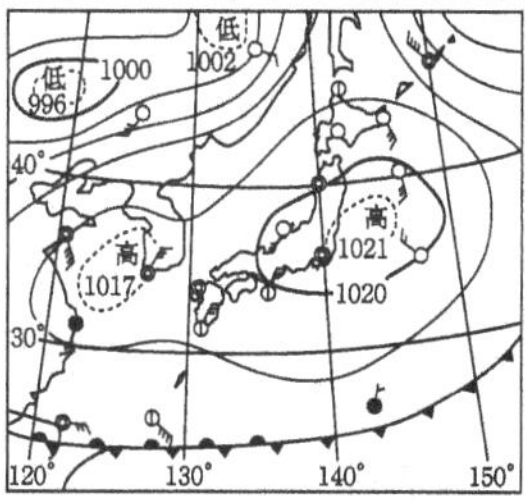

・[16] 高気圧や [17] 低気圧が，交互に [18] から [19] へ通過し，天気は周期的に変化する。
・高気圧通過時は晴れ，低気圧通過時はくもりや雨になる。

④ 梅雨と秋雨の天気

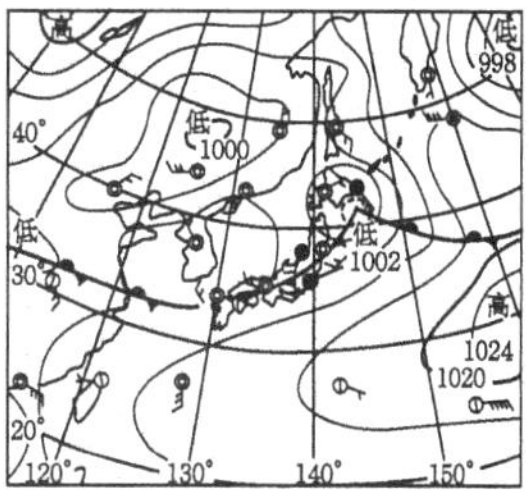

・[20] 気団と [21] 気団の勢力がつりあい，日本の南岸沿いに [22] 前線（梅雨前線・秋雨前線）ができる。
・[22] 前線に沿って，低気圧がゆっくり東進するため，くもりや雨の日が続く。

天気の移り変わり

日本付近の高気圧・低気圧・前線などが，[23] 風の影響によりほぼ [24] から [25] へ移動する。そのため天気も [24] から [25] へ変化する。

5 太陽の動き

太陽の日周運動

太陽は[1]から[2]に動き，約[3]時間で1周する。地球が[4]から[5]に[6]していることによって生じる見かけの動きである。

[7]…太陽が真南を通過したときの地平線からの角度。太陽の高度が1日のうちで最も高い。

南中時刻と経度…日本では，東経[8]°上で太陽は正午に南中する。それより[9]の地方ほど早く南中し，経度が[10]°異なると1時間違う。

太陽の年周運動

地球は，地軸が公転面の垂線と約[11]°傾いた状態で[12]しているため，季節によって太陽の南中高度が変化する。

[13]の南中高度＝90°－緯度
[14]の南中高度＝90°－緯度＋23.4°
[15]の南中高度＝90°－緯度－23.4°

北緯36°の地点で春分・秋分の太陽の南中高度は[16]°，夏至の南中高度は[17]°，冬至の南中高度は[18]°である。

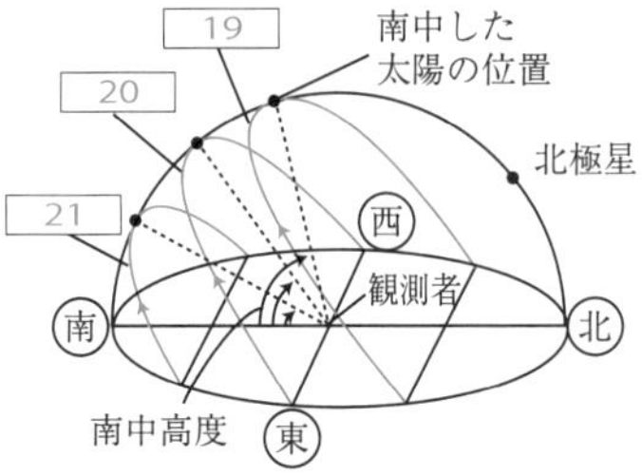

棒の影と太陽の動き

太陽の日周運動（東→南→西）に対して，影は[22]→[23]→[24]へと動いていく。

棒の影は太陽が[25]するとき最も短くなる。

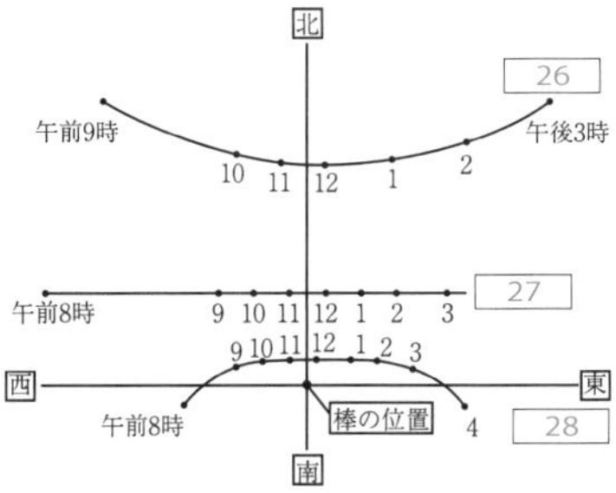

6 月の形と動き

月は[1]から[2]に動き，1日で1周する。これは，地球の[3]による見かけの動きである。月は[4]の光を反射させながら，地球のまわりを[5]しているため，太陽，地球，月の位置関係により月の形が変化して見える。

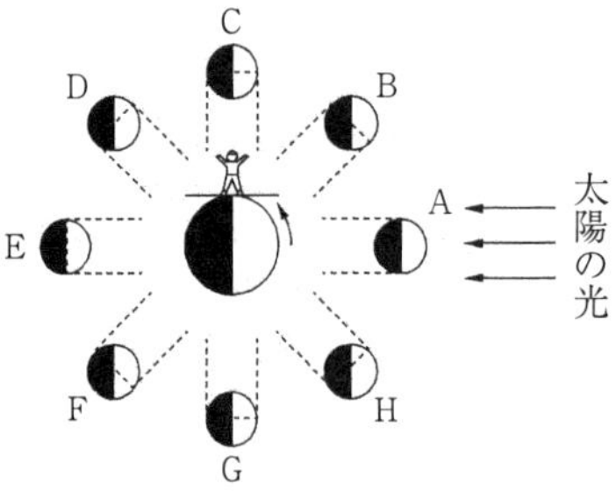

A：月は太陽と同じ方向にあり，月の光る部分は全く見えないので[6]月となる。AからB，Cの方へ公転するにつれて光る部分は[7]くなる。
C：右半分が光る[8]月。
E：光る部分がすべて見えるので[9]月。これを過ぎると，月は右側から欠けていく。
G：左半分が光る[10]月。

① **三日月の動き**

月が上図の[11]の位置にあるとき，夕方，[12]の空の低いところに見え，太陽を追うように間もなく沈む。

② **上弦の月の動き**

月が上図の[13]の位置にあるとき，夕方，[14]の空の高いところに見え，夜中に西の空に沈む。三日月が見えた日から約4日後に見える。

③　**満月の動き**

月が図の[15]の位置にあるとき，日の入りと同時に[16]の空に昇り始め，真夜中に南中して，日の出頃に[17]の空に沈む。上弦の月が見えた日から約[18]後に見える。

④　**下弦の月の動き**

月が図の[19]の位置にあるとき，真夜中に東の空に昇り始め，日の出頃に[20]する。正午頃に西の空に沈む。満月が見えた日から約[18]後に見える。

7 星の動きと星座

星の日周運動・年周運動

右図は7月26日午後8時における北の空のようすを観察してスケッチしたものである。

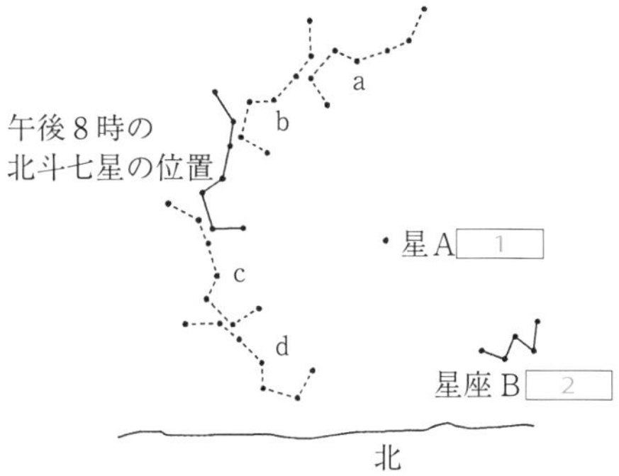

① 図の星Aは[1]，星座Bは[2]である。

② 星は地球の[3]によって，1時間に[4]°ずつ[5]から[6]に動くように見え，北の空では星Aを中心に[7]回りに回転する。したがって，4時間後に北斗七星は図の[8]の位置に見える。

③ 星は地球の[9]によって，1ヵ月に[10]°ずつ[11]から[12]に動くように見え，1年で1周する。したがって，1ヵ月後の8月26日に北斗七星が同じ位置に見えるのは午後[13]時頃である。

④ 星Aの高度が35°のとき，観測地の緯度は北緯[14]°である。

季節の星座

地球の公転によって，真夜中に見える星座は季節により異なる。地球から見て，太陽と[15]方向にある星座はよく見え，太陽と[16]方向にある星座は見ることができない。

〈星座と地球の位置〉

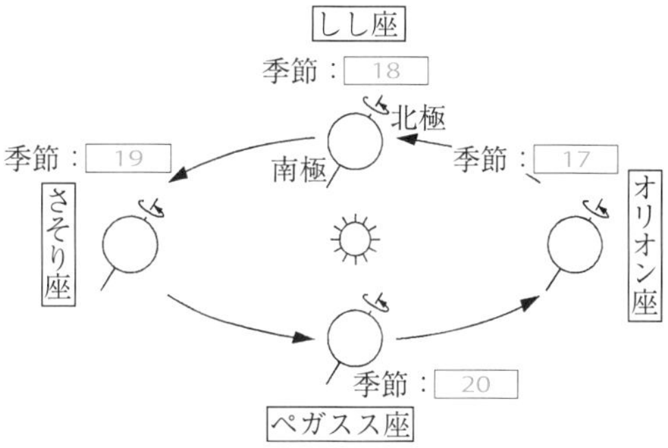

※[17]～[20]は日本における季節。

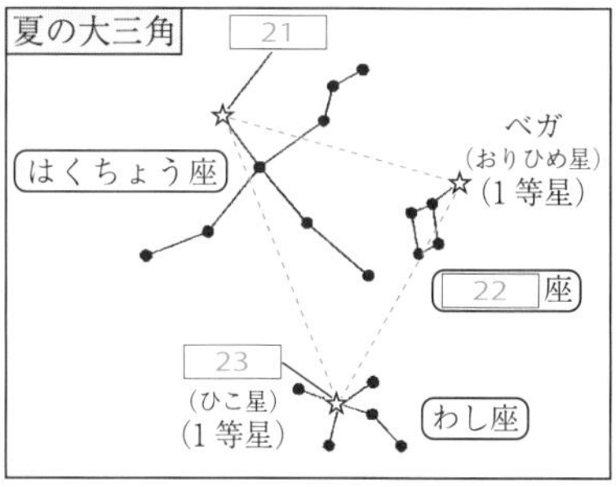

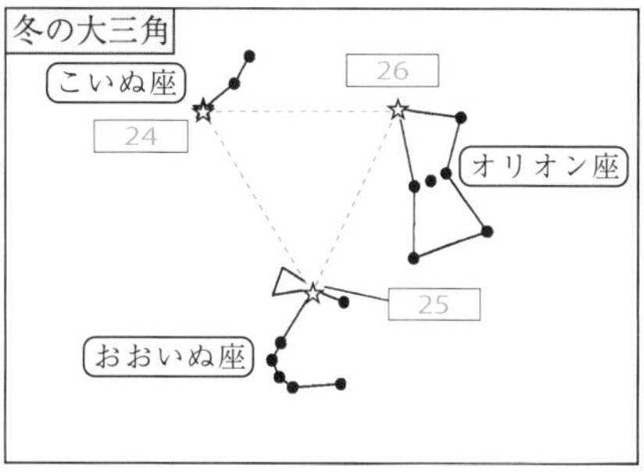

8 金星の動きと見え方

金星は，太陽のまわりを公転する惑星の1つで，[1]（地球の公転軌道よりも内側で公転している惑星）であるため，明け方と夕方のみ見え，真夜中に見ることはできない。また，月と同じように満ち欠けし，地球からの距離によって見かけの大きさが変化する。

下図で，1の金星は地球から遠く，[2]く丸く見える。4は地球に近いため[3]く，欠け方も大きい。

[4]の明星…日の出前，[5]の空に見える。

[6]の明星…夕方（日没直後），[7]の空に見える。

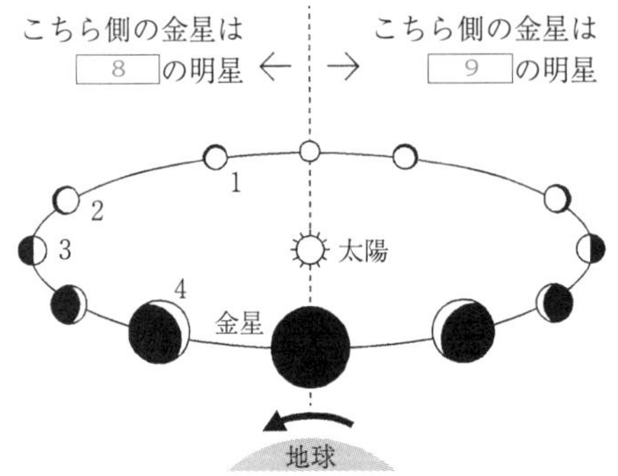

9 地層

図は，ある露頭で観察された地層を模式的に表したものである。

① この地層の形成の順序は，時間の古い順に，[1]の堆積→[2]面の形成→[3]面の形成→[4]の堆積となる。この間に，この地域で隆起は[5]回起こったと考えられる。

② A層の砂岩にアサリの化石が含まれていることからA層は[6]で堆積したことがわかる。アサリのように堆積した当時の環境を知る手がかりとなる化石を[7]という。

③ B層の砂岩にビカリアの化石が含まれていることからB層は[8]に堆積したことがわかる。ビカリアのように堆積した時代がわかる化石を[9]という。

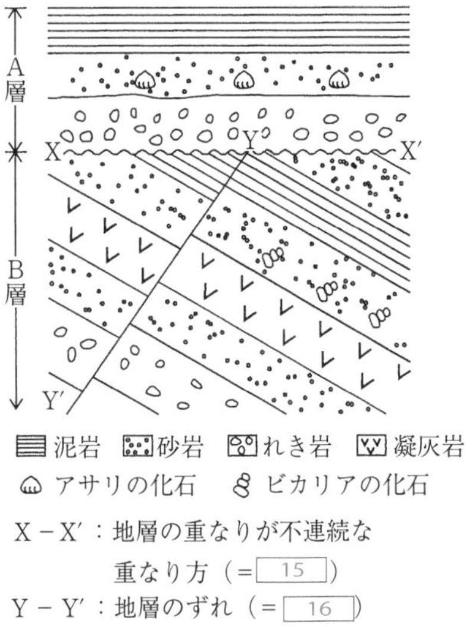

④ 凝灰岩は[10]や軽石が堆積したもので，堆積当時に[11]があったことがわかる。

⑤ れき岩は粒径[12]mm以上のれき，砂岩は粒径[13]mm～[12]mmの砂，泥岩は粒径[13]mm未満の泥が固まってできた[14]岩である。

10 火成岩

火成岩

マグマが冷え固まってできた岩石を火成岩という。

[1]…マグマが地表または地表近くで，急に冷やされてできた岩石。[2]組織をもつ。

[3]…マグマが地下の深いところで，ゆっくりと冷えてできた岩石。[4]組織をもつ。

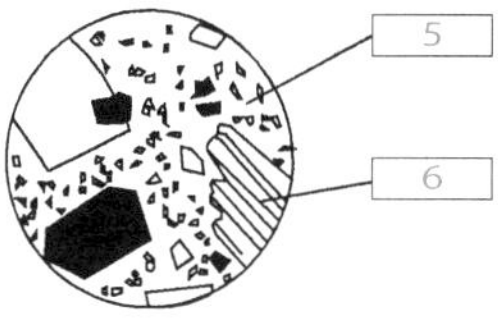

[7]岩・[8]組織

[9]岩・[10]組織

火成岩の種類と鉱物

火山岩	[11]岩	[12]岩	[13]岩
深成岩	[14]岩	[15]岩	[16]岩
色	白っぽい ←→ 黒っぽい		

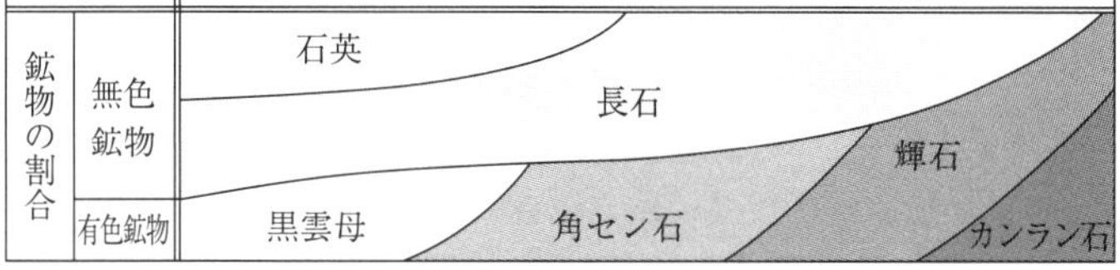

11 地震

[1]…地下で地震が発生した場所。

[2]…震源の真上に位置する地表の地点。

[3]波…伝わる速度が速い波。縦波で，固体・液体・気体中を伝わる。

[4]波…伝わる速度が遅い波。横波で，固体中のみ伝わる。

[5]…地震のはじめに起こる小さなゆれ。

[6]…初期微動に続いて起こる大きなゆれ。

[7]…P波が到着してからS波が到着するまでの時間。震源からの距離に比例する。

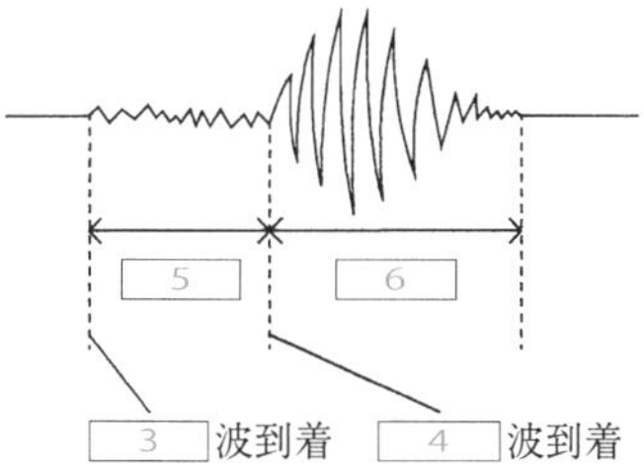

地震波の速度〔km/秒〕＝[8]〔km〕÷[9]〔秒〕

初期微動継続時間〔秒〕＝ 震源からの[11]〔km〕/ [10]波の速度〔km/秒〕 − 震源からの[11]〔km〕/ [12]波の速度〔km/秒〕

[13]…ある観測点での，地震によるゆれの大きさの程度。
0，1，2，3，4，5弱，5強，6弱，6強，7の[14]階級で表す。

[15]…地震が放出するエネルギーの大きさ（地震そのものの大きさ（規模））を表す尺度。

震度は，通常マグニチュードが大きいほど大きくなるが，[16]や地盤の強弱によって異なる。

5 生活

●解答解説P268

1 学習指導要領

重要度A

ここが要点　教科目標をはじめ，学年目標，内容の空欄補充問題に対応できるよう，一つずつ正確に覚えておく必要がある。

1 教科目標・学年目標

教科目標

[1]な活動や[2]を通して，身近な生活に関わる見方・考え方を生かし，[3]し生活を[4]にしていくための資質・能力を次のとおり育成することを目指す。

(1) 活動や[2]の過程において，自分自身，[5]，社会及び自然の特徴やよさ，それらの関わり等に気付くとともに，生活上必要な[6]を身に付けるようにする。

(2) [5]，社会及び自然を自分との関わりで捉え，自分自身や[7]について考え，[8]することができるようにする。

(3) [5]，社会及び自然に自ら働きかけ，[9]や自信をもって学んだり生活を[4]にしたりしようとする態度を養う。

学年目標〔第1学年及び第2学年〕

(1) 学校，[10]及び地域の生活に関わることを通して，自分と[5]，社会及び自然との関わりについて考えることができ，それらのよさやすばらしさ，自分との関わりに気付き，地域に[11]をもち自然を[12]にしたり，[13]や社会の一員として[14]で適切な行動をしたりするようにする。

(2) [5]，社会及び自然と触れ合ったり関わったりすることを通して，それらを[15]したり楽しんだりすることができ，活動のよさや大切さに気付き，自分たちの[16]や生活をよりよくするようにする。

(3) 自分自身を見つめることを通して，[7]や成長，[5]の支えについて考えることができ，自分のよさや[17]に気付き，[9]と自信をもって生活するようにする。

2 生活科の内容

(1) 学校と生活	[1] に関わる活動を通して，学校の施設の様子や [1] を支えている人々や友達，[2] の様子やその [3] を守っている人々などについて考えることができ，学校での生活は様々な人や施設と関わっていることが分かり，楽しく [4] して遊びや生活をしたり，[3] な登下校をしたりしようとする。
(2) 家庭と生活	家庭生活に関わる活動を通して，家庭における [5] のことや自分でできることなどについて考えることができ，家庭での生活は互いに支え合っていることが分かり，自分の [6] を積極的に果たしたり，規則正しく [7] に気を付けて生活したりしようとする。
(3) 地域と生活	地域に関わる活動を通して，地域の [8] やそこで生活したり [9] している人々について考えることができ，自分たちの生活は様々な人や [8] と関わっていることが分かり，それらに [10] や愛着をもち，適切に接したり [3] に生活したりしようとする。
(4) 公共物や公共施設の利用	公共物や [11] を利用する活動を通して，それらのよさを感じたり働きを捉えたりすることができ，[12] にはみんなで使うものがあることやそれらを支えている人々がいることなどが分かるとともに，それらを大切にし，[3] に気を付けて [13] 利用しようとする。
(5) 季節の変化と生活	身近な自然を [14] したり，[15] や地域の行事に関わったりするなどの活動を通して，それらの違いや [16] を見付けることができ，自然の様子や四季の変化，[15] によって生活の様子が変わることに気付くとともに，それらを取り入れ自分の生活を楽しくしようとする。
(6) 自然や物を使った遊び	身近な自然を利用したり，身近にある物を使ったりするなどして遊ぶ活動を通して，遊びや遊びに使う物を [17] してつくることができ，その面白さや自然の [18] に気付くとともに，みんなと楽しみながら遊びを創り出そうとする。
(7) 動植物の飼育・栽培	動物を飼ったり植物を育てたりする活動を通して，それらの育つ [8]，変化や成長の様子に関心をもって働きかけることができ，それらは [19] をもっていることや成長していることに気付くとともに，生き物への [10] をもち，大切にしようとする。
(8) 生活や出来事の伝え合い	自分たちの生活や地域の [20] を身近な人々と [21] 活動を通して，相手のことを [22] したり伝えたいことや伝え方を選んだりすることができ，身近な人々と関わることのよさや楽しさが分かるとともに，進んで触れ合い [23] しようとする。
(9) 自分の成長	[24] の生活や成長を振り返る活動を通して，自分のことや支えてくれた人々について考えることができ，自分が大きくなったこと，自分でできるようになったこと，[6] が増えたことなどが分かるとともに，これまでの生活や成長を支えてくれた人々に感謝の気持ちをもち，これからの [25] をもって，[26] に生活しようとする。

3 指導計画の作成と内容の取扱い

1 指導計画の作成に当たっては，次の事項に配慮するものとする。

(1) 年間や，単元など内容や時間のまとまりを見通して，その中で育む資質・能力の[1]に向けて，児童の主体的・対話的で深い学びの実現を図るようにすること。その際，児童が具体的な活動や体験を通して，[2]に関わる見方・考え方を生かし，自分と地域の人々，社会及び[3]との関わりが具体的に把握できるような学習活動の充実を図ることとし，[4]での活動を積極的に取り入れること。

(2) 児童の発達の段階や特性を踏まえ，[5]間を見通して学習活動を設定すること。

(3) 第2の内容の(7)については，[5]間にわたって取り扱うものとし，動物や植物への関わり方が深まるよう[6]な飼育，栽培を行うようにすること。

(4) 他教科等との関連を積極的に図り，指導の効果を高め，低学年における教育全体の充実を図り，中学年以降の教育へ円滑に[7]できるようにするとともに，幼稚園教育要領等に示す幼児期の終わりまでに育ってほしい姿との関連を考慮すること。特に，小学校入学当初においては，幼児期における遊びを通した総合的な学びから他教科等における学習に円滑に移行し，主体的に[8]を発揮しながら，より[9]な学びに向かうことが可能となるようにすること。その際，生活科を中心とした[10]な指導や，[11]な時間割の設定を行うなどの工夫をすること。

(5) 障害のある児童などについては，学習活動を行う場合に生じる困難さに応じた指導内容や指導方法の工夫を計画的，[12]に行うこと。

(6) 第1章総則の第1の2の(2)に示す道徳教育の目標に基づき，道徳科などとの関連を考慮しながら，第3章特別の教科道徳の第2に示す内容について，生活科の[13]に応じて適切な指導をすること。

2 第2の内容の取扱いについては，次の事項に配慮するものとする。

(1) 地域の人々，社会及び[3]を生かすとともに，それらを[14]に扱うよう学習活動を工夫すること。

(2) 身近な人々，社会及び[3]に関する活動の楽しさを味わうとともに，それらを通して気付いたことや楽しかったことなどについて，言葉，[15]，動作，劇化などの多様な方法により表現し，考えることができるようにすること。また，このように表現し，考えることを通して，[16]を確かなものとしたり，気付いたことを関連付けたりすることができるよう工夫すること。

(3) 具体的な活動や体験を通して気付いたことを基に考えることができるようにするため，[17]，比べる，たとえる，[18]，見通す，工夫するなどの多様な学習活動を行うようにすること。

(4) 学習活動を行うに当たっては，コンピュータなどの情報機器について，その[13]を踏まえ，児童の発達の段階や特性及び生活科の[13]などに応じて適切に活用するようにすること。

(5) 具体的な活動や体験を行うに当たっては，身近な幼児や[19]，[20]などの多様な人々と触れ合うことができるようにすること。

(6) 生活上必要な習慣や技能の指導については，人，社会，[3]及び自分自身に関わる学習活動の展開に即して行うようにすること。

2 学習活動

重要度 A

ここが要点 生活科における学習活動について，やや細かく出題される都道府県市もある。そのねらいや具体的な活動内容，配慮事項などを自分なりに検討しておこう。また，動植物の飼育・栽培方法についても確認しておこう。

1 学校探検

ねらい	○　校舎や校庭を巡りながら，学校の施設の様子や学校で働く人たちのことを知り，校内に自分の好きな場所を見つけることができるようにする。 ○　学校の施設や人，飼育動物や栽培植物などに愛着をもち，積極的に[1]を送ることができるようにする。
活動の流れ〔例〕	①　教師と一緒に学校めぐりをし，探検の仕方を身に付ける。 ②　グループで，自分の行ってみたいところや会いたい人のところへ行く計画を立てる。 ③　探検グッズ（ワッペン，名刺，シールなど）を作る。 ④　校内を探検し，場所やもの，会いたい人を探す。 ⑤　校庭のいろいろな施設を見つける。 ⑥　見つけたことや気に入った場所などを，[2]や言葉で発表したり展示したりする。
児童への支援	・気になる児童と一緒に行動する。 ・校内を巡回しながら，出会った児童たちに関わる。 ・あらかじめサポートが必要な場所に行き，児童に対応する。
配慮事項	・探検活動をする[3]を校長や教頭，他学年の教師に伝え，事前に了解を求めておく。 ・事前に，予想される児童の動きを全校に知らせ，学校全体での協力を依頼する。 ・授業中に行うため，他の学級の迷惑にならないように，[4]の歩き方や見学の仕方についての約束ごとを指導しておく。

2 町探検

ねらい	○　学校や自分の家を中心とした地域を調べたり，人々と交流したりすることを通して，自分たちの生活は，[1]の生活や様々な場所と関わっていることに気付く。 ○　地域の自然や施設，人々の様子に関心をもち，友達と協力して町探検をすることによって，地域の自然や人との新しい[2]を広げることができる。 ○　地域に[3]をもち，人々と適切に接することや[4]に生活することができるようにする。
活動の流れ〔例〕	①　学校や自分の家のまわりにあるもののうち，自分のお気に入りの場所を発表する。 ②　みんなのお気に入りの場所を[5]にまとめ，町探検の計画を立てる。 ③　町探検に行く。 ④　探検して[6]したことや確かめたことなどを，絵や文にかいて発表したり展示したりする。

配慮事項	・事前に探検コースへ出向き，[7]な箇所がないか確認しておき，行動の際に注意させる。 ・店の人に話を聞く場合などには，事前に活動の趣旨などを説明し協力を依頼する。その際，相手の都合を十分に配慮する。 ・道路の歩き方，横断歩道の渡り方など[8]指導を行う。 ・決まったコース以外は歩かないことや，地域の人々への対応の仕方，緊急時の連絡方法など，探検する際の約束ごとを指導しておく。 ・他の教職員や保護者，地域の人々などの協力を得て，安全に十分配慮して活動する。

3 公園で遊ぼう

ねらい	○　公園に出かけ，遊具や自然に親しんだり，遊びを[1]したりしながら友達と楽しく遊ぶことができる。 ○　公共物や[2]はみんなのもの，みんなのために役立っているものであることに気付く。 ○　公園での[3]やマナーを身に付け，[4]利用できるようにする。
活動の流れ〔例〕	①　公園までの行き帰りの歩き方や公園内での遊び方についての約束ごとを児童と相談して決める。 ②　安全に気を付けて公園に出かける。 ③　遊具や施設を[4]利用しながら，友達と一緒に楽しく遊ぶ。 ④　安全に気を付けて学校に戻る。 ⑤　公園で遊んで楽しかったことや見つけたことなどを，絵や文をかいて発表したり展示したりする。
配慮事項	・事前に，公園までの交通安全や危険箇所，公園内の[5]性の確認をしておき，行動の際に注意させる。所要時間も確認しておく。 ・けがや事故にあった場合の対応や，緊急時の連絡態勢を整えておく。 ・遊び場を利用したり人と接したりする際の最低限のマナーを指導しておく。 ・他の教職員や保護者などの協力を得て，公園までの行き帰りや遊具，自然の様子などの[5]に十分配慮する。 ・遊びが見つけられない児童には，集団ゲームを提案したり，草花を使った遊びを紹介したりして，仲間や遊びを広げる手助けをする。

4 動物の飼育

ねらい	○　飼育活動を通して動物とじかに触れ合い，それらの[1]，変化や[2]の様子に興味・関心をもつことができるようにする。 ○　動物も自分たちと同じように[3]をもっていることや成長していることに気付き，動物への[4]をもち，大切にすることができるようにする。
配慮事項	・動物に対する[5]をもっている児童がいないか，事前に保護者に確認し，適切な対応をする。 ・動物に触ったり遊んだりした後は，必ず石けんで手を洗うよう指導する。 ・ウサギなどの小動物を飼育する場合は，地域の獣医師と連携し，病気や飼育についてのアドバイスを受けられるような態勢を作っておく。 ・生き物に触れない児童には，無理に触らせず，徐々に慣らしていくようにする。

●生き物の選定条件

・学校の飼育小屋や教室などで飼育が可能である。
・低学年の児童が自分たちで[6]に飼育ができる。
・成長のテンポが早く，低学年でもその[7]に気付くことができる。
・[8]の確保が容易である。

●ウサギの飼育

〈抱き方〉頭の後ろをもちながら首すじをしっかりとつかみ，もう一方の手で[9]を抱え込むようにする。そして，自分の胸から腹にウサギの足と腹部を密着させて抱く。

〈飼育方法〉・暑さや寒さに[10]ため，夏は風通しのよい涼しいところ，冬はすきま風が入らないようにして，日当たりのよい暖かいところで飼う。
・[11]に弱いため，小屋の床は，すのこなどを使って二重にしておく。
・地下にコンクリートや金網で囲いをし，穴を掘っても逃げられないようにする。
・飲み水を与える。
・夜に活動的になるため，夕方はえさを多めに与える。

〈留意点〉・水に濡れると病気になりやすいため，注意する。
・毎日の観察の際に，目やにや耳だれ，軟便などの異常がないか注意してみる。
・[12]同士は狭い空間に入れておくとけんかをするため，別々に飼育する。

5 植物の栽培

ねらい	○　草花と野菜の[1]や[2]を通して植物とじかに触れ合い，それらの育つ場所，変化や成長の様子に興味・関心をもつことができるようにする。 ○　植物も自分たちと同じように[3]をもっていることや成長していることに気付き，植物への親しみをもち，[4]にすることができるようにする。

児童への支援	・成長してから折れたり，芽が出てこなかったりした場合には，もう一度種をまいたり苗を植えたりする，友達同士で分け合うなどの解決ができるように児童に投げかける。また，教師側もあらかじめ種をまいておき，失敗した児童に対応できるよう準備しておく。 ・持続性の弱い児童に対しては，目のつきやすいところに植木鉢を置き，教師と一緒に楽しみながら水やりをしたり，グループ内で助け合って世話をするよう継続的に声がけをしたりする。

●春まき・秋まきに適した植物

	草　花	野　菜
春まき・春植え	5，6，7，8，コスモス，サルビア，ホウセンカ	12，13，14，オクラ，シシトウ，エダマメ，トウモロコシ，ピーマン，ラッカセイ
秋まき・秋植え	9，10，11，アネモネ，ヒヤシンス	15，16，アブラナ，エンドウ，ダイコン

【問】　上の表の空欄に適する植物を次から選べ。
アサガオ，イチゴ，オシロイバナ，キュウリ，スイセン，スイートピー，チューリップ，ナス，ニンジン，ヒマワリ，マリーゴールド，ミニトマト

【問】　種と双葉の絵を見て，植物の名前を答えよ。

17

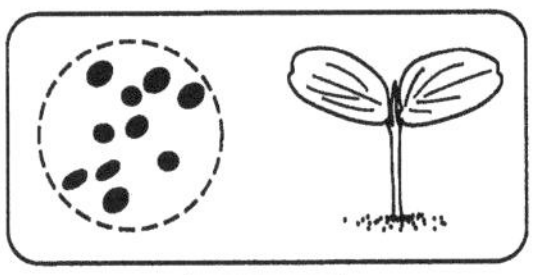
18

19

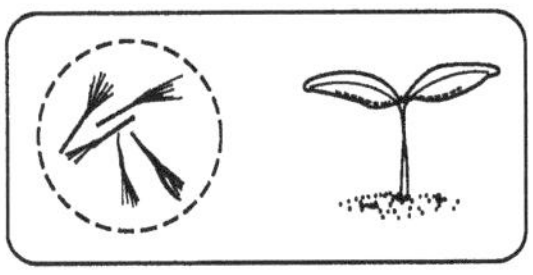
20

過去問に挑戦！

1　ウサギの飼育について，適切なものを次から2つ選び，記号で答えよ。
ア．ウサギは夜行性ではないので，子どもたちと日中十分に遊ばせてよい。
イ．ウサギが土に穴を掘って逃げるのを防ぐため，飼育小屋の床はコンクリートにするとよい。
ウ．雄同士は狭いところに入れておくとけんかをするので，別々に飼育する。
エ．ウサギを捕まえるときは，ウサギに蹴られるのを防ぐため，耳をつかんで捕まえる。
オ．ウサギは暑さにも，寒さにも強いので，日当たりの良い場所であれば1年中外で飼育することができる。
（新潟県　改題）

2　学校の畑で秋から育てる野菜として適切なものを，次から4つ選び，記号で答えよ。
a．シシトウ　b．ナス　c．コマツナ　d．キュウリ
e．ニンジン　f．ピーマン　g．ハクサイ　h．ダイコン
（高知県　改題）

6 音楽

●解答解説P269～P271

1 学習指導要領

重要度B

ここが要点

目標はもとより，各学年の内容まで細かな出題がある。しかし，弾力的な指導を意図した内容は，原則として2学年まとめたものとなっており，キーワードを押さえれば少ない労力で確実な得点ができる。また，指導計画の作成と内容の取扱いからも，例年，空欄補充などの形で出題があるため，何学年対象でどのような配慮事項があるか，しっかり整理しておこう。

1 教科目標・学年目標

教科目標

表現及び[1]の活動を通して，音楽的な見方・考え方を働かせ，生活や[2]の中の音や音楽と豊かに関わる[3]を次のとおり育成することを目指す。

(1) [4]と音楽の構造などとの関わりについて[5]するとともに，表したい音楽表現をするために必要な[6]を身に付けるようにする。

(2) 音楽表現を[7]することや，音楽を味わって聴くことができるようにする。

(3) 音楽活動の楽しさを[8]することを通して，音楽を[9]する心情と音楽に対する[10]を育むとともに，音楽に[11]態度を養い，豊かな[12]を培う。

学年目標

第1・2学年	(1) [4]と音楽の構造などとの関わりについて[13]とともに，音楽表現を楽しむために必要な歌唱，[14]，音楽づくりの[6]を身に付けるようにする。 (2) 音楽表現を考えて表現に対する思いをもつことや，曲や[15]の楽しさを見いだしながら音楽を味わって聴くことができるようにする。 (3) 楽しく音楽に関わり，[16]して音楽活動をする楽しさを感じながら，[17]の様々な音楽に[11]とともに，音楽経験を生かして生活を[18]潤いのあるものにしようとする態度を養う。
第3・4学年	(1) [4]と音楽の構造などとの関わりについて[13]とともに，表したい音楽表現をするために必要な歌唱，[14]，音楽づくりの[6]を身に付けるようにする。 (2) 音楽表現を考えて表現に対する思いや[19]をもつことや，曲や[15]のよさなどを見いだしながら音楽を味わって聴くことができるようにする。 (3) 進んで音楽に関わり，[16]して音楽活動をする楽しさを感じながら，様々な音楽に[11]とともに，音楽経験を生かして生活を[18]潤いのあるものにしようとする態度を養う。

第5・6学年	(1)　[4]と音楽の構造などとの関わりについて[5]するとともに，表したい音楽表現をするために必要な歌唱，[14]，音楽づくりの[6]を身に付けるようにする。 (2)　音楽表現を考えて表現に対する思いや[19]をもつことや，曲や[15]のよさなどを見いだしながら音楽を味わって聴くことができるようにする。 (3)　主体的に音楽に関わり，[16]して音楽活動をする楽しさを味わいながら，様々な音楽に[11]とともに，音楽経験を生かして生活を[18]潤いのあるものにしようとする態度を養う。

〈歌唱共通教材〉

	曲名	種別	作詞者・作曲者
第1学年	[1]	文部省唱歌	[2]作詞・井上武士《いのうえたけし》作曲
	かたつむり	文部省唱歌	
	日のまる	文部省唱歌	高野辰之《たかのたつゆき》作詞・[3]作曲
	[4]	わらべうた	
第2学年	かくれんぼ	文部省唱歌	[2]作詞・下総皖一《しもふさかんいち》作曲
	[5]	文部省唱歌	高野辰之作詞・[3]作曲
	虫のこえ	文部省唱歌	
	[6]		中村《なかむら》雨紅《うこう》作詞・草川信《くさかわしん》作曲
第3学年	うさぎ	日本古謡	
	茶つみ	文部省唱歌	
	[7]	文部省唱歌	高野辰之作詞・[3]作曲
	[8]	文部省唱歌	巌谷《いわや》小波《さざなみ》作詞
第4学年	さくらさくら	日本古謡	
	とんび		葛原《くずはら》しげる作詞・梁田《やなだ》貞《ただし》作曲
	[9]	文部省唱歌	船橋栄吉《ふなばしえいきち》作曲
	[10]	文部省唱歌	高野辰之作詞・[3]作曲
第5学年	こいのぼり	文部省唱歌	
	[11]	日本古謡	
	スキーの歌	文部省唱歌	[2]作詞・[12]作曲
	冬げしき	文部省唱歌	
第6学年	[13] （歌詞は第2節まで）	日本古謡	慈鎮《じちん》和尚作歌
	おぼろ月夜	文部省唱歌	高野辰之作詞・[3]作曲
	[14]	文部省唱歌	高野辰之作詞・[3]作曲
	われは海の子 （歌詞は第3節まで）	文部省唱歌	

2 各学年の内容・内容の取扱い

A 表現

第1学年及び第2学年	第3学年及び第4学年	第5学年及び第6学年
(1) 歌唱の活動を通して，次の事項を身に付けることができるよう指導する。		
ア　歌唱表現についての知識や技能を得たり生かしたりしながら，[1]を感じ取って表現を工夫し，どのように歌うかについて思いをもつこと。	ア　歌唱表現についての知識や技能を得たり生かしたりしながら，曲の特徴を捉えた表現を工夫し，どのように歌うかについて思いや意図をもつこと。	ア　歌唱表現についての知識や技能を得たり生かしたりしながら，曲の特徴にふさわしい表現を工夫し，どのように歌うかについて思いや意図をもつこと。
イ　[1]と音楽の構造との関わり，[1]と歌詞の表す[2]や気持ちとの関わりについて気付くこと。	イ　[1]と音楽の構造や歌詞の内容との関わりについて気付くこと。	イ　[1]と音楽の構造や歌詞の内容との関わりについて理解すること。
ウ　思いに合った表現をするために必要な次の(ア)から(ウ)までの技能を身に付けること。	ウ　思いや意図に合った表現をするために必要な次の(ア)から(ウ)までの技能を身に付けること。	ウ　思いや意図に合った表現をするために必要な次の(ア)から(ウ)までの技能を身に付けること。
(ア)　範唱を聴いて歌ったり，[3]で模唱したり暗唱したりする技能	(ア)　範唱を聴いたり，[4]の楽譜を見たりして歌う技能	(ア)　範唱を聴いたり，[7]の楽譜を見たりして歌う技能
(イ)　自分の歌声及び発音に気を付けて歌う技能	(イ)　[5]及び発音の仕方に気を付けて，自然で無理のない歌い方で歌う技能	(イ)　[5]及び発音の仕方に気を付けて，自然で無理のない，響きのある歌い方で歌う技能
(ウ)　互いの歌声や伴奏を聴いて，声を合わせて歌う技能	(ウ)　互いの歌声や[6]な旋律，伴奏を聴いて，声を合わせて歌う技能	(ウ)　各声部の歌声や[8]，伴奏を聴いて，声を合わせて歌う技能
(2) 器楽の活動を通して，次の事項を身に付けることができるよう指導する。		
ア　器楽表現についての知識や技能を得たり生かしたりしながら，[1]を感じ取って表現を工夫し，どのように演奏するかについて思いをもつこと。	ア　器楽表現についての知識や技能を得たり生かしたりしながら，曲の特徴を捉えた表現を工夫し，どのように演奏するかについて思いや意図をもつこと。	ア　器楽表現についての知識や技能を得たり生かしたりしながら，曲の特徴にふさわしい表現を工夫し，どのように演奏するかについて思いや意図をもつこと。

イ　次の(ア)及び(イ)について気付くこと。 (ア)　[1]と音楽の構造との関わり (イ)　楽器の音色と演奏の仕方との関わり	イ　次の(ア)及び(イ)について気付くこと。 (ア)　[1]と音楽の構造との関わり (イ)　楽器の音色や響きと演奏の仕方との関わり	イ　次の(ア)及び(イ)について理解すること。 (ア)　[1]と音楽の構造との関わり (イ)　多様な楽器の音色や響きと演奏の仕方との関わり
ウ　思いに合った表現をするために必要な次の(ア)から(ウ)までの技能を身に付けること。 (ア)　範奏を聴いたり，[9]などを見たりして演奏する技能 (イ)　音色に気を付けて，旋律楽器及び[10]を演奏する技能 (ウ)　互いの楽器の音や伴奏を聴いて，音を合わせて演奏する技能	ウ　思いや意図に合った表現をするために必要な次の(ア)から(ウ)までの技能を身に付けること。 (ア)　範奏を聴いたり，[4]の楽譜を見たりして演奏する技能 (イ)　音色や響きに気を付けて，旋律楽器及び[10]を演奏する技能 (ウ)　互いの楽器の音や[6]な旋律，伴奏を聴いて，音を合わせて演奏する技能	ウ　思いや意図に合った表現をするために必要な次の(ア)から(ウ)までの技能を身に付けること。 (ア)　範奏を聴いたり，[7]の楽譜を見たりして演奏する技能 (イ)　音色や響きに気を付けて，旋律楽器及び[10]を演奏する技能 (ウ)　各声部の楽器の音や[8]，伴奏を聴いて，音を合わせて演奏する技能
(3)　音楽づくりの活動を通して，次の事項を身に付けることができるよう指導する。		
ア　音楽づくりについての知識や技能を得たり生かしたりしながら，次の(ア)及び(イ)をできるようにすること。 (ア)　[11]を通して，音楽づくりの発想を得ること。 (イ)　どのように音を音楽にしていくかについて思いをもつこと。	ア　音楽づくりについての知識や技能を得たり生かしたりしながら，次の(ア)及び(イ)をできるようにすること。 (ア)　[13]に表現することを通して，音楽づくりの発想を得ること。 (イ)　音を音楽へと構成することを通して，どのように[15]を意識した音楽をつくるかについて思いや意図をもつこと。	ア　音楽づくりについての知識や技能を得たり生かしたりしながら，次の(ア)及び(イ)をできるようにすること。 (ア)　[13]に表現することを通して，音楽づくりの様々な発想を得ること。 (イ)　音を音楽へと構成することを通して，どのように全体の[15]を意識した音楽をつくるかについて思いや意図をもつこと。
イ　次の(ア)及び(イ)について，それらが生み出す面白さなどと関わらせて気付くこと。	イ　次の(ア)及び(イ)について，それらが生み出すよさや面白さなどと関わらせて気付くこと。	イ　次の(ア)及び(イ)について，それらが生み出すよさや面白さなどと関わらせて理解すること。

(ア) 声や身の回りの様々な音の特徴	(ア) いろいろな音の響きやそれらの[16]の特徴	(ア) いろいろな音の響きやそれらの[16]の特徴
(イ) 音や[12]のつなげ方の特徴	(イ) 音や[12]のつなげ方や重ね方の特徴	(イ) 音や[12]のつなげ方や重ね方の特徴
ウ 発想を生かした表現や，思いに合った表現をするために必要な次の(ア)及び(イ)の技能を身に付けること。	ウ 発想を生かした表現や，思いや意図に合った表現をするために必要な次の(ア)及び(イ)の技能を身に付けること。	ウ 発想を生かした表現や，思いや意図に合った表現をするために必要な次の(ア)及び(イ)の技能を身に付けること。
(ア) 設定した条件に基づいて，[13]に音を選んだりつなげたりして表現する技能	(ア) 設定した条件に基づいて，[13]に音を選択したり組み合わせたりして表現する技能	(ア) 設定した条件に基づいて，[13]に音を選択したり組み合わせたりして表現する技能
(イ) 音楽の[14]を用いて，簡単な音楽をつくる技能	(イ) 音楽の[14]を用いて，音楽をつくる技能	(イ) 音楽の[14]を用いて，音楽をつくる技能

B　鑑賞

第1学年及び第2学年	第3学年及び第4学年	第5学年及び第6学年
(1)　鑑賞の活動を通して，次の事項を身に付けることができるよう指導する。		
ア　鑑賞についての知識を得たり生かしたりしながら，曲や演奏の[1]を見いだし，[2]を味わって聴くこと。 イ　曲想と音楽の構造との関わりについて気付くこと。	ア　鑑賞についての知識を得たり生かしたりしながら，曲や演奏の[3]などを見いだし，[2]を味わって聴くこと。 イ　曲想及びその[4]と，音楽の構造との関わりについて気付くこと。	ア　鑑賞についての知識を得たり生かしたりしながら，曲や演奏の[3]などを見いだし，[2]を味わって聴くこと。 イ　曲想及びその[4]と，音楽の構造との関わりについて理解すること。
○　鑑賞教材は次に示すものを取り扱う。		
ア　我が国及び諸外国の[5]や遊びうた，[6]や踊りの音楽など体を動かすことの[7]を感じ取りやすい音楽，日常の生活に関連して情景を思い浮かべやすい音楽など，いろいろな種類の曲 イ　音楽を形づくっている要素の働きを感じ取りやすく，[8]曲 ウ　楽器の音色や人の声の[9]を捉えやすく[8]，いろいろな演奏形態による曲	ア　和楽器の音楽を含めた我が国の音楽，[10]，諸外国に伝わる民謡など生活との関わりを捉えやすい音楽，[11]，人々に長く親しまれている音楽など，いろいろな種類の曲 イ　音楽を形づくっている要素の働きを感じ取りやすく，聴く[1]を得やすい曲 ウ　楽器や人の声による演奏表現の違いを聴き取りやすい，[12]，重奏，独唱，重唱を含めたいろいろな演奏形態による曲	ア　和楽器の音楽を含めた我が国の音楽や諸外国の音楽など[13]との関わりを捉えやすい音楽，人々に長く親しまれている音楽など，いろいろな種類の曲 イ　音楽を形づくっている要素の働きを感じ取りやすく，聴く[14]を深めやすい曲 ウ　楽器の音や人の声が重なり合う[15]を味わうことができる，合奏，合唱を含めたいろいろな演奏形態による曲

〔共通事項〕

第1学年及び第2学年	第3学年及び第4学年	第5学年及び第6学年
(1)　「Ａ表現」及び「Ｂ鑑賞」の指導を通して，次の事項を身に付けることができるよう指導する。		
ア　音楽を形づくっている[1]を聴き取り，それらの[2]が生み出すよさや[3]，[4]を感じ取りながら，聴き取ったことと感じ取ったこととの[5]について考えること。		
イ　音楽を形づくっている[1]及びそれらに関わる身近な音符，[6]，記号や[7]について，音楽における[2]と関わらせて理解すること。	イ　音楽を形づくっている[1]及びそれらに関わる音符，[6]，記号や[7]について，音楽における[2]と関わらせて理解すること。	

3 指導計画の作成と内容の取扱い

1 指導計画の作成に当たっては，次の事項に配慮するものとする。

(1) 題材など内容や時間のまとまりを見通して，その中で育む[1]の育成に向けて，児童の[2]で深い学びの実現を図るようにすること。その際，音楽的な見方・考え方を働かせ，他者と協働しながら，[3]を生み出したり音楽を聴いてそのよさなどを見いだしたりするなど，思考，判断し，表現する[4]を大切にした学習の充実を図ること。

(2) 第2の各学年の内容の「A表現」の(1)，(2)及び(3)の指導については，ア，イ及びウの各事項を，「B鑑賞」の(1)の指導については，ア及びイの各事項を適切に関連させて指導すること。

(3) 第2の各学年の内容の〔共通事項〕は，表現及び鑑賞の学習において共通に必要となる[1]であり，「A表現」及び「B鑑賞」の指導と併せて，十分な指導が行われるよう工夫すること。

(4) 第2の各学年の内容の「A表現」の(1)，(2)及び(3)並びに「B鑑賞」の(1)の指導については，適宜，〔共通事項〕を要として各領域や分野の関連を図るようにすること。

(5) 国歌「君が代」は，いずれの学年においても[5]指導すること。

(6) 低学年においては，第1章総則の第2の4の(1)を踏まえ，他教科等との関連を[6]に図り，指導の効果を高めるようにするとともに，[7]等に示す幼児期の終わりまでに育ってほしい姿との関連を考慮すること。特に，小学校入学当初においては，[8]を中心とした合科的・関連的な指導や，弾力的な[9]の設定を行うなどの工夫をすること。

(7) 障害のある児童などについては，学習活動を行う場合に生じる困難さに応じた指導内容や指導方法の工夫を計画的，組織的に行うこと。

(8) 第1章総則の第1の2の(2)に示す道徳教育の目標に基づき，[10]などとの関連を考慮しながら，第3章特別の教科道徳の第2に示す内容について，音楽科の[11]に応じて適切な指導をすること。

2 第2の内容の取扱いについては，次の事項に配慮するものとする。

(1) 各学年の「A表現」及び「B鑑賞」の指導に当たっては，次のとおり取り扱うこと。

ア 音楽によって喚起された[12]や感情，[3]に対する思いや意図，音楽を聴いて感じ取ったことや想像したことなどを伝え合い共感するなど，音や音楽及び言葉による[13]を図り，音楽科の[11]に応じた言語活動を適切に位置付けられるよう指導を工夫すること。

イ 音楽との[14]を味わい，[15]を働かせて音楽と関わることができるよう，指導のねらいに即して[16]を取り入れること。

ウ 児童が様々な感覚を働かせて音楽への理解を深めたり，主体的に学習に取り組んだりすることができるようにするため，コンピュータや教育機器を効果的に[17]できるよう指導を工夫すること。

エ 児童が学校内及び[18]などの学校外における音楽活動とのつながりを意識できるようにするなど，児童や学校，地域の実態に応じ，生活や[19]の中の音や音楽と主体的に関わっていくことができるよう配慮すること。

オ 表現したり鑑賞したりする多くの曲について，それらを創作した[20]がいることに気付き，学習した曲や自分たちのつくった曲を大切にする態度を養うようにするとともに，それらの[20]の創造性を[21]する意識をもてるようにすること。また，このことが，[22]の継承，発展，創造を支えていることについて理解する素地となるよう配慮すること。

(2) 和音の指導に当たっては，合唱や合奏などの活動を通して和音のもつ[23]を感じ取ることができるようにすること。また，長調及び短調の曲においては，Ⅰ，Ⅳ，Ⅴ及び[24]などの和音を中心に指導すること。

(3) 我が国や郷土の音楽の指導に当たっては，そのよさなどを感じ取って表現したり鑑賞したりできるよう，[25]や楽譜等の示し方，伴奏の仕方，曲に合った歌い方や楽器の演奏の仕方などの指導方法を工夫すること。

(4) 各学年の「A表現」の(1)の歌唱の指導に当たっては，次のとおり取り扱うこと。

ア　歌唱教材については，我が国や郷土の音楽に愛着がもてるよう，共通教材のほか，長い間親しまれてきた[26]，それぞれの地方に伝承されているわらべうたや[27]など日本のうたを含めて取り上げるようにすること。

イ　[28]な音程感覚を育てるために，適宜，[29]を用いること。

ウ　変声以前から自分の声の特徴に関心をもたせるとともに，[30]の児童に対して適切に配慮すること。

(5) 各学年の「A表現」の(2)の楽器については，次のとおり取り扱うこと。

ア　各学年で取り上げる打楽器は，木琴，鉄琴，和楽器，[31]に伝わる様々な楽器を含めて，演奏の効果，児童や学校の実態を考慮して選択すること。

イ　第1学年及び第2学年で取り上げる旋律楽器は，オルガン，[32]などの中から児童や学校の実態を考慮して選択すること。

ウ　第3学年及び第4学年で取り上げる旋律楽器は，既習の楽器を含めて，[33]や鍵盤楽器，和楽器などの中から児童や学校の実態を考慮して選択すること。

エ　第5学年及び第6学年で取り上げる旋律楽器は，既習の楽器を含めて，電子楽器，和楽器，[31]に伝わる楽器などの中から児童や学校の実態を考慮して選択すること。

オ　合奏で扱う楽器については，各声部の[34]を生かした演奏ができるよう，楽器の[35]を生かして選択すること。

(6) 各学年の「A表現」の(3)の音楽づくりの指導に当たっては，次のとおり取り扱うこと。

ア　[36]や即興的な表現では，身近なものから多様な音を探したり，リズムや旋律を[37]したりして，音楽づくりのための発想を得ることができるよう指導すること。その際，適切な[38]を設定するなど，児童が無理なく音を選択したり組み合わせたりすることができるよう指導を工夫すること。

イ　どのような音楽を，どのようにしてつくるかなどについて，児童の実態に応じて[39]を示しながら指導するなど，見通しをもって音楽づくりの活動ができるよう指導を工夫すること。

ウ　つくった音楽については，指導のねらいに即し，必要に応じて作品を[40]させること。作品を[40]する方法については，図や絵によるもの，[41]など柔軟に指導すること。

エ　拍のないリズム，我が国の音楽に使われている音階や[42]にとらわれない音階などを児童の実態に応じて取り上げるようにすること。

(7) 各学年の「B鑑賞」の指導に当たっては，[43]などで表す活動を取り入れ，曲想と音楽の構造との関わりについて気付いたり理解したり，曲や演奏の楽しさやよさなどを見いだしたりすることができるよう指導を工夫すること。

(8) 各学年の〔共通事項〕に示す「音楽を形づくっている要素」については，児童の[44]や指導のねらいに応じて，次のア及びイから適切に選択したり関連付けたりして指導すること。

ア　音楽を特徴付けている要素

音色，[45]，速度，旋律，強弱，音の重なり，和音の響き，音階，調，拍，[46]など

イ　音楽の仕組み

反復，呼びかけとこたえ，変化，音楽の[47]との関係など

(9)　各学年の〔共通事項〕の(1)のイに示す「音符，休符，記号や用語」については，児童の[48]を考慮して，次に示すものを音楽における働きと関わらせて理解し，[17]できるよう取り扱うこと。

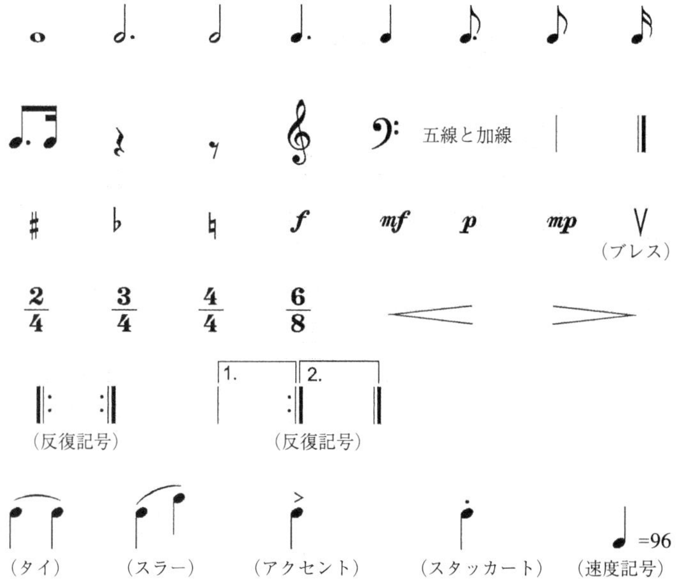

2 音楽一般

重要度B

ここが要点

歌唱共通教材の他，鑑賞教材にも関連した出題が多い分野だが，西洋の音楽と日本の音楽は純粋に知識を問う問題も出題されている。また，楽曲の種類，世界の諸民族の音楽など，小学校の教科書ではなじみのうすい部分からの出題もあるため，全般的な学習が望ましい。音楽を聴いて耳から覚えるなど，工夫して学習に取り組もう。

1 楽典

(1) 音符・休符・記号・和音・音程

(2) **音名と階名**（移動ド唱法）

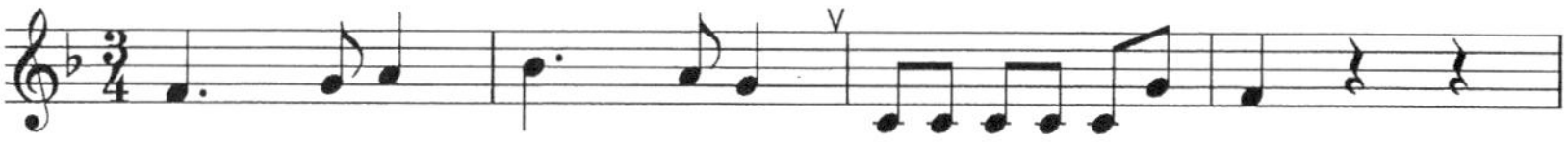

音名 23

階名 24

(3) **拍子**

$\frac{4}{4}$（4分の4拍子）＝ 25 音符を1拍として，1小節に 26 拍ある拍子。

$\frac{6}{8}$（8分の6拍子）＝ 27 音符を1拍として，1小節に 28 拍ある拍子。

(4) **音階と調**

ハ長調

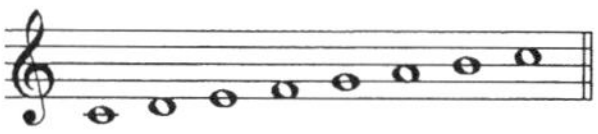

イ短調

29 調

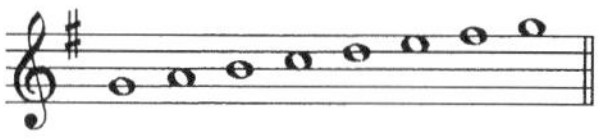

30 調

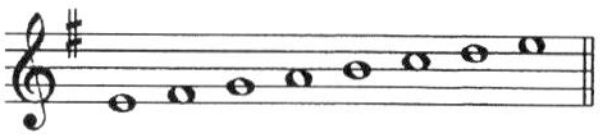

31 調

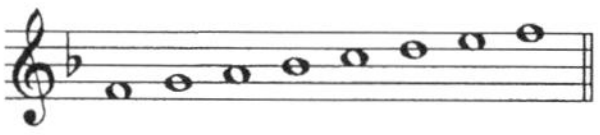

32 調

(5) **移調**

ハ長調

↓

ニ長調（調号を用いて長2度上）に移調

33

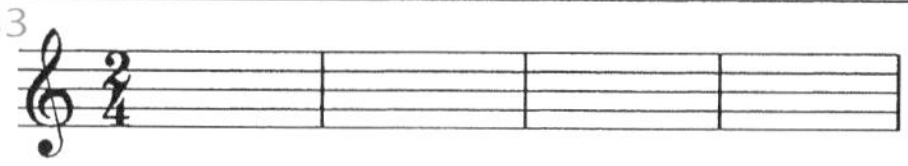

(6) **和音（主要三和音と属七の和音）**

ハ長調

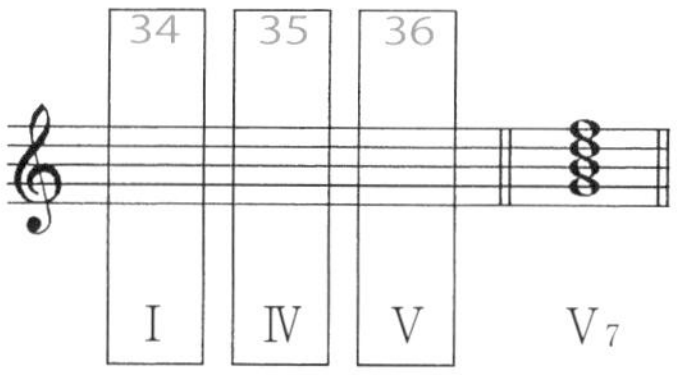

イ短調

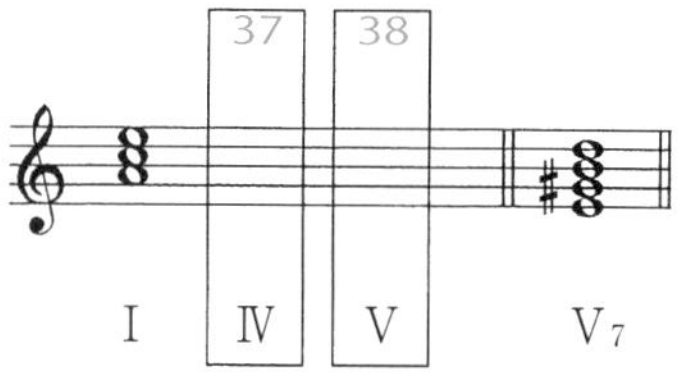

(7) **コードネーム**

C　39　40　41　42　43　44　E_7　45

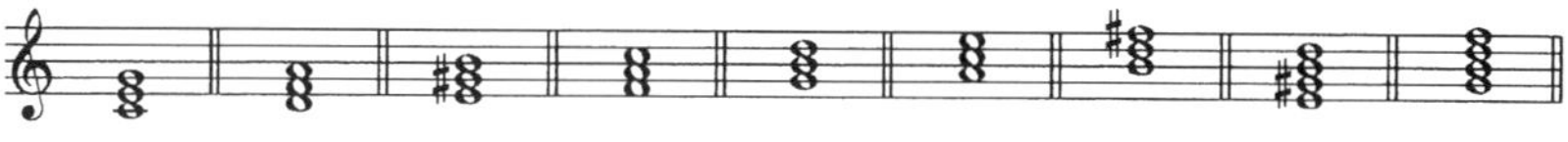

(8) **主要音楽用語**（(読み方)と意味）

♯	(46) 47	♭	(48) 49	♮	(50) 51
pp	(52) 53	***p***	(54) 55	***mp***	(56) 57
mf	(58) 59	***f***	(60) 61	***ff***	(62) 63

cresc.	(64) 65	*decresc.*	(66) 67
dim.	(68) 69	**Largo**	(70) 71
Adagio	(72) 73	**Andante**	(74) 75
Moderato	(76) 77	**Allegretto**	(78) 79
Allegro	(80) 81	**Presto**	(82) 83
ritardando (*rit.*)	(84) 85	*a tempo*	(86) 87
	(88) 89		(90) 91
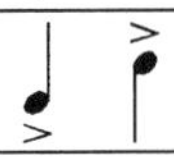	(92) 93		(94) 95
	(96) 97		(98) 99
	(100) 101	*D.C.*	(102) 103
D.S.	(104) 105	*Fine*	(106) 107
𝄌	(108) 109	**Coda**	(110) 111

2 西洋音楽の楽曲の種類と演奏形態

(1) 西洋音楽の楽曲（器楽曲）の種類

[1]	ソナタ形式の楽章をもつ多楽章からなる管弦楽曲。
[2]	ソナタ形式の楽章をもつ独奏楽器と管弦楽のための曲。
交響詩	単一楽章の管弦楽曲で標題音楽の一種。自然や文学的な内容などを自由な形で描く音楽。
ソナタ	ソナタ形式の楽章をもつ多楽章からなる独奏楽器のための曲。
序曲	歌劇《オペラ》や組曲などの冒頭に演奏する管弦楽曲。演奏会用として独立した作品もある。
前奏曲《プレリュード》	序曲とほぼ同じ。他の楽曲へ導入的役割をする器楽曲，及び独立した楽曲。管弦楽のほか，独奏曲も多く，形式も比較的自由。
[3]	演奏技術を高め，表現力をみがくことを目的として書かれた曲。
[4]	歌曲のような様式をもつロマン派のピアノ曲。
[5]	物語的な内容と叙事的，英雄的，民族的な色彩をもつ曲。
トッカータ	即興的な部分をもつ鍵盤楽器のための曲。

(2) 演奏形態

① 器楽曲

▼管弦楽の楽器

管楽器	木管楽器	[6]，[7]，[8]，[9]，[10]，ファゴット，サクソフォーン　など
	金管楽器	[11]，[12]，[13]，チューバ　など
弦楽器		[14]，[15]，[16]，[17]，ハープ　など
打楽器		大太鼓，小太鼓，[18]，[19]，[20]　など
鍵盤楽器		パイプオルガン，チェンバロ，ピアノ　など

▼演奏形態

独奏		一人で楽器を演奏すること。
重奏	[21]	ピアノ・第1バイオリン・第2バイオリン・ビオラ・チェロ （※ピアノ・バイオリン・ビオラ・チェロ・コントラバスの編成もある。）
	弦楽四重奏	第1バイオリン・第2バイオリン・[22]・[23]が一般的
合奏	管弦楽《オーケストラ》	管楽器・弦楽器・打楽器の合奏
	吹奏楽《ブラスバンド》	管楽器・打楽器の合奏

② 声楽曲

▼パート

女声	[24]	（高）
	メッゾ・ソプラノ	↑
	[25]	
男声	[26]	
	バリトン	↓
	バス	（低）

▼演奏形態

独唱	一つのふしを一人で歌う。
[27]	一つのふしを二人以上で歌う。
重唱	複数のふしをそれぞれ一人ずつで歌う。
合唱	複数のふしをそれぞれ二人以上で歌う。 ※混声四部合唱：[28]・[29]・[30]・バス
[31]	無伴奏の合唱及び合唱曲。

3 世界の民族楽器

(1) **世界の諸民族の楽器**

[1]	コンガ，ボンゴ，ケーナ
[2]	アルプホルン，バグパイプ，バラライカ
[3]	伽倻琴《カヤグム》，二胡（アルフー），馬頭琴（モリンホール），シタール，トガトン

【語群】アジア，ヨーロッパ，ラテン・アメリカ

(2) **日本の伝統楽器**

[4]	16世紀頃に中国から沖縄経由で日本に伝えられ，江戸時代に完成した。3本の弦は，それぞれ太さが異なり，撥で音を出す。本調子，二上がり，三下がりといった調弦法がある。
[5]	奈良時代に中国から日本に伝えられた。胴に13本の弦を張り，柱《じ》とよばれる駒を動かして音の高さを調節する。平調子，雲井調子といった演奏法がある。
[6]	奈良時代頃に中国から朝鮮半島経由で日本に伝えられた。一尺八寸（約54.5cm），5孔（表4孔，裏1孔）のものが最もよく用いられる。
[7]	歌舞伎の長唄囃子《はやし》や民俗芸能などに幅広く用いられている。

【語群】箏，篠笛，尺八，三味線

4 西洋の音楽と日本の音楽

(1) 西洋の音楽（主な音楽家と作品）

バロック	[1] （イタリア）	合奏協奏曲集『和声と創意の試み』より第1集「四季」	
	[2] （ドイツ）	オルガン曲「小フーガ ト短調」，宗教曲「マタイ受難曲」，ブランデンブルク協奏曲	音楽の父
	[3] （ドイツ→イギリス）	管弦楽組曲「水上の音楽」「王宮の花火の音楽」，オラトリオ「救世主《メサイア》」	音楽の母
[4]派	[5] （オーストリア）	交響曲第94番「驚愕」第101番「時計」，オラトリオ「天地創造」	交響曲の父 古典派音楽の父
	[6] （オーストリア）	オペラ「フィガロの結婚」「魔笛」，交響曲第41番「ジュピター」，セレナード「アイネ・クライネ・ナハトムジーク」，ピアノ曲「トルコ行進曲」	神童
	[7] （ドイツ）	交響曲第5番（「運命」）第6番「田園」第9番「合唱付き」，ピアノソナタ「悲愴」「月光」「熱情」，ピアノ曲「エリーゼのために」	楽聖
[8]派	ウェーバー （ドイツ）	オペラ「魔弾の射手」，ピアノ曲「舞踏への勧誘」	
	[9] （オーストリア）	歌曲「魔王」，連作歌曲集「冬の旅」，交響曲第7（8）番「未完成」	歌曲の王
	ベルリオーズ （フランス）	幻想交響曲，劇的物語「ファウストの劫罰」	
	[10] （ドイツ）	バイオリン協奏曲 ホ短調，序曲「フィンガルの洞窟」，ピアノ曲「無言歌集」，劇の付随音楽「真夏の夜の夢」，歌曲「歌の翼に」	
	[11] （ポーランド）	ピアノ曲「小犬のワルツ」「英雄ポロネーズ」，ピアノ練習曲集より「別れの曲」「革命」	ピアノの詩人
	リスト （ハンガリー→ドイツ）	交響詩「前奏曲」，ピアノ曲「ラ・カンパネラ」，ピアノ曲集「ハンガリー狂詩曲」	ピアノの魔術師
	[12] （ドイツ）	楽劇「トリスタンとイゾルデ」「ニーベルングの指環」，オペラ「タンホイザー」	
	[13] （チェコ）	連作交響詩『我が祖国』より第2曲「モルダウ（ブルタバ）」	国民楽派

8 派	14 （オーストリア）	ワルツ「美しく青きドナウ」，オペレッタ「こうもり」，ポルカ「トリッチ・トラッチ・ポルカ」	ワルツの王
	15 （ドイツ）	交響曲第1番，ピアノ4手用曲「ハンガリー舞曲集」より第5番，歌曲「子もり歌」	
	16 （フランス）	オペラ「カルメン」	
	17 （ロシア）	交響詩「禿山の一夜」，ピアノ組曲「展覧会の絵」	国民楽派 ロシア五人組
	18 （ロシア）	バレエ音楽「眠りの森の美女」「くるみ割り人形」「白鳥の湖」，交響曲第6番「悲愴」	
	19 （チェコ）	交響曲第9番「新世界より」，弦楽四重奏曲第12番「アメリカ」	国民楽派
	20 （ノルウェー）	管弦楽組曲「ペール・ギュント」，ノルウェー舞曲，ピアノ協奏曲イ短調	国民楽派 ノルウェー国民楽派の父
	マーラー （オーストリア）	交響曲第1番「巨人」第8番「一千人の交響曲」	
	21 （フィンランド）	交響詩「フィンランディア」	国民楽派
近代・現代	22 （フランス）	管弦楽曲「牧神の午後への前奏曲」，交響詩「海」，ピアノ曲「ベルガマスク組曲」，ピアノ曲集「子どもの領分」	印象派
	23 （イギリス）	管弦楽組曲『惑星』より第4曲「木星」	
	シェーンベルク （オーストリア→アメリカ）	ピアノのための組曲，連作歌曲「月に憑かれたピエロ」	
	24 （フランス）	管弦楽組曲「ボレロ」，ピアノ曲「水の戯れ」，バレエ音楽「ダフニスとクロエ」	管弦楽の魔術師
	ストラビンスキー （ロシア→アメリカ）	バレエ音楽「火の鳥」「ペトルーシュカ」「春の祭典」	
	25 （ロシア）	交響的物語「ピーターと狼」，バレエ音楽「ロメオとジュリエット」	
	ガーシュイン （アメリカ）	管弦楽曲「ラプソディ・イン・ブルー」，オペラ「ポーギーとベス」	

(2)　日本の音楽（主な音楽家と作品）

八橋検校	福島県（？）	段物「みだれ」，箏曲「六段の調」
26	東京都	唱歌「鳩ぽっぽ」「お正月」，歌曲「荒城の月」
27	東京都	歌曲「からたちの花」「赤とんぼ」「ペチカ」「この道」「待ちぼうけ」
宮城道雄	兵庫県	箏十七弦による三重奏曲「さくら変奏曲」

3 表現―歌唱・器楽―

重要度B

ここが要点　音楽に関する出題の中心となる部分であり，全曲にわたって詳しい知識が求められる。単なる知識で対応できる作詞者名や作曲者名，指導学年の他，指導のポイントなど実践的問題がみられるようになってきた。本書の内容を頭に入れ，教室での指導をイメージして学習しよう。

1 歌唱共通教材

☆：文部省唱歌

	冒　頭	「曲名」・作詞者名・作曲者名 及び楽曲について
第1学年	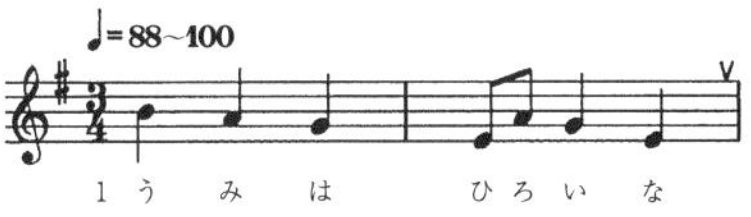	「［1］」☆ 林柳波作詞・井上武士作曲 ト長調，一部形式
第1学年		「かたつむり」☆ ハ長調，変則的一部形式
第1学年		「日のまる」☆ ［2］作詞・岡野貞一作曲 ヘ長調
第1学年		「ひらいたひらいた」・［3］うた 日本音階
第2学年		「かくれんぼ」☆ 林柳波作詞・下総皖一作曲 日本音階
第2学年		「［4］」☆ 高野辰之作詞・［5］作曲 ハ長調，一部形式
第2学年	［6］ 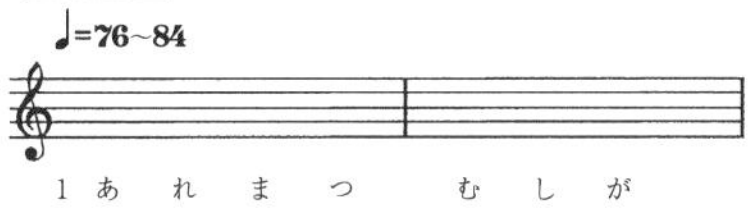	「虫のこえ」☆ ハ長調
第2学年		「夕やけこやけ」 中村雨紅作詞・［7］作曲 ハ長調，二部形式

ポイント・アドバイス

共通教材の楽譜は全曲，最後まで記されているものを入手し，途中の旋律・和音なども見ておこう。特に，冒頭が示された楽譜の続きを書くような問題も出題される。

	冒　頭	「曲名」・作詞者名・作曲者名 及び楽曲について
第3学年		「8」・日本古謡 陰音階
		「9」☆ 10調，弱起の曲
	11 	「春の小川」☆ 高野辰之作詞・岡野貞一作曲 12調，二部形式
		「13」☆ 巌谷小波作詞 ハ長調，二部形式
第4学年		「14」・日本古謡 陰音階
	15 	「とんび」 16作詞・梁田貞作曲 ハ長調，17形式
		「18」☆ 船橋栄吉作曲 ハ長調，自由形式
		「19」☆ 高野辰之作詞・岡野貞一作曲 20調，21形式

<table>
<tr><th></th><th>冒　頭</th><th colspan="1">「曲名」・作詞者名・作曲者名
及び楽曲について</th></tr>
<tr><td rowspan="4">第5学年</td><td>22

</td><td>「こいのぼり」☆
ヘ長調，二部形式</td></tr>
<tr><td>
</td><td>「 23 」・日本古謡
24 音階</td></tr>
<tr><td>
</td><td>「スキーの歌」☆
林柳波作詞・橋本国彦作曲
ト長調，変則的 25 形式＋コーダ（3小節）</td></tr>
<tr><td>26
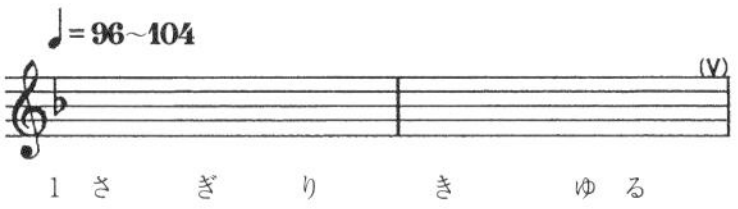
</td><td>「冬げしき」☆
27 調，二部形式</td></tr>
<tr><td rowspan="4">第6学年</td><td>
</td><td>「 28 」・日本古謡
慈鎮和尚作歌
雅楽の律音階</td></tr>
<tr><td>29
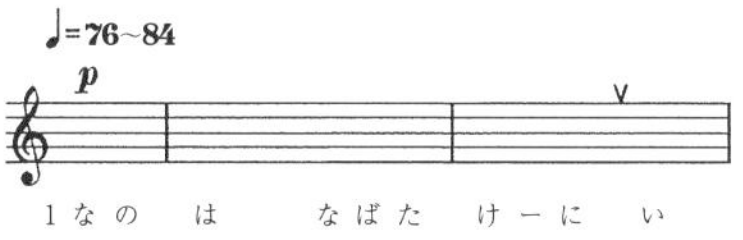
</td><td>「おぼろ月夜」☆
30 作詞・ 31 作曲
ハ長調，二部形式， 32 起の曲</td></tr>
<tr><td>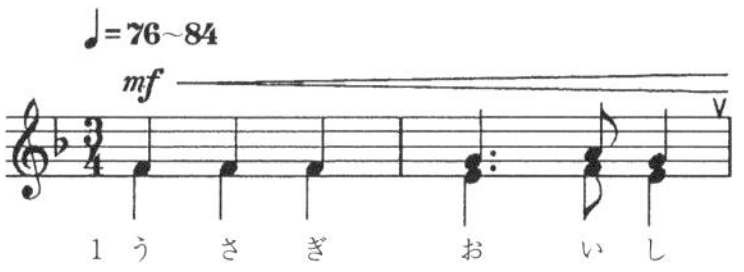
</td><td>「ふるさと」☆
高野辰之作詞・岡野貞一作曲
33 調，二部形式</td></tr>
<tr><td>34
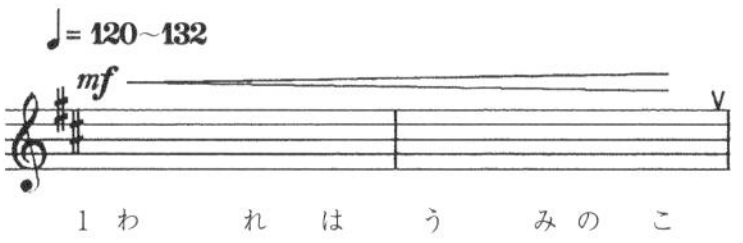
</td><td>「われは海の子」☆
35 調，二部形式</td></tr>
</table>

2 リコーダー

(1) **種類**

小学校で用いられるのは，一般的に[1]であるが，高学年からアルトリコーダーを導入する場合もみられる。その他に，[2]，[3]などのリコーダーがある。

〈参考〉まぎらわしい運指

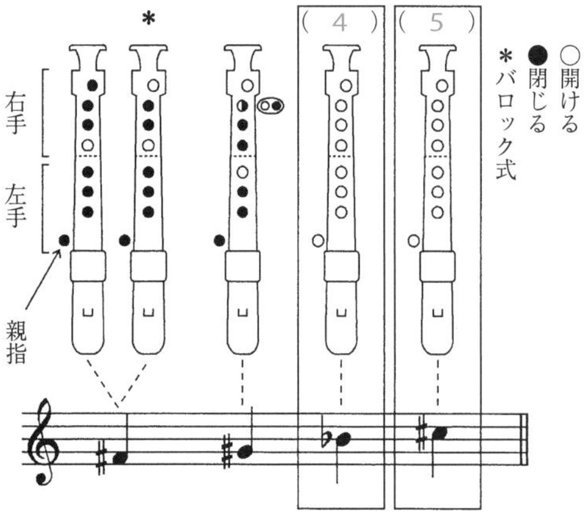

(2) **形式**

運指法によって，バロック式(イギリス式)とジャーマン式(ドイツ式)がある。構造にやや違いがあり，運指も音によって異なる。外見では，第4穴が小さい方がバロック式，第5穴が小さい方がジャーマン式である。

(3) **奏法**

① [6]：音を出したり止めたりするための舌の動きのこと。

② [7]：サムホール(裏穴)にわずかな隙間をつくることにより，高音を奏する運指のこと。

③ 吹き方：穴を閉じる指には力を入れずに柔らかくしてトーンホール(指穴)にあてる。
[8]音は，静かで緩やかな息で吹き，[9]音は，速く勢いよく吹く。

過去問に挑戦！

1 次の2曲は，小学校の歌唱共通教材である。次の問いに答えよ。

A

B
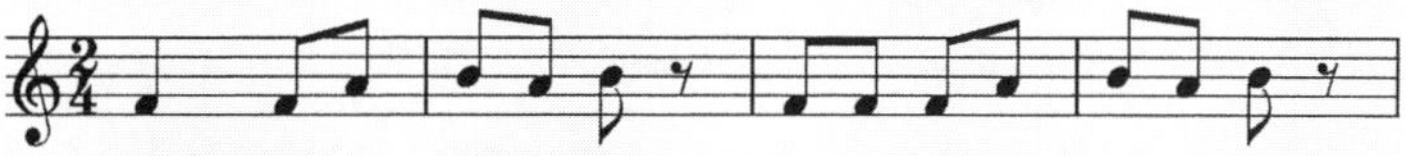

(1) A・Bそれぞれの曲名を答えよ。
(2) A・Bそれぞれ第何学年の共通教材か答えよ。
(3) Bは，陰音階か陽音階かどちらか答えよ。

（愛知県　改題）

2 次の(1)～(3)の音符を演奏するときのソプラノリコーダーの運指を下のア～カから選び，記号で答えよ。ただし，運指はバロック式とする。

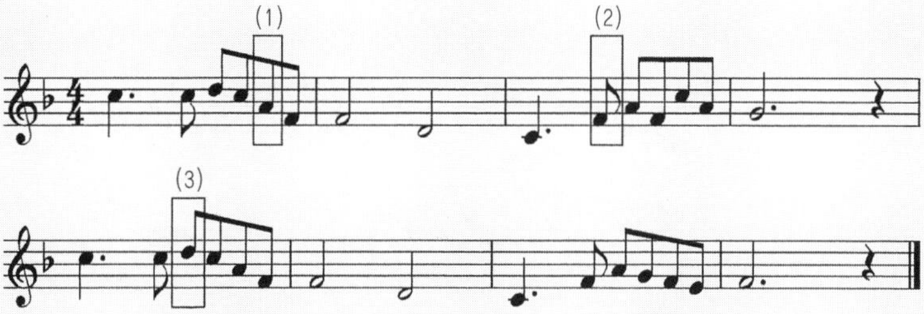

ア. 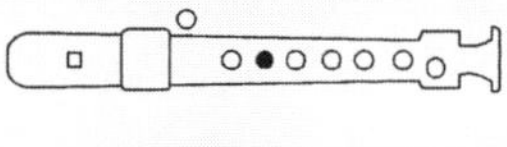　イ. 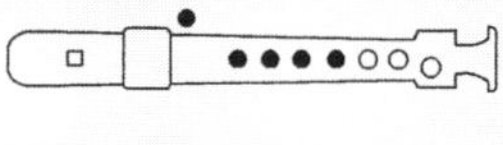

ウ. 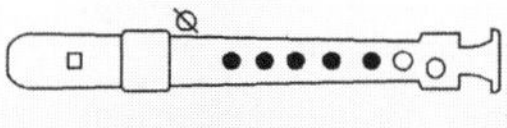　エ. 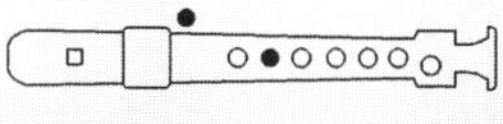

オ. 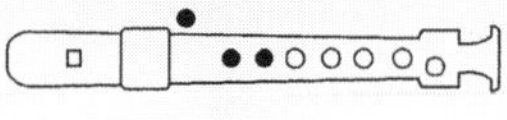　カ. 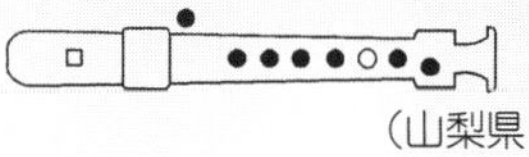

（山梨県　改題）

4 鑑賞

重要度B

ここが要点　表現領域と同様に，楽典的知識についても問われやすい分野である。各楽曲の作曲者名はもとより，主要な楽器，演奏形態や聴き取りのポイントを，各楽曲ごとに整理しよう。冒頭の楽譜の他，有名な旋律などの出題もあるので，確認しておこう。

ポイント・アドバイス

鑑賞においては，児童の意欲を高めることが重要である。表中の鑑賞のポイントは，意欲を高める指導のヒントになるので，参考にしてほしい。

鑑賞教材例

テーマ	作品名・作曲者名 鑑賞のポイント
	「 1 」 2 3 の音色に親しませる。
	「 4 」第1番 ニ長調 第1楽章 5 6 の音色に親しませる。
	「 7 」 10 合唱の美しい響きを味わわせる。
	「 8 」
	「 9 」
 （原曲：ニ長調）	ピアノ五重奏曲「 11 」 第4楽章 12 ピアノ五重奏に親しませる。 主題や変奏部を演奏させる。
	「 13 」 16 響きのある声で歌わせる。
	「 14 」
	「 15 」
	「 17 」 18 19 と尺八の二重奏曲である。日本の伝統音楽に関心をもたせる。
 （原曲：変ホ長調）	「 20 」 21 曲の広がりを感じさせる。

テーマ	作品名・作曲者名 鑑賞のポイント
	「22」 23 川の様々な姿と，周りの景色や人々の生活を思い浮かばせる。

過去問に挑戦！

次のA，Bの楽譜について，各問いに答えよ。

A

B

(1) A，Bの曲名を次から選び，記号を書け。
- a．威風堂々第１番
- b．荒城の月
- c．ピアノ五重奏曲「ます」
- d．箱根八里
- e．木星（管弦楽組曲「惑星」より）
- f．この道

(2) Aのアの部分の歌詞をひらがなで書け。
(3) Bは何分の何拍子か書け。

（福島県）

7 図画工作

●解答解説P272～P273

1 学習指導要領

重要度A

ここが要点　学習指導要領については，教科目標をはじめ，各学年の目標・内容，指導計画の作成と内容の取扱いの空欄補充問題などに対応できるよう，一字一句正確に覚えるようにしよう。また，各学年の内容に関して，何学年のものかを答える問題も多くみられる。

1 教科目標・学年目標

教科目標

表現及び[1]の活動を通して，造形的な見方・考え方を働かせ，生活や社会の中の形や色などと豊かに関わる資質・能力を次のとおり育成することを目指す。

(1)　対象や事象を捉える造形的な[2]について自分の[3]や[4]を通して理解するとともに，[5]や用具を使い，表し方などを工夫して，[6]につくったり表したりすることができるようにする。

(2)　造形的なよさや[7]，表したいこと，表し方などについて考え，[6]に[8]や構想をしたり，作品などに対する自分の見方や[9]を深めたりすることができるようにする。

(3)　[10]を味わうとともに，[11]を育み，[12]生活を創造しようとする態度を養い，[13]を培う。

学年目標

第1・2学年	(1)　対象や事象を捉える造形的な[2]について自分の[3]や[4]を通して気付くとともに，手や[14]の[3]などを働かせ[5]や用具を使い，表し方などを工夫して，[6]につくったり表したりすることができるようにする。 (2)　造形的な[15]や楽しさ，表したいこと，表し方などについて考え，楽しく[8]や構想をしたり，[16]の作品などから自分の見方や[9]を広げたりすることができるようにする。 (3)　楽しく表現したり[1]したりする活動に取り組み，[10]を味わうとともに，形や色などに関わり[17]生活を創造しようとする態度を養う。
第3・4学年	(1)　対象や事象を捉える造形的な[2]について自分の[3]や[4]を通して分かるとともに，手や[14]を十分に働かせ[5]や用具を使い，表し方などを工夫して，[6]につくったり表したりすることができるようにする。 (2)　造形的なよさや[15]，表したいこと，表し方などについて考え，豊かに[8]や構想をしたり，身近にある作品などから自分の見方や[9]を広げたりすることができるようにする。 (3)　[18]表現したり[1]したりする活動に取り組み，[10]を味わうとともに，形や色などに関わり[12]生活を創造しようとする態度を養う。

第5・6学年	(1) 対象や事象を捉える造形的な[2]について自分の[3]や[4]を通して理解するとともに，[5]や用具を活用し，表し方などを工夫して，[6]につくったり表したりすることができるようにする。 (2) 造形的なよさや[7]，表したいこと，表し方などについて考え，[6]に[8]や構想をしたり，親しみのある作品などから自分の見方や[9]を深めたりすることができるようにする。 (3) [19]に表現したり[1]したりする活動に取り組み，[10]を味わうとともに，形や色などに関わり[12]生活を創造しようとする態度を養う。

2 各学年の内容

第1・2学年	A表現	(1) 表現の活動を通して，発想や[1]に関する次の事項を身に付けることができるよう指導する。 ア [2]をする活動を通して，身近な自然物や[3]の形や色などを基に造形的な活動を思い付くことや，感覚や[4]を生かしながら，どのように活動するかについて考えること。 イ 絵や立体，[5]に表す活動を通して，感じたこと，[6]したことから，表したいことを見付けることや，[7]形や色を選んだり，いろいろな形や色を考えたりしながら，どのように表すかについて考えること。 (2) 表現の活動を通して，技能に関する次の事項を身に付けることができるよう指導する。 ア [2]をする活動を通して，身近で[8]材料や用具に十分に慣れるとともに，並べたり，つないだり，[9]するなど手や[10]の感覚などを働かせ，活動を工夫してつくること。 イ 絵や立体，[5]に表す活動を通して，身近で[8]材料や用具に十分に慣れるとともに，手や[10]の感覚などを働かせ，表したいことを基に表し方を工夫して表すこと。
	B鑑賞	(1) 鑑賞の活動を通して，次の事項を身に付けることができるよう指導する。 ア [11]などを鑑賞する活動を通して，[12]や身近な材料などの造形的な[13]や楽しさ，表したいこと，表し方などについて，感じ取ったり考えたりし，自分の見方や感じ方を広げること。
	〔共通事項〕	(1) 「A表現」及び「B鑑賞」の指導を通して，次の事項を身に付けることができるよう指導する。 ア 自分の感覚や行為を通して，形や色などに気付くこと。 イ 形や色などを基に，自分の[14]をもつこと。

第3・4学年	A表現	(1) 表現の活動を通して，発想や[1]に関する次の事項を身に付けることができるよう指導する。 ア [2]をする活動を通して，身近な材料や[15]などを基に造形的な活動を思い付くことや，[16]形や色などを思い付きながら，どのように活動するかについて考えること。 イ 絵や立体，[5]に表す活動を通して，感じたこと，[6]したこと，見たことから，表したいことを見付けることや，表したいことや[17]などを考え，形や色，材料などを生かしながら，どのように表すかについて考えること。 (2) 表現の活動を通して，技能に関する次の事項を身に付けることができるよう指導する。 ア [2]をする活動を通して，材料や用具を[18]に扱うとともに，前学年までの材料や用具についての経験を生かし，[19]たり，切ってつないだり，形を変えたりするなどして，手や[10]を十分に働かせ，活動を工夫してつくること。 イ 絵や立体，[5]に表す活動を通して，材料や用具を[18]に扱うとともに，前学年までの材料や用具についての経験を生かし，手や[10]を十分に働かせ，表したいことに合わせて表し方を工夫して表すこと。
	B鑑賞	(1) 鑑賞の活動を通して，次の事項を身に付けることができるよう指導する。 ア [20]などを鑑賞する活動を通して，[12]や身近な美術作品，[21]などの造形的なよさや[13]，表したいこと，いろいろな表し方などについて，感じ取ったり考えたりし，自分の見方や感じ方を広げること。
	〔共通事項〕	(1) 「A表現」及び「B鑑賞」の指導を通して，次の事項を身に付けることができるよう指導する。 ア 自分の感覚や行為を通して，形や色などの感じが分かること。 イ 形や色などの感じを基に，自分の[14]をもつこと。
第5・6学年	A表現	(1) 表現の活動を通して，発想や[1]に関する次の事項を身に付けることができるよう指導する。 ア [2]をする活動を通して，材料や[15]，[22]などの特徴を基に造形的な活動を思い付くことや，構成したり[23]を考え合わせたりしながら，どのように活動するかについて考えること。 イ 絵や立体，[5]に表す活動を通して，感じたこと，[6]したこと，見たこと，伝え合いたいことから，表したいことを見付けることや，形や色，材料の特徴，[24]などの感じ，[17]などを考えながら，どのように[25]を表すかについて考えること。 (2) 表現の活動を通して，技能に関する次の事項を身に付けることができるよう指導する。 ア [2]をする活動を通して，活動に応じて材料や用具を[26]とともに，前学年までの材料や用具についての経験や技能を[27]に生かしたり，方法などを[19]たりするなどして，活動を工夫してつくること。 イ 絵や立体，[5]に表す活動を通して，表現方法に応じて材料や用具を[26]とともに，前学年までの材料や用具などについての経験や技能を[27]に生かしたり，表現に適した方法などを[19]たりするなどして，表したいことに合わせて表し方を工夫して表すこと。

第5・6学年	B鑑賞	(1) 鑑賞の活動を通して，次の事項を身に付けることができるよう指導する。 ア [28] などを鑑賞する活動を通して，[12]，我が国や諸外国の親しみのある美術作品，[29] の中の造形などの造形的なよさや美しさ，表現の [30] や特徴，表し方の変化などについて，感じ取ったり考えたりし，自分の見方や感じ方を深めること。
	〔共通事項〕	(1) 「A表現」及び「B鑑賞」の指導を通して，次の事項を身に付けることができるよう指導する。 ア 自分の感覚や行為を通して，形や色などの造形的な特徴を理解すること。 イ 形や色などの造形的な特徴を基に，自分の [14] をもつこと。

3 指導計画の作成と内容の取扱い

1 指導計画の作成に当たっては，次の事項に配慮するものとする。

(1) 題材など内容や時間のまとまりを見通して，その中で育む [1] の育成に向けて，児童の主体的・対話的で深い学びの実現を図るようにすること。その際，[2] な見方・考え方を働かせ，表現及び鑑賞に関する [1] を相互に関連させた学習の充実を図ること。

(2) 第2の各学年の内容の「A表現」及び「B鑑賞」の指導については相互の関連を図るようにすること。ただし，「B鑑賞」の指導については，[3] を高めるため必要がある場合には，児童や学校の [4] に応じて，独立して行うようにすること。

(3) 第2の各学年の内容の〔共通事項〕は，表現及び鑑賞の学習において共通に必要となる [1] であり，「A表現」及び「B鑑賞」の指導と併せて，[5] が行われるよう工夫すること。

(4) 第2の各学年の内容の「A表現」については，造形遊びをする活動では，(1)のア及び(2)のアを，絵や立体，工作に表す活動では，(1)のイ及び(2)のイを関連付けて指導すること。その際，(1)のイ及び(2)のイの指導に配当する [6] については，工作に表すことの内容に配当する [6] が，絵や立体に表すことの内容に配当する [6] とおよそ [7] なるように計画すること。

(5) 第2の各学年の内容の「A表現」の指導については，適宜 [8] つくりだす活動を取り上げるようにすること。

(6) 第2の各学年の内容の「B鑑賞」においては，自分たちの作品や美術作品などの [9] を踏まえて指導すること。

(7) 低学年においては，第1章総則の第2の4の(1)を踏まえ，他教科等との関連を積極的に図り，[3] を高めるようにするとともに，幼稚園教育要領等に示す幼児期の終わりまでに育ってほしい姿との関連を考慮すること。特に，小学校入学当初においては，[10] を中心とした合科的・関連的な指導や，[11] な時間割の設定を行うなどの工夫をすること。

(8) 障害のある児童などについては，学習活動を行う場合に生じる困難さに応じた指導内容や指導方法の工夫を計画的，組織的に行うこと。

(9) 第1章総則の第1の2の(2)に示す [12] に基づき，道徳科などとの関連を考慮しながら，第3章特別の教科道徳の第2に示す内容について，図画工作科の [9] に応じて適切な指導をすること。

2 第2の内容の取扱いについては，次の事項に配慮するものとする。

(1) 児童が [13] を生かして活動することができるようにするため，学習活動や表現方法などに幅をもたせるようにすること。

(2) 各学年の「Ａ表現」及び「Ｂ鑑賞」の指導を通して，児童が〔共通事項〕のアとイとの関わりに気付くようにすること。

(3) 〔共通事項〕のアの指導に当たっては，次の事項に配慮し，必要に応じて，その後の学年で[14]取り上げること。

ア　第1学年及び第2学年においては，いろいろな形や色，触った感じなどを捉えること。

イ　第3学年及び第4学年においては，形の感じ，色の感じ，それらの組合せによる感じ，色の[15]などを捉えること。

ウ　第5学年及び第6学年においては，動き，[16]，バランス，色の鮮やかさなどを捉えること。

(4) 各学年の「Ａ表現」の指導に当たっては，活動の全過程を通して児童が実現したい思いを大切にしながら活動できるようにし，自分のよさや[17]を見いだし，楽しく豊かな生活を創造しようとする態度を養うようにすること。

(5) 各活動において，互いのよさや[13]などを認め尊重し合うようにすること。

(6) 材料や用具については，次のとおり取り扱うこととし，必要に応じて，当該学年より前の学年において[18]な形で取り上げたり，その後の学年で[14]取り上げたりすること。

ア　第1学年及び第2学年においては，土，粘土，木，紙，クレヨン，パス，はさみ，のり，簡単な小刀類など身近で扱いやすいものを用いること。

イ　第3学年及び第4学年においては，木切れ，板材，釘，水彩絵の具，小刀，使いやすいのこぎり，金づちなどを用いること。

ウ　第5学年及び第6学年においては，針金，糸のこぎりなどを用いること。

(7) 各学年の「Ａ表現」の(1)のイ及び(2)のイについては，児童や学校の[4]に応じて，児童が工夫して楽しめる程度の[19]に表す経験や[20]する経験ができるようにすること。

(8) 各学年の「Ｂ鑑賞」の指導に当たっては，児童や学校の[4]に応じて，[21]などを利用したり，[22]を図ったりすること。

(9) 各学年の「Ａ表現」及び「Ｂ鑑賞」の指導に当たっては，思考力，判断力，表現力等を育成する観点から，〔共通事項〕に示す事項を視点として，感じたことや思ったこと，考えたことなどを，話したり聞いたり話し合ったりする，言葉で整理するなどの[23]を充実すること。

(10) コンピュータ，[24]などの情報機器を利用することについては，表現や鑑賞の活動で使う用具の一つとして扱うとともに，[25]を十分に検討して利用すること。

(11) 創造することの[26]に気付き，自分たちの作品や美術作品などに表れている創造性を大切にする態度を養うようにすること。また，こうした態度を養うことが，[27]の継承，発展，創造を支えていることについて理解する[28]となるよう配慮すること。

3　造形活動で使用する材料や用具，活動場所については，安全な扱い方について指導する，事前に点検するなどして，[29]に留意するものとする。

4　[30]の適切な場所に作品を[31]するなどし，平素の学校生活においてそれを鑑賞できるよう配慮するものとする。また，学校や地域の[4]に応じて，[32]に児童の作品を展示する機会を設けるなどするものとする。

2 表現

重要度A

ここが要点　小学校段階で使う用具や，「デザイン」における色彩，モダンテクニックが重要である。用具に関しては，特に彫刻刀とのこぎりについて，その特徴や使い方，安全面での配慮事項を理解しておこう。

1 絵画

(1) **水彩画**(色が濁らないようにするための工夫)

・筆…色を変えるときはよく洗い，前の色と次の色が混ざらないようにする。

・筆洗…筆洗いの[1]をこまめに替える。

※大きくて仕切りのあるものがよく，絵の具を溶くための水を含ませる所，[2]所，[3]所に分けて使う。

・[4]…混色するときに色を多く使いすぎないようにする。絵の具を置く所と混色する所を分ける。

・塗り方…[5]色の部分から塗るようにする。[6]するときは，完全に乾いてから塗る。

(2) **水彩画の基礎技法**

・[7]描法…水の量を多くして薄く溶き，下の色が透けるようにして描く方法。下の色が乾いてから，上に別の色を重ねる。

・[8]…絵の具を塗ったあとに，水を含ませた筆でなぞって色をなじませる。

・[9]…画面に絵の具や水をあらかじめ塗っておき，乾かないうちに別の色をのせる。

2 版画

(1) **彫刻刀**

[1]刀　[2]刀　[3]刀　[4]刀

(2) **版画の種類**

版の形式	版種とその特徴	
凸版	[5]	彫刻刀を使って彫り，陰刻・陽刻を組み合わせて版にする。
	紙版画	画用紙，ケント紙，ボール紙などをカッターで切り，版をつくる。
凹版	[6]	塩化ビニル板などに[7]などで直接彫って版をつくる。
	エッチング	グランド(防食剤)を塗った銅板や亜鉛板に[7]などで線刻し，希硝酸で腐食して版をつくる。
孔版	[8]	木枠にスクリーンを張って，版の上からスキージー(ゴム製のへら)でインクを押し出して刷る。
	ステンシル	型紙をつくり，タンポやローラーでインクを刷り込む。
平版	[9]	水と油が反発し合うことを利用して，クレヨンなどの油性画材で版に描画し，水をはじく部分に油性インクをのせて刷る。

(3) **木版画の表現方法**

・[10]…輪郭線を残してまわりを彫る方法。全体的に白っぽい画面になる。
・[11]…輪郭線を彫って白くぬく方法。全体的に暗い感じになる。

(4) **木版画の制作過程**

[1) スケッチ(下書き)をする]…主題を明確にし，白と黒のバランスや画面構成を考えながら行う。鉛筆は[12]いものを使用する。

[2) [13]する]…スケッチしたものにトレーシングペーパーをのせ，[12]い鉛筆で写し取る。トレーシングペーパーを裏返して版木にとめ，定規やスプーンで強くこすって板に[13]する。

※版木に直接描いたり，[14]紙を使って写したりする方法もある。

[3) 墨入れをする]…主題が生かされるように，黒のつながりに留意して墨入れをする。彫りのあとがわかるように，版の全面に薄墨を塗る。

[4) 彫り]…彫り残す部分と彫り取る部分の関係を見ながら彫る。

[5) 刷り]…凸部のみに均一にインクがのるように，ローラーには力を入れずに，軽く動かす。刷り紙を見当紙に合わせてのせ，[15]で刷る。[15]は中心から外へ[16]を描きながら動かす。

3 彫刻・焼き物

(1) **彫刻の種類**

・[1]…完全な立体で，あらゆる方向から鑑賞できる。
・[2]〔浮き彫り〕…盛り上げによる半立体で，正面からのみ鑑賞できる。丸彫りと絵画の両方の要素をもつ。光のあたる方向によって，明暗の美しさをもつ。

(2) **粘土による塑像**

① 粘土の種類

・[3]粘土…においがあり，べたつくものが多い。硬くならないので，何度でも使える。焼成することはできない。
・[4]粘土…小さく細かなものがつくりやすく，軽くて着色ができる。ひび割れしやすい。乾くとそのまま保存できる。

② 粘土の扱い方

水分を少しずつ加えたり，粘土板などに広げて乾燥させたりしながら，粒子が均一になるようによく練る。[5]程度のやわらかさがよい。

硬くなった粘土を使う場合，できるだけ細かく粉末状にした後，水を少しずつ加えて小さなかたまりにまとめ，[6]に入れて保管するとよい。

③ 粘土の保管方法

乾燥しないように，固くしぼった布でくるみ，[6]でしっかり包む。

④ テラコッタ

テラコッタ用粘土や陶芸用粘土で作った作品を1～2週間，日陰干しにして完全に乾燥させて焼成したもの。

(3) 焼き物

① 成形の技法

[7]	粘土に穴をあけて押し広げ，粘土を回しながら厚みが等しくなるように形を整える。
ひもづくり	粘土で直径1～3cm程度のひもをつくり，それを巻き上げたり，輪にして積み上げたりして成形する方法。
板づくり	[8]とのし棒を使って平らな粘土をつくり，[9]（粘土を水で溶いたもの）でつけて成形する。接着面をへらなどで傷つけておくと，よく接着する。
[10]	ろくろの上に粘土をのせ，回しながら成形する方法。
型づくり	石こう型やビンなどに粘土を押し当てて成形する。

〈[7]〉

〈ひもづくり〉

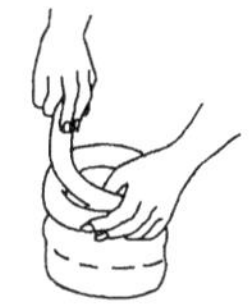

〈板づくり〉

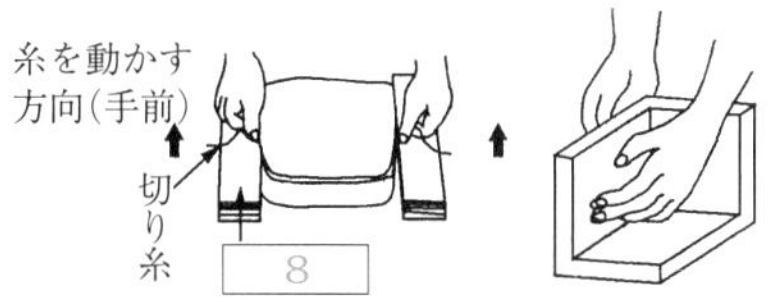

② 焼き物の製作過程

1）デザイン

2）土練り（成土）…粘土の水分を調節し，荒練りで密度を均一にしたあと，仕上げ練りで中の[11]を抜く（[11]が残っていると，素焼きのときそれが急激に膨張し，破裂してしまうため）。

3）成形・加飾…厚みをできるだけ均等にする。模様などを施す。

4）乾燥…日陰で，内部や下側までゆっくり乾かす（[12]が残っていると，素焼きのときそれが急激に膨張し，破裂してしまうため）。

5）素焼き…徐々に温度を上げながら[13]℃で加熱し，ゆっくりと冷ます。

6）施釉（せゆう）…厚みが均一になるように[14]（ガラス質の粉を水で溶いたうわぐすり）をかける。

7）本焼き…[15]℃まで加熱し，ゆっくりと冷ます。

4 木工芸

(1) **木工作のための用具**

① 両刃のこぎり

・[1]刃…木目に沿って切るときに使う。目が粗い。

・[2]刃…木目を断つようにして切るときに使う。目が細かい。

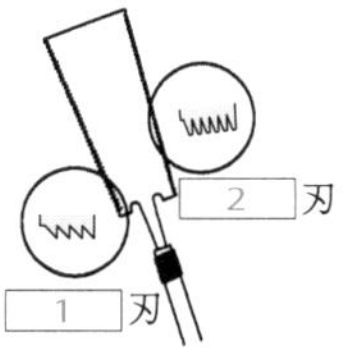

② 電動糸のこぎり

刃を取り付ける際は，電源を切り，刃は[3]に向け，[4]向きに取り付ける。[5]しめ具で刃を止めてから，[6]しめ具を締めて刃をしっかり固定する。

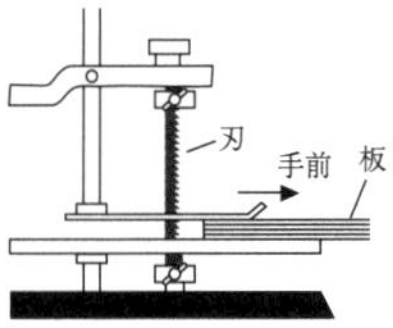

(2) **木工芸**

① 板材（木材）の種類

・[7]板…木目がほぼ平行。表裏の材質が似ており，くるい（曲がったりそったりすること）が少ない。

・[8]板…木目に変化がある。表裏の材質が異なるため，くるいや逆目が出やすい。

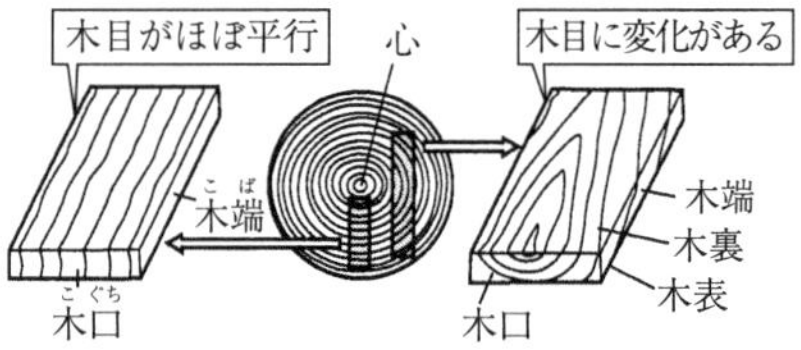

[7]板　　[8]板

② 目止めと紙やすり

・目止め…木材表面の小穴や傷などを埋めて，平らにする。[9]と水を混ぜた目止め剤をへらやはけですり込み，半乾きの状態でふき取る。

・紙やすり…番号が大きいほど目が[10]い。

5 デザイン

(1) 色彩

① 色の三要素（三属性）

［1］	有彩色の色合い（色味）。同じ［1］の色でも，薄い色，鮮やかな色，暗い色などがあり，このような色の調子を［2］という。
［3］	明るさの度合い。白が最も高く，黒が最も低い。
［4］	鮮やかさの度合い。各色相の中で最も［4］の高い色を［5］色という。

② 色の種類

・［6］…明度しかもたない色のこと。白，灰，黒が該当する。
・［7］…色の三要素をすべてもっている色のこと。

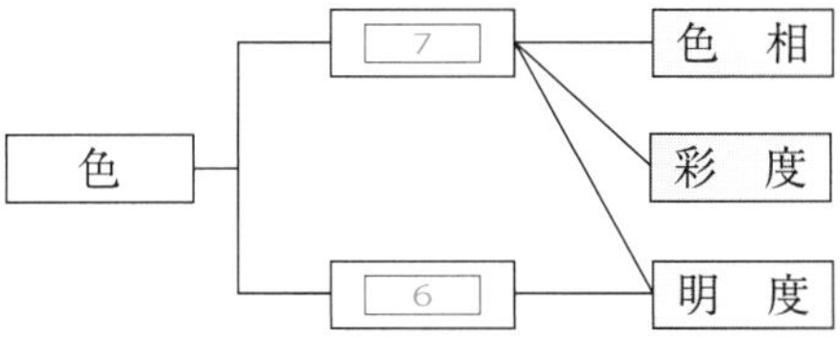

③ 清色と濁色

・清色…［8］に白色だけが混ざった色を明清色といい，黒色だけが混ざった色を暗清色という。比較的すんだ色調。
・濁色…［8］や清色に［9］色を混ぜた色。比較的くすんだ色調。

④ 色相環

よく似た色相の［8］を並べた環。色相環の中で互いに向かい合った位置にある色を［10］といい，この関係にある色を組み合わせると最も目立つ配色になる。

12色相環

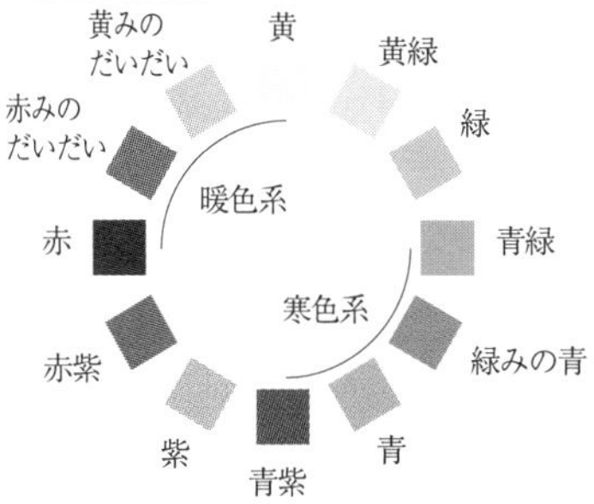

⑤ 色の対比

色を単独で見る場合と，他の色と隣り合わせたり，周囲の色の中で見たりする場合とでは違った感じに見えること。

・［11］対比…同じ色でもまわりが暗いと明るく，まわりが明るいと暗く見える。
・［12］対比…同じ色でもまわりの色合いによって，違った色に見える。
・［13］対比…同じ色でもまわりの［13］が低いと，より鮮やかに見える。

⑥ 加法混色と減法混色

・減法混色…色の三原色。［14］・緑みの青・赤紫による混色。混ぜる色数が増えるほど，彩度や明度が低くなり，黒に近い色になる。
・加法混色…光の三原色。［15］・緑・青による混色。無色（白）に近い色になる。

(2) いろいろな表現技法（モダンテクニック）

16 （こすり出し）	ものの表面や地肌の感じを，紙の上から鉛筆やコンテ，パステルなどでこすり，写し取る技法。
17 （墨流し）	水面に，墨や油性の絵の具を落とし，そこにできた流れ模様を紙に写し取る技法。
18 （霧吹き，ぼかし）	絵の具のついたブラシで網をこすり，霧吹きのような効果を出す技法。
19 （たらし，吹き流し）	紙の上に多めの水で溶いた絵の具をたっぷりとたらし，紙面を傾けたり，口やストローを使って吹いたりして模様を作る技法。
20 （転写，合わせ絵）	絵の具をつけた紙を二つに折って合わせ，手を押しつけてから再び開くと，偶然の模様ができる技法。
21 （ひっかき）	厚く塗り重ねた絵の具やクレヨンやパスの上から，先のとがったものでひっかいて，下の色が出てくるようにする技法。
22 （貼り絵）	紙や布，ひもなど材質の異なるものを貼って画面を構成する技法。
23 （はじき絵）	クレヨンやろうで絵や図柄を描き，その上から多めの水で溶いた水彩絵の具で彩色する技法。
24 （型押し）	ものに直接絵の具やインクをつけて版にし，紙に押しあてて型を写し取る技法。

(3) 美の秩序（構成美の要素）

25	対称	点や線，面を中心にして，左右・上下・放射などが対応する形の構成。
26	くり返し	同じ形（単位になる形）を規則的にくり返す構成。
27	階調	形や色が一定の割合で段階的に変化する構成。
28	律動	形や色などの連続的な変化やくり返しから受ける動きの感じを表す構成。
29	強調	形や色の効果によって，画面の中の一部分を視覚的に強調し，全体の感じを引きしめる構成。
30	比例・割合	形や大きさ，長さなどの割合のこと。
31	対比・対立	性質が反対の形や色を組み合わせることによって，強い感じの効果を出す構成。
32	つり合い	上下左右などで形や色の組み立ては異なるが，見た目に受ける感じのつり合いがとれている構成。

過去問に挑戦！

1 次の各問いに答えよ。

(1) 下の図は，両刃のこぎりの刃の一部を拡大したものである。このような刃を何びきというか。

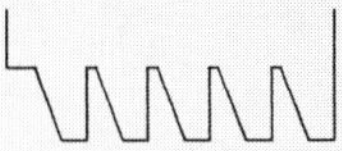

(2) 次の特徴にあてはまる彫刻刀の名称を答えよ。

① 板に切り込みを入れ，細かい溝や輪郭を彫るのに適している。

② 半円形の溝状に彫れ，比較的柔らかい雰囲気が出せる。　（福島県　改題）

2 次の各問いに答えよ。

(1) 色の三要素は，明度と色相と何か。

(2) JIS基準の12色相環で，互いに向かい合う色の関係を何というか。

(3) 水面に油性の絵の具や墨汁をたらし，できた模様を紙に写し取るモダンテクニックを何というか。

（愛媛県　改題）

3 鑑賞

重要度 A

ここが要点　作家と作品名を確実に覚えておく必要がある。日本では，俵屋宗達，尾形光琳，東洲斎写楽，葛飾北斎，歌川（安藤）広重，横山大観，黒田清輝，西洋では，レオナルド＝ダ＝ヴィンチ，ミレー，モネ，セザンヌ，ゴッホ，ロダン，ピカソが重要。

1 日本の美術

(1) 室町・安土桃山時代

[1]…日本水墨画を大成

▲「秋冬山水画・秋景」

[2]…金碧障壁画を描く

▲「唐獅子図屛風」

[3]…破墨法・空気遠近法

▲「松林図屛風」

(2) 江戸時代

[4]…琳派の祖

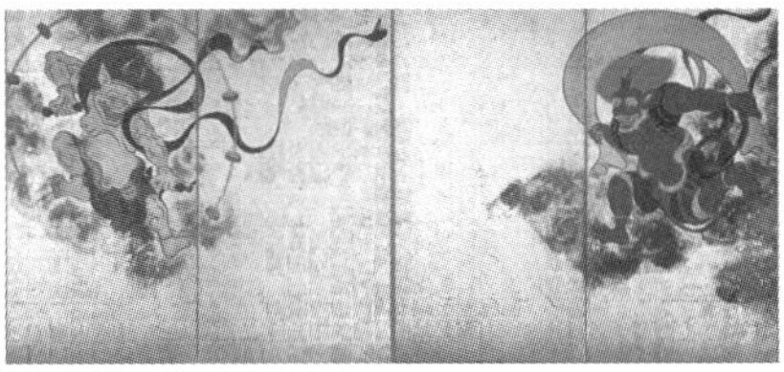

▲「風神雷神図屛風」

[5]…琳派を確立。「燕子花図屛風」も有名

▲「紅白梅図屛風」

[6]…「見返り美人図」

[7]…「ポッピンを吹く女」

[8]…役者大首絵を大成。「市川鰕蔵の竹村定之進」も有名

▲「三代目大谷鬼次の奴江戸兵衛」

[9]…洋画の影響を受けた「くだんうしがふち」も有名

▲富嶽三十六景「凱風快晴」

▲富嶽三十六景「神奈川沖浪裏」

10 …風景版画

▲東海道五十三次「庄野」

▲「名所江戸百景・大はしあたけの夕立」

(3) **明治以降**

11 …水墨画の「生々流転」

▲「無我」

12 …堅実な写実的技法

▲「収穫」

13 …フランスで印象派学ぶ「読書」も有名

▲「湖畔」

14 …油彩画家

▲「海の幸」

15 …清爽堅実な写実的作風

▲「金蓉」

16 …愛娘がモデル

▲「麗子微笑」

17 …「老猿」は木彫の作品

▲「老猿」

18 …ロダンの影響受ける

▲「手」

19 …版画家

▲釈迦十大弟子「阿難陀の柵」

2 西洋の美術

(1) **ルネサンス**

[1]〔イタリア〕

…「春(プリマヴェーラ)」「ヴィーナスの誕生」

[2]〔イタリア〕

▲「最後の晩餐」

▲「モナ＝リザ」

[3]〔イタリア〕

…「最後の審判」「天地創造」

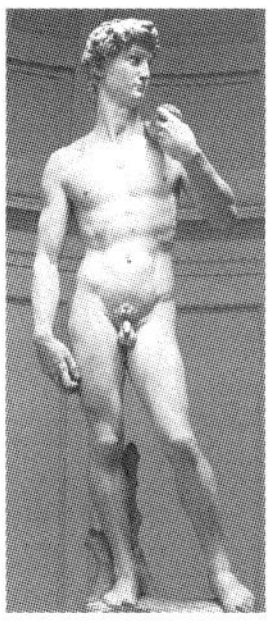

◀「ダヴィデ像」

[4]〔イタリア〕

…「美しい女庭師」

(2) **バロック**

[5]〔オランダ〕

▲「夜警」

(3) **ロマン主義**

[6]〔フランス〕

▲「民衆を率いる自由の女神」

(4) **自然主義**

[7]〔フランス〕

…「晩鐘」「種をまく人」

▲「落穂拾い」

(5) **写実派**

[8]〔フランス〕

…「波」「画家のアトリエ」

(6) **印象派**

[9]〔フランス〕

…「笛を吹く少年」「オランピア」

[10]〔フランス〕

…「印象－日の出」「ラ・ジャポネーズ」

▲「睡蓮」

[11]〔フランス〕

…「舟遊びをする人々の昼食」「ピアノに向かう二人の若い娘」

▲「ムーラン・ド・ラ・ギャレット」

[12]〔フランス〕

…「舞台の踊り子」

(7) **新印象派**

13 〔フランス〕

▲「グランド・ジャット島の日曜日の午後」

(8) **後期印象派**

14 〔フランス〕
…「りんごとオレンジ」
「サント・ヴィクトワール山」
「青いかびん」

15 〔オランダ〕…浮世絵の影響。「タンギー爺さん」「星月夜」「種まく人」「ひまわり」

▲「アルルの跳ね橋」

16 〔フランス〕
…「タヒチの女」「アレアレア」

(9) **彫刻**

17 〔フランス〕
…「青銅時代」

◀「考える人」

(10) **キュビスム（立体派）**

18 〔スペイン〕
…「アヴィニョンの娘たち」

▲「ゲルニカ」

(11) **エコール・ド・パリ（パリ派）**

19 〔イタリア〕

▲「子どもを抱くジプシー女」

20 〔ロシア〕…「エッフェル塔の結婚式」「青いサーカス」「誕生日」

▲「私と村」

(12) **シュールレアリスム（超現実派）**

21 〔スペイン〕

▲「記憶の固執」

22 〔ベルギー〕…「ピレネーの城」「光の帝国」「無謀な企て」

(13) **抽象派**

23 〔オランダ〕
…「赤と黄と青のコンポジション」

24 〔ロシア〕…「即興」

(14) **表現主義**

25 〔ノルウェー〕

▲「叫び」

(15) **素朴派**

26 〔フランス〕
…「蛇使いの女」

8 家庭

●解答解説P274～P275

1 学習指導要領

重要度B

ここが要点　教科目標については一字一句を正確に覚える必要がある。また，内容については，3項目構成になっており，これらの項目の内容の取扱いを含め，理解しておこう。第2章以降の知識分野に比べ出題数は少ないが，指導要領に準じた問題が多く，解答しやすい分野である。

1 教科目標

生活の営みに係る見方・考え方を働かせ，[1]などに関する実践的・[2]な活動を通して，生活をよりよくしようと工夫する資質・能力を次のとおり育成することを目指す。

(1)　[3]や家庭，[1]，消費や環境などについて，[4]に必要な基礎的な理解を図るとともに，それらに係る[5]を身に付けるようにする。

(2)　[4]の中から問題を見いだして[6]を設定し，様々な解決方法を考え，実践を評価・[7]し，考えたことを表現するなど，課題を解決する力を養う。

(3)　[8]を大切にする心情を育み，[3]や地域の人々との関わりを考え，[3]の一員として，生活をよりよくしようと工夫する[9]な態度を養う。

2 各学年の内容・内容の取扱い

項目	第5学年及び第6学年の内容	内容の取扱い
A 家族・家庭生活	次の(1)から(4)までの項目について，課題をもって，家族や地域の人々と協力し，よりよい家庭生活に向けて考え，工夫する活動を通して，次の事項を身に付けることができるよう指導する。	
	(1)　[1]と家族・家庭生活 ア　[1]を[2]し，家庭生活と家族の大切さや家庭生活が家族の[3]によって営まれていることに気付くこと。	・(1)のアについては，AからCまでの各内容の学習と関連を図り，[8]における様々な問題について，家族や地域の人々との[3]，健康・快適・安全，[9]な社会の構築等を視点として考え，解決に向けて工夫することが大切であることに気付かせるようにすること。
	(2)　家庭生活と[4] ア　家庭には，家庭生活を支える[4]があり，互いに協力し[5]する必要があることや[6]の有効な使い方について理解すること。	・(2)のイについては，内容の「B衣食住の生活」と関連を図り，衣食住に関わる[4]を具体的に実践できるよう配慮すること。

A 家族・家庭生活	イ　家庭の[4]の計画を考え，工夫すること。 (3)　家族や地域の人々との関わり ア　次のような知識を身に付けること。 (ア)　家族との触れ合いや[7]の大切さについて理解すること。 (イ)　家庭生活は地域の人々との関わりで成り立っていることが分かり，地域の人々との[3]が大切であることを理解すること。 イ　家族や地域の人々とのよりよい関わりについて考え，工夫すること。 (4)　家族・家庭生活についての課題と実践 ア　[8]の中から問題を見いだして課題を設定し，よりよい生活を考え，計画を立てて実践できること。	・(3)については，幼児又は[10]の児童や高齢者など異なる世代の人々との関わりについても扱うこと。また，イについては，他教科等における学習との関連を図るよう配慮すること。
B 衣食住の生活	次の(1)から(6)までの項目について，課題をもって，健康・快適・安全で豊かな食生活，衣生活，住生活に向けて考え，工夫する活動を通して，次の事項を身に付けることができるよう指導する。 (1)　食事の役割 ア　食事の役割が分かり，[11]の大切さと食事の仕方について理解すること。 イ　[12]食べるために[11]の仕方を考え，工夫すること。 (2)　調理の基礎 ア　次のような知識及び技能を身に付けること。 (ア)　調理に必要な材料の分量や[13]が分かり，[14]について理解すること。 (イ)　調理に必要な用具や食器の安全で[15]な取扱い及び加熱用調理器具の[16]について理解し，適切に使用できること。 (ウ)　材料に応じた洗い方，調理に適した切り方，味の付け方，[17]，配膳及び[18]を理解し，適切にできること。	・日本の[32]な生活についても扱い，生活文化に気付くことができるよう配慮すること。 ・(2)のアの(エ)については，ゆでる材料として青菜やじゃがいもなどを扱うこと。(オ)については，和食の基本となる[33]の役割についても触れること。

B　衣食住の生活	(エ)　材料に適したゆで方，いため方を理解し，適切にできること。 (オ)　伝統的な[19]である米飯及び[20]の調理の仕方を理解し，適切にできること。 イ　おいしく食べるために[14]を考え，調理の仕方を工夫すること。	
	(3)　栄養を考えた食事 ア　次のような知識を身に付けること。 (ア)　体に必要な[21]の種類と主な働きについて理解すること。 (イ)　食品の栄養的な特徴が分かり，料理や食品を[22]とる必要があることを理解すること。 (ウ)　献立を構成する[23]が分かり，1食分の献立作成の方法について理解すること。 イ　1食分の献立について栄養の[24]を考え，工夫すること。	・(3)のアの(ア)については，[34]と食品の[35]での主な働きを中心に扱うこと。(ウ)については，献立を構成する[23]として主食，主菜，副菜について扱うこと。 ・食に関する指導については，家庭科の特質に応じて，[36]の充実に資するよう配慮すること。また，第[37]学年までの食に関する学習との関連を図ること。
	(4)　衣服の着用と手入れ ア　次のような知識及び技能を身に付けること。 (ア)　衣服の主な働きが分かり，季節や状況に応じた[25]の快適な着方について理解すること。 (イ)　[25]の手入れが必要であることや，ボタンの付け方及び[26]の仕方を理解し，適切にできること。 イ　[25]の快適な着方や手入れの仕方を考え，工夫すること。	
	(5)　生活を豊かにするための[27]を用いた製作 ア　次のような知識及び技能を身に付けること。 (ア)　製作に必要な材料や[13]が分かり，[28]について理解すること。 (イ)　手縫いや[29]縫いによる目的に応じた縫い方及び用具の[16]について理解し，適切にできること。 イ　生活を豊かにするために[27]を用いた物の[28]を考え，製作を工夫すること。	・(5)については，[8]で使用する物を入れる袋などの製作を扱うこと。

B 衣食住の生活	(6) 快適な住まい方 ア 次のような知識及び技能を身に付けること。 (ア) 住まいの主な働きが分かり，[30]に合わせた生活の大切さや住まい方について理解すること。 (イ) 住まいの整理・整頓や[31]の仕方を理解し，適切にできること。 イ [30]に合わせた住まい方，整理・整頓や清掃の仕方を考え，快適な住まい方を工夫すること。	・(6)のアの(ア)については，主として暑さ・寒さ，[38]，[39]，及び音を取り上げること。暑さ・寒さについては，(4)のアの(ア)の[25]の快適な着方と関連を図ること。
C 消費生活・環境	次の(1)及び(2)の項目について，課題をもって，[9]な社会の構築に向けて身近な消費生活と環境を考え，工夫する活動を通して，次の事項を身に付けることができるよう指導する。	
	(1) 物や[40]の使い方と[41] ア 次のような知識及び技能を身に付けること。 (ア) [41]の仕組みや消費者の役割が分かり，物や[40]の大切さと[42]な使い方について理解すること。 (イ) 身近な物の選び方，買い方を理解し，[43]するために必要な情報の[44]が適切にできること。 イ [43]に必要な情報を活用し，身近な物の選び方，買い方を考え，工夫すること。	・(1)については，内容の「A家族・家庭生活」の(3)，「B衣食住の生活」の(2)，(5)及び(6)で扱う用具や[47]などの身近な物を取り上げること。 ・(1)のアの(ア)については，[48]の基礎について触れること。
	(2) 環境に配慮した生活 ア 自分の生活と[45]との関わりや環境に配慮した[46]などについて理解すること。 イ 環境に配慮した生活について[46]などを考え，工夫すること。	・(2)については，内容の「B衣食住の生活」との関連を図り，[49]に学習できるようにすること。

3 指導計画の作成と内容の取扱い

1 指導計画の作成に当たっては，次の事項に配慮するものとする。

(1) 題材など内容や時間のまとまりを見通して，その中で育む資質・能力の育成に向けて，児童の[1]で深い学びの実現を図るようにすること。その際，[2]に係る見方・考え方を働かせ，知識を[3]等と関連付けてより深く理解するとともに，[4]の中から問題を見いだして様々な解決方法を考え，他者と[5]し，実践を評価・改善して，新たな課題を見いだす[6]を重視した学習の充実を図ること。

(2) 第2の内容の「A家族・家庭生活」から「C消費生活・環境」までの各項目に配当する授業時数及び各項目の履修学年については，児童や学校，地域の[7]等に応じて各学校において適切に定めること。その際，「A家族・家庭生活」の(1)のアについては，第4学年までの学習を踏まえ，2学年間の学習の見通しをもたせるために，[8]の最初に履修させるとともに，「A家族・家庭生活」，「B衣食住の生活」，「C消費生活・環境」の学習と関連させるようにすること。

(3) 第2の内容の「A家族・家庭生活」の(4)については，[9]を家庭や地域などで行うことができるよう配慮し，2学年間で[10]の課題を設定して履修させること。その際，「A家族・家庭生活」の(2)又は(3)，「B衣食住の生活」，「C消費生活・環境」で学習した内容との関連を図り，課題を設定できるようにすること。

(4) 第2の内容の「B衣食住の生活」の(2)及び(5)については，[11]を高めるため，2学年間にわたって取り扱い，平易なものから[12]に学習できるよう計画すること。

(5) [13]に当たっては，児童や学校，地域の[7]を的確に捉えるとともに，[14]の関連を図り，指導の効果を高めるようにすること。その際，他教科等との関連を明確にするとともに，中学校の学習を見据え，[15]に指導ができるようにすること。

(6) 障害のある児童などについては，学習活動を行う場合に生じる困難さに応じた指導内容や指導方法の工夫を計画的，組織的に行うこと。

(7) 第1章総則の第1の2の(2)に示す道徳教育の目標に基づき，道徳科などとの関連を考慮しながら，第3章特別の教科道徳の第2に示す内容について，家庭科の特質に応じて[16]をすること。

2 第2の内容の取扱いについては，次の事項に配慮するものとする。

(1) 指導に当たっては，衣食住など生活の中の様々な言葉を[17]を伴って理解する学習活動や，自分の生活における課題を解決するために言葉や[18]などを用いて生活をよりよくする方法を考えたり，[19]したりするなどの学習活動の充実を図ること。

(2) 指導に当たっては，コンピュータや[20]を積極的に活用して，実習等における情報の収集・整理や，実践結果の[21]などを行うことができるように工夫すること。

(3) 生活の[22]の基礎を培う基礎的・基本的な知識及び技能を習得するために，調理や製作等の手順の[23]について考えたり，実践する喜びを味わったりするなどの[24]な活動を充実すること。

(4) 学習内容の定着を図り，一人一人の[25]を生かし伸ばすよう，児童の特性や[26]などを把握し，技能の習得状況に応じた[27]や教材・教具の工夫など個に応じた指導の充実に努めること。

(5) 家庭や地域との[28]を図り，児童が身に付けた知識及び技能などを[4]に活用できるよう配慮すること。

3 実習の指導に当たっては，次の事項に配慮するものとする。

(1) 施設・設備の安全管理に配慮し，学習環境を整備するとともに，[29]や用具，[30]などの取扱いに注意して[31]の指導を徹底すること。

(2) [32]を整え，衛生に留意して用具の手入れや[33]を適切に行うこと。

(3) 調理に用いる食品については，[34]は扱わないなど，安全・衛生に留意すること。また，[35]についても配慮すること。

2 衣生活

重要度 A

ここが要点

繊維の種類と特徴，取扱い絵表示，また，裁縫の基本として，なみ縫い，返し縫いといった布の縫い合わせ方やまち針のとめ方，ミシンの取扱いに関する基本的な知識を確実に身に付けておこう。

1 衣服の機能と材料

(1) 衣服の働き

[1]上の働き…寒さ暑さを防いだり，皮膚を清潔に保ったり，ほこりや害虫，けがなどから身体を守ったりする。

[2]上の働き…身体の動きを妨げずに，運動や作業など活動をしやすくする。

[3]上の働き…個性を表現する。職業や所属集団を表す。気持ちを表す。

(2) 織物の三原組織

織物は，たて糸とよこ糸を直角に交錯させてつくる。糸の交錯の仕方を織物組織といい，その基本となる三原組織として次のものがある。

[4]

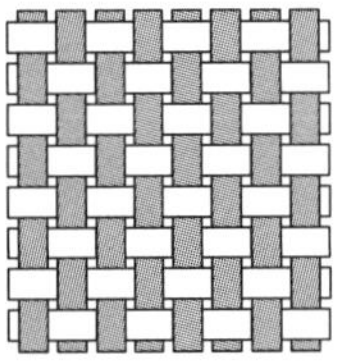

[7]，ギンガム

[5]

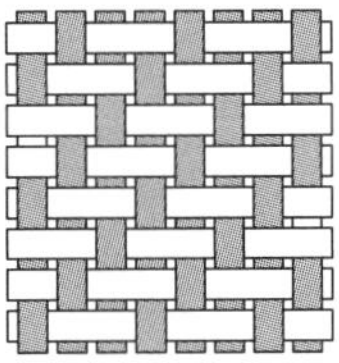

サージ，[8]

[6]

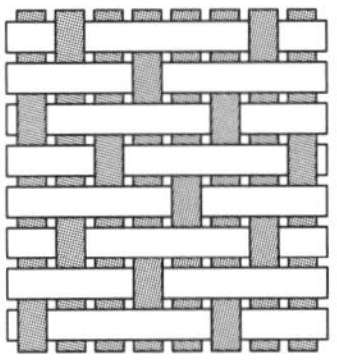

[9]，ドスキン

(3) 繊維の種類と特徴

<table>
<tr><th></th><th></th><th></th><th>アルカリ</th><th>紫外線</th><th>吸湿性</th><th>摩擦</th><th>漂白剤</th><th>しわ</th><th>用途</th></tr>
<tr><td rowspan="4">[10]</td><td rowspan="2">植物繊維</td><td>綿</td><td rowspan="2">強い</td><td rowspan="2"></td><td rowspan="3">[17]</td><td rowspan="2">やや強い</td><td rowspan="2">可</td><td rowspan="2">より易い</td><td>[18]</td></tr>
<tr><td>[12]</td><td>[19]</td></tr>
<tr><td rowspan="2">動物繊維</td><td>毛</td><td rowspan="2">弱い</td><td rowspan="2">黄変</td><td rowspan="2">弱い</td><td rowspan="2">否</td><td rowspan="2">やや
より難い</td><td>[20]</td></tr>
<tr><td>[13]</td><td rowspan="2">やや大</td><td>[21]</td></tr>
<tr><td rowspan="7">[11]</td><td rowspan="2">再生繊維</td><td>[14]</td><td rowspan="2">やや強い</td><td rowspan="3"></td><td>やや弱い</td><td rowspan="2">可</td><td>より易い</td><td>[22]</td></tr>
<tr><td>キュプラ</td><td rowspan="2">やや小</td><td>強い</td><td>やや
より易い</td><td>[23]</td></tr>
<tr><td>[15]</td><td>アセテート</td><td>やや弱い</td><td>やや弱い</td><td rowspan="2">否</td><td>より難い</td><td>[24]</td></tr>
<tr><td rowspan="4">合成繊維</td><td>ナイロン</td><td rowspan="4">強い</td><td>黄変</td><td rowspan="2">小</td><td rowspan="2">強い</td><td>やや
より難い</td><td>[25]</td></tr>
<tr><td>ポリエステル</td><td rowspan="3"></td><td rowspan="2">可</td><td>より難い</td><td>[26]</td></tr>
<tr><td>[16]</td><td>やや小</td><td>やや強い</td><td>やや
より難い</td><td>[27]</td></tr>
<tr><td>ポリウレタン</td><td>小</td><td>強い</td><td>否</td><td>より難い</td><td>[28]</td></tr>
</table>

【問】 次のa～kを，上の表の「用途」の欄に適切にあてはめよ。

a．肌着・タオル　　b．靴下・水着
c．ハンカチ・夏服地　　d．婦人服・裏地
e．裏地・和装品　　f．ズボン・スポーツウエア
g．セーター・毛布　　h．コート・スーツ・セーター
i．婦人服・和装品　　j．ストッキング・水着
k．スカーフ・ネクタイ

2 衣服の手入れ

(1) 洗濯

・洗剤の[1]…汚れがよく落ちる最小限の必要量のこと。それより多く使っても，汚れの落ち方はほとんど変わらない。

・[2]…洗剤の主成分で，水になじみやすい親水基と，油になじみやすい親油基をもち，繊維の間に浸透し，汚れと混じり合って繊維から汚れを取り除く。

・[3]…洗濯物の重さと水の量（洗濯液）の重量比率のこと。手洗いは1：[4]，洗濯機洗いは1：[5]が目安である。

(2) 新JISの洗濯表示記号（平成28年12月1日より使用）

国際化対応のため，平成28年12月から，洗濯表示は新しいJIS規格にならって表示されることとなった。[6]法に基づく。

項　目	主な洗濯表示とその意味		
洗濯処理	 液温は[7]℃を限度とし，洗濯機で洗濯ができる	 液温は[7]℃を限度とし，洗濯機で弱い洗濯ができる	
	 液温は[7]℃を限度とし，[8]ができる	 家庭での洗濯はできない	
漂白処理	 塩素系及び酸素系の漂白剤を使用して漂白ができる	 酸素系漂白剤のみ使用できる	 漂白[9]
[10]	 [10]ができる（排気温度上限80℃）	 低い温度での[10]ができる（排気温度上限60℃）	 [10]はできない
自然乾燥	 [11]がよい	 日陰の[11]がよい	
	 [12]がよい	 日陰の[12]がよい	
アイロン仕上げ	 底面温度[13]℃を限度としてアイロン仕上げができる	 底面温度[14]℃を限度としてアイロン仕上げができる	 底面温度110℃を限度としてアイロン仕上げができる
[15]	 パークロロエチレン及び石油系溶剤による[15]ができる	 石油系溶剤による[15]ができる	 [15]はできない

項　目	主な洗濯表示とその意味		
[16]	 [16]ができる	 弱い操作による[16]ができる	 [16]はできない

(3)　**しみ抜き**

しみの種類	しみ抜きの方法
しょうゆ・ソース・茶・コーヒー・ジュース	歯ブラシや綿棒に[17]を含ませ，軽くたたく。
血液	歯ブラシや綿棒に[18]を含ませ，軽くたたく。
カレー・ドレッシング	中性洗剤をつけた歯ブラシで軽くたたくか，つまみ洗いをする。
ガム	[19]で冷やして，つめではがす。
泥	泥が乾いてから手でもみ落とし，ブラシをかける。
墨汁	[20]をぬりつけて，流水でもみ洗いをする。

3　布を使った製作

(1)　**裁縫の基本**

①　**布の縫い合わせ方**

[1]縫い	[2]縫い	[3]縫い
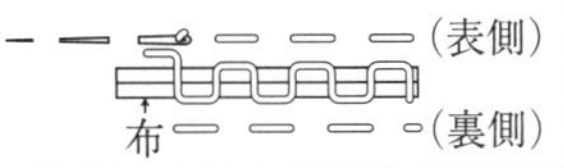	1針ずつ返す 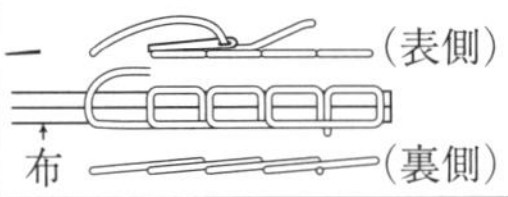	1針の半分だけ返す 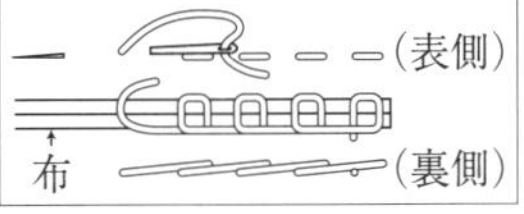

②　**縫い代のしまつ**

[4]縫い	[5]縫い	[6]縫い
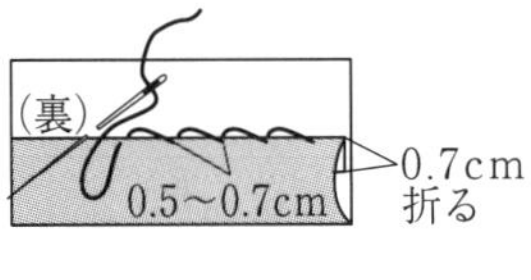	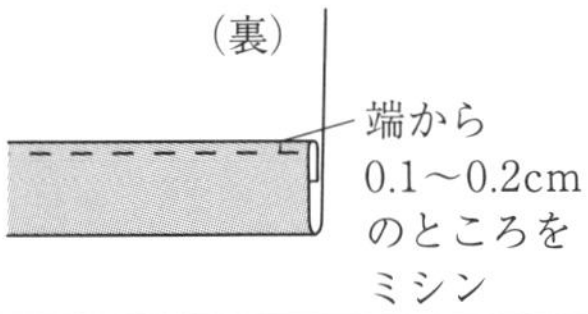	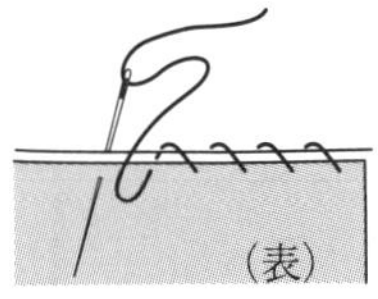

③　**ボタンつけ**

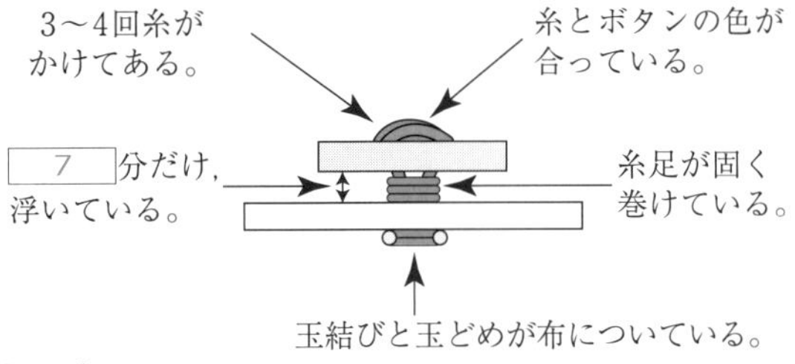

④　**まち針のとめ方**

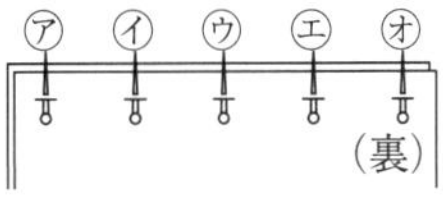

まち針は，縫い上がり線に対して[8]に，針先を縫い代側に向けてとめる。

【問】　㋐～㋔のまち針をさす順を示せ。

[9]　→　→　→　→

(2) ミシンの取扱い

① ミシンの構造

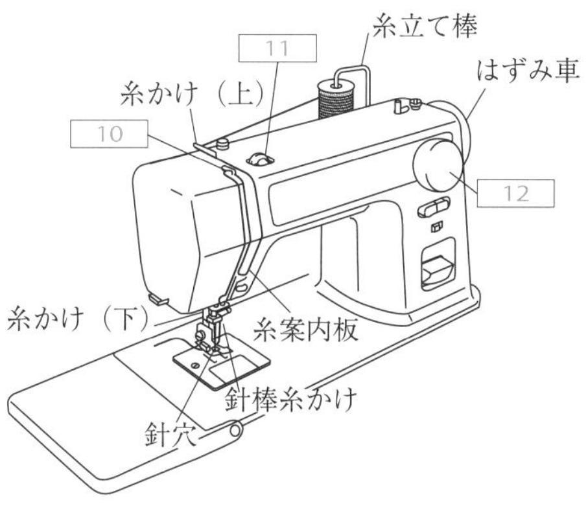

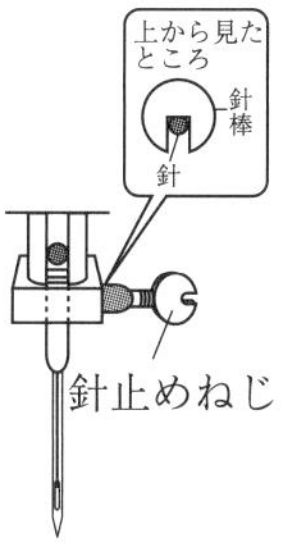

針は平らな面を針棒のみぞにつけ，ピンに突き当たるまで差し込む。

【問】 上糸をかける順序を示せ。

[13 糸立て棒→　→　→　→　→針穴]

② ミシン針と糸の選び方

布	ミシン針	縫い糸
うす地（ローンなど）	[14]番	カタン糸[15]番，ポリエステル糸80番
ふつう地（ブロードなど）	[16]番	カタン糸50，60，80番，ポリエステル糸[17]番
厚地（デニムなど）	[18]番	カタン糸[19]番，ポリエステル糸50番

③ 糸調子の調節の仕方

〈正しい糸調子〉　A　B

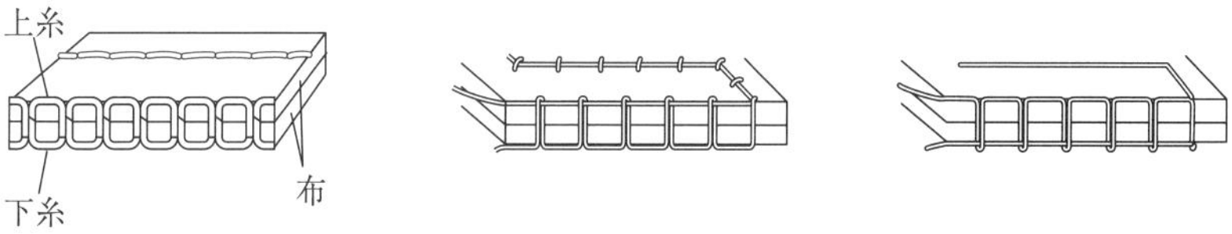

A図は上糸の調子が[20]すぎるため，[21]の目盛りが小さくなるように，B図は上糸の調子が[22]すぎるため，[21]の目盛りが大きくなるように調節する。

④ ミシンが調子よく縫えないときの主な原因

故障の内容	原　　因
[23]	・針どめとめねじがゆるんでいる　・針のつけ方が浅い ・おさえがゆるんでいる　・針が曲がっている ・針の太さが布地の厚さに合っていない
[24]	・[25]（ストップモーション大ねじ）がゆるんでいる ・糸巻き軸が下糸を巻く状態になっている ・かまの中にほこりや糸くずがつまっている
布地が進まない	・[26]ダイヤルの目盛りが0になっている ・送り歯が針板より低くなっている ・送り歯にほこりや糸くずがつまっている
[27]	・針のつけ方が正しくない　・針が曲がっている ・布，針，糸のつり合いが悪い
[28]	・上糸のかけ方が間違っている ・針のつけ方が正しくない ・上糸調節装置をしめすぎている ・糸立てに糸がからまっている

(3) ナップザック型の袋の製作（手縫い）の手順

【問】 次の空欄に，出し入れ口，脇，口あきどまりのいずれかを入れよ。

1）必要な布の大きさを決め，型紙をつくる

→ 2）布を裁ち，しるしをつける

→ 3）［ 29 ］を縫う → 4）［ 30 ］を縫う → 5）［ 31 ］を縫う

→ 6）ひもを通す

過去問に挑戦！

ミシンで縫い目がとぶ原因として正しいのは次のうちどれか。

① 下糸調子が弱い　② おさえ圧が強い
③ 針のつけ方が間違っている　④ 縫い目が細かすぎる

（神奈川県・横浜市・川崎市　改題）

3 食生活　重要度A

ここが要点　栄養素の働きや6つの基礎食品群，米飯やみそ汁，野菜などの日常食の調理に関して，基本的な事項をしっかり理解しておくようにしよう。それほど細かい内容までは出題されていないため，得点源となり得る分野である。

1 栄養

(1) 栄養素の働き

栄養素は，［1］，脂質（脂肪），［2］，［3］，ビタミンの5つに分類される。この五大栄養素は，体内での主な働きにより，主に［4］もとになるもの，主に［5］もとになるもの，主に［6］もとになるものの3つのグループに分けられる。

主に［4］もとになるもの	米，パン めん類 いも類 砂糖 サラダ油 バター
主に［5］もとになるもの	魚，肉 卵，小魚 牛乳 乳製品 豆製品 海藻
主に［6］もとになるもの	野菜 果物 きのこ

［1］	糖質と食物繊維がある。体内で分解されて主にぶどう糖になり，エネルギー源として，体温を保ち，運動や仕事に使われる。
脂　質 （脂　肪）	体内で脂肪酸とモノグリセリドに分解されてエネルギーになり，皮下にも蓄えられて体温を保つ。細胞膜の成分となるなど，体の組織をつくる働きもある。
［2］	体内でアミノ酸になり，筋肉や血液，臓器，皮膚など，体の組織をつくるもとになる。
［3］	**〈カルシウム，リン〉**主に骨や歯をつくるもとになる。日本人の食生活ではカルシウムが不足しやすい。 **〈鉄〉**主に血液をつくるもとになる。 **〈亜鉛〉**不足すると味覚障害をおこす。
ビタミン	脂溶性ビタミン（A，D）と水溶性ビタミン（B_1，B_2，C）に分けられる。

※海藻は，「主に［6］もとになるもの」に分類することもある。

(2) 6つの基礎食品群

食品は，含まれている主な栄養素によって，6つの群に分けられる。必要な栄養素をバランスよくとるために，各群の食品を組み合わせて食べるようにする。

群	食品の種類	主な栄養素	働き
1群	魚・肉・［7］・豆・豆製品	たんぱく質	主に体の組織をつくる
2群	牛乳・乳製品・小魚・海藻	［8］ 〔カルシウム・鉄など〕	
3群	［9］	カロテン（ビタミンA）	主に体の調子を整える
4群	その他の野菜・果物	［10］	
5群	穀類・いも類・砂糖	［11］	主にエネルギーとなる
6群	油脂	［12］	

【問】以下に示した食品が，第何群のものであるか答えよ。

バター［13］	ぶた肉［14］	もち［15］	いか［16］
ねぎ［17］	みそ［18］	にんじん［19］	ほうれんそう［20］
のり［21］	マヨネーズ［22］	油あげ［23］	チーズ［24］
キャベツ［25］	トマト［26］	わかめ［27］	りんご［28］

(3) **ビタミンの種類と働き**

ビタミン名		主な働き	欠乏症	多く含まれる食品
脂溶性	ビタミンA	目の働きを助け，皮膚や粘膜を健全に保つ	[29]，発育障害	レバー，卵黄，バター，うなぎ，緑黄色野菜，のり
	ビタミンD	骨や歯の発育を助ける。[30]の吸収を促進する	[31]，骨軟化症	魚類，きのこ類，卵黄，レバー，バター
水溶性	ビタミンB_1	炭水化物の代謝を助ける	[32]，神経障害	胚芽，豚肉，豆類，レバー
	ビタミンB_2	炭水化物・脂質・たんぱく質の代謝を助け，発育を促進する	口角炎，発育障害	卵，豆類，レバー，チーズ
	[33]	血管を丈夫にし，傷の回復を早める	壊血病	野菜，果実，いも類

2 食品の特性と日常食の調理

(1) **米飯**

① 米の特性

・米の胚乳部分の主な栄養素は，[1]である。

・[2]や[3]層には[4]が豊富に含まれている。

・精白米は玄米より消化はよいが，[4]含量が低い。

・米に水を加えて加熱すると，[5]し，味と消化がよくなる。逆にもどることを[6]という。

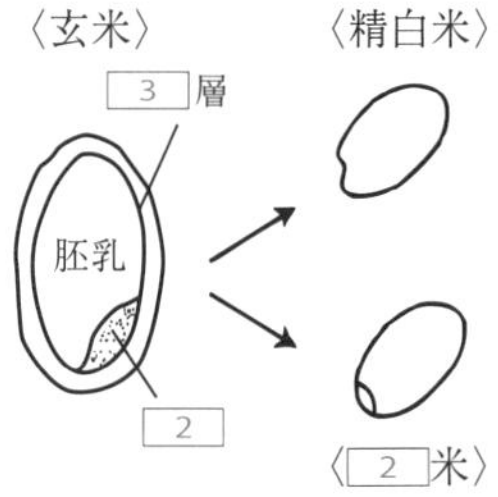

② 米と水の分量

・1人分の米の分量は[7]g，水の体積は[8]mL
・水の分量は，米の重量の[9]倍，体積の[10]倍

③ 米飯の調理法

	洗う	吸水	炊く			蒸らす
米の炊き方						
	米を3～4回水をかえて洗う	吸水させる（ふっくらと炊き上げるため）	点火し，沸騰するまで[12]**火**にかける	沸騰したら1～2分で[13]**火**にする	水が引いたら[14]**火**で炊く	火を消して蒸らす（余分な水分をとばすため）
時間		[11]分間以上	約2～5分間	約5～7分間	約15分間	約10分間

(2) **みそ汁**

・みそ…蒸した大豆に[15]，食塩を混ぜて発酵，熟成させてつくる。

・みそ汁の分量（塩分約12％のみその場合）

●1人分の分量……みそ[16]g，水[17]mL＋蒸発分50mL

① みそ汁の調理法（煮干しだしの場合）

1）頭とはらわたを取り除いた煮干しをちぎり，水の入った鍋に入れる。

2）材料を切る。

【切り方例】

〈大根〉　〈油あげ〉　〈ねぎ〉　〈豆腐〉

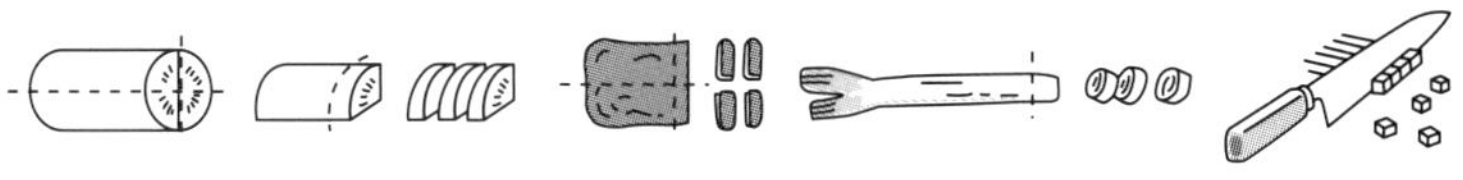

[18]　[19]　[20]　[21]

3）1）の鍋を強火にかけ，沸騰したら中火にして5分間煮てこす。途中，あくをすくい取る。

4）材料を入れて煮る。火の通りにくいものから順番に入れる。

5）材料に火が通ったら，一度火を止め，温度を下げてみそを溶き入れる。

6）再び加熱し，ひと煮立ちしたら，すぐ火を止める（煮立たせすぎるとみその香りや旨味が損なわれるため，みそを入れてからは長く煮ない）。

※だいこんは固いので，先に入れてやわらかくする。ねぎ，青菜など，煮すぎると色が悪くなったり，旨味が損なわれたりする材料は，みそを加え，ひと煮立ちしてから入れる。

② だしのとり方

・煮干し…[22]に入れて沸騰させ，中火で5分間煮てこす。

・かつおぶし…[23]に入れ，再沸騰した後すぐに火を止め，こす。

(3) **野菜**

・緑黄色野菜…可食部100g当たり600μg以上の[24]を含む野菜。[24]は体内でビタミン[25]にかわる。

・淡色野菜…可食部100g当たり600μg未満の[24]を含む野菜。

〈調理法とそのよさ〉

調理法	〈ゆでる〉	〈炒める〉
よさ	○やわらかくなって，食べやすく消化がよくなる。 ○生食に比べてかさが減り，多くの量を食べることができる。 ○食中毒のもとになるような細菌などの有害なものが取り除かれる。	○油で炒めると風味が増す。 ○油とともに摂取することで，[24]の吸収がよくなる。 ○水を使わず，高温で短時間に加熱するため，水に溶けやすく熱に弱いビタミン[26]の損失が少ない。
調理のポイント	○根菜は[27]から，葉菜は[28]からゆでる。 【青菜をゆでる場合】 ○沸騰したたっぷりの湯に少量の[29]を入れ，ふたをせずにゆでる。 ○ゆであがったらすぐ水につけ，冷ます（←色鮮やかにゆで上げるため。余熱によるゆで過ぎを防ぐため）。	○野菜の水切りを十分にする。 ○フライパンをあたためてから油を入れ，油が全体にいきわたってから炒める。 ○[30]火で短時間で炒める（←水っぽくならないようにするため）。 ○火の通りにくいものから順に炒める。

(4) **じゃがいも**

・じゃがいもに含まれているビタミン[31]は，比較的熱に強く，貯蔵時における減少も少ない。

・芽や緑色になった皮の部分には，[32]という天然毒素が含まれている。芽は包丁の角を使ってえぐり取り，緑色になった皮の部分は厚くむくなど必ず取り除くこと。

・廃棄率は約[33]％。

・[34]のような粉質のじゃがいもは粉ふきいもに，[35]のような粘りのあるじゃがいもは煮物に適している。

〈調理のポイント（ゆでる場合）〉

1）同じ大きさに切る（←同じゆで加減にするため）。

2）切ったじゃがいもは水につける（←空気に触れると変色〔褐変〕するため）。

3）じゃがいもがかぶる程度の［36］を入れ，8～12分ゆでる。

(5) **卵**

① 特性

・卵のたんぱく質は［37］のバランスがよい。

・1個の重さは［38］g。

・殻には，食中毒を起こす［39］がつきやすい。

② 調理性

［40］性　例　ゆで卵，目玉焼，プリン

［41］性　例　メレンゲ，スポンジケーキ，淡雪かん

［42］性　例　マヨネーズソース

③ ゆで卵の調理のポイント

・酢か塩を入れ，［43］からゆでる。

・沸騰したら中火にする。沸騰後，［44］分で半熟，［45］分で全熟（かたゆで）になる。

・ゆであがったら，水につけ冷ます（←殻をむきやすくするため。余熱でのゆで過ぎを防ぐため）。

3 食品の選択と安全

(1) **生鮮食品と加工食品**

・［1］食品…野菜や果実，魚，肉などのように，生産地でとれたままの鮮度を保ち，加工されていない食品。それぞれ1年のうち最も多く出回る［2］の時期があり，味がよく，栄養価が高く，価格も安い。

・［3］食品…缶詰，発酵食品，冷凍食品，インスタント食品などのように，食品に様々な［3］をして，保存性を高めたり，味をよくしたり，調理を簡便にした食品。

(2) **食品の表示**

・食品の期限表示…劣化速度が速い（製造日よりおよそ5日以内で劣化）食品には［4］期限，比較的長く保存が可能な食品には［5］期限が表示されている。

・［6］食品…大豆，トウモロコシなどの［6］作物とその加工食品には，その表示が義務付けられている。

〈食品の表示マーク〉

JAS　［7］〔日本農林規格に適合した食品〕

JAS　［8］〔有機農産物など〕

消費者庁許可 特定保健用食品　［9］〔生活習慣病の一次予防に役立つように工夫された食品〕

4 家族の生活と住居

重要度B

ここが要点　消費生活についての表示マークや環境に関するマークの名称とその意味を確認しておこう。また，各種リサイクル法や3R運動など環境問題に関して理解しておく必要がある。

1 消費生活と消費者

(1) **表示マーク**

［ 1 ］マーク
［日本産業規格に適合したノートなど］

［ 2 ］マーク
［製品安全協会の基準に適合した自転車など］

STマーク
［日本玩具協会の基準に適合した［ 3 ］］

PSCマーク
［消費生活用製品安全法により国の基準に適合した乳幼児用ベッドなど］

PSEマーク
［電気用品安全法の基準に適合したコード，電気冷蔵庫など］

(2) **クーリング・オフ制度**

消費者が購入契約を結び，代金を支払った後でも，一定の条件の下であれば無条件で契約を解除できる制度で，特定商取引法に規定されている。

〈クーリング・オフの条件〉

・訪問販売・割賦販売は［ 4 ］日以内，マルチ商法は［ 5 ］日以内に，申込みの撤回または契約の解除の旨を記した書面（もしくは電磁的記録）を販売会社あてに送付。

・現金取引で［ 6 ］円に満たないものは，クーリング・オフの適用対象外。

(3) **消費者をめぐる法律**

・［ 7 ］法…1968年に制定された「消費者保護基本法」を抜本的に改正し，消費者の自立支援を消費者政策の重点においた法律。

・［ 8 ］法…事業者の一定の言動によって消費者が事実を誤認したり，困惑したりして契約を結んだ場合には，契約を取り消すことができるなど，事業者が最低限守るべき包括的な民事ルールを定めた法律。

・［ 9 ］法…製品の欠陥によって生命や身体，財産などに被害が生じた場合，製造業者等に対して損害賠償を求めることができることを定めた法律。

(4) **行政機関**

・［ 10 ］庁…内閣府の外局として設置。これまでの縦割行政の弊害を改め，消費者の視点から消費者行政を一元化することを目的とする。日本農林規格（JAS）法，［ 9 ］法など，表示や安全にかかわる約30の法律を所管する。

(5) **消費者の4つの権利**

アメリカのケネディ大統領が，［ 11 ］権利，［ 12 ］権利，［ 13 ］権利，［ 14 ］権利の4つの権利を提唱した。

2 環境に配慮した生活

(1) リサイクル法

・容器包装リサイクル法…容器包装廃棄物処理の役割分担について，［1］に分別排出，自治体に分別収集，業者に再商品化の責任を義務づけた法律。

・家電リサイクル法…小売業者に使用済みの家電の回収，家電メーカーに再利用を義務づけた法律。運搬・回収費用とリサイクル費用は［2］が負担する。［3］，テレビ（ブラウン管，液晶・プラズマ），冷蔵庫・冷凍庫，［4］・衣類乾燥機が対象。

(2) ごみ減量の3R

［5］（減量，発生抑制）…製品をつくるときに使う資源の量や廃棄物の発生を減らす。

Reuse《リユース》（再使用）…使用済製品やその部品などを繰り返し使用する。

［6］（再生利用）…廃棄物などを原材料やエネルギー源として有効利用する。

(3) 環境に関する表示マーク

［7］マーク
［環境保全商品］

［8］マーク
［古紙の再生利用製品］

3 住居

日照と採光

① 太陽光線の役割

［1］…強い殺菌作用がある。人体の新陳代謝やビタミンDの生成を促す。

可視光線…昼間，室内に［2］をもたらす。

［3］…建物を暖めて室温を高めるほか，乾燥効果や湿気防止の効果がある。

② 採光

昼間の自然光を室内にとり入れて明るくすること。［4］法では，採光のための窓の面積は，住宅の場合には床面積の［5］以上，教室の場合には床面積の［6］以上となるよう規定されている。

③ 目的に合った照明の明るさ（単位：［7］）

		照度範囲
手元	食事・調理	［8］
	勉強・読書	500～1000
	手芸・さいほう	750～2000
部屋全体	居間・ろうか	30～75
	食堂・台所	［9］
	勉強するところ	［10］
	学校の教室・図書館※	300～750

（JIS照明基準による　※は学校環境衛生基準による）

9 体育

●解答解説P276～P278

1 学習指導要領

重要度 **A**

ここが要点　各教科の学習指導要領の問題の中で，最も細かい点まで出題される教科である。指導要領を熟読する必要があるが，まずは各学年の内容，内容の取扱いといった基本的なところから理解し，徐々に知識を深めるようにしよう。

1 教科目標・学年目標・領域構成

教科目標

> **体育や保健の[1]を働かせ，課題を見付け，その解決に向けた学習過程を通して，心と体を[2]として捉え，[3]にわたって心身の健康を[4]し豊かな[5]を実現するための[6]を次のとおり育成することを目指す。**
>
> **(1)　その[7]に応じた各種の運動の行い方及び[8]における健康・安全について理解するとともに，基本的な動きや[9]を身に付けるようにする。**
>
> **(2)　運動や健康についての[10]を見付け，その解決に向けて[11]し判断するとともに，他者に[12]を養う。**
>
> **(3)　運動に[13]とともに健康の[4]と体力の向上を目指し，[14]生活を営む態度を養う。**

学年目標

第1・2学年	(1)　各種の[15]の楽しさに触れ，その行い方を知るとともに，基本的な動きを身に付けるようにする。 (2)　各種の[15]の行い方を[16]するとともに，考えたことを他者に[12]を養う。 (3)　各種の[15]に進んで取り組み，[17]を守り誰とでも仲よく運動をしたり，健康・安全に留意したりし，[18]に運動をする態度を養う。
第3・4学年	(1)　各種の運動の楽しさや[19]に触れ，その行い方及び健康で安全な生活や体の[20]について理解するとともに，基本的な動きや[9]を身に付けるようにする。 (2)　自己の運動や[21]における健康の課題を見付け，その解決のための方法や活動を[16]するとともに，考えたことを他者に[12]を養う。 (3)　各種の運動に進んで取り組み，[17]を守り誰とでも仲よく運動をしたり，[22]の考えを認めたり，[23]や用具の安全に留意したりし，[24]努力して運動をする態度を養う。また，健康の大切さに気付き，自己の健康の[4]に進んで取り組む態度を養う。

第5・6学年	(1) 各種の運動の楽しさや[19]を味わい，その行い方及び[25]やけがの防止，[26]について理解するとともに，各種の運動の[7]に応じた基本的な[9]及び健康で安全な生活を営むための[9]を身に付けるようにする。 (2) 自己や[27]の運動の課題や身近な健康に関わる課題を見付け，その解決のための方法や活動を工夫するとともに，自己や[28]の考えたことを他者に伝える力を養う。 (3) 各種の運動に[29]に取り組み，[30]を守り助け合って運動をしたり，[28]の考えや取組を認めたり，[23]や用具の安全に留意したりし，[31]を尽くして運動をする態度を養う。また，健康・安全の大切さに気付き，自己の健康の[4]や[32]に進んで取り組む態度を養う。

領域構成

<table>
<tr><th>学年</th><th>第1学年・第2学年</th><th>第3学年・第4学年</th><th>第5学年・第6学年</th></tr>
<tr><td rowspan="7">領
域</td><td>体つくりの運動遊び</td><td colspan="2">[33]</td></tr>
<tr><td>[34]</td><td colspan="2">器械運動</td></tr>
<tr><td>走・跳の運動遊び</td><td>走・跳の運動</td><td>陸上運動</td></tr>
<tr><td>水遊び</td><td colspan="2">[35]</td></tr>
<tr><td colspan="2">ゲーム</td><td>[36]</td></tr>
<tr><td>[37]</td><td colspan="2">表現運動</td></tr>
<tr><td></td><td colspan="2">[38]</td></tr>
</table>

2 各学年の内容・内容の取扱い

〔第1学年及び第2学年〕

	内　容	内容の取扱い
A 体つくりの運動遊び	(1) 次の運動遊びの楽しさに触れ，その行い方を知るとともに，体を動かす[1]を味わったり，基本的な動きを身に付けたりすること。 ア 体ほぐしの運動遊びでは，[2]な運動遊びを行い，心と体の変化に気付いたり，みんなで関わり合ったりすること。 イ [3]をつくる運動遊びでは，体の[4]をとる動き，体を移動する動き，用具を操作する動き，[5]の動きをすること。 (2) 体をほぐしたり[3]をつくったりする遊び方を工夫するとともに，考えたことを友達に伝えること。 (3) 運動遊びに進んで取り組み，きまりを守り誰とでも仲よく運動をしたり，[6]の安全に気を付けたりすること。	・2学年間にわたって指導するものとする。

B 器械・器具を使っての運動遊び	(1) 次の運動遊びの楽しさに触れ，その行い方を知るとともに，その動きを身に付けること。 ア [7] を使った運動遊びでは，登り下りや [8]，渡り歩きや跳び下りをすること。 イ [9] を使った運動遊びでは，いろいろな方向への転がり，手で支えての体の保持や回転をすること。 ウ [10] を使った運動遊びでは，支持しての揺れや上がり下り，ぶら下がりや易しい回転をすること。 エ 跳び箱を使った運動遊びでは，跳び乗りや跳び下り，手を着いてのまたぎ乗りやまたぎ下りをすること。 (2) 器械・器具を用いた [11] を工夫するとともに，考えたことを友達に伝えること。 (3) 運動遊びに進んで取り組み，[12] やきまりを守り誰とでも仲よく運動をしたり，[6] や器械・器具の安全に気を付けたりすること。	
C 走・跳の運動遊び	(1) 次の運動遊びの楽しさに触れ，その行い方を知るとともに，その動きを身に付けること。 ア 走の運動遊びでは，いろいろな方向に走ったり，[13] を走り越えたりすること。 イ 跳の運動遊びでは，前方や上方に跳んだり，[14] 跳んだりすること。 (2) 走ったり跳んだりする [11] を工夫するとともに，考えたことを友達に伝えること。 (3) 運動遊びに進んで取り組み，[12] やきまりを守り誰とでも仲よく運動をしたり，[15] を受け入れたり，[6] の安全に気を付けたりすること。	・児童の実態に応じて投の運動遊びを加えて指導することができる。
D 水遊び	(1) 次の運動遊びの楽しさに触れ，その行い方を知るとともに，その動きを身に付けること。 ア 水の中を [16] する運動遊びでは，水につかって歩いたり走ったりすること。 イ もぐる・浮く運動遊びでは，息を止めたり吐いたりしながら，水にもぐったり浮いたりすること。 (2) 水の中を [16] したり，もぐったり浮いたりする [11] を工夫するとともに，考えたことを友達に伝えること。 (3) 運動遊びに進んで取り組み，[12] やきまりを守り誰とでも仲よく運動をしたり，水遊びの [17] を守って安全に気を付けたりすること。	

E ゲーム	(1) 次の運動遊びの楽しさに触れ，その行い方を知るとともに，易しいゲームをすること。 ア ボールゲームでは，簡単な［ 18 ］と攻めや守りの動きによって，易しいゲームをすること。 イ ［ 19 ］では，一定の区域で，逃げる，追いかける，陣地を取り合うなどをすること。 (2) 簡単な規則を工夫したり，攻め方を選んだりするとともに，考えたことを友達に伝えること。 (3) 運動遊びに進んで取り組み，規則を守り誰とでも仲よく運動をしたり，［ 15 ］を受け入れたり，［ 6 ］や用具の安全に気を付けたりすること。	
F 表現リズム遊び	(1) 次の運動遊びの楽しさに触れ，その行い方を知るとともに，［ 20 ］になりきったりリズムに乗ったりして踊ること。 ア 表現遊びでは，身近な［ 20 ］の特徴を捉え，［ 21 ］で踊ること。 イ リズム遊びでは，軽快なリズムに乗って踊ること。 (2) 身近な［ 20 ］の特徴を捉えて踊ったり，軽快なリズムに乗って踊ったりする簡単な踊り方を工夫するとともに，考えたことを友達に伝えること。 (3) 運動遊びに進んで取り組み，誰とでも仲よく踊ったり，［ 6 ］の安全に気を付けたりすること。	・(1)のイについては，簡単な［ 22 ］を含めて指導することができる。 ・学校や地域の実態に応じて歌や運動を伴う［ 23 ］及び自然の中での運動遊びを加えて指導することができる。 ・各領域の各内容については，運動と健康が関わっていることについての具体的な考えがもてるよう指導すること。

〔第3学年及び第4学年〕

	内　容	内容の取扱い
A 体つくり運動	(1) 次の運動の［ 1 ］や喜びに触れ，その行い方を知るとともに，体を動かす心地よさを味わったり，基本的な動きを身に付けたりすること。 ア 体ほぐしの運動では，手軽な運動を行い，［ 2 ］に気付いたり，みんなで関わり合ったりすること。 イ 多様な動きをつくる運動では，体のバランスをとる動き，体を移動する動き，［ 3 ］，力試しの動きをし，それらを組み合わせること。 (2) 自己の課題を見付け，その解決のための活動を工夫するとともに，考えたことを友達に伝えること。 (3) 運動に進んで取り組み，［ 4 ］を守り誰とでも仲よく運動をしたり，友達の考えを認めたり，［ 5 ］の安全に気を付けたりすること。	・2学年間にわたって指導するものとする。

<table>
<tr><td>B
器械運動</td><td>(1) 次の運動の[1]や喜びに触れ，その行い方を知るとともに，その技を身に付けること。
ア　マット運動では，回転系や[6]の基本的な技をすること。
イ　鉄棒運動では，[7]の基本的な技をすること。
ウ　[8]では，切り返し系や回転系の基本的な技をすること。
(2) [9]に適した課題を見付け，技ができるようになるための活動を工夫するとともに，考えたことを友達に伝えること。
(3) 運動に進んで取り組み，[4]を守り誰とでも仲よく運動をしたり，友達の考えを認めたり，場や器械・器具の安全に気を付けたりすること。</td><td></td></tr>
<tr><td>C
走・跳の運動</td><td>(1) 次の運動の[1]や喜びに触れ，その行い方を知るとともに，その動きを身に付けること。
ア　かけっこ・リレーでは，[10]走ったりバトンの受渡しをしたりすること。
イ　小型ハードル走では，小型ハードルを[10]走り越えること。
ウ　幅跳びでは，[11]から踏み切って跳ぶこと。
エ　高跳びでは，[11]から踏み切って跳ぶこと。
(2) [9]に適した課題を見付け，動きを身に付けるための活動や[12]の仕方を工夫するとともに，考えたことを友達に伝えること。
(3) 運動に進んで取り組み，[4]を守り誰とでも仲よく運動をしたり，[13]を受け入れたり，友達の考えを認めたり，[5]の安全に気を付けたりすること。</td><td>・児童の実態に応じて[34]を加えて指導することができる。</td></tr>
<tr><td>D
水泳運動</td><td>(1) 次の運動の[1]や喜びに触れ，その行い方を知るとともに，その動きを身に付けること。
ア　浮いて進む運動では，け伸びや[14]な泳ぎをすること。
イ　もぐる・浮く運動では，息を止めたり吐いたりしながら，いろいろなもぐり方や浮き方をすること。
(2) [9]に適した課題を見付け，水の中での動きを身に付けるための活動を工夫するとともに，考えたことを友達に伝えること。
(3) 運動に進んで取り組み，[4]を守り誰とでも仲よく運動をしたり，友達の考えを認めたり，水泳運動の[15]を守って安全に気を付けたりすること。</td><td></td></tr>
</table>

E ゲーム	(1) 次の運動の[1]や喜びに触れ，その行い方を知るとともに，[16]をすること。 ア ゴール型ゲームでは，基本的なボール操作とボールを[17]ときの動きによって，[16]をすること。 イ ネット型ゲームでは，基本的なボール操作とボールを操作できる位置に体を移動する動きによって，[16]をすること。 ウ ベースボール型ゲームでは，蹴る，打つ，捕る，投げるなどのボール操作と得点をとったり防いだりする動きによって，[16]をすること。 (2) [18]を工夫したり，ゲームの型に応じた[19]を選んだりするとともに，考えたことを友達に伝えること。 (3) 運動に進んで取り組み，[18]を守り誰とでも仲よく運動をしたり，[13]を受け入れたり，友達の考えを認めたり，[5]の安全に気を付けたりすること。	・(1)のアについては，味方チームと相手チームが入り交じって得点を取り合うゲーム及び陣地を取り合うゲームを取り扱うものとする。
F 表現運動	(1) 次の運動の[1]や喜びに触れ，その行い方を知るとともに，表したい感じを表現したりリズムに乗ったりして踊ること。 ア 表現では，[20]などの題材からその主な特徴を捉え，表したい感じを[21]の動きで踊ること。 イ リズムダンスでは，軽快なリズムに乗って[22]で踊ること。 (2) [9]に適した課題を見付け，題材や[23]を捉えた踊り方や[24]の仕方を工夫するとともに，考えたことを友達に伝えること。 (3) 運動に進んで取り組み，誰とでも仲よく踊ったり，友達の動きや考えを認めたり，場の安全に気を付けたりすること。	・(1)については，学校や地域の実態に応じて[35]を加えて指導することができる。

<table>
<tr>
<td rowspan="2">G
保健</td>
<td rowspan="2">(1) 健康な生活について，課題を見付け，その解決を目指した活動を通して，次の事項を身に付けることができるよう指導する。
ア 健康な生活について理解すること。
(ア) 心や体の調子がよいなどの健康の状態は，[25]や周囲の環境の要因が関わっていること。
(イ) 毎日を健康に過ごすには，運動，[26]，休養及び睡眠の[27]を続けること，また，[28]を保つことなどが必要であること。
(ウ) 毎日を健康に過ごすには，[29]，換気などの生活環境を整えることなどが必要であること。
イ 健康な生活について課題を見付け，その解決に向けて考え，それを表現すること。
(2) 体の発育・発達について，課題を見付け，その解決を目指した活動を通して，次の事項を身に付けることができるよう指導する。
ア 体の発育・発達について理解すること。
(ア) 体は，[30]に伴って変化すること。また，体の発育・発達には，[31]があること。
(イ) 体は，[32]になると次第に大人の体に近づき，体つきが変わったり，初経，精通などが起こったりすること。また，[33]が芽生えること。
(ウ) 体をよりよく発育・発達させるには，適切な運動，[26]，休養及び睡眠が必要であること。
イ 体がよりよく発育・発達するために，課題を見付け，その解決に向けて考え，それを表現すること。</td>
<td>・(1)を第3学年，(2)を第4学年で指導するものとする。
・(1)については，学校でも，[36]や[37]など様々な活動が行われていることについて触れるものとする。
・(2)については，自分と他の人では発育・発達などに[38]があることに気付き，それらを[39]に受け止めることが大切であることについて触れるものとする。</td>
</tr>
<tr>
<td>・各領域の各内容については，運動と健康が密接に関連していることについての[40]な考えがもてるよう指導すること。</td>
</tr>
</table>

〔第5学年及び第6学年〕

	内　容	内容の取扱い
A 体つくり運動	(1) 次の運動の楽しさや喜びを味わい，その行い方を理解するとともに，体を動かす心地よさを味わったり，[1]を高めたりすること。 ア 体ほぐしの運動では，手軽な運動を行い，[2]との関係に気付いたり，仲間と関わり合ったりすること。 イ [1]を高める運動では，[3]に応じて，[4]，巧みな動き，[5]，動きを持続する能力を高めるための運動をすること。 (2) 自己の[6]や体力に応じて，運動の行い方を工夫するとともに，自己や仲間の考えたことを他者に伝えること。 (3) 運動に積極的に取り組み，約束を守り[7]運動をしたり，仲間の考えや取組を認めたり，場や用具の安全に気を配ったりすること。	・2学年間にわたって指導するものとする。また，(1)のイについては，[4]及び巧みな動きを高めることに重点を置いて指導するものとする。その際，音楽に合わせて運動をするなどの工夫を図ること。 ・(1)のアと「G保健」の(1)のア(ｳ)については，[44]の関連を図って指導するものとする。
B 器械運動	(1) 次の運動の楽しさや喜びを味わい，その行い方を理解するとともに，その技を身に付けること。 ア マット運動では，回転系や巧技系の基本的な技を[8]行ったり，その[9]を行ったり，それらを[10]たり組み合わせたりすること。 イ 鉄棒運動では，支持系の基本的な技を[8]行ったり，その[9]を行ったり，それらを[10]たり組み合わせたりすること。 ウ 跳び箱運動では，切り返し系や回転系の基本的な技を[8]行ったり，その[9]を行ったりすること。 (2) 自己の能力に適した課題の解決の仕方や技の組み合わせ方を工夫するとともに，自己や仲間の考えたことを他者に伝えること。 (3) 運動に積極的に取り組み，約束を守り[7]運動をしたり，仲間の考えや取組を認めたり，場や器械・器具の安全に気を配ったりすること。	
C 陸上運動	(1) 次の運動の楽しさや喜びを味わい，その行い方を理解するとともに，その技能を身に付けること。 ア 短距離走・リレーでは，一定の距離を[11]で走ったり，[12]なバトンの受渡しをしたりすること。 イ ハードル走では，ハードルを[13]に走り越えること。 ウ 走り幅跳びでは，[13]な助走から踏み切って跳ぶこと。	・児童の実態に応じて，投の運動を加えて指導することができる。

C 陸上運動	エ　走り高跳びでは，[13]な助走から踏み切って跳ぶこと。 (2)　自己の能力に適した課題の解決の仕方，競争や記録への[14]の仕方を工夫するとともに，自己や仲間の考えたことを他者に伝えること。 (3)　運動に積極的に取り組み，約束を守り[7]運動をしたり，[15]を受け入れたり，仲間の考えや取組を認めたり，場や用具の安全に気を配ったりすること。	
D 水泳運動	(1)　次の運動の楽しさや喜びを味わい，その行い方を理解するとともに，その技能を身に付けること。 ア　クロールでは，手や足の動きに呼吸を合わせて[16]泳ぐこと。 イ　平泳ぎでは，手や足の動きに呼吸を合わせて[16]泳ぐこと。 ウ　安全確保につながる運動では，背浮きや浮き沈みをしながら[16]浮くこと。 (2)　自己の能力に適した課題の解決の仕方や記録への[14]の仕方を工夫するとともに，自己や仲間の考えたことを他者に伝えること。 (3)　運動に積極的に取り組み，約束を守り[7]運動をしたり，仲間の考えや取組を認めたり，水泳運動の[17]を守って安全に気を配ったりすること。	・(1)のア及びイについては，[45]を指導するものとする。また，学校の実態に応じて[46]を加えて指導することができる。
E ボール運動	(1)　次の運動の楽しさや喜びを味わい，その行い方を理解するとともに，その技能を身に付け，簡易化されたゲームをすること。 ア　ゴール型では，ボール操作とボールを持たないときの動きによって，簡易化されたゲームをすること。 イ　ネット型では，[18]や[19]による攻撃と守備によって，簡易化されたゲームをすること。 ウ　ベースボール型では，ボールを打つ攻撃と[20]をとった守備によって，簡易化されたゲームをすること。 (2)　[21]を工夫したり，自己や[19]の特徴に応じた[22]を選んだりするとともに，自己や仲間の考えたことを他者に伝えること。 (3)　運動に積極的に取り組み，[21]を守り[7]運動をしたり，[15]を受け入れたり，仲間の考えや取組を認めたり，場や用具の安全に気を配ったりすること。	・(1)については，アはバスケットボール及び[47]を，イはソフトバレーボールを，ウはソフトボールを主として取り扱うものとするが，これらに替えて[48]，タグラグビー，フラッグフットボールなどア，イ及びウの型に応じたその他のボール運動を指導することもできるものとする。なお，学校の実態に応じて[49]は取り扱わないことができる。

F 表現運動	(1) 次の運動の楽しさや喜びを味わい，その行い方を理解するとともに，［ 23 ］を表現したり踊りで交流したりすること。 ア 表現では，いろいろな題材からそれらの主な特徴を捉え，［ 23 ］をひと流れの動きで［ 24 ］に踊ったり，簡単なひとまとまりの動きにして踊ったりすること。 イ フォークダンスでは，日本の民踊や外国の踊りから，それらの踊り方の特徴を捉え，音楽に合わせて簡単な［ 25 ］や動きで踊ること。 (2) 自己やグループの課題の解決に向けて，表したい内容や［ 26 ］を捉えた練習や発表・交流の仕方を工夫するとともに，自己や仲間の考えたことを他者に伝えること。 (3) 運動に積極的に取り組み，［ 27 ］を認め合い［ 7 ］踊ったり，場の安全に気を配ったりすること。	・(1)については，学校や地域の実態に応じて［ 50 ］を加えて指導することができる。
G 保健	(1) 心の健康について，課題を見付け，その解決を目指した活動を通して，次の事項を身に付けることができるよう指導する。 ア 心の発達及び不安や［ 28 ］への対処について理解するとともに，簡単な対処をすること。 (ア) 心は，いろいろな［ 29 ］を通して，年齢に伴って発達すること。 (イ) 心と体には，［ 30 ］な関係があること。 (ウ) 不安や［ 28 ］への対処には，大人や友達に相談する，仲間と遊ぶ，［ 31 ］などいろいろな方法があること。 イ 心の健康について，課題を見付け，その解決に向けて思考し判断するとともに，それらを表現すること。 (2) けがの防止について，課題を見付け，その解決を目指した活動を通して，次の事項を身に付けることができるよう指導する。 ア けがの防止に関する次の事項を理解するとともに，けがなどの簡単な［ 32 ］をすること。 (ア) ［ 33 ］や身の回りの生活の危険が原因となって起こるけがの防止には，［ 34 ］に気付くこと，的確な判断の下に安全に行動すること，［ 35 ］を安全に整えることが必要であること。 (イ) けがなどの簡単な［ 32 ］は，［ 36 ］に行う必要があること。 イ けがを防止するために，危険の［ 37 ］や回避の方法を考え，それらを表現すること。	・(1)及び(2)を第5学年，(3)を第6学年で指導するものとする。また，けがや病気からの［ 51 ］についても触れるものとする。 ・(3)のアの(エ)の薬物については，［ 52 ］の心身への影響を中心に取り扱うものとする。また，［ 53 ］等についても触れるものとする。 ・各領域の各内容については，運動領域と保健領域との関連を図る指導に留意すること。

G 保健	(3) 病気の予防について，課題を見付け，その解決を目指した活動を通して，次の事項を身に付けることができるよう指導する。 ア　病気の予防について理解すること。 (ア)　病気は，［38］，体の抵抗力，生活行動，［35］が関わりあって起こること。 (イ)　［38］が主な要因となって起こる病気の予防には，［38］が体に入るのを防ぐことや［38］に対する体の抵抗力を高めることが必要であること。 (ウ)　［39］など生活行動が主な要因となって起こる病気の予防には，適切な運動，［40］の偏りのない食事をとること，［41］の衛生を保つことなど，望ましい生活習慣を身に付ける必要があること。 (エ)　喫煙，［42］，薬物乱用などの行為は，健康を損なう原因となること。 (オ)　［43］では，保健に関わる様々な活動が行われていること。 イ　病気を予防するために，課題を見付け，その解決に向けて思考し判断するとともに，それらを表現すること。	

3　指導計画の作成と内容の取扱い

1　指導計画の作成に当たっては，次の事項に配慮するものとする。

(1)　単元など内容や時間のまとまりを見通して，その中で育む資質・能力の育成に向けて，児童の［1］で深い学びの実現を図るようにすること。その際，体育や保健の［2］を働かせ，運動や健康についての自己の［3］を見付け，その解決のための活動を選んだり工夫したりする活動の充実を図ること。また，運動の［4］や喜びを味わったり，健康の［5］を実感したりすることができるよう留意すること。

(2)　一部の領域の指導に偏ることのないよう［6］を配当すること。

(3)　第2の第3学年及び第4学年の内容の「G保健」に配当する［6］は，2学年間で［7］単位時間程度，また，第5学年及び第6学年の内容の「G保健」に配当する［6］は，2学年間で［8］単位時間程度とすること。

(4)　第2の第3学年及び第4学年の内容の「G保健」並びに第5学年及び第6学年の内容の「G保健」（以下「保健」という。）については，効果的な学習が行われるよう［9］に，ある程度［10］時間を配当すること。

(5)　低学年においては，第1章総則の第2の4の(1)を踏まえ，他教科等との関連を積極的に図り，指導の効果を高めるようにするとともに，幼稚園教育要領等に示す［11］の終わりまでに育ってほしい姿との関連を考慮すること。特に，小学校入学当初においては，生活科を中心とした［12］な指導や，弾力的な時間割の設定を行うなどの工夫をすること。

(6)　障害のある児童などについては，学習活動を行う場合に生じる困難さに応じた指導内容や指導方法の工夫を計画的，組織的に行うこと。

(7)　第1章総則の第1の2の(2)に示す道徳教育の目標に基づき，［13］などとの関連を考慮しながら，第3章特別の教科道徳の第2に示す内容について，体育科の［14］に応じて適切な指導をすること。

2　第2の内容の取扱いについては，次の事項に配慮するものとする。

(1)　学校や地域の[15]を考慮するとともに，個々の児童の[16]や[17]の程度などに応じた指導や児童自らが運動の[3]の解決を目指す活動を行えるよう工夫すること。特に，運動を[18]と感じている児童や，運動に[19]に取り組まない児童への指導を工夫するとともに，障害のある児童などへの指導の際には，周りの児童が様々な特性を[20]するよう指導すること。

(2)　[21]を立てて練習や作戦について話し合うことや，身近な健康の保持増進について話し合うことなど，[22]能力や論理的な思考力の育成を促すための言語活動を積極的に行うことに留意すること。

(3)　第2の内容の指導に当たっては，[23]や情報通信ネットワークなどの情報手段を積極的に活用し，各領域の[14]に応じた学習活動を行うことができるように工夫すること。その際，情報機器の[24]についても，内容に応じて取り扱うこと。

(4)　運動領域におけるスポーツとの多様な関わり方や保健領域の指導については，[25]を伴う学習を取り入れるよう工夫すること。

(5)　第2の内容の「A体つくりの運動遊び」及び「[26]」の(1)のアについては，各学年の各領域においてもその[27]を生かした指導ができること。

(6)　第2の内容の「D水遊び」及び「D水泳運動」の指導については，適切な[28]の確保が困難な場合にはこれらを取り扱わないことができるが，これらの[29]については，必ず取り上げること。

(7)　オリンピック・パラリンピックに関する指導として，[30]なプレイを大切にするなど，児童の発達の段階に応じて，各種の運動を通してスポーツの[31]や価値等に触れることができるようにすること。

(8)　集合，整頓，[32]などの行動の仕方を身に付け，[33]で安全な集団としての行動ができるようにするための指導については，内容の「A体つくりの運動遊び」及び「[26]」をはじめとして，各学年の各領域（保健を除く。）において適切に行うこと。

(9)　自然との関わりの深い[34]，氷上遊び，スキー，スケート，[35]などの指導については，学校や地域の[15]に応じて積極的に行うことに留意すること。

(10)　保健の内容のうち運動，食事，休養及び睡眠については，[36]の観点も踏まえつつ，健康的な[37]の形成に結び付くよう配慮するとともに，保健を除く第3学年以上の各領域及び[38]に関する指導においても関連した指導を行うようにすること。

(11)　保健の指導に当たっては，健康に関心をもてるようにし，健康に関する[3]を解決する学習活動を取り入れるなどの指導方法の工夫を行うこと。

4　体育・健康に関する指導

第1章総則　第1の2の(3)

学校における[1]に関する指導を，児童の発達の段階を考慮して，学校の[2]を通じて適切に行うことにより，健康で安全な生活と豊かなスポーツライフの実現を目指した教育の充実に努めること。特に，学校における[3]並びに体力の向上に関する指導，[4]に関する指導及び心身の健康の保持増進に関する指導については，体育科，家庭科及び[5]の時間はもとより，各教科，道徳科，外国語活動及び総合的な学習の時間などにおいてもそれぞれの特質に応じて適切に行うよう努めること。また，それらの指導を通して，家庭や地域社会との[6]を図りながら，日常生活において適切な[1]に関する活動の実践を促し，[7]を通じて健康・安全で活力ある生活を送るための[8]が培われるよう配慮すること。

2 器械運動

重要度A

ここが要点 近年，うまくできない児童への指導法と合わせて，技に関する出題が増えてきている。技の名称と指導学年，どういった指導ポイントがあるかを，図を中心に確認しておく必要がある。

1 マット運動

技の名称… 1

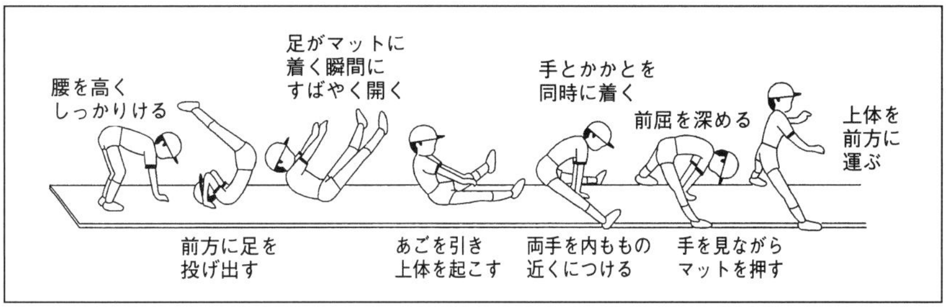

技の名称… 2

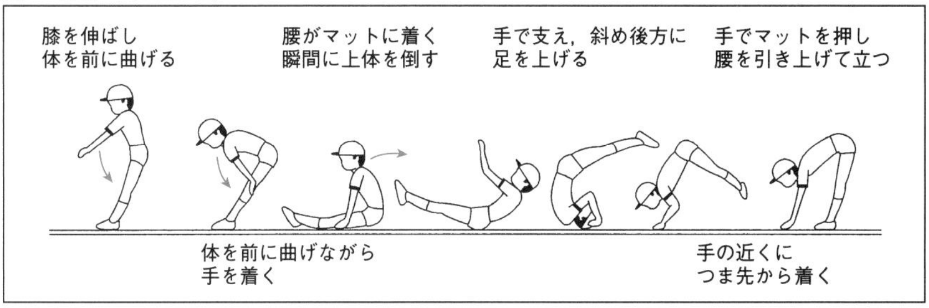

技の名称… 3

2 鉄棒運動

技の名称… 1

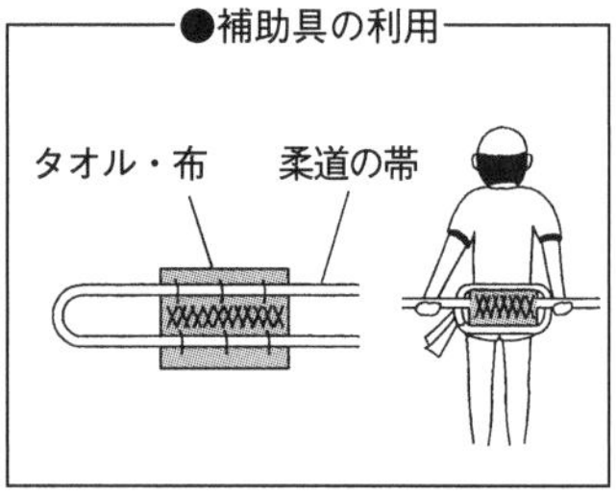

技の名称… 2

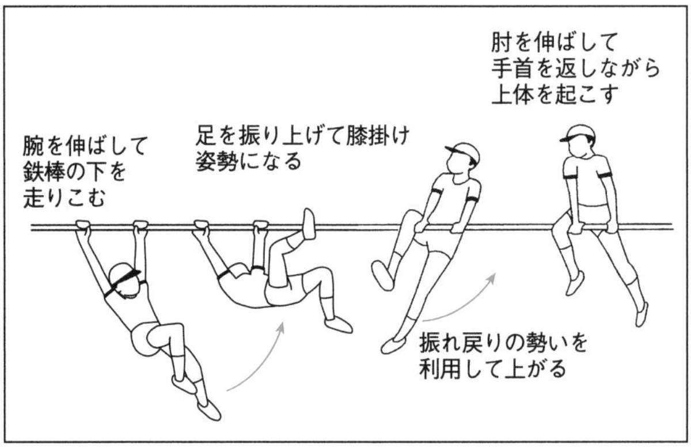

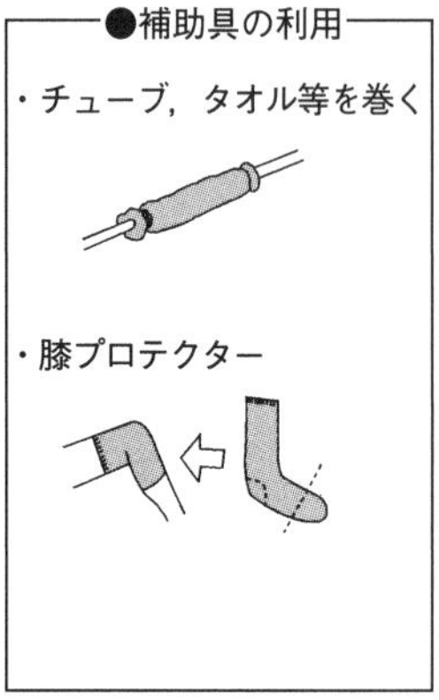

技の名称… 3

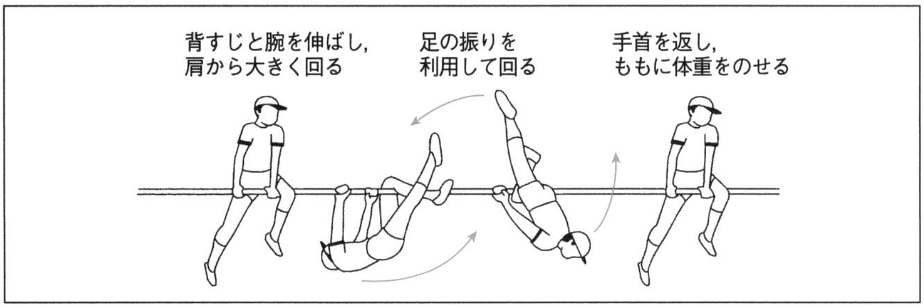

・鉄棒の握り方

4

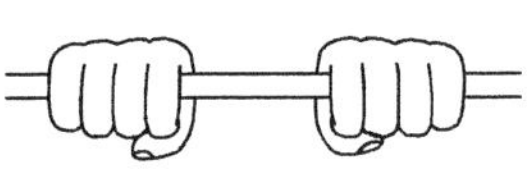

5

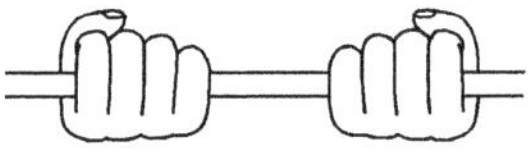

6

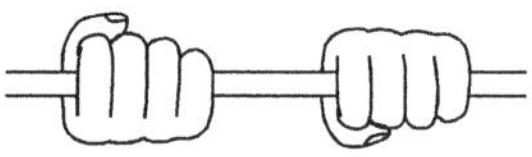

3 跳び箱運動

技の名称… 1

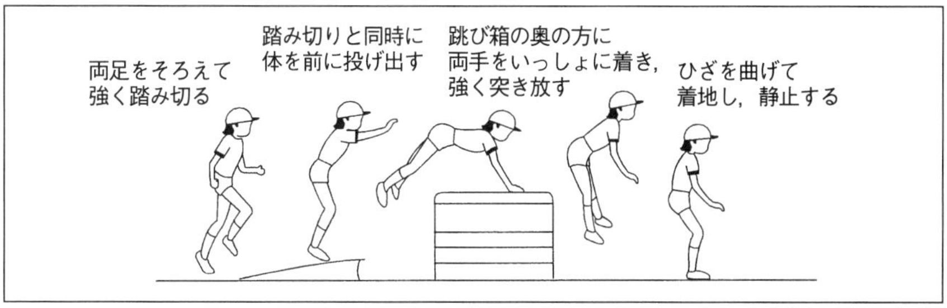

技の名称… 2

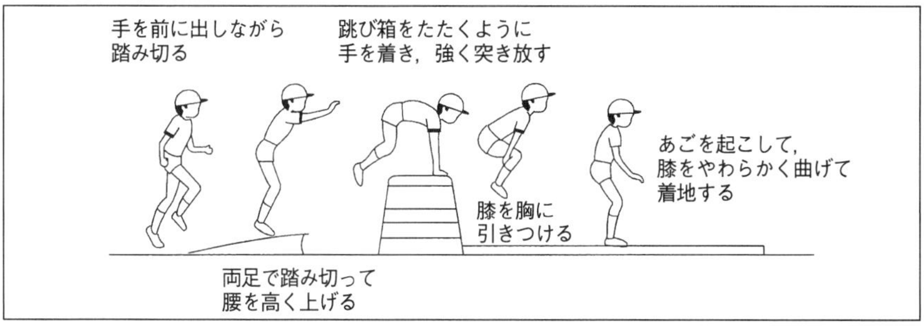

技の名称… 3

3 陸上運動

重要度 A

ここが要点　リレーのテークオーバーゾーン，バトンパスの仕方，ハードル走，走り幅跳びについての出題が多い。陸上運動でも指導法に関する問題が増えているので，指導のポイントや，うまくできない児童に対する練習法について把握しておこう。

1 短距離走・リレー・ハードル走

(1) 短距離走・リレー

・スタートの形…立ったままの姿勢で行うのは［ 1 ］スタート，両手を地面に着け，かがんだ姿勢で行うのは［ 2 ］スタート。

・［ 3 ］…バトンの受け渡しを行う区域のことで，長さは30m。

・［ 4 ］…リレーで次走者がバトンを受け取るために待つ位置を決める方法。オープンレーンの定められた地点を前走者が通過した順に，次走者が［ 3 ］内に内側から並ぶ。

・バトンパス

(2) ハードル走

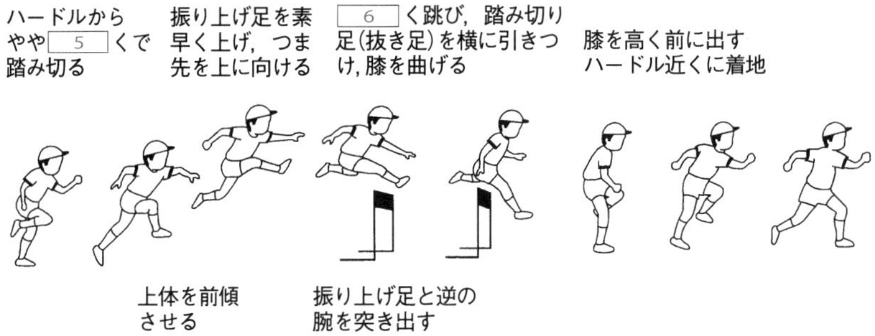

2 走り幅跳び・走り高跳び

(1) 走り幅跳び

技の名称… [1]

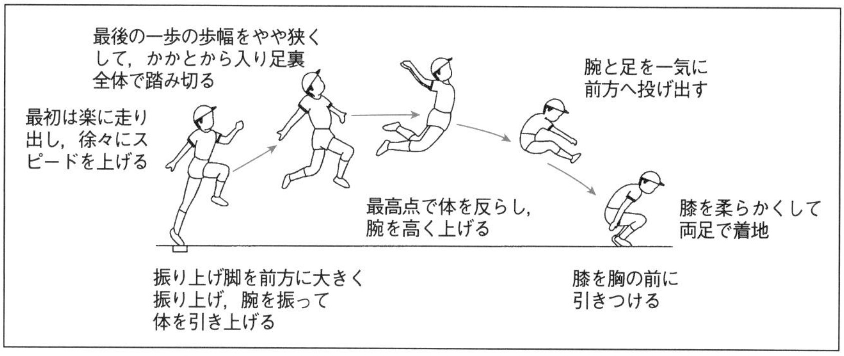

技の名称… [2]

・主な技能は，助走，[3]，空間動作，[4]の4つに分けられる。

・「輪踏み幅跳び」練習のねらい

…踏み切りのタイミングをつかむ。
踏み切り前の助走スピードを落とさない。

・測定方法

踏切線と砂場に残った最も近い痕跡の最短距離を[5]に測る。

右の図で正しい測定例は[6]。

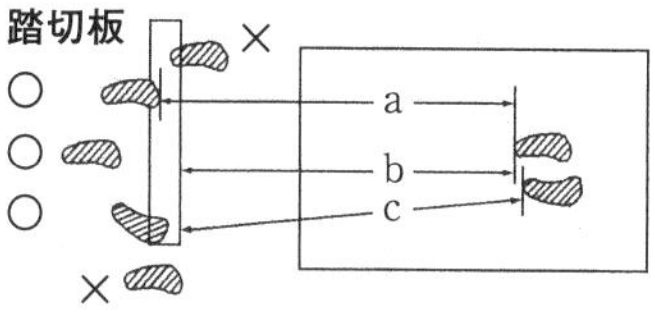

(2) 走り高跳び

技の名称… [7]

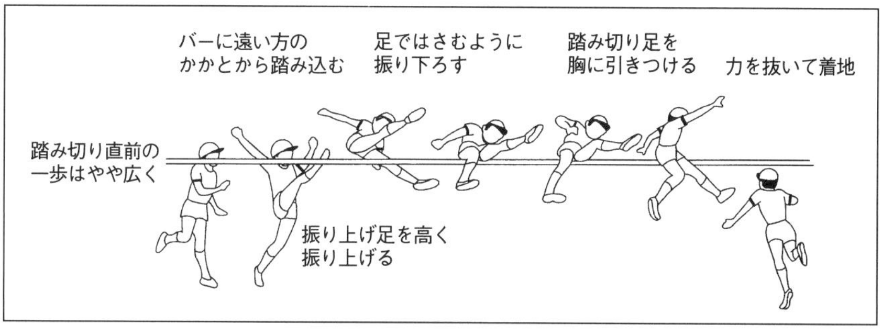

4 水泳運動

重要度B

ここが要点

クロールや平泳ぎの指導のポイントをはじめ，安全管理項目やバディシステムについて理解しておこう。技としての知識だけでなく，いかに楽しく安全に指導することができるかといった点からの学習も必要である。

1 泳法

(1) **泳ぎの基本となる動き**

名称[1]…両手先から両足先まで体をまっすぐ伸ばし，下向きに浮く。

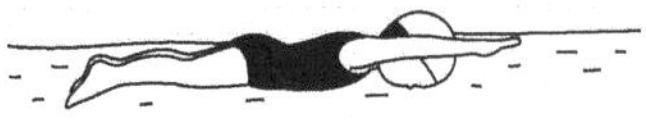

名称[2]…プールの底や壁をけって，体を一直線に伸ばして進む。

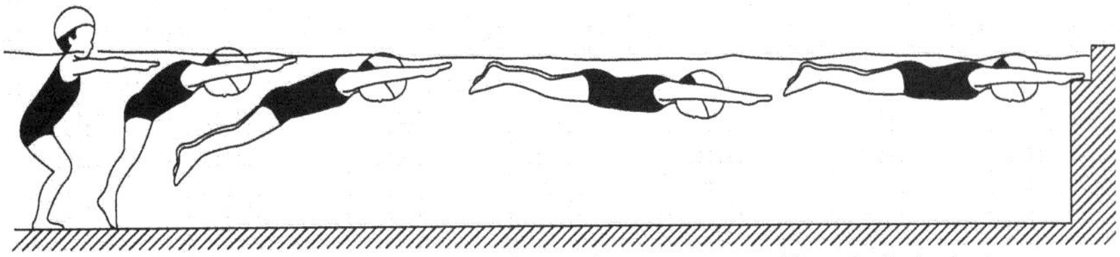

名称[3]…顔をつけたまま，ばた足とクロールの腕のかきをする。

(2) **クロール**

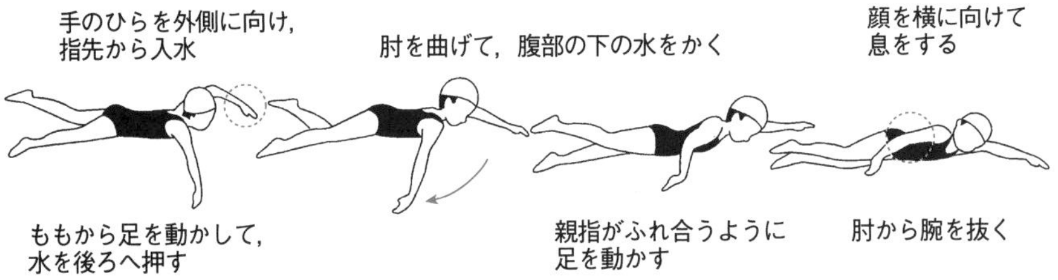

① 左右の足の幅は，親指が触れ合う程度にし，ばた足の上下動の幅は([4]ア．10〜15　イ．30〜40)cm程度に動かす。

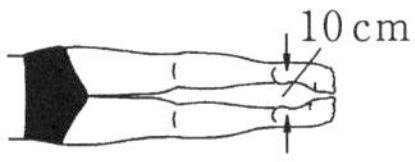

② 手のひらを([5]ア．外向き　イ．内向き)45度程度にして指先から入水し，体の中心線に沿ってもも近くまでかき，([6]ア．手首　イ．肘)から抜く。

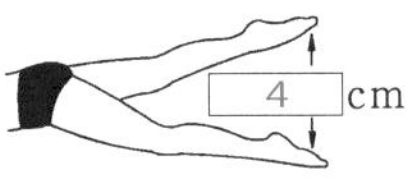

③ 呼気は，([7]ア．顔を上げて　イ．水中で)鼻と口で行う。吸気は，体の中心を軸にして顔を横に上げ，口で行う。

(3) **平泳ぎ**

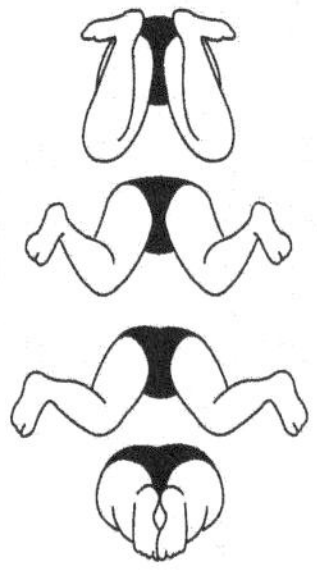

① 両膝を引き寄せながら肩の幅に開き，同時に足の裏を([8]ア．横向き　イ．上向き)にしてかかとをしりの方に引き寄せる。足の([9]ア．甲　イ．裏)で水をけるようにキックする。

② 両手のひらを下向きにそろえ，あごの下から水面と([10]ア．平行　イ．垂直)に前方へ出した後，手のひらを斜め外向きにして，肩の線まで左右に水をかく。

③ 息つぎは，腕を前に伸ばしながら([11]ア．息を吐き　イ．息を吸い)，腕で水をかき終わると同時に([12]ア．口を水面に出して息を吸う　イ．頭を水中に入れて息を吐く)。

2 水泳指導における安全管理

	安全管理項目	詳　細
授業前	児童の健康状態についての確認	・[1]，顔色，けがの有無などによって，児童の健康状態を把握する。 ・保護者からの事前連絡によって，児童の健康状態を把握する。
	プール内の施設・設備の点検 (プールの水，プールサイド，プールの排水口，シャワー，消毒槽，救命救急用具など)	・水温は[2]℃以上であることが望ましい。 ・遊離残留塩素濃度は，[3]～[4]mg/Lが適切である。 ・プールの破損や異物が投げ込まれていないか確認する。 ・プールサイドやプールの附属施設の清潔・整とんに努める。
授業中	[5]運動	・身体のすべての部分の屈伸，回旋，ねん転などを取り入れた運動を行い，全身の筋肉をほぐし，関節を柔軟にしておく。
	健康観察	・体調が悪くなった児童はいないか確認する。
	人員点呼	・事故を未然に防ぎ，事故を早期に発見するため，入水前，指導の展開の途中，退水後に，絶えず敏速かつ正確に実施する。
	監視	・事故やけがなどの異常がおこっていないか，溺水者はいないか，常に注意する。 ・プールの安全使用規則を無視する児童がいた場合には，直ちに注意を与える。

・[6]…二人一組で互いに相手の安全を確かめさせる方法のことで，事故防止のためだけでなく，互いに進歩の様子を確かめ合ったり，欠点を矯正する手助けになったりするなど，学習効果を高めるための手段としても効果的である。

過去問に挑戦！

水泳の授業を行う際，安全面での留意事項を3つ答えよ。

（静岡県　改題）

5 ボール運動・新体力テスト

重要度B

ここが要点　ルールを知っていれば解答できる問題がほとんどである。得点源ともなり得る分野なので，基本的なルールをしっかり押さえておこう。

1 バスケットボール（ゴール型）

(1) **試合の進行**

① 試合開始は[1]による。

② 得点は，[2]エリアからのゴールには3点，[2]ラインの内側からのゴールには2点，[3]によるゴールには1点。

③ ボールの運搬は，[4]またはパスによる。

④ ボールを持ったまま方向転換するときは，片足を軸に体を回転させる[5]による。

⑤ シュートが成功した場合は[6]ラインの外から，ボールがコート外に出たときは，その場所に最も近いアウトから，[7]をして再開する。

(2) **防御の方法**

[8]ディフェンス…それぞれが防御する相手を決めて，1対1の形で守る方法。

[9]ディフェンス…マークする相手を決めずに5人のプレーヤーが協力しあって，ボールを中心に決められた場所を守る方法。

(3) **ルール用語**

ファウル（反則として記録される）	**パーソナルファウル**：身体接触によるファウル	
	ブロッキング	相手の進行を不当に妨げる
	プッシング	相手を手や体で押す
	[10]	相手を手でたたく
	ホールディング	相手を手や腕でつかんだり押さえたりする
	[11]	ボールのコントロールにかかわらず，無理に進行して突き当たる
	テクニカルファウル：スポーツマンらしくない行為	
バイオレーション（ファウルを除くすべての規則違反）	[12]	ボールを持ったまま3歩以上進む。ピボットの軸足を途中でかえる
	[13]	両手を同時にボールに触れてドリブルしたり，1度ドリブルを止めた後，再び続けてドリブルしたりする
	アウトオブバウンズ	ボールを境界線外に出したり，ボールを持って境界線を踏んだり踏み越えたりする

2 サッカー（ゴール型）

(1) **試合の進行**

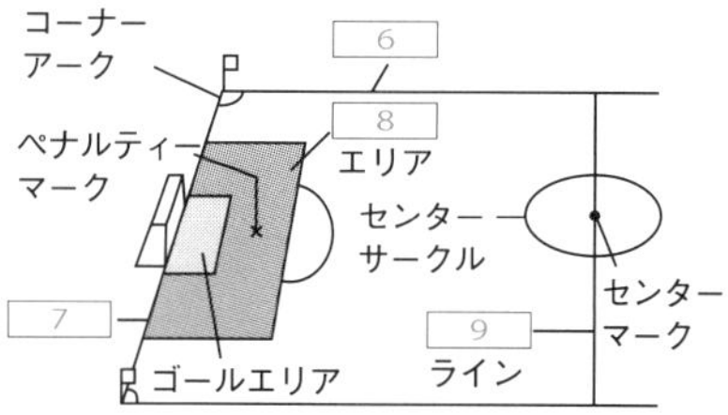

① 試合開始は [1]（センターマークに置かれたボールを相手側エンドに蹴り入れること）による。

② ボール全体が [2] を完全に通過したとき1点。

③ 競技の再開

[3]：ボールがタッチラインから外に完全に出たとき。相手チームが，ボールの出た地点の外からボールをコート内に投げ入れる。

[4]：ボールが最後に攻撃側プレーヤーに触れてゴールラインから外に完全に出たとき。守備側が，ゴールエリア内からペナルティーエリアの外に直接出るようにキックする。

[5]：ボールが最後に守備側プレーヤーに触れてゴールラインから外に完全に出たとき。攻撃側が，ボールの出た地点に近いコーナーアークからキックする。

(2) **キックとボール操作のテクニック**

[10] キック	シュートやロングパスのとき，足の甲で蹴る。
[11] キック	ショートパスなどのとき，足の内側で蹴る。
アウトサイドキック	フェイントを仕掛ける場合に，足の甲の外側で蹴るキック。
[12]	空中のボールを額で打つ。
トラッピング	転がってきたボールや飛んできたボールを手や腕以外で受け止め，相手を惑わす方向にコントロールする。

(3) **主な反則とその対応**

反則名	反則の内容	対応
[13]	ボールを意図的に手や腕で扱う	**直接フリーキック**：ゴールに直接シュートすることができる（ペナルティーエリア内ではペナルティーキックが与えられる）
ホールディング	相手を押さえる	
プッシング	相手を押す	
キッキング	相手を蹴る	
[14]	相手をつまずかせる	
ストライキング	相手を打つ	
ファウルチャージ	相手を乱暴にチャージする	
・危険な方法でプレーしたとき ・ゴールキーパーが6秒を超えて手でボールを保持したとき ・オフサイドがあったとき　など		**間接フリーキック**：直接シュートすることはできない
直接フリーキックとなる反則を，守備側が自陣の [15] エリア内で行ったとき		[15] キック

3 新体力テスト（スポーツテスト）

握力……[1]	20mシャトルラン……[6]
上体起こし……[2]，[3]	50m走……[7]
長座体前屈……[4]	立ち幅とび……[8]
反復横とび……[5]	ソフトボール投げ……[9]，[10]

〔測定する能力〕

敏捷性，柔軟性，全身持久力，筋力，筋持久力，スピード，筋パワー，巧ち性

6 保健

重要度A

ここが要点 保健分野については，学習指導要領に提示された記述以外の出題はそれほど多くはないが，応急手当や生活習慣病，エイズ，喫煙，薬物乱用などについての正しい知識が要求される。基本的な事項を押さえておこう。

1 応急手当

治療を受けるまでの間の一時的・臨時的手当てのことを応急手当という。状態の悪化を防ぎ，苦痛を和らげ，またその後の専門的な処置や治療の効果を高めることを目的として行う。

(1) **主な応急手当の方法**

切り傷 すり傷	・傷口を［ 1 ］でよく洗った後，消毒をする。 ・清潔な布やガーゼで傷口を覆い，包帯やばんそうこうを巻く。
［ 2 ］	・［ 1 ］で，痛みや熱さを感じなくなるまで冷やす。 ・服を着ている場合は，服の上から流水で冷やす。 ・水ぶくれはつぶさない。
鼻血	・鼻血を飲み込まないように頭を前傾させ，口で息をさせる。 ・鼻翼の部分を指ではさむようにして，奥に向かって圧迫する。 ・冷やしたタオルなどで，鼻のつけ根を冷やす。 ・清潔なガーゼを鼻につめる。
頭を打ったとき	・頭痛や吐き気の有無を確認する。 ・傷がある場合，汚れを［ 1 ］で洗浄し，傷口をガーゼなどで強く押さえて圧迫する。 ・こぶがある場合，濡れタオルや冷湿布で冷やす。
［ 3 ］	・患部を濡れタオルや冷湿布で冷やす。 ・包帯などで圧迫する。 ・患部を心臓より高い位置に挙げ，うっ血を防ぐ。
捻挫	・患部を濡れタオルや冷湿布で冷やす。 ・関節を三角巾などで固定する。 ・患部を心臓より高い位置に挙げ，うっ血を防ぐ。
突き指	・患部を濡れタオルや冷湿布で冷やす。 ・副木を当てて，突き指した指と隣の指とを一緒に包帯で巻いて固定する。 ・患部を心臓より高い位置に挙げ，うっ血を防ぐ。
骨折	・骨折部位を動かさないようにし，安静にする。 ・骨折部位の上下の関節に届く長さの副木を当てて固定する。 ・患部を心臓より高い位置に挙げ，うっ血を防ぐ。
足がつる（こむら返り）	・足を伸ばしながら，足指をひざの方向にそらす。 ・温湿布で温める。 ・筋肉マッサージをする。
脳貧血	・水平または足を［ 4 ］くして寝かせる。 ・衣服をゆるめ，毛布などで全身を保温する。

(2) **熱中症**

① 熱中症の症状

蒸し暑いところに長時間いたり，水分をとらずに運動をしたりした場合などに，体の中に熱がこもり，体温調節や循環機能のはたらきに障害がおこる病気。けいれん，めまい，頻脈，意識混濁などの症状があらわれる。症状の程度により，熱けいれん，熱疲労，［ 5 ］に分けられる。

※［ 5 ］…発汗がなく，体温が40℃以上に上昇し，脈が速くなって意識障害を生じる。死亡率が高い。

② 応急手当

・涼しく風通しのよい場所に移動し，衣服をゆるめて安静を保つ。
・頸部や脇の下などに，冷たいタオル，アイスパック・氷などをあてて，体を冷やす。
・濡れタオルを体にあて，うちわ等で風を当てる。
・吐き気がなければ，薄い食塩水やスポーツドリンクなどを飲ませる。
・［ 5 ］の場合，早急に救急車を呼び，医療機関に運ぶ。

2 病気とその予防

・［ 1 ］…主として食習慣・運動習慣・休養・喫煙・飲酒など生活習慣が，その発病や症状の進行に関わる病気。中でも［ 2 ］，［ 3 ］，脳卒中（脳血管疾患）は，これら3つで日本人の死亡原因の半数近くを占める。

・新型コロナウイルス感染症…新型コロナウイルス「SARS－CoV2」の感染によって発熱や肺炎などが起こる感染症のことで，2019年12月以降，短期間で世界中に広がった。世界保健機関（WHO）は，この疾病を「［ 4 ］」と名づけた。日本政府は2020年2月にこの疾患を感染症法に基づく「［ 5 ］」とした。2021年2月には，感染症法の一部が改正され，新型コロナウイルス感染症の法的位置付けが「［ 5 ］」から「新型インフルエンザ等感染症」へと変更された。そして2023年5月には，「新型インフルエンザ等感染症」から「［ 6 ］」へと変更された。

3 喫煙・薬物乱用

(1) **喫煙**

たばこの煙には多種多様な有害物質が含まれており，喫煙者が直接吸い込む煙〔［ 1 ］〕よりも，たばこの火のついた先から立ち上る煙〔［ 2 ］〕の方に有害物質は多く含まれている。喫煙者の近くにいるだけで，否応なしにたばこの煙を吸わされてしまうことを［ 3 ］といい，非喫煙者の健康にも悪影響を及ぼす。

有害物質	作　用	健康への悪影響
［ 4 ］	・末梢血管を収縮させ，血圧を上昇させる。 ・依存性をもたらす。	・動脈硬化 ・喫煙の習慣化
［ 5 ］	・発がん作用とがん促進作用がある。	・各種のがん
一酸化炭素	・［ 6 ］と強く結合し，血液が運ぶ酸素の量を減少させる。 ・血管壁を傷つける。	・心臓に負担 ・動脈硬化

(2) **薬物乱用**

医薬品を本来の目的からはずれて使用したり，医薬品でない薬物を不正に使用したりすることで，体をむしばむだけでなく，大脳の正常な働きを損ない，人格を破壊する。

主な薬物	症　状
シンナーなどの［ 7 ］	シンナーやその主成分であるトルエンは，脳（中枢神経）を麻痺させ働きを［ 8 ］作用がある。乱用すると，目が見えない，手足がしびれてきかなくなる，貧血になる，幻覚や幻聴があるなどの症状が現れたりする。
［ 9 ］	脳（中枢神経）を［ 10 ］作用がある。乱用すると，一時的に気分が高ぶり疲労感がとれたような感じになるが，効果が切れると激しい疲労感や憂うつ感に襲われる。幻覚や被害妄想，肺機能障害などを招き，一度に大量に使用すると急性中毒で死亡することもある。

過去問に挑戦！

次の各問いに答えよ。

① たばこに含まれている成分で，酸欠状態を引き起こすのはどれか。

ア．ニコチン　イ．タール　ウ．一酸化炭素　エ．シアン化水素

② シンナーを吸うことによって体のどの部分に悪影響を及ぼすか。

ア．心臓　イ．肝臓　ウ．肺　エ．脳

（名古屋市　改題）

10 外国語活動・外国語

●解答解説P279～P280

1 学習指導要領

重要度 A

ここが要点　2017（平成29）年の小学校学習指導要領改訂の際，第3・4学年で外国語が導入され，第5・6学年においては外国語が教科化されることとなった。背景や経緯とともに，理解しておこう。

1 外国語活動・外国語科の目標

【外国語活動】

外国語による[1]における見方・考え方を働かせ，外国語による聞くこと，話すことの[2]を通して，[1]を図る[3]となる資質・能力を次のとおり育成することを目指す。

(1) 外国語を通して，言語や[4]について[5]に理解を深め，日本語と外国語との[6]の違い等に気付くとともに，外国語の音声や基本的な表現に慣れ親しむようにする。

(2) 身近で[7]な事柄について，外国語で聞いたり話したりして自分の考えや気持ちなどを[8]力の[3]を養う。

(3) 外国語を通して，言語やその背景にある[4]に対する理解を深め，相手に配慮しながら，[9]に外国語を用いて[1]を図ろうとする態度を養う。

【外国語科】

外国語による[1]における見方・考え方を働かせ，外国語による聞くこと，[10]，話すこと，書くことの[2]を通して，[1]を図る基礎となる資質・能力を次のとおり育成することを目指す。

(1) 外国語の[6]や文字，語彙，表現，[11]，言語の働きなどについて，日本語と外国語との違いに気付き，これらの[12]を理解するとともに，[10]，書くことに慣れ親しみ，聞くこと，[10]，話すこと，書くことによる実際の[1]において活用できる基礎的な[13]を身に付けるようにする。

(2) [1]を行う目的や[14]，状況などに応じて，身近で[7]な事柄について，聞いたり話したりするとともに，[6]で十分に慣れ親しんだ外国語の語彙や基本的な表現を[15]しながら読んだり，[16]を意識しながら書いたりして，自分の考えや気持ちなどを[8]ことができる基礎的な力を養う。

(3) 外国語の背景にある[4]に対する理解を深め，他者に配慮しながら，[9]に外国語を用いて[1]を図ろうとする態度を養う。

2 各言語の目標

● 英語の目標

	外国語活動	外国語
聞くこと	ア　ゆっくりはっきりと話された際に，自分のことや［ 1 ］の物を表す簡単な語句を聞き取るようにする。 イ　ゆっくりはっきりと話された際に，身近で簡単な事柄に関する基本的な表現の［ 2 ］が分かるようにする。 ウ　文字の読み方が［ 3 ］されるのを聞いた際に，どの文字であるかが分かるようにする。	ア　ゆっくりはっきりと話されれば，自分のことや身近で簡単な事柄について，簡単な語句や基本的な表現を聞き取ることができるようにする。 イ　ゆっくりはっきりと話されれば，［ 4 ］に関する身近で簡単な事柄について，具体的な［ 5 ］を聞き取ることができるようにする。 ウ　ゆっくりはっきりと話されれば，［ 4 ］に関する身近で簡単な事柄について，短い話の［ 6 ］を捉えることができるようにする。
読むこと		ア　［ 7 ］で書かれた文字を識別し，その読み方を［ 3 ］することができるようにする。 イ　［ 8 ］で十分に慣れ親しんだ簡単な語句や基本的な表現の［ 2 ］が分かるようにする。
話すこと［やり取り］	ア　基本的な表現を用いて［ 9 ］，感謝，簡単な指示をしたり，それらに応じたりするようにする。 イ　自分のことや［ 1 ］の物について，［ 10 ］を交えながら，自分の考えや気持ちなどを，簡単な語句や基本的な表現を用いて［ 11 ］ようにする。 ウ　［ 12 ］を受けて，自分や相手のこと及び［ 1 ］の物に関する事柄について，簡単な語句や基本的な表現を用いて［ 13 ］をしたり［ 13 ］に答えたりするようにする。	ア　基本的な表現を用いて指示，［ 14 ］をしたり，それらに応じたりすることができるようにする。 イ　［ 4 ］に関する身近で簡単な事柄について，自分の考えや気持ちなどを，簡単な語句や基本的な表現を用いて［ 11 ］ことができるようにする。 ウ　自分や相手のこと及び［ 1 ］の物に関する事柄について，簡単な語句や基本的な表現を用いてその場で［ 13 ］をしたり［ 13 ］に答えたりして，［ 11 ］ことができるようにする。

話すこと［発表］	ア ［1］の物について，人前で［15］などを見せながら，簡単な語句や基本的な表現を用いて話すようにする。 イ 自分のことについて，人前で［15］などを見せながら，簡単な語句や基本的な表現を用いて話すようにする。 ウ ［4］に関する身近で簡単な事柄について，人前で［15］などを見せながら，自分の考えや気持ちなどを，簡単な語句や基本的な表現を用いて話すようにする。	ア ［4］に関する身近で簡単な事柄について，簡単な語句や基本的な表現を用いて話すことができるようにする。 イ 自分のことについて，伝えようとする内容を［16］した上で，簡単な語句や基本的な表現を用いて話すことができるようにする。 ウ 身近で簡単な事柄について，伝えようとする内容を［16］した上で，自分の考えや気持ちなどを，簡単な語句や基本的な表現を用いて話すことができるようにする。
書くこと		ア 大文字，小文字を［7］で書くことができるようにする。また，語順を意識しながら［8］で十分に慣れ親しんだ簡単な語句や基本的な表現を［17］ことができるようにする。 イ 自分のことや身近で簡単な事柄について，［18］を参考に，［8］で十分に慣れ親しんだ簡単な語句や基本的な表現を用いて書くことができるようにする。

3 各言語の内容

● 英語の内容

〈言語活動例〉

	外国語活動 第3学年及び第4学年	外国語 第5学年及び第6学年
聞くこと	(ア) 身近で簡単な事柄に関する短い話を聞いておおよその内容が分かったりする活動。 (イ) 身近な人や身の回りの物に関する簡単な語句や基本的な表現を聞いて，それらを表す［1］や写真などと結び付ける活動。 (ウ) 文字の読み方が発音されるのを聞いて，［2］で書かれた文字と結び付ける活動。	(ア) 自分のことや［3］など，身近で簡単な事柄について，簡単な語句や基本的な表現を聞いて，それらを表す［1］や写真などと結び付ける活動。 (イ) 日付や［4］，値段などを表す表現など，日常生活に関する身近で簡単な事柄について，［5］な情報を聞き取る活動。 (ウ) 友達や［6］，［3］など，身近で簡単な事柄について，簡単な語句や基本的な表現で話される短い［7］や説明を，［1］や写真などを参考にしながら聞いて，必要な情報を得る活動。

読むこと		(ア) [2] で書かれた文字を見て，どの文字であるかやその文字が大文字であるか小文字であるかを [8] する活動。 (イ) [2] で書かれた文字を見て，その読み方を適切に発音する活動。 (ウ) 日常生活に関する身近で簡単な事柄を内容とする掲示や [9] などから，自分が必要とする情報を得る活動。 (エ) 音声で十分に慣れ親しんだ簡単な語句や基本的な表現を，絵本などの中から [8] する活動。
話すこと［やり取り］	(ア) 知り合いと簡単な挨拶を交わしたり， [10] や簡単な指示，依頼をして，それらに応じたりする活動。 (イ) 自分のことや身の回りの物について，動作を交えながら，好みや [11] などの自分の考えや気持ちなどを伝え合う活動。 (ウ) 自分や相手の好み及び欲しい物などについて，簡単な [12] をしたり [12] に答えたりする活動。	(ア) [13] の人や知り合いと挨拶を交わしたり，相手に指示や依頼をして，それらに応じたり断ったりする活動。 (イ) 日常生活に関する身近で簡単な事柄について，自分の考えや気持ちなどを伝えたり，簡単な [12] をしたり [12] に答えたりして伝え合う活動。 (ウ) 自分に関する簡単な [12] に対してその場で答えたり，相手に関する簡単な [12] をその場でしたりして，短い [7] をする活動。
話すこと［発表］	(ア) 身の回りの物の数や [14] などについて，人前で実物や [1] ，写真などを見せながら話す活動。 (イ) 自分の好き嫌いや，欲しい物などについて，人前で実物や [1] ，写真などを見せながら話す活動。 (ウ) [4] や曜日，場所など，日常生活に関する身近で簡単な事柄について，人前で実物や [1] ，写真などを見せながら，自分の考えや気持ちなどを話す活動。	(ア) [4] や日時，場所など，日常生活に関する身近で簡単な事柄を話す活動。 (イ) 簡単な語句や基本的な表現を用いて，自分の [15] や得意なことなどを含めた [16] をする活動。 (ウ) 簡単な語句や基本的な表現を用いて， [3] や地域に関することなど，身近で簡単な事柄について，自分の考えや気持ちなどを話す活動。

書くこと		(ア)　文字の読み方が発音されるのを聞いて，[2]の大文字，小文字を書く活動。 (イ)　相手に伝えるなどの[17]をもって，身近で簡単な事柄について，音声で十分に慣れ親しんだ簡単な語句を書き写す活動。 (ウ)　相手に伝えるなどの[17]をもって，語と語の[18]に注意して，身近で簡単な事柄について，音声で十分に慣れ親しんだ基本的な表現を書き写す活動。 (エ)　相手に伝えるなどの[17]をもって，名前や年齢，[15]，好き嫌いなど，自分に関する簡単な事柄について，音声で十分に慣れ親しんだ簡単な語句や基本的な表現を用いた例の中から[19]を選んで書く活動。

4　指導計画の作成と内容の取扱い

【外国語活動】

(1)　指導計画の作成に当たっては，第5学年及び第6学年並びに中学校及び高等学校における指導との[1]に留意しながら，次の事項に配慮するものとする。

ア　単元など内容や時間のまとまりを見通して，その中で育む資質・能力の育成に向けて，児童の[2]で深い学びの実現を図るようにすること。その際，[3]な課題等を設定し，児童が外国語によるコミュニケーションにおける[4]を働かせながら，コミュニケーションの[5]や場面，状況などを意識して活動を行い，英語の音声や語彙，表現などの知識を，[6]つの領域における実際のコミュニケーションにおいて活用する学習の充実を図ること。

イ　[7]の目標を適切に定め，2学年間を通じて外国語活動の目標の実現を図るようにすること。

ウ　実際に英語を用いて互いの考えや気持ちを[8]などの言語活動を行う際は，2の「英語の特徴等に関する事項」に示す事項について理解したり練習したりするための指導を必要に応じて行うこと。また，英語を[9]学習することに配慮し，簡単な語句や基本的な表現を用いながら，[10]との関わりを大切にした[11]な言語活動を行うこと。

エ　言語活動で扱う題材は，児童の[12]に合ったものとし，[13]や音楽科，図画工作科など，他教科等で児童が学習したことを活用したり，[14]で扱う内容と関連付けたりするなどの工夫をすること。

オ　外国語活動を通して，外国語や外国の文化のみならず，国語や[15]についても併せて理解を深めるようにすること。言語活動で扱う題材についても，[15]や，英語の[16]にある文化に対する関心を高め，理解を深めようとする態度を養うのに役立つものとすること。

カ　障害のある児童などについては，学習活動を行う場合に生じる困難さに応じた指導内容や指導方法の工夫を計画的，組織的に行うこと。

キ　[17]の教師又は外国語活動を担当する教師が[18]を作成し，授業を実施するに当たっては，ネイティブ・スピーカーや英語が堪能な[19]などの協力を得る等，指導体制の充実を図るとともに，指導方法の工夫を行うこと。

(2)　2の内容の取扱いについては，次の事項に配慮するものとする。

ア　英語でのコミュニケーションを体験させる際は，児童の[20]を考慮した表現を用い，児童にとって身近なコミュニケーションの場面を設定すること。

イ　文字については，児童の[21]に配慮しつつ，音声によるコミュニケーションを[22]するものとして取り扱うこと。

ウ　言葉によらないコミュニケーションの手段もコミュニケーションを支えるものであることを踏まえ，[23]などを取り上げ，その役割を理解させるようにすること。

エ　身近で簡単な事柄について，[10]に質問をしたり質問に答えたりする力を育成するため，[24]，グループ・ワークなどの学習形態について適宜工夫すること。その際，相手とコミュニケーションを行うことに課題がある児童については，個々の児童の[25]に応じて指導内容や指導方法を工夫すること。

オ　児童が身に付けるべき資質・能力や児童の実態，教材の内容などに応じて，[26]やコンピュータ，情報通信ネットワーク，教育機器などを有効活用し，児童の[12]をより高め，指導の効率化や言語活動の更なる充実を図るようにすること。

カ　各単元や各時間の指導に当たっては，コミュニケーションを行う[5]，場面，状況などを明確に設定し，言語活動を通して育成すべき資質・能力を明確に示すことにより，児童が[27]を立てたり，振り返ったりすることができるようにすること。

【外国語科】

(1)　指導計画の作成に当たっては，第3学年及び第4学年並びに中学校及び高等学校における指導との[1]に留意しながら，次の事項に配慮するものとする。

ア　単元など内容や時間のまとまりを見通して，その中で育む資質・能力の育成に向けて，児童の[2]で深い学びの実現を図るようにすること。その際，[3]な課題等を設定し，児童が外国語によるコミュニケーションにおける[4]を働かせながら，コミュニケーションの[5]や場面，状況などを意識して活動を行い，英語の音声や語彙，表現などの知識を，[28]つの領域における実際のコミュニケーションにおいて活用する学習の充実を図ること。

イ　[7]の目標を適切に定め，2学年間を通じて外国語科の目標の実現を図るようにすること。

ウ　実際に英語を使用して互いの考えや気持ちを[8]などの言語活動を行う際は，2の「英語の特徴やきまりに関する事項」に示す言語材料について理解したり練習したりするための指導を必要に応じて行うこと。また，第3学年及び第4学年において第4章外国語活動を履修する際に扱った簡単な語句や基本的な表現などの学習内容を繰り返し指導し[29]を図ること。

エ　児童が英語に多く触れることが期待される英語学習の[30]を踏まえ，必要に応じて，特定の事項を取り上げて第1章総則の第2の3の(2)のウの(イ)に掲げる指導を行うことにより，[31]を高めるよう工夫すること。このような指導を行う場合には，当該指導の[32]やそれを関連付けて指導を行う事項との関係を明確にするとともに，単元など内容や時間のまとまりを見通して，資質・能力が[33]育成されるよう計画的に指導すること。

オ　言語活動で扱う題材は，児童の[12]に合ったものとし，[13]や音楽科，図画工作科など，他の教科等で児童が学習したことを活用したり，[14]で扱う内容と関連付けたりするなどの工夫をすること。

カ　障害のある児童などについては，学習活動を行う場合に生じる困難さに応じた指導内容や指導方法の工夫を計画的，組織的に行うこと。

キ　[17]の教師又は外国語を担当する教師が[18]を作成し，授業を実施するに当たっては，ネイティブ・スピーカーや英語が堪能な[19]などの協力を得る等，指導体制の充実を図るとともに，指導方法の工夫を行うこと。

(2)　2の内容の取扱いについては，次の事項に配慮するものとする。

ア　2の(1)に示す言語材料については，[34]なものから難しいものへと[35]に指導すること。また，児童の[20]に応じて，聞いたり読んだりすることを通して意味を理解できるように指導すべき事項と，話したり書いたりして表現できるように指導すべき事項とがあることに留意すること。

イ　音声指導に当たっては，日本語との[36]に留意しながら，[37]などを通して2の(1)のアに示す言語材料を指導すること。また，音声と文字とを関連付けて指導すること。

ウ　文や[38]の指導に当たっては，次の事項に留意すること。

(ア)　児童が日本語と英語との語順等の[36]や，関連のある文や[38]のまとまりを認識できるようにするために，効果的な指導ができるよう工夫すること。

(イ)　文法の用語や[39]の指導に偏ることがないよう配慮して，言語活動と効果的に関連付けて指導すること。

エ　身近で簡単な事柄について，[10]に質問をしたり質問に答えたりする力を育成するため，[24]，グループ・ワークなどの学習形態について適宜工夫すること。その際，他者とコミュニケーションを行うことに課題がある児童については，個々の児童の[25]に応じて指導内容や指導方法を工夫すること。

オ　児童が身に付けるべき資質・能力や児童の実態，教材の内容などに応じて，[26]やコンピュータ，情報通信ネットワーク，教育機器などを有効活用し，児童の[12]をより高め，指導の効率化や言語活動の更なる充実を図るようにすること。

カ　各単元や各時間の指導に当たっては，コミュニケーションを行う[5]，場面，状況などを明確に設定し，言語活動を通して育成すべき資質・能力を明確に示すことにより，児童が[27]を立てたり，振り返ったりすることができるようにすること。

(3)　教材については，次の事項に留意するものとする。

ア　教材は，聞くこと，読むこと，話すこと［やり取り］，話すこと［発表］，書くことなどのコミュニケーションを図る基礎となる資質・能力を総合的に育成するため，1に示す[28]つの領域別の目標と2に示す内容との関係について，単元など内容や時間のまとまりごとに各教材の中で明確に示すとともに，実際の言語の[40]や言語の働きに十分配慮した題材を取り上げること。

イ　英語を使用している人々を中心とする世界の人々や日本人の[41]，風俗習慣，物語，地理，歴史，[42]，自然などに関するものの中から，児童の[20]や[12]に即して適切な題材を変化をもたせて取り上げるものとし，次の観点に配慮すること。

(ｱ) 多様な考え方に対する理解を深めさせ，[43]な判断力を養い豊かな心情を育てることに役立つこと。

(ｲ) [15]や，英語の[16]にある文化に対する関心を高め，理解を深めようとする態度を養うことに役立つこと。

(ｳ) 広い視野から[44]を深め，国際社会と向き合うことが求められている我が国の一員としての自覚を高めるとともに，[45]の精神を養うことに役立つこと。

2 英語

重要度 A

ここが要点

語い・文法については，空欄補充問題として出題されることが多い。問題演習などを通して，着実に知識を身に付けよう。会話問題は，主に，一連の流れの会話文の空欄にあてはまる語句を選ぶものが出題されている。会話特有の表現がでてくることが多く，そのパターンを多く知っておく必要がある。英文読解の問題は，内容に関する出題が多くみられる。すばやく，正確に理解する力を身に付けるためには，日頃から英文を読む習慣をつけることが重要である。

1 語い・文法Ⅰ

次の説明文にあてはまる語句を英単語で答えよ。

(1) a person whose job is to care for people's teeth [1]

(2) the short, thick finger on the side of your hand [2]

(3) an area covered with sand or small rocks that is next to an ocean or lake [3]

(4) a building people can visit to see water animals and plants [4]

(5) a reference book that contains words listed in alphabetical order and that gives information about the words' meanings, forms, pronunciations, etc. [5]

(6) a piece of sports equipment, used for hitting a ball, consisting of a handle and a frame with strings stretched tightly across it [6]

(7) the inside surface at the top of a room, or an upper limit [7]

(8) a diplomatic agent of the highest rank who represents his/her own government while living in another country [8]

2 語い・文法Ⅱ

次の英文の[ ]に入る適当なものを選択肢から選べ。

(1) You should be more [1] to your seniors.
ア．respectable　イ．respectful　ウ．respecting　エ．respective

(2) My parents will [2] for thirty years on June 6 next year.
ア．get married　イ．be marrying　ウ．have been married
エ．have gotten married

(3) He made [3] an excellent performance that the audience stood up and cheered.
ア．such　イ．so　ウ．very　エ．too

(4) I didn't accept any of the five offers because I found [4] of them attractive.
ア．any　イ．either　ウ．neither　エ．none

(5) He missed the train because he had a [5] tire on his way to the station.
ア．lost　イ．flat　ウ．weak　エ．tough

(6) The reporters had no [6] how much they were annoying the residents.
ア．notice　イ．care　ウ．idea　エ．attention

(7) It turned out that neither he nor his colleagues [7] infected.
ア．is　イ．are　ウ．was　エ．were

(8) [8] any difficulty, please do not hesitate to call me.
ア．Instead of　イ．In case of　ウ．In front of　エ．By means of

3 会話文に特有な表現

次の[ ]に適当な語を補い，外国語活動の授業中によく使う英文を完成させよ。

(1) 輪になって座りなさい。
Sit [1] a circle.

(2) 4人ずつのグループを作りなさい。
Make groups [2] four.

(3) 誰にもそれを見せてはいけません。
Don't [3] it to anyone.

(4) 教科書の40ページを開けなさい。
Open your textbook [4] page 40.

(5) 前よりも良くなりましたね。
You are doing [5] than before.

(6) 誰かやってくれる人はいませんか？
Any [6]?

(7) このページを音読しなさい。
Please read this page [7].

(8) 今日はこれで終わりです。
That's [8] for today.

4 対話文

次の対話文において，[ ]に適切なものを入れよ。

(1) Will you pass me the salt? − Certainly, [1] you are.
ア．it　イ．here　ウ．if　エ．will

(2) What's the [2] with you? You look so pale. − I think I have a cold.
ア．wrong　イ．matter　ウ．happen　エ．ill

(3) How [3] some more tea? − Thank you, I have enough.
ア．goes　イ．much　ウ．about　エ．to

(4) I'm afraid she is on another line. Will you [4] on a minute? − No, I will call again later.
ア．keep　イ．have　ウ．talk　エ．hold

(5) What do you [5] to going to the movies tonight? − Sounds good.
ア．say　イ．think　ウ．suggest　エ．like

(6) Let's meet in front of the library. − [6].
ア．I hope so　イ．All right　ウ．Never mind　エ．Not at all

(7) Will you [7] me a favor? − Of course.
ア．ask　イ．request　ウ．tell　エ．do

(8) Hi. I'm Gregory Harris. − [8]
ア．Who's that?　イ．What about you?　ウ．Nice to meet you.
エ．Certainly not.

5 英文読解Ⅰ

次の英文を読んで，あとの問いに答えよ。

When a bee visits a flower, she may drink its nectar and collect its pollen. Nectar is like a sugar-shot of energy. Pollen, [1] contrast, offers long-term nutrition. That pollen gives bees their only natural source of protein.

Scientists studied recently collected flowers from *Canada goldenrod. Then they ①compared pollen in them to pollen in goldenrod preserved at the Smithsonian Institution's National Museum of Natural History in Washington, D.C. Today's plants have less protein, they found. Protein levels in pollen from the older, preserved flowers was 18 percent. Today's goldenrod pollen has only about 12 percent protein. That's about one-third less than 172 years ago.

Over that same time frame, CO_2 levels have gone up [2] more than one-third.（Back more than 170 years ago, they were about 280 parts per million in the air. Today they are about 398 ppm.）Fueling much of that rise in CO_2 has been the growing use of fossil fuels.

To test whether ②CO_2 changes［role / the / a / played / protein levels / had / falling / in］, the researchers conducted tests. They grew goldenrod for two years at CO_2 levels of up to 500 ppm. More CO_2 in the air ③led to lower levels of protein in the flowers' pollen.

* Canada goldenrod 「セイタカアワダチソウ」

(1) [1]・[2]に適切な前置詞を入れよ。

(2) 下線部①の名詞形を書け。 [3]

(3) 下線部②が「二酸化炭素の変化が，タンパク質濃度を低下させる一因となった」の意味になるよう，［ ］内の語句を並べ替えよ。 [4]

(4) 下線部③の現在形を書け。 [5]

6 英文読解Ⅱ

次の英文を読んで，内容と一致しないものを下のア～オから一つ選び，記号で答えよ。

Students in New York City are not allowed to take cellphones to school, but they have jobs or other activities after school and they need their phones to be able to reach their parents and arrange transportation. Thus students attending several high schools in Queens now leave their phones at shops near their schools for the day. For a small fee — usually 50 cents to a dollar — they can drop their phones off in the morning and pick them up after school.

The stores include candy shops, small grocery stores, and even a flower shop. The shop owner makes a small profit from the storage fees, and also benefits from increased sales of food and drinks when the students pick up their phones at the end of the day.

When a student leaves a phone, the shopkeeper generally gives them a numbered claim ticket and stores the phone in a plastic bag with a matching ticket. Some also take the student's name and ask for identification before giving the phone back.

In spite of these precautions, there have been cases where students have lost their tickets and phones have been given to the wrong people. At one store, a large number of phones were stolen during an armed robbery.

ア．ニューヨークの学生は学校へ携帯電話を持って行くことを認められていないので，学校の近くの店に預けている。

イ．菓子屋や食料品店などが，有料で学生の携帯電話を預かっている。

ウ．菓子屋や食料品店などは，携帯電話を預かるサービスのおかげで，店の売上を伸ばした。

エ．店は，携帯電話を預かる時に引換券を学生に渡して，間違いなく電話を本人に返せるようにしているので，トラブルが起きたことはない。

オ．携帯電話の返却時に，学生に身分証明書の提示を求める店もある。

過去問に挑戦！

1 次の英文の空欄に当てはまる最も適当なものを，それぞれ下のア～エから一つ選び，記号で答えなさい。

(1) I recommended that he (　　) read a book written by Soseki.

ア. might　　イ. will　　ウ. would　　エ. should

(2) Thanks (　　) the charity events, many people were saved from hunger.

ア. for　　イ. to　　ウ. with　　エ. on

（京都府　改題）

2 次の各対話文について，(　　)に入る最も適切なものを，それぞれア～エから選び，記号で答えよ。

(1) A：Have you been to New York?
B：No, I've never been there.
A：(　　). But I want to go there to see a musical some day.

ア. Yes, thank you　　イ. You're welcome　　ウ. Me, neither　　エ. So do I

(2) A：Can I stay longer, Mom? I want to take some pictures of the flowers.
B：OK. But we need to make sure we get home before dark.
A：(　　). Five minutes is enough.

ア. Watch out　　イ. No problem　　ウ. Take your time　　エ. After you

（山口県　改題）

3 次の文章を読み，質問に対する答えとして最も適当なものを，下の①～④のうちから一つ選びなさい。

Akiko is a Japanese junior high school student. She got interested in Australia in her English class. Last winter, she visited there for the first time. Australia was in the height of summer just then, so it was so hot. After a 3-hour drive from the airport, Akiko arrived at her host Jane's house in the countryside. She stayed with her 10 days. During her stay, she learned an important thing about the Australian way of life. It was to save water. In some areas of Australia, it does not rain much. So people living there can not use too much water. They can't even water some flowers in their garden. Akiko was surprised to know that. She understood their problem and tried to finish taking a shower within 5 minutes during her stay in Australia.

Question：Why did Akiko take a quick shower during her stay in Australia?

① Because she wanted Jane to know that it often rains in Japan.
② Because she went to Australia to study English.
③ Because she noticed one of the problems Australia had.
④ Because she thought taking a long shower was bad for her health.

（千葉県・千葉市）

11 特別の教科　道徳

●解答解説P281

1 学習指導要領

重要度 A

ここが要点　教科目標と「指導計画の作成と内容の取扱い」が重要である。空欄補充問題も多いため，キーワードを正確に覚えておくようにしよう。

1 教科目標

第1章総則の第1の2の(2)に示す道徳教育の目標に基づき，よりよく生きるための基盤となる [1] を養うため，[2] についての理解を基に，[3] を見つめ，物事を [4] に考え，[3] の生き方についての考えを深める学習を通して，道徳的な判断力，心情，[5] と態度を育てる。

2 内容

A　主として自分自身に関すること

	第1学年・第2学年	第3学年・第4学年	第5学年・第6学年
善悪の判断，自律，[1] と責任	よいことと悪いこととの区別をし，よいと思うことを進んで行うこと。	正しいと判断したことは，自信をもって行うこと。	[1] を大切にし，自律的に判断し，責任のある行動をすること。
正直，誠実	うそをついたりごまかしをしたりしないで，[2] に伸び伸びと生活すること。	過ちは [2] に改め，正直に明るい心で生活すること。	誠実に，明るい心で生活すること。
[3]，節制	健康や安全に気を付け，物や金銭を大切にし，身の回りを整え，わがままをしないで，規則正しい生活をすること。	自分でできることは自分でやり，安全に気を付け，よく考えて行動し，[3] のある生活をすること。	安全に気を付けることや，生活習慣の大切さについて理解し，自分の生活を見直し，[3] を守り節制に心掛けること。
個性の伸長	自分の [4] に気付くこと。	自分の [4] に気付き，長所を伸ばすこと。	自分の [4] を知って，短所を改め長所を伸ばすこと。
希望と勇気，努力と強い意志	自分のやるべき勉強や仕事をしっかりと行うこと。	自分でやろうと決めた [5] に向かって，強い意志をもち，粘り強くやり抜くこと。	より高い [5] を立て，希望と勇気をもち，困難があってもくじけずに努力して物事をやり抜くこと。
真理の探究			真理を大切にし，物事を探究しようとする心をもつこと。

B　主として人との関わりに関すること

	第1学年・第2学年	第3学年・第4学年	第5学年・第6学年
[6]，思いやり	身近にいる人に温かい心で接し，[6]にすること。	相手のことを思いやり，進んで[6]にすること。	誰に対しても思いやりの心をもち，相手の立場に立って[6]にすること。
感謝	家族など日頃世話になっている人々に感謝すること。	家族など生活を支えてくれている人々や現在の生活を築いてくれた高齢者に，[7]と感謝の気持ちをもって接すること。	日々の生活が家族や過去からの多くの人々の支え合いや助け合いで成り立っていることに感謝し，それに応えること。
礼儀	気持ちのよい挨拶，言葉遣い，動作などに心掛けて，明るく接すること。	礼儀の大切さを知り，誰に対しても[8]をもって接すること。	時と場をわきまえて，礼儀正しく[8]をもって接すること。
友情，[9]	友達と仲よくし，助け合うこと。	友達と互いに理解し，[9]し，助け合うこと。	友達と互いに[9]し，学び合って友情を深め，異性についても理解しながら，人間関係を築いていくこと。
相互理解，寛容		自分の考えや意見を相手に伝えるとともに，相手のことを理解し，自分と異なる意見も大切にすること。	自分の考えや意見を相手に伝えるとともに，[10]な心をもち，広い心で自分と異なる意見や立場を尊重すること。

C　主として集団や社会との関わりに関すること

	第1学年・第2学年	第3学年・第4学年	第5学年・第6学年
規則の尊重	[11]やきまりを守り，みんなが使う物を大切にすること。	[11]や社会のきまりの意義を理解し，それらを守ること。	法やきまりの意義を理解した上で進んでそれらを守り，自他の[12]を大切にし，義務を果たすこと。
公正，公平，社会正義	自分の[13]にとらわれないで接すること。	誰に対しても分け隔てをせず，公正，公平な態度で接すること。	誰に対しても差別をすることや[14]をもつことなく，公正，公平な態度で接し，正義の実現に努めること。
勤労，公共の精神	働くことのよさを知り，みんなのために働くこと。	働くことの大切さを知り，進んでみんなのために働くこと。	働くことや社会に[15]することの充実感を味わうとともに，その意義を理解し，公共のために役に立つことをすること。
家族愛，家庭生活の充実	父母，祖父母を[16]し，進んで家の手伝いなどをして，家族の役に立つこと。	父母，祖父母を[16]し，家族みんなで協力し合って楽しい家庭をつくること。	父母，祖父母を[16]し，家族の幸せを求めて，進んで役に立つことをすること。
よりよい学校生活，集団生活の充実	先生を[16]し，学校の人々に親しんで，学級や学校の生活を楽しくすること。	先生や学校の人々を[16]し，みんなで協力し合って楽しい学級や学校つくること。	先生や学校の人々を[16]し，みんなで協力し合ってよりよい学級や学校をつくるとともに，様々な集団の中での自分の役割を自覚して集団生活の充実に努めること。
伝統と文化の尊重，国や郷土を愛する態度	我が国や郷土の文化と生活に親しみ，[17]をもつこと。	我が国や郷土の伝統と文化を大切にし，国や郷土を愛する心をもつこと。	我が国や郷土の伝統と文化を大切にし，先人の努力を知り，国や郷土を愛する心をもつこと。
国際理解，[18]	他国の人々や文化に親しむこと。	他国の人々や文化に親しみ，関心をもつこと。	他国の人々や文化について理解し，日本人としての自覚をもって[18]に努めること。

D　主として生命や自然，崇高なものとの関わりに関すること

	第1学年・第2学年	第3学年・第4学年	第5学年・第6学年
生命の尊さ	生きることのすばらしさを知り，生命を［ 19 ］にすること。	生命の尊さを知り，生命あるものを［ 19 ］にすること。	生命が多くの生命のつながりの中にあるかけがえのないものであることを理解し，生命を尊重すること。
自然愛護	身近な自然に親しみ，動植物に優しい心で接すること。	自然のすばらしさや［ 20 ］さを感じ取り，自然や動植物を大切にすること。	自然の［ 21 ］さを知り，自然環境を大切にすること。
感動，畏敬の念	［ 22 ］に触れ，すがすがしい心をもつこと。	［ 22 ］や気高いものに感動する心をもつこと。	［ 22 ］や気高いものに感動する心や人間の力を超えたものに対する畏敬の念をもつこと。
よりよく生きる喜び			よりよく生きようとする人間の強さや［ 23 ］を理解し，人間として生きる喜びを感じること。

3　指導計画の作成と内容の取扱い

1　各学校においては，道徳教育の全体計画に基づき，各教科，外国語活動，総合的な学習の時間及び特別活動との関連を考慮しながら，道徳科の年間指導計画を作成するものとする。なお，作成に当たっては，第2に示す各学年段階の［ 1 ］について，相当する各学年において［ 2 ］取り上げることとする。その際，児童や学校の実態に応じ，［ 3 ］学年間を見通した重点的な指導や［ 1 ］間の関連を密にした指導，一つの［ 1 ］を複数の時間で扱う指導を取り入れるなどの工夫を行うものとする。

2　第2の内容の指導に当たっては，次の事項に配慮するものとする。

(1)　校長や教頭などの参加，他の教師との協力的な指導などについて工夫し，［ 4 ］を中心とした指導体制を充実すること。

(2)　道徳科が学校の教育活動全体を通じて行う道徳教育の［ 5 ］としての役割を果たすことができるよう，［ 6 ］な指導を行うこと。特に，各教科，外国語活動，総合的な学習の時間及び特別活動における道徳教育としては取り扱う機会が十分でない内容項目に関わる指導を補うことや，児童や学校の実態等を踏まえて指導をより一層深めること，内容項目の相互の関連を捉え直したり発展させたりすることに留意すること。

(3)　児童が自ら道徳性を養う中で，自らを振り返って［ 7 ］を実感したり，これからの［ 8 ］を見付けたりすることができるよう工夫すること。その際，道徳性を養うことの意義について，児童自らが考え，理解し，［ 9 ］に学習に取り組むことができるようにすること。

(4)　児童が［ 10 ］な感じ方や考え方に接する中で，考えを深め，判断し，表現する力などを育むことができるよう，自分の考えを基に話し合ったり書いたりするなどの［ 11 ］を充実すること。

(5)　児童の発達の段階や特性等を考慮し，指導のねらいに即して，[12]的な学習，道徳的行為に関する[13]な学習等を適切に取り入れるなど，指導方法を工夫すること。その際，それらの活動を通じて学んだ内容の意義などについて考えることができるようにすること。また，特別活動等における[10]な実践活動や体験活動も道徳科の授業に生かすようにすること。

(6)　児童の発達の段階や特性等を考慮し，第2に示す内容との関連を踏まえつつ，[14]に関する指導を充実すること。また，児童の発達の段階や特性等を考慮し，例えば，社会の持続可能な発展などの現代的な課題の取扱いにも留意し，身近な[15]を自分との関係において考え，それらの解決に寄与しようとする意欲や態度を育てるよう努めること。なお，[10]な見方や考え方のできる事柄について，特定の見方や考え方に偏った指導を行うことのないようにすること。

(7)　道徳科の授業を公開したり，授業の実施や地域教材の開発や活用などに家庭や地域の人々，各分野の専門家等の積極的な参加や協力を得たりするなど，家庭や地域社会との[16]を深め，相互の連携を図ること。

3　教材については，次の事項に留意するものとする。

(1)　児童の発達の段階や特性，地域の実情等を考慮し，多様な教材の活用に努めること。特に，生命の尊厳，自然，伝統と文化，先人の伝記，スポーツ，[17]への対応等の現代的な課題などを題材とし，児童が問題意識をもって多面的・多角的に考えたり，[18]を覚えたりするような充実した教材の開発や活用を行うこと。

(2)　教材については，教育基本法や学校教育法その他の法令に従い，次の観点に照らし適切と判断されるものであること。

ア　児童の発達の段階に即し，ねらいを達成するのにふさわしいものであること。

イ　人間尊重の精神にかなうものであって，悩みや[19]等の心の揺れ，人間関係の理解等の課題も含め，児童が深く考えることができ，人間としてよりよく生きる喜びや勇気を与えられるものであること。

ウ　[10]な見方や考え方のできる事柄を取り扱う場合には，特定の見方や考え方に偏った取扱いがなされていないものであること。

4　児童の[20]や道徳性に係る[7]の様子を継続的に把握し，指導に生かすよう努める必要がある。ただし，[21]などによる評価は行わないものとする。

12 その他

●解答解説P282

1 総合的な学習の時間

重要度A

ここが要点　教科目標を中心に，学習指導要領本文からの出題がみられる。キーワードを中心に内容を把握しておこう。

1 学習指導要領

第1　目標

[1]な見方・考え方を働かせ，[2]・総合的な学習を行うことを通して，よりよく課題を解決し，自己の[3]を考えていくための資質・能力を次のとおり育成することを目指す。

(1)　探究的な学習の過程において，課題の解決に必要な知識及び技能を身に付け，課題に関わる[4]を形成し，探究的な学習のよさを理解するようにする。

(2)　実社会や実生活の中から[5]を見いだし，自分で課題を立て，情報を集め，[6]して，[7]することができるようにする。

(3)　探究的な学習に主体的・[8]に取り組むとともに，互いのよさを生かしながら，積極的に社会に[9]しようとする態度を養う。

第2　各学校において定める目標及び内容

1　目標

各学校においては，第1の目標を踏まえ，各学校の総合的な学習の時間の目標を定める。

2　内容

各学校においては，第1の目標を踏まえ，各学校の総合的な学習の時間の内容を定める。

3　各学校において定める目標及び内容の取扱い

各学校において定める目標及び内容の設定に当たっては，次の事項に配慮するものとする。

(1)　各学校において定める目標については，各学校における[10]を踏まえ，総合的な学習の時間を通して育成を目指す資質・能力を示すこと。

(2)　各学校において定める目標及び内容については，他教科等の目標及び内容との違いに留意しつつ，他教科等で育成を目指す資質・能力との[11]を重視すること。

(3)　各学校において定める目標及び内容については，[12]や社会との関わりを重視すること。

(4)　各学校において定める内容については，目標を実現するにふさわしい[13]，[13]の解決を通して育成を目指す具体的な資質・能力を示すこと。

(5)　目標を実現するにふさわしい[13]については，学校の実態に応じて，例えば，国際理解，情報，環境，福祉・健康などの[14]な諸課題に対応する横断的・[15]な課題，地域の人々の暮らし，伝統と文化など地域や学校の特色に応じた課題，児童の興味・関心に基づく課題などを踏まえて設定すること。

(6)　[13]の解決を通して育成を目指す具体的な資質・能力については，次の事項に配慮すること。

ア　知識及び技能については，他教科等及び総合的な学習の時間で習得する知識及び技能が相互に関連付けられ，社会の中で生きて働くものとして形成されるようにすること。

イ　思考力，判断力，表現力等については，課題の設定，情報の収集，整理・[16]，まとめ・表現などの探究的な学習の過程において発揮され，[17]において活用できるものとして身に付けられるようにすること。

ウ　学びに向かう力，人間性等については，自分自身に関すること及び他者や社会との関わりに関することの[18]の視点を踏まえること。

(7)　目標を実現するにふさわしい[13]及び[13]の解決を通して育成を目指す具体的な資質・能力については，教科等を越えた全ての学習の基盤となる資質・能力が育まれ，活用されるものとなるよう配慮すること。

第3　指導計画の作成と内容の取扱い

1　指導計画の作成に当たっては，次の事項に配慮するものとする。

(1)　年間や，単元など内容や時間のまとまりを見通して，その中で育む資質・能力の育成に向けて，児童の主体的・[19]で[20]の実現を図るようにすること。その際，児童や学校，地域の実態等に応じて，児童が探究的な[21]・考え方を働かせ，教科等の枠を超えた[22]・総合的な学習や児童の興味・関心等に基づく学習を行うなど創意工夫を生かした教育活動の充実を図ること。

(2)　全体計画及び年間指導計画の作成に当たっては，学校における全教育活動との関連の下に，目標及び内容，学習活動，指導方法や指導体制，学習の[23]の計画などを示すこと。

(3)　他教科等及び総合的な学習の時間で身に付けた資質・能力を相互に関連付け，学習や生活において生かし，それらが総合的に働くようにすること。その際，[24]，情報活用能力など全ての学習の基盤となる資質・能力を重視すること。

(4)　他教科等の目標及び内容との違いに留意しつつ，第1の目標並びに第2の各学校において定める目標及び内容を踏まえた適切な学習活動を行うこと。

(5)　各学校における総合的な学習の時間の[25]については，各学校において適切に定めること。

(6)　障害のある児童などについては，学習活動を行う場合に生じる[26]に応じた指導内容や指導方法の工夫を計画的，組織的に行うこと。

(7)　第1章総則の第1の2の(2)に示す道徳教育の目標に基づき，道徳科などとの関連を考慮しながら，第3章特別の教科道徳の第2に示す内容について，総合的な学習の時間の特質に応じて適切な指導をすること。

2　第2の内容の取扱いについては，次の事項に配慮するものとする。

(1)　第2の各学校において定める目標及び内容に基づき，児童の学習状況に応じて教師が適切な指導を行うこと。

(2)　探究的な学習の過程においては，他者と協働して課題を解決しようとする学習活動や，言語により分析し，まとめたり表現したりするなどの学習活動が行われるようにすること。その際，例えば，[27]する，分類する，[28]などの考えるための技法が活用されるようにすること。

(3)　探究的な学習の過程においては，コンピュータや情報通信ネットワークなどを適切かつ効果的に活用して，情報を収集・[29]・発信するなどの学習活動が行われるよう工夫すること。その際，コンピュータで文字を入力するなどの学習の基盤として必要となる情報手段の基本的な操作を習得し，情報や情報手段を［30］に選択し活用できるよう配慮すること。

(4) 自然体験やボランティア活動などの社会体験，［31］，生産活動などの体験活動，観察・実験，見学や調査，発表や討論などの学習活動を積極的に取り入れること。

(5) 体験活動については，第1の目標並びに第2の各学校において定める目標及び内容を踏まえ，探究的な学習の過程に適切に位置付けること。

(6) ［32］学習や異年齢集団による学習などの多様な学習形態，地域の人々の協力も得つつ，全教師が一体となって指導に当たるなどの指導体制について工夫を行うこと。

(7) 学校図書館の活用，他の学校との連携，公民館，図書館，博物館等の社会教育施設や社会教育関係団体等の各種団体との連携，［33］や学習環境の積極的な活用などの工夫を行うこと。

(8) ［34］に関する学習を行う際には，探究的な学習に取り組むことを通して，諸外国の生活や文化などを体験したり調査したりするなどの学習活動が行われるようにすること。

(9) 情報に関する学習を行う際には，探究的な学習に取り組むことを通して，情報を収集・［29］・発信したり，情報が日常生活や社会に与える影響を考えたりするなどの学習活動が行われるようにすること。第1章総則の第3の1の(3)のイに掲げる［35］を体験しながら［36］思考力を身に付けるための学習活動を行う場合には，［35］を体験することが，探究的な学習の過程に適切に位置付くようにすること。

2 特別活動

重要度 A

ここが要点　教科目標を中心に，学習指導要領本文からの出題がみられる。キーワードを中心に内容を把握しておこう。

1 学習指導要領

第1　目標

集団や社会の形成者としての見方・考え方を働かせ，様々な[1]に自主的，実践的に取り組み，互いのよさや[2]を発揮しながら集団や自己の生活上の課題を解決することを通して，次のとおり資質・能力を育成することを目指す。

(1)　多様な他者と[3]する様々な[1]の意義や活動を行う上で必要となることについて理解し，[4]を身に付けるようにする。

(2)　集団や自己の生活，人間関係の課題を見いだし，解決するために話し合い，[5]を図ったり，[6]したりすることができるようにする。

(3)　自主的，実践的な[1]を通して身に付けたことを生かして，集団や社会における生活及び人間関係をよりよく形成するとともに，[7]についての考えを深め，[8]を図ろうとする態度を養う。

Open Sesame 解答解説

1 国語

1 学習指導要領

1 教科目標・学年目標

1．言語活動
2．表現
3．日常生活
4．伝え合う力
5．言葉がもつよさ
6．尊重
7．言語文化
8．順序
9．筋道
10．まとめる
11．広げる
12．楽しんで
13．幅広く読書
14．進んで読書

2 各学年の内容

〔知識及び技能〕

1．アクセント
2．意味
3．間の取り方
4．句読点
5．ローマ字
6．性格
7．構成
8．接続
9．敬語
10．比喩
11．言葉の響き
12．朗読
13．事例
14．辞書
15．図
16．昔話
17．リズム
18．故事成語
19．古典
20．由来
21．世代
22．点画
23．筆順
24．大きさ
25．筆圧

〔思考力，判断力，表現力等〕

A　話すこと・聞くこと

1．経験
2．分類
3．構成
4．速さ
5．間の取り方
6．資料
7．聞きたいこと
8．質問
9．司会
10．計画的
11．紹介
12．感想
13．学級全体
14．インタビュー

B　書くこと

1．明確
2．相手
3．意図
4．全体
5．工夫
6．事例
7．引用
8．読み返す
9．よいところ
10．記録
11．手紙
12．物語
13．事象
14．短歌
15．意味

C　読むこと

1．時間的
2．段落相互
3．叙述
4．場面の様子
5．行動
6．相互関係
7．要約
8．情報
9．効果
10．体験
11．自分の考え
12．仕組み
13．図鑑
14．科学的
15．伝記
16．新聞

3 指導計画の作成と内容の取扱い

1．資質・能力
2．見方・考え方
3．学習の充実
4．弾力的
5．特定の事項
6．35
7．30
8．25
9．音声言語
10．100
11．85
12．55
13．読書意欲
14．日常生活
15．学校図書館
16．生活科
17．外国語科
18．適切
19．辞書
20．情報手段
21．学習負担
22．振り仮名
23．古典
24．整えて
25．3
26．30
27．基礎
28．情報通信ネットワーク
29．探し方
30．人間形成
31．偏りなく
32．調和的
33．尊重
34．言語感覚
35．論理的
36．生命
37．自覚
38．国際協調
39．文学的
40．写真

2 漢字と語句

1 漢字の基本

1．象形
2．形声
3．月，車
4．上，中
5．林，明
6．時，泳
7．重箱
8．教育，人間
9．面影，昔話
10．素顔，座敷
11．荷物，指図
12．収
13．納
14．治
15．修
16．計
17．図
18．測
19．量
20．解
21．溶
22．説
23．移
24．写
25．映
26．暑
27．熱
28．厚
29．努
30．勤
31．務

2 部首と筆順

1. こざとへん　2. りっしんべん
3. がつへん(かばねへん)　4. ころもへん
5. ふるとり
6. ぼくづくり(ぼくにょう，のぶん)
7. るまた(ほこづくり)　8. りっとう
9. わかんむり　10. はつがしら
11. あなかんむり　12. くさかんむり
13. にんにょう(ひとあし)　14. さら
15. れんが(れっか)　16. したごころ
17. まだれ　18. やまいだれ
19. がんだれ　20. しかばね(かばね)
21. そうにょう
22. しんにょう(しんにゅう)
23. えんにょう　24. もんがまえ
25. はこがまえ　26. ぎょうがまえ
27. つつみがまえ　28. 2
29. 3　30. 2
31. 2　32. 4
33. 5　34. 4
35. 1　36. 2
37. 2　38. 5
39. 2　40. 5
41. 4　42. 3
43. 9　44. 3
45. 8　46. 10
47. 10

3 熟語の基本

1. 構成　2. 更生
3. 後世　4. 校正
5. 対象　6. 対称
7. 対症　8. 対照
9. 追及　10. 追究
11. 追求　12. 保障
13. 保証　14. 補償
15. 解放　16. 介抱
17. 開放　18. 核心
19. 確信　20. 革新
21. 精算　22. 清算
23. 成算　24. 生産
25. 体制　26. 態勢
27. 体勢　28. 大勢
29. 特殊　30. 故意
31. 理性　32. 権利
33. 抽象　34. 内容
35. 結果　36. 理想
37. 客観　38. 軽率
39. 絶対　40. 偶然
41. 流行　42. 総合

4 三字熟語

1. 有頂天　2. 几帳面
3. しきんせき　4. しんこっちょう
5. 善後策　6. 醍醐味
7. ふにょい　8. みぞう

5 四字熟語

1. あいまいもこ　2. 暗中模索
3. 異口同音　4. 以心伝心
5. いちじつせんしゅう　6. 一網打尽
7. いちもくりょうぜん　8. 一喜一憂
9. 一触即発　10. 一朝一夕
11. 意味深長　12. 有為転変
13. がいじゅうないごう
14. 自分に都合のいいように行動・発言すること
15. 危機一髪　16. 虚虚実実
17. 極めて珍しいこと　18. 厚顔無恥
19. 言語道断　20. さんかんしおん
21. 自画自賛　22. 試行錯誤
23. 質実剛健　24. 首尾一貫
25. 筋が通っておらず，一貫性のない様子
26. 心機一転　27. 針小棒大
28. しんらばんしょう　29. 絶体絶命
30. 千載一遇　31. 前代未聞
32. 次々に変化してとどまらないこと
33. 朝令暮改
34. ちょくじょうけいこう　35. 徹頭徹尾
36. 天衣無縫　37. 内憂外患
38. 絶え間なくどんどん進歩すること
39. ふうこうめいび　40. 付(附)和雷同
41. 粉骨砕身　42. 唯我独尊
43. 決断力のとぼしいこと　44. 用意周到
45. 理路整然　46. ろうにゃくなんにょ

6 ことわざ・慣用句

1. 青菜　2. 海路
3. 念仏　4. 光陰
5. 河童　6. 他生(多生)
7. 水　8. 長物
9. 得る　10. 豆腐
11. 射る　12. 軽
13. 良薬　14. 論

7 故事成語

1. 温故知新　2. 画竜点睛
3. 疑心暗鬼
4. けんどちょうらい(けんどじゅうらい)
5. 呉越同舟　6. 五里霧中
7. 四面楚歌　8. しゅしゅ
9. 切磋琢磨　10. 大器晩成
11. 朝三暮四　12. 覆水

13．明鏡止水
14．竜頭蛇尾

3 文法・敬語・文学史

1 文法

1．形容
2．形容動
3．副
4．連体
5．形容動
6．形容
7．副
8．連体
9．形容動
10．ウ
11．イ
12．ア
13．エ
14．ア
15．ウ
16．イ
17．エ
18．エ
19．イ
20．ウ
21．ア
22．ウ
23．イ
24．ア
25．ア
26．ア
27．ウ
28．イ
29．エ

2 敬語

1．いただく
2．ご覧になる
3．帰っておりません
4．戻ってまいります
5．おっしゃった

3 文学史

1．万葉集
2．紀貫之
3．藤原定家
4．8
5．竹取物語
6．紫式部
7．平家物語
8．紀貫之
9．更級日記
10．清少納言
11．方丈記
12．兼好法師（吉田兼好）
13．松尾芭蕉
14．井原西鶴
15．近松門左衛門
16．滝沢馬琴
17．十返舎一九
18．二葉亭四迷
19．尾崎紅葉
20．樋口一葉
21．島崎藤村
22．森鷗外
23．夏目漱石
24．谷崎潤一郎
25．志賀直哉
26．芥川龍之介
27．川端康成
28．井伏鱒二
29．太宰治
30．三島由紀夫
31．遠藤周作
32．井上靖
33．石原慎太郎
34．大江健三郎
35．木下順二
36．島崎藤村
37．北原白秋
38．高村光太郎
39．三好達治
40．明星
41．与謝野晶子
42．正岡子規
43．石川啄木
44．斎藤茂吉
45．高浜虚子
46．水原秋桜子
47．中村草田男

4 読解

1 現代文

1．ところが
2．そこで
3．そして
4．こうなると
5．なぜなら
6．「言外」の心の伝達（9字）
7．心理的
8．ことばをしゃべりあうことで心の交流がもてなくなり，深い孤独から脱出できない現代人の生き方のこと。（48字）
9．㋓
10．もちよりも酒が飲みたいと，たけは察しているということ。
11．酒や煙草を好む「私」の健康を心配しているから。
12．三十年近く経って再会しても，変わらず心配してくれるたけの姿に心を打たれたから。
13．ウ
14．ア
15．ウ
16．定義
17．混合
18．競
19．習慣
20．なるはずだ。
21．アンスかな。

2 近代詩

1．イ
2．ウ
3．エ
4．反復法

3 近代短歌

1．与謝野晶子
2．ア
3．正岡子規
4．オ
5．若山牧水
6．エ
7．石川啄木
8．イ
9．斎藤茂吉
10．ウ

4 俳句

1．松尾芭蕉
2．古池
3．春
4．春
5．蟬
6．夏
7．秋
8．小林一茶
9．雀の子
10．秋
11．秋
12．法隆寺
13．春
14．種田山頭火
15．秋
16．秋
17．万緑
18．吹き流し
19．切れ字
20．意味を区切り，詠嘆や強調を示す。

21．6

● 過去問に挑戦！ ●

(1) 梅，春　(2) 五月雨，夏　(3) 朝顔，秋

2 社会

1 学習指導要領

1 教科目標・学年目標

1. 国際社会
2. 平和
3. 形成者
4. 地理的環境
5. 伝統
6. 社会生活
7. 調査活動
8. 多角的
9. 表現する力
10. 態度
11. 愛情
12. 自覚
13. 大切さ
14. 追究・解決
15. 具体的資料
16. 都道府県
17. 自然災害
18. 発展
19. 先人
20. 情報化
21. 国民生活
22. 統計
23. 基礎的資料
24. 議論
25. 文化遺産
26. 国際社会
27. 年表

2 各学年の内容

〔第3学年〕

1. 白地図
2. 地形
3. 公共施設
4. 建造物
5. 場所
6. 販売
7. 密接
8. 願い
9. 工夫
10. 産地
11. 工程
12. 関連
13. 安全
14. 緊急時
15. 協力
16. 事故
17. 経過
18. 年表
19. 道具
20. 変化

〔第4学年〕

1. 名称と位置
2. 白地図
3. 交通網
4. 都市
5. 健康
6. ガス
7. 安定
8. 向上
9. 廃棄物
10. 有効利用
11. 役割
12. 対処
13. 備え
14. 年表
15. 過去
16. 文化財
17. 発展
18. 苦心
19. 継承
20. 自然環境

〔第5学年〕

1. 領土
2. 気候
3. 大陸
4. 自然条件
5. 水産業
6. 輸送
7. 良質
8. 生産量
9. 需要
10. 貿易
11. 改良
12. 交通網
13. 新聞
14. 情報通信技術
15. 発信
16. 保全
17. 保護
18. 公害
19. 防災対策
20. 森林資源

〔第6学年〕

1. 天皇
2. 国民生活
3. 民主政治
4. 国民主権
5. 法令
6. 文化遺産
7. 神話
8. 日本風
9. 武士
10. 室町
11. 戦国
12. 身分
13. 町人
14. 近代
15. 国際的地位
16. 国際社会
17. 年表
18. 経済
19. 習慣
20. 国際連合
21. 国際協力

【各学年において対象や事例を選択して学習する項目】

1. 工場
2. 電気
3. 下水
4. 地震
5. 医療
6. 伝統
7. 稲作
8. 金属
9. 運輸
10. 水質
11. 参政権
12. 古事記
13. 教育

3 指導計画の作成と内容の取扱い

1. 主体的・対話的
2. 社会的事象
3. 事例
4. 地図帳
5. 特質
6. 地域の実態
7. 興味・関心
8. 調査活動
9. 表現活動
10. 多角的
11. 公共図書館
12. 文化財
13. 発達の段階
14. 公正

2 地理

1 地球と地図

1. 4万
2. 5.1億
3. 3：7
4. モルワイデ
5. 分布
6. 航空
7. 国際連合
8. 航海
9. 正距方位
10. グード(ホモロサイン)
11. メルカトル
12. 北北西
13. カイロ
14. 135
15. 兵庫
16. 明石
17. 15
18. (135＋75)÷15＝14
19. 14

20．2月7日午前6時
21．50　*22*．25,000
23．450　*24*．50,000
25．尾根　*26*．谷
27．扇状地　*28*．扇端
29．三日月（河跡）　*30*．後背湿地
31．扇央　*32*．果樹園
33・*34*．針葉樹，広葉樹（順不同）
35．畑　*36*．田
37．三角点
38．海抜高度（標高・高さ）
39．等高　*40*．河岸段丘
41．果樹園　*42*．荒地
43．畑・牧草地

2 世界の地理

1．日付変更　*2*．本初子午
3．赤道　*4*．ロシア
5．カナダ　*6*．バチカン市国
7・*8*．ユーラシア，オーストラリア（順不同）
9・*10*．太平，大西（順不同）
11．リアス（式）海岸　*12*．志摩半島
13．フィヨルド　*14*．偏西
15．貿易　*16*．熱帯雨林
17．ステップ　*18*．地中海性
19．西岸海洋性　*20*．ツンドラ

3 日本の国土

1．38　*2*．7,000
3．国後島　*4*．色丹島
5．排他的経済　*6*．200
7．沖ノ鳥　*8*．南鳥
9．対馬　*10*．千島
11．日本　*12*．北海道
13．日本海側　*14*．内陸性
15．太平洋側　*16*．瀬戸内
17．南西諸島

4 日本の産業

1．新潟　*2*．北海道
3．大豆　*4*．茨城
5．宮崎　*6*．はくさい
7．長野　*8*．群馬
9．和歌山　*10*．りんご
11．山梨　*12*．もも
13．山形　*14*．静岡
15．3　*16*．排他的経済
17．遠洋　*18*．沖合
19．養殖　*20*．栽培
21．繊維　*22*．加工
23．空洞化　*24*．太平洋ベルト
25．京浜　*26*．阪神
27．中京

5 日本の各地の特色

(1) **九州地方**

1・*2*．福岡　*3*・*4*．佐賀
5・*6*．長崎　*7*・*8*．熊本
9・*10*．大分　*11*・*12*．宮崎
13・*14*．鹿児島　*15*．沖縄
16．那覇　*17*．筑紫
18．筑後　*19*．伊万里
20．佐世保　*21*．有明
22．雲仙普賢　*23*．水俣
24．シラス　*25*．屋久
26．世界自然遺産　*27*．種子
28．桜　*29*．宮崎
30．促成　*31*．シリコン
32．九州　*33*．阿蘇
34．筑紫

(2) **中国・四国地方**

1・*2*．鳥取　*3*．島根
4．松江　*5*・*6*．岡山
7・*8*．広島　*9*・*10*．山口
11・*12*．徳島　*13*．香川
14．高松　*15*．愛媛
16．松山　*17*・*18*．高知
19．宍道　*20*．中国
21．瀬戸内　*22*．呉
23．新居浜　*24*．四万十
25．四国　*26*．高知
27．促成　*28*．讃岐
29．吉野　*30*．讃岐
31．香川　*32*．カルスト
33．遠洋

(3) **近畿地方**

1．三重　*2*．津
3．滋賀　*4*．大津
5・*6*．京都　*7*・*8*．大阪
9．兵庫　*10*．神戸
11・*12*．奈良　*13*・*14*．和歌山
15．丹波　*16*．阪神
17．明石　*18*．淡路
19．紀ノ　*20*．紀伊
21．熊野　*22*．英虞
23．志摩　*24*．伊勢
25．大阪　*26*．京都
27．鈴鹿　*28*．琵琶
29．伊吹　*30*．西陣

(4) **中部地方**

1・*2*．新潟　*3*・*4*．富山
5．石川　*6*．金沢

7・8．福井　　9．山梨
10．甲府　　11・12．長野
13・14．岐阜　　15・16．静岡
17．愛知　　18．名古屋
19．佐渡　　20．飛騨
21．神通　　22．輪島
23．白川　　24．世界文化遺産
25．中京　　26．多治見
27．若狭　　28．濃尾
29．牧ノ原　　30．赤石
31．富士　　32．甲府
33．八ヶ　　34．諏訪
35．木曽　　36．越後
37．信濃

(5)　**関東地方**

1．茨城　　2．水戸
3．栃木　　4．宇都宮
5．群馬　　6．前橋
7．埼玉　　8．さいたま
9・10．千葉　　11・12．東京
13．神奈川　　14．横浜
15．関東内陸　　16．越後
17．関東　　18．からっ（北西季節）
19．関東　　20．京浜
21．印刷　　22．相模
23．下総　　24．九十九里
25．銚子　　26．利根
27．鹿島臨海　　28．霞ヶ浦
29．東海

(6)　**東北地方**

1・2．青森　　3．岩手
4．盛岡　　5．宮城
6．仙台　　7・8．秋田
9・10．山形　　11・12．福島
13．陸奥　　14．津軽
15．白神　　16．世界自然遺産
17．八郎潟　　18．秋田
19．庄内　　20．最上
21．山形　　22．会津若松
23．阿武隈　　24．シリコン
25．仙台　　26．三陸
27．千島　　28．日本
29．北上　　30．奥羽

(7)　**北海道**

1．札幌　　2．天塩
3．上川　　4．石狩
5．千歳臨空　　6．日高
7．襟裳　　8．十勝
9．根釧　　10．知床
11．サロマ　　12．大雪
13．北見

● 過去問に挑戦！ ●

(1)　愛媛県，ウ　　(2)　静岡県，エ
(3)　愛知県，イ

6 日本の貿易

1．中国　　2．アメリカ
3．繊維　　4．機械
5．石油　　6．サウジアラビア
7．石炭　　8．ブラジル
9．銅鉱　　10．マレーシア
11．木材　　12．肉類
13．中国　　14．小麦
15．韓国

7 世界と日本の人口

1．80　　2．60
3．富士山（ピラミッド）　　4．つりがね（ベル）
5．つぼ（紡錘）　　6．1.2（1.25）
7．65　　8．15
9．合計特殊出生率

8 地球環境問題

1．温室効果ガス　　2．京都
3．パリ協定　　4．ストックホルム
5．かけがえのない地球　　6．地球サミット
7．リオデジャネイロ　　8．持続可能な開発
9．持続可能な開発目標（SDGs）
10．ワシントン　　11．ラムサール
12．世界遺産　　13．谷津
14．三方五　　15．藤前
16．出水ツル　　17．姫路
18．厳島　　19．屋久
20．白神　　21．徳之島

3 歴史

1 古代

1．卑弥呼　　2．聖徳太子（厩戸王）
3．十七条　　4．小野妹子
5．大化の改新　　6．大宝律令
7．墾田永年私財　　8．大仏造立
9．菅原道真　　10．藤原道長
11．院政　　12．平清盛
13．壇の浦　　14．『漢書』地理
15．『後漢書』東夷　　16．「魏志」倭人
17．卑弥呼　　18．推古
19．冠位十二階　　20．小野妹子

21．法隆
22．大化の改新
23．大宝律令
24．班田収授
25．調
26．庸
27．長安
28．和同開珎
29・30．国分寺，国分尼寺（順不同）
31．行基
32．墾田永年私財
33．桓武
34．最澄
35．空海
36．菅原道真
37．藤原道長
38．白河
39．平清盛
40．日宋

2 中世

1．源頼朝
2．承久
3．御成敗式目（貞永式目）
4．元寇
5．後醍醐
6．足利尊氏（高氏）
7．日明（勘合）
8．応仁
9．フランシスコ＝ザビエル
10．桶狭間
11．織田信長
12．長篠
13．刀狩
14．豊臣秀吉
15．関ヶ原
16．征夷大将軍
17．封建
18．御家人
19．北条時政
20．執権
21．承久
22．後鳥羽
23．六波羅探題
24．御成敗式目（貞永式目）
25．北条時宗
26．永仁の徳政
27．法然
28．浄土真
29．栄西
30．曹洞
31．後醍醐
32．建武の新政
33．吉野
34．足利尊氏（高氏）
35．足利義満
36．日明（勘合）
37．応仁
38．戦国大名
39．種子島
40．鹿児島
41．南蛮
42．桶狭間
43．足利義昭
44．長篠
45．安土
46．明智光秀
47．関所
48．大坂
49．太閤検地
50．刀狩
51．朝鮮
52．朱印船

3 近世

1．徳川家康
2．徳川家光
3．島原
4．出島
5．新井白石
6．徳川吉宗
7．松平定信
8．ラクスマン
9．大塩
10．水野忠邦
11．ペリー
12．日米修好通商
13．桜田門外
14．戊辰
15．関ヶ原
16．幕藩
17．武家諸法度
18．禁中並公家諸法度
19．徳川家光
20．田畑永代売買
21．平戸
22．ポルトガル
23．出島
24．林羅山
25．生類憐み
26．正徳
27．文治
28．享保
29．寛政
30．天保
31．本居宣長
32．杉田玄白
33．伊能忠敬
34．浦賀
35．日米和親
36．ハリス
37・38．箱館，神奈川（順不同）
39．関税自主
40．吉田松陰
41．桜田門外
42・43．薩摩，長州（順不同）
44．大政奉還
45．王政復古の大号
46．戊辰
47．箱館

4 近代

1．版籍奉還
2．地租
3．民撰議院設立
4．樺太・千島
5．西南
6．板垣退助
7．大隈重信
8．大日本帝国
9．陸奥宗光
10．日清
11．下関
12．日露
13．ポーツマス
14．小村寿太郎
15．原敬
16．治安維持
17．五箇条の御誓文
18．廃藩置県
19．地租
20．3
21．徴兵
22．中江兆民
23．福沢諭吉
24．板垣退助
25．西郷隆盛
26．立憲改進
27．プロイセン（ドイツ）
28．伊藤博文
29．大日本帝国（明治）
30．15
31．25
32．鹿鳴館
33．陸奥宗光
34．小村寿太郎
35．甲午農民戦争
36．下関
37．ロシア
38．日英
39．ポーツマス
40．ペスト
41．野口英世
42．オーストリア
43．ヴェルサイユ
44．ウィルソン
45．25
46．治安維持

5 現代

1．五・一五
2．二・二六
3．日中
4．太平洋
5．ポツダム宣言
6．日本国憲
7．サンフランシスコ平和
8．国際連合
9．東京
10．日中平和友好
11．長野
12．満州事変
13．犬養毅
14．二・二六
15．日中
16．ドイツ
17．ポツダム宣言
18．朝鮮
19．警察予備隊

20．サンフランシスコ平和
21．日ソ共同　22．沖縄
23．日中共同　24．ベルリンの壁
25．ゴルバチョフ

6 日本文化史

1．仏教　2．法隆
3．鑑真　4．かな
5．平等院鳳凰　6．紀貫之
7．源氏物語　8．清少納言
9．新古今　10．徒然草
11．運慶・快慶　12．北山
13．東山　14．書院造
15．能楽　16．足利義満
17．足利義政　18．雪舟
19．狩野永徳　20．千利休
21．歌舞伎踊り　22．町人
23．井原西鶴　24．松尾芭蕉
25．近松門左衛門　26．十返舎一九
27．曲亭（滝沢）馬琴　28．錦絵
29．葛飾北斎　30．歌川（安藤）広重

4 政治・経済・国際社会

1 政治

(1) 日本国憲法

1～3．国民主権，基本的人権の尊重，平和主義（順不同）
4．硬性　5．3分の2
6．過半数　7．精神的
8．経済的　9．生存権
10．参政　11．受益（請求）
12．環境　13．プライバシー
14．知る
15．普通教育を受けさせる
16．勤労　17．納税

(2) 日本の政治機構

1．立法　2．行政
3．司法　4．指名
5．不信任決議　6．衆議院の解散
7．弾劾裁判所　8．違憲立法（法令）審査
9．国民審査　10．最高
11．立法　12．承認
13．指名　14．弾劾
15．国政調査　16．4
17．25　18．6
19．30　20．両院
21．10　22．30
23．3分の2　24．先議
25．通常　26．臨時
27．特別　28．30
29．議院内閣　30．連帯
31．国会議員　32．文民
33．内閣総理大臣　34．締結
35．政令　36．国事
37．10　38．下級
39．特別　40．良心
41．法律　42．公の弾劾
43．心身　44．国民審査
45．内閣　46．三審
47．違憲立法（法令）審査　48．30
49．25　50．25
51．条例　52．50分の1
53．リコール　54．3分の1
55．選挙管理委員会　56．首長
57．地方交付税交付金　58．国庫支出金

(3) 日本の選挙制度

1．小選挙区比例代表並立
2．11　3．拘束名簿
4．選挙　5．政党
6．特定枠

2 経済

1．下がり　2．上がり
3．自動調節　4．均衡
5．独占禁止　6．公正取引委員会
7．発券　8．銀行の
9．売り　10．買い
11．上げる　12．下げる
13．所得再分配　14．上げる
15．下げる　16．削減（減らす）
17．拡大（増やす）
18．ビルトイン＝スタビライザー（自動安定化装置）
19．直接　20．間接
21．建設　22．赤字（特例）
23～25．団結権，団体交渉権，団体行動権（順不同）
26．労働基準法
27・28．労働組合法，労働関係調整法（順不同）
29．男女雇用機会均等　30．社会保険
31．介護　32．社会福祉
33．公的扶助　34．公衆衛生
35．ノーマライゼーション　36．バリアフリー
37．ユニバーサルデザイン

3 国際社会

1．国際連合憲章　2．ニューヨーク
3．3分の2　4．拒否
5～9．アメリカ，ロシア，イギリス，フランス，中国（順不同）
10．9　11．経済社会理事会

12. NGO
13. 国際司法裁判所（ICJ） *14*. 国際労働機関
15. UNESCO *16*. WHO
17. FAO *18*. 世界貿易機関
19. 国連児童基金 *20*. UNHCR
21. 国連貿易開発会議 *22*. 国連平和維持活動
23. ASEAN *24*. APEC
25. 米国・メキシコ・カナダ協定
26. ブラジル *27*. EU
28. ユーロ *29*. OECD
30. カナダ *31*. ODA

● 過去問に挑戦！ ●

1 (1) イ (2) ア
2 累進課税制度

3 算数

1 学習指導要領

1 教科目標

1. 数学的活動　2. 資質・能力
3. 基礎的・基本的　4. 数理的
5. 技能　6. 見通し
7. 筋道　8. 数学的な表現
9. 簡潔・明瞭・的確　10. 柔軟
11. 問題解決　12. 生活

2 各学年の目標

1. 数の概念　2. 経験
3. 感覚　4. 加法及び減法
5. 絵　6. 具体物
7. 操作　8. 個数
9. 楽しさ　10. 図形の概念
11. 乗法　12. かさ
13. 平面図形　14. 単位
15. 簡潔　16. 数理的な処理
17. 小数及び分数　18. 棒グラフ
19. 重さ　20. 折れ線グラフ
21. 位置関係　22. 収集
23. 過程　24. 検討
25. 粘り強く考える　26. 速さ
27. 帯グラフ　28. 文字
29. 比例　30. 発展的
31. 多様　32. 設定
33. 手法　34. 批判的

3 算数科の内容

A 数と計算

1. 順番　2. 数直線
3. 等分　4. 分類
5. 十や百　6. 万
7. $\frac{1}{10}$　8. 兆
9. 見積り　10. 端数
11. 約数　12. 相等
13. 筆算　14. 相互関係
15. 商　16. 被除数
17. 同分母　18. 異分母
19. 余り　20. 法則
21. 分数　22. 公式
23. 文字

B 図形

1. 分解　2. 直角三角形
3. 二等辺三角形　4. 作図
5. 円　6. 垂直
7. ひし形　8. 合同
9. 円周率　10. 対称
11. 立方体　12. 展開図
13. 円柱　14. 回転

C 測定

1. 広さ　2. 計器
3. 日常生活　4. 分
5. 秒

C 変化と関係

1. 折れ線グラフ　2. 問題解決
3. 反比例　4. 割合

D データの活用

1. 棒グラフ　2. 円グラフ
3. 統計的　4. 代表値

4 指導計画の作成と内容の取扱い

1. 資質・能力　2. 見方・考え方
3. 協働的　4. 習熟や維持
5. 反復　6. 指導の効果
7. 合科的・関連的　8. 道徳科
9. 具体物　10. 言葉
11. コンピュータ　12. 論理的思考力
13. 正多角形　14. 意義
15. 豊かな感覚　16. 能率的
17. 見積り　18. 構想
19. 問題解決

5 指導法に関する問題

1. $\frac{1}{4}$　2. $\frac{1}{3}$
3. 4　4. $\frac{4}{3}$
5. $\frac{8}{15}$　6. $\frac{4}{3}$
7. 三角形　8. 平行四辺形
9. 三角形　10. 長方形
11. 三角形　12. 平行四辺形
13. 長方形　14. 三角形
15. 長方形

2 数や式と計算

1 四則混合計算

1. 4　2. −9
3. 2　4. 7
5. 27　6. −1
7. 100　8. 9
9. 20　10. 15
11. −1　12. 5

13．9　　14．3
15．4

2 因数分解

1．7　　2．3
3．2　　4．y
5．y　　6．x
7．1　　8．12
9．6　　10．1
11．2

3 平方根

1．$\sqrt{5}$　　2．$\sqrt{7}$
3．2　　4．5
5．7　　6．4
7．2　　8．1
9．2　　10．3
11．2　　12．9
13．3　　14．$2\sqrt{3}$
15．1　　16．xy
17．11

4 公倍数と公約数

1．12　　2．336
3．8　　4．6
5．11　　6．18
7．140

5 記数法

1．$1012_{(3)}$　　2．$112_{(5)}$
3．4^3　　4．4^2
5．4　　6．228
7．2^4　　8．2^3
9．2　　10．2^0（または1）
11．27　　12．2^3
13．2　　14．2^0（または1）
15．11　　16．38
17．$212_{(4)}$

6 数列

1．3　　2．15
3．31　　4．10
5．5　　6．10
7．185　　8．50
9．1275

3 方程式・不等式

1 1次方程式・連立方程式・不等式

1．2　　2．-2
3．6　　4．$x>6$
5．15　　6．5
7．375　　8．10
9．$\dfrac{12}{100}$（または0.12）　　10．$\dfrac{12}{100}$（または0.12）
11．600　　12．$\dfrac{9}{100}$（または0.09）
13．150　　14．1.2
15．0.9　　16．1500
17．10　　18．10
19．8　　20．3
21．83　　22．$20-x$
23．$\dfrac{15}{2}$（または7.5）　　24．7

2 2次方程式

1・2．-2，$\dfrac{3}{2}$（順不同）　　3．2
4．4　　5．$x-3$
6．$2x$　　7．-2
8．8

過去問に挑戦！

1　**8**日目
2　**4**分後
3　**A**：時速**12 km**　　**B**：時速**4 km**
4　**−1，0，1**と**3，4，5**

解説➡ **1**　**A**と**B**の**2**人でx日間仕事をしたとする。**A**，**B**それぞれが**1**日にする仕事量は，$\dfrac{1}{12}$，$\dfrac{1}{15}$なので，次の方程式が成り立つ。

$$\frac{1}{12}(x+3)+\frac{x}{15}=1$$
$$x=5$$

Aが最初**3**日間仕事をしたので，$3+5=8$より**8**日目に仕事を終えたことになる。

2　兄が出発してx時間後に弟に追いついたとする。弟と兄の進んだ距離はそれぞれ同じだから，距離＝速さ×時間より，次の方程式が成り立つ。

$$4\left(\frac{15}{60}+x\right)=19x$$
$$x=\frac{1}{15}〔時間〕=4〔分〕$$

3　**A**と**B**の時速をそれぞれa**km**/時，b**km**/時とすると，次の方程式が成り立つ。

$$\begin{cases}\dfrac{1}{2}a+\dfrac{1}{2}b=8\\ a-b=8\end{cases}\qquad a=12,\ b=4$$

4　連続する**3**つの整数を，$x-1$，x，$x+1$とする。次の方程式が成り立つ。

$$(x+1)^2=x^2+(x-1)^2$$
$$x^2-4x=0$$
$$x(x-4)=0$$
$$x=0,\ 4$$

よって，連続する**3**つの整数は，

$x=0$のとき，$-1,\ 0,\ 1$

$x=4$のとき，$3,\ 4,\ 5$

4 関数

1 1次関数

1. $\frac{3}{2}$	*2*. 5
3. 3	*4*. 2
5. 6	*6*. −1
7. 6	*8*. $\frac{2}{3}$
9. $\frac{32}{3}$	

2 2次関数

1. 0	*2*. 0
3. 8	*4*. 2
5. 0	*6*. 8
7. 1	*8*. $-\frac{1}{2}$
9. $\frac{1}{2}$	*10*. 32
11. −1	*12*. 2
13. 2	*14*. 8
15. $\frac{1}{2}$	*16*. 5
17. 10	

● 過去問に挑戦！ ●

1　$y=-2x+1$

2　$\frac{63}{2}$

3　6

4　(1)　12　(2)　$\frac{24}{5}$

解説➲**1**　求めるグラフは傾き-2で，点$(1,\ -1)$を通る。求める式を$y=-2x+b$とすると，$(1,\ -1)$を代入して，

$$-1=(-2)\times1+b \qquad b=1$$

よって，求める式は，$y=-2x+1$

2　直線**AB**の式は，$y=-2x+b$とおける。点$(5,\ 2)$を通るので，代入して，

$$2=(-2)\times5+b \qquad b=12$$

したがって，$y=-2x+12$

$A(0,\ 12)$，$B(6,\ 0)$，$D(0,\ 9)$

Cは**AB**の中点なので$C(3,\ 6)$

$$\text{四角形OBCD}=\triangle OAB-\triangle DAC$$
$$=\frac{1}{2}\times12\times6-\frac{1}{2}\times3\times3$$
$$=\frac{63}{2}$$

3　$y=x^2-1$に$x=-1,\ 0,\ 3$をそれぞれ代入すると，$y=0,\ -1,\ 8$

$A(-1,\ 0)$，$B(0,\ -1)$，$C(3,\ 8)$である。

直線**BC**の式は，$y=3x-1$より，x軸との交点**D**の座標は$\left(\frac{1}{3},\ 0\right)$。

よって，$AD=\frac{4}{3}$

$$\triangle ABC=\triangle ADB+\triangle ADC$$
$$=\frac{1}{2}\times\frac{4}{3}\times1+\frac{1}{2}\times\frac{4}{3}\times8=6$$

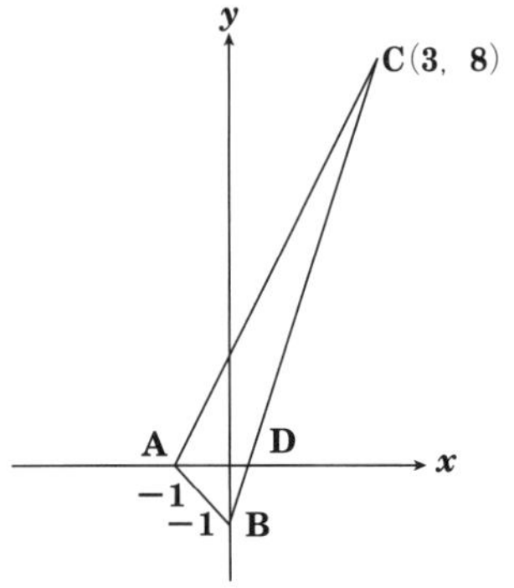

4　(1)　$A(2,\ 8)$，$B(2,\ 2)$，$D(4,\ 8)$より

$AB=6$，$AD=2$

よって，求める面積は$6\times2=12$

(2)　点**A**の座標を$(a,\ 2a^2)$とすると，

$B\left(a,\ \frac{1}{2}a^2\right)$，$C\left(2a,\ \frac{1}{2}a^2\right)$，

$D(2a,\ 2a^2)$となる。

$y=4x$と**AB**，**DC**の交点はそれぞれ$(a,\ 4a)$，$(2a,\ 8a)$だから面積について次の方程式が成り立つ。

$$\frac{\{(2a^2-8a)+(2a^2-4a)\}a}{2}$$
$$=\frac{1}{2}\times a\times\frac{3}{2}a^2$$

これを解いて，$a=\frac{24}{5}$ $(a\fallingdotseq0$より$)$

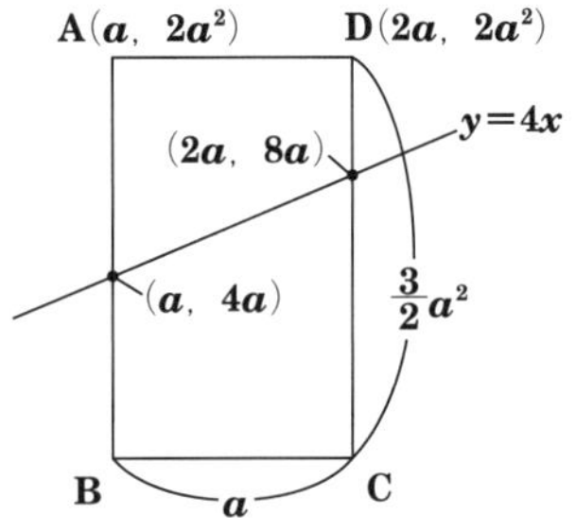

5 図形

1 角と平行線

1. 60	*2*. 25
3. 135	*4*. 110
5. 120	*6*. 95

2 三角形

1．AE　　2．5

3．$\frac{29}{5}$　　4．6

5．3　　6．1

7．2　　8．5

9．3　　10．8

11．5　　12．8

13．$\frac{25}{4}$　　14．$\frac{5}{13}$

15．$\frac{125}{13}$　　16．$4\sqrt{3}$

17．$8\sqrt{3}$　　18．$2\sqrt{3}$

19．$2\sqrt{6}$

3 円の性質

1．80　　2．50

3．45　　4．ECD

5．4　　6．$\frac{31}{15}$

7．$\frac{34}{15}$　　8．8

9．$6-r$　　10．$8-r$

11．2

4 図形の求積

1．$\frac{25}{2}\pi$　　2．50

3．$25\pi-50$　　4．8

5．12　　6．24π

7．16π　　8．8π

9．6　　10．$3\sqrt{5}$

11．$36\sqrt{5}\pi$　　12．CD

13．EA　　14．9

15．4　　16．6

17．4　　18．4

19．15

5 図形の展開

1．BC　　2．$5\sqrt{17}$

3．$10\sqrt{17}$

● 過去問に挑戦！ ●

1　**80°**

2　(1)　**31.74cm²**　　(2)　**40°**

3　**$3\sqrt{3}$cm**

解説➡ **1**　図のように点**D**を定める。

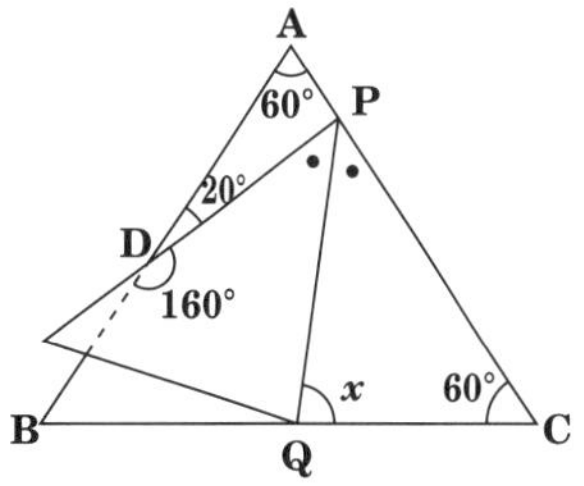

$\angle DPC = \angle DAP + \angle ADP$
$= 60° + 20° = 80°$

$\angle DPQ = \angle CPQ$ より，
$\angle CPQ = 80° \div 2 = 40°$

よって，
$\angle x = 180° - (\angle CPQ + \angle PCQ)$
$= 180° - (40° + 60°)$
$= 80°$

2　(1)　**BQ＝BR＝$x$cm**とすると，
三平方の定理より，
$(5+x)^2 = (5+3)^2 + (x+3)^2$
$x = 12$
円**O**の半径は**PC**に等しいので**3cm**。
よって，斜線部の面積は，
$\frac{1}{2} \times 8 \times 15 - \pi \times 3^2 = 60 - 9\pi$
$= 60 - 9 \times 3.14$
$= 31.74$〔cm²〕

(2)　**QR**を結ぶと，接弦定理より，
$\angle QRB = 70°$
△**BRQ**は二等辺三角形より，
$\angle BQR = 70°$
よって，$\angle ABC = 180° - 70° \times 2 = 40°$

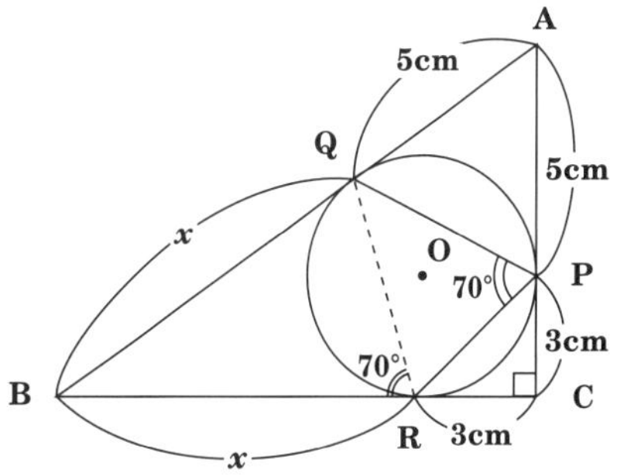

3　下図の展開図で考える。

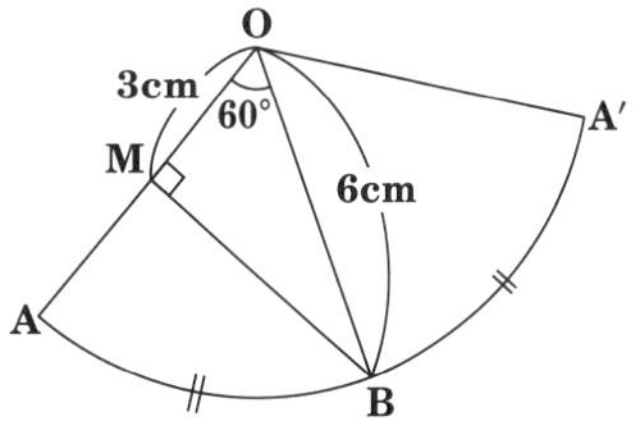

OM＝3cm，OB＝OA＝6cm，
$\angle AOA' = 360° \times \frac{4\pi}{12\pi} = 120°$
$\angle MOB = 60°$ より，△**OAB**は正三角形。
ゆえに，$OA \perp BM$
$BM : OM = \sqrt{3} : 1$
$BM : 3 = \sqrt{3} : 1$
$BM = 3\sqrt{3}$〔cm〕

6 確率・データの活用

1 場合の数

1．5　　*2*．3
3．1　　*4*．9
5．0　　*6*．5
7．5　　*8*．2
9．20　　*10*．100
11．35　　*12*．18
13．144　　*14*．720

2 確率

1．$\frac{1}{21}$　　*2*．$\frac{1}{7}$
3．$\frac{2}{7}$　　*4*．$\frac{10}{21}$
5．$\frac{11}{21}$　　*6*．$\frac{1}{4}$
7．$\frac{1}{2}$　　*8*．$\frac{2}{5}$
9．$\frac{1}{36}$　　*10*．216
11．135　　*12*．$\frac{5}{8}$
13．20　　*14*．3
15．3　　*16*．$\frac{9}{20}$

3 データの活用

1．9　　*2*．8
3．34　　*4*．116
5．3.4　　*6*・*7*．3，4（順不同）
8．3.5　　*9*．3

過去問に挑戦！

1　**18**通り

2　$\frac{1}{2}$

3　平均値　**3.2**点　　中央値　**2.5**点
　最頻値　**2**点

解説➡**1**　塗り分ける部分を図のように***a***～***e***と定める。

a	
b	***c***
d	***e***

aの塗り方は**3**通り，***b***の塗り方は**2**通りある。
いま***a***を赤，***b***を青で塗るとき，***c***～***e***の塗り方は次の様になる。

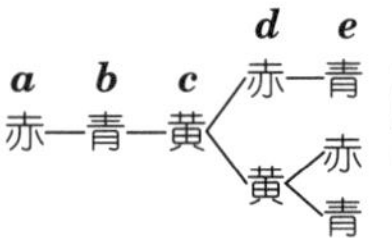

a，***b***の塗り方は全部で$_3P_2$通りあり，それぞれについて左と同様に**3**通りずつ考えられるので，
$_3P_2\times 3=18$〔通り〕

2　「**A**，**B**が隣り合わない」という事象は，「**A**，**B**が隣り合う」という事象の余事象である。
Aと**B**を**1**組にして，**3**人の座り方は**3!**通り。
Aと**B**の座り方は**AB**，**BA**の**2**通りあるから，**A**と**B**が隣り合う確率は，
$$\frac{3!\times 2}{4!}=\frac{1}{2}$$
よって，求める確率は　$1-\frac{1}{2}=\frac{1}{2}$

3　データを整理すると次のような表になる。

点	度数	累積度数	点×度数
0	2	2	0
1	3	5	3
2	5	10	10
3	4	14	12
4	2	16	8
5	1	17	5
6	1	18	6
7	0	18	0
8	0	18	0
9	1	19	9
10	0	19	0
11	1	20	11
計	20		64

平均値は，$\frac{64}{20}=3.2$〔点〕

中央値は**10**番目と**11**番目の得点の平均より，$\frac{2+3}{2}=2.5$〔点〕

最頻値は最も度数の大きい得点なので，**2**点である。

4 理科

1 学習指導要領

1 教科目標

1．見通し
2．科学的
3．資質・能力
4．理解
5．技能
6．問題解決
7．自然を愛する

2 学年目標

1．光と音
2．電気の回路
3．見いだす力
4．水
5．電流の働き
6．発想する力
7．振り子
8．磁力
9．水溶液
10．規則性
11．つくりだす力
12．身の回りの生物
13．愛護
14．動物の活動
15．雨水の行方
16．星
17．連続性
18．尊重
19．土地
20．位置関係

3 各学年の内容

1．物質・エネルギー
2．生命・地球
3．光と音
4．電気
5．太陽
6．地面
7．電流
8．運動
9．天気
10．星
11．発芽
12．流れる水
13．燃焼
14．環境

4 指導計画の作成と内容の取扱い

1．主体的
2．特質
3．判断力
4．困難さ
5．工夫
6．仮説
7．言葉
8．言語活動
9．コンピュータ
10．プログラミング
11．条件
12．天気
13．野外
14．体験的な活動
15．保全
16．災害
17．日常生活
18．制御
19．科学学習センター
20．事故防止
21．適切な措置

2 物質・エネルギー（物理分野）

1 光と音

1．反射
2．屈折
3．焦点
4．平行
5．対称
6．30
7．20
8．12

2 力のつり合い

1．重力
2．9.8
3．抗力
4．垂直抗力
5．張力
6．弾性力
7．合成
8．合力
9．分解
10．分力
11．比例
12．反比例
13．2.0
14．3.5
15．2
16．0.04
17．50
18．6
19．3
20．12

3 てこ

1．支点
2．力点
3．作用点
4．支点
5．3
6．6
7．15
8．5
9．3
10．2
11．14

4 圧力と浮力

1．比例
2．アルキメデス
3．反比例
4．小さ
5．0.06
6．10000
7．重さ
8．1
9．0.30
10．0.20

5 仕事と仕事率

1．Fs
2．小さく
3．長く
4．$\frac{1}{2}$
5．2
6．100
7．2
8．50
9．4
10．200
11．200
12．10
13．20
14．8
15．25

6 力学的エネルギー

1．運動
2．位置
3．力学的エネルギー
4．減少
5．増加
6．減少
7．増加
8．長さ

9．保存される（変化しない）
10．最小
11．B
12．A
13．D

7 電流と電圧

1．RI
2．直列
3．並列
4．並列
5・6．$\frac{1}{4}$，$\frac{1}{12}$（順不同）
7．3
8・9．2，3（順不同）
10．5
11．6
12．5
13．1.2
14．2.4
15．3.6
16．0.9

8 電流計と電圧計の使い方

1．直列
2．強い
3．並列
4．大きな
5．直列
6．並列
7．ウ

9 電力と電力量

1．$VI\left(RI^2,\ \frac{V^2}{R}\text{も可}\right)$
2．Pt
3．1
4．温度変化
5．電圧
6．直列
7．並列
8．2.5
9．25
10．420
11．10500
12．100
13．25
14．40
15．E
16．E
17．$2E$
18．E
19．E
20．E
21．$\frac{E}{2}$
22．$2E$
23．E
24．$\frac{E}{3}$
25．ウ
26．オ

10 電流と磁界

1．N
2．S
3．フレミングの左手
4．電流
5．磁界
6．力
7．磁界
8．誘導電流
9．多く
10．速く
11．レンツ
12．S
13．N
14．右
15．b

3 物質・エネルギー（化学分野）

1 器具の取扱い

1．7～8
2．引火
3．ななめ下
4．横
5．元栓
6．ガス
7．ガス
8．空気
9．青
10．空気
11．ガス
12．空気調節ねじ
13．ガス調節ねじ
14．閉まる
15．開く

2 薬品の取扱い

1．冷暗所
2．上
3．ガラス棒
4．流水
5．水
6．水
7．濃塩酸
8．撹拌
9．水
10．濃硫酸
11．潮解
12．水
13．水酸化ナトリウム
14．ガラス
15．ゴム
16．タンパク質
17．皮膚
18．医師

3 物質の三態

1．蒸発
2．凝縮
3．昇華
4．昇華
5．融解
6．凝固
7．融点
8．凝固点
9．沸点
10．変わらない
11．小さく
12．大きく
13．固
14．気
15．体積
16．質量
17．1.1
18．1700

4 ものの溶け方

1．食塩水
2．食塩
3．水
4．溶液
5．溶質
6．溶液
7．溶質
8．溶解度
9．温度
10．飽和溶液
11．飽和水溶液
12．溶解度
13．溶液
14．溶質
15・16．60，100（順不同）
17．60
18．37.5
19．360
20．135
21．225（360－135）
22．45
23．135
24．45
25．90
26．ろ過
27．蒸留
28．再結晶
29．ガラス棒
30．重なっている
31．長い

5 気体の性質

1．O_2　2．無色
3．無臭　4．水上
5．CO_2　6．無臭
7・8．下方，水上（順不同）
9．弱酸　10．石灰水
11．H_2　12．無臭
13．軽い　14．水上
15．NH_3　16．無色
17．刺激臭　18．軽い
19．上方　20．アルカリ
21．Cl_2　22．刺激臭
23．酸　24．N_2
25．80　26．HCl
27．刺激臭　28．塩酸
29．酸　30．水素
31．酸素　32．二酸化炭素
33．二酸化炭素　34．アンモニア

6 水溶液の性質

1．青　2．赤
3．変化しない　4．赤
5．青　6．黄
7．緑　8．青
9．フェノールフタレイン　10．赤
11．緑　12．酸
13．希塩酸　14．刺激
15・16．アルミニウム，亜鉛，マグネシウムなどから2つ
17．水素　18．希硫酸
19・20．アルミニウム，亜鉛，マグネシウムなどから2つ
21．水素　22．二酸化炭素
23．アルカリ
24・25．アルミニウム，亜鉛（順不同）
26．刺激　27．石灰水
28．二酸化炭素　29．中
30．食塩水　31．中和
32．NaOH　33．NaCl
34・35．H^+，Cl^-（順不同）
36・37．Na^+，OH^-（順不同）
38．酸　39．中
40・41．Na^+，Cl^-（順不同）
42・43．Na^+，OH^-（順不同）
44．アルカリ　45．Na^+
46．OH^-　47．H^+
48．Cl^-

7 燃焼と酸化・還元

1．酸化　2・3．熱，光（順不同）
4．酸素　5．酸素
6．二酸化炭素　7．水
8．2　9．2
10．3　11．酸素
12．酸化マグネシウム
13・14．2Mg，O_2（順不同）
15．2MgO　16．3
17．2　18．酸化銅
19・20．2Cu，O_2（順不同）
21．2CuO　22．4
23．1　24．酸素
25・26．銅，二酸化炭素（順不同）
27・28．2CuO，C（順不同）
29・30．2Cu，CO_2（順不同）
31・32．銅，水（順不同）
33・34．CuO，H_2（順不同）
35・36．Cu，H_2O（順不同）

8 化合と分解

1．硫化鉄　2・3．Fe，S（順不同）
4．FeS　5．磁石
6．腐卵　7．硫化水素
8．$2NaHCO_3$　9．Na_2CO_3
10．H_2O　11．CO_2
12．下げ　13．水（水滴）
14．逆流　15．石灰水
16．水蒸気　17．炭酸水素ナトリウム
18．水　19．割れる
20．下げる　21．石灰水

9 電気分解

1．刺激　2．塩素
3．銅　4．青
5．$2Cl^-$　6．Cl_2
7．e^-　8．Cu^{2+}
9．e^-　10．Cu
11．酸素　12．水素
13．OH^-　14．H_2O
15．O_2　16．e^-
17．H_2O　18．e^-
19．H_2　20．2
21．1　22．電子
23．Cl^-　24．Cl_2
25．Cu^{2+}　26．Cu
27．＋　28．－
29．Cl^-　30．Cu^{2+}
31．水素　32．酸素
33．陽　34．陰

10 化学反応式と物質量

1. 原子量
2. 分子量
3. 1.0
4. 16.0
5. 18.0
6. 1.0
7. 32.0
8. 16.0
9. 98.0
10. 23.0
11. 16.0
12. モル質量 M
13. 質量 w
14. 18.0
15. 27
16. 1.5
17. 18.0
18. 0.25
19. 4.5
20. 22.4
21. 22.4
22. V
23. 22.4
24. 11.2
25. 0.5
26. 2
27. 1
28. 2
29. 2
30. 1
31. 2
32. 22.4
33. V
34. n
35. 0.50
36. 1000
37. 30
38. 0.015

過去問に挑戦！

1 (1) うすい過酸化水素水（オキシドール）
(2) 水上置換法　(3) 触媒
(4)・過酸化水素水の濃度が濃すぎて，急激に酸素が発生する。
・過酸化水素水を一度に大量に注いで，急激に酸素が発生する。
・二酸化マンガンの量が多すぎて，急激に酸素が発生する。
・乾いた二酸化マンガンに過酸化水素水を滴下して，急激に酸素が発生する。
などから1つ

2 (1) ア，オ　(2) エ，オ　(3) イ

3 (1) $\mathbf{Na^+}$，$\mathbf{Cl^-}$，$\mathbf{OH^-}$　(2) **5：2**

解説➡**3** (1) **C**の水溶液が中和しているので，塩酸と水酸化ナトリウム水溶液の濃度は等しく，また，**D**の水溶液は水酸化ナトリウム水溶液**2 cm^3**に相当する水酸化ナトリウムが過剰である。
(2) この塩酸と水酸化ナトリウム水溶液は，それぞれ**10 cm^3**ずつで中和するから，**A**の水溶液中には塩酸**5 cm^3**，**B**では塩酸**2 cm^3**に相当する塩化水素が残っている。

4 生命・地球（生物分野）

1 器具の取扱い

1. 接眼
2. 対物
3. 反射鏡
4. プレパラート
5. 横
6. 対物
7. 近づける
8. 接眼

9・10．接眼レンズの倍率，対物レンズの倍率（順不同）

11. イ
12. 観察するもの

2 生物の細胞

1. 核
2. 酢酸カーミン液（又は酢酸オルセイン液）
3. 細胞質
4. 細胞膜
5. 細胞壁

3 植物のつくり

1. 受粉
2. 胚珠
3. 子房
4. やく
5. 柱頭（めしべ）
6. おしべ
7. 花びら（花弁）
8. がく
9. 道管
10. 師管
11. 双子葉
12. 単子葉
13. 師管
14. 道管
15. 維管束
16. 形成層
17. 気孔
18. 孔辺細胞
19. 蒸散
20. 葉緑体
21. 道管
22. 師管

4 種子の発芽

1. 水
2. 空気
3. 温度
4. する
5. しない
6. しない
7. する
8. 湿った
9. しない
10. する
11. しない
12. 対照実験

5 光合成

1. 葉緑体
2. 光

3・4．二酸化炭素，水（順不同）

5. 有機物
6. 酸素
7. CO_2
8. H_2O

9・10．H_2O，O_2（順不同）

11. デンプン
12. 葉緑素
13. エタノール
14. B（ふ）
15. C（アルミニウム箔）
16. ヨウ素デンプン
17. 青紫
18. 葉緑体
19. 光合成
20. デンプン
21. 光合成

22・23．葉緑体，光（順不同）

24. 青
25. 緑
26. 黄
27. 光合成
28. 二酸化炭素
29. アルカリ
30. 呼吸
31. 二酸化炭素
32. 酸
33. 光合成
34. 二酸化炭素
35. 光合成
36. 呼吸
37. 呼吸

6 植物などの分類

1．光合成
2．種子
3．被子
4．裸子
5．双子葉
6．単子葉
7．胚珠
8．子房
9．子房
10．胚珠
11．アサガオ，タンポポ，キク，ヒマワリ，ツツジ，キキョウ，ナス，リンドウ，ヘチマ　　などから1つ
12．アブラナ，サクラ，エンドウ，ウメ，バラ，カエデ　　などから1つ
13．チューリップ，ユリ，ツユクサ，イネ，スイセン，ムギ，タケ，トウモロコシ，サトイモ，ヤシ　　などから1つ
14．マツ，イチョウ，スギ，ヒノキ，モミ，ソテツ　　などから1つ
15．イヌワラビ，ゼンマイ，ベニシダ，ノキシノブ，スギナ（ツクシ），ウラジロ　　などから1つ
16～18．a，d，e（順不同）
19～21．b，c，f（順不同）

7 動物の分類

1．セキツイ
2．無セキツイ
3．ホニュウ
4．鳥
5．ハチュウ
6．両生
7．魚
8．昆虫
9～11．頭，胸，腹（順不同）
12．胸
13・14．頭胸，腹（順不同）
15．体内
16．体外
17．肺
18．えら
19．背骨
20．ヤモリ，カメ，ワニ，イグアナ，トカゲ，ヘビ，マムシ　　などから1つ
21．イモリ，サンショウウオ，カエル　　などから1つ
22．カニ，エビ，ヤドカリ，ダンゴムシ　　などから1つ
23．イカ，タコ　　などから1つ
24．頭
25．胸
26．腹
27．6
28．頭胸
29．腹
30．8

8 身近な動物

1．幼虫
2．さなぎ
3．成虫
4～6．チョウ，カ，ハチ，アリ，カブトムシ，コガネムシ，テントウムシ，ホタル　　などから3つ
7．幼虫
8．成虫
9．さなぎ
10～12．コオロギ，バッタ，カマキリ，トンボ，セミ，アメンボ　　などから3つ
13．オス
14．あり
15．平行四辺
16．メス
17．なし
18．狭

9 ヒトのからだとしくみ

1．肺
2．酸素
3．二酸化炭素
4．右心室
5．肺動
6．肺静
7．左心房
8．体
9．左心室
10．大動
11．大静
12．右心房
13．③
14．b
15．d
16．e
17．ヘモグロビン
18．白血球
19．血小板
20．血しょう
21．ヨウ素デンプン
22．デンプン
23．青紫
24．ベネジクト
25．糖（麦芽糖）
26．赤褐
27．○
28．○
29．×
30．○
31．○
32．○
33．×
34．×
35．○
36．×
37．×
38．×
39．デンプン
40．糖
41．尿素
42．ブドウ糖
43．グリコーゲン
44．ブドウ糖
45．胆汁
46．赤血球
47．尿素
48．ぼうこう

10 生物のつながり

1．生産者
2．消費者
3．生産者
4．分解者
5．食物連鎖
6．三次消費者
7．二次消費者
8．一次消費者
9．生産者
10．呼吸
11．光合成
12．呼吸
13．呼吸
14．燃焼
15．生産者
16．消費者
17．分解者
18．石炭・石油・天然ガス

● 過去問に挑戦！ ●

1 ア，ウ，オ，ク
2 (1) C，E，G　(2) A，E，G
(3) アミノ酸，ブドウ糖，脂肪，無機質，ビタミンのうちから2つ
(4) B：肝臓　D：すい臓
3 固体成分：ア　呼吸色素：カ

解説➡ **1** 花が咲くのは種子植物である。シイタケは菌類，スギナ，ノキシノブはシダ植物，スギゴケはコケ植物であり，花は咲かない。

2 Aは口，Bは肝臓，Cは胃，Dはすい臓，Eは十二指腸，Fは大腸，Gは小腸である。口では，デンプンが糖に分解される。胃では，タンパク質が消化される。すい臓は，すい液を分泌する。十二指腸，小腸では，炭水化物（デンプンや糖），タンパク質，脂肪が消化される。また，小腸では栄養分が，大腸では水分が吸収される。

3 血液は，液体成分の血しょうと有形成分の赤血球，白血球，血小板から成る。赤血球は，呼吸色素ヘモグロビンを含み，酸素を運ぶ。白血球は，体内に侵入した細菌を殺す。血小板は，血液を凝固させ，出血を止める。血しょうは，栄養分，二酸化炭素，不要物を溶かして運ぶ。

コレステロールは，細胞膜の構成成分であり，血管壁に多量に沈着すると動脈硬化の要因となる。

リンパ球は，リンパ腺から分泌される小型の白血球である。

5 生命・地球（地学分野）

1 気象の観測

1．日陰　2．最低
3．最高　4．快晴
5．晴れ　6．くもり
7．雨　8．雪
9．晴れ　10．南西
11．7

2 空気中の水蒸気の変化

1．飽和水蒸気量　2．飽和水蒸気量
3．水蒸気量　4．露点
5．18　6．15
7．3　8．18
9．3　10．71
11．15.4
12・13．0.71，15.4（順不同）
14．10.9　15．12
16．露点

3 気圧と前線

1．時計　2．下降
3．反時計　4．上昇
5．温暖　6．高層（乱層）
7．弱　8．広
9．長　10．上
11．南　12．寒冷
13．積乱　14．強
15．狭　16．短
17．下　18．北
19．停滞　20．閉そく

4 日本の天気

1．シベリア　2．小笠原
3．オホーツク海　4．高
5．低　6．西高東低
7．南北　8．北西
9．日本海　10．太平洋
11．高　12．低
13．南高北低　14．南東
15．高　16．移動性
17．温帯　18．西
19．東
20・21．小笠原，オホーツク海（順不同）
22．停滞　23．偏西
24．西　25．東

5 太陽の動き

1．東　2．西
3．24　4．西
5．東　6．自転
7．南中高度　8．135
9．東　10．15
11．23.4　12．公転
13．春分・秋分　14．夏至
15．冬至　16．54
17．77.4　18．30.6
19．夏至　20．春分・秋分
21．冬至　22．西
23．北　24．東
25．南中　26．冬至
27．春分・秋分　28．夏至

6 月の形と動き

1．東　2．西
3．自転　4．太陽
5．公転　6．新
7．大き　8．上弦の
9．満　10．下弦の
11．B　12．西
13．C　14．南

15．E
16．東
17．西
18．1週間
19．G
20．南中

7 星の動きと星座

1．北極星
2．カシオペア座
3．自転
4．15
5．東
6．西
7．反時計
8．d
9．公転
10．30
11．東
12．西
13．6
14．35
15．反対
16．同じ
17．冬
18．春
19．夏
20．秋
21．デネブ
22．こと
23．アルタイル
24．プロキオン
25．シリウス
26．ベテルギウス

8 金星の動きと見え方

1．内惑星
2．小さ
3．大き
4．明け
5．東
6．宵
7．西
8．宵
9．明け

9 地層

1．B層
2．Y－Y′
3．X－X′
4．A層
5．2
6．浅い砂浜の海
7．示相化石
8．新生代（第三紀）
9．示準化石
10．火山灰
11．火山活動
12．2
13．0.06
14．堆積
15．不整合
16．断層

10 火成岩

1．火山岩
2．斑状
3．深成岩
4．等粒状
5．石基
6．斑晶
7．火山
8．斑状
9．深成
10．等粒状
11．流紋
12．安山
13．玄武
14．花こう
15．せん緑
16．はんれい

11 地震

1．震源
2．震央
3．P
4．S
5．初期微動
6．主要動
7．初期微動継続時間
8．震源からの距離
9．所要時間
10．S
11．距離
12．P
13．震度
14．10
15．マグニチュード
16．震源からの距離

5 生活

1 学習指導要領

1 教科目標・学年目標

1．具体的　2．体験
3．自立　4．豊か
5．身近な人々　6．習慣や技能
7．自分の生活　8．表現
9．意欲　10．家庭
11．愛着　12．大切
13．集団　14．安全
15．工夫　16．遊び
17．可能性

2 生活科の内容

1．学校生活　2．通学路
3．安全　4．安心
5．家族　6．役割
7．健康　8．場所
9．働いたり　10．親しみ
11．公共施設　12．身の回り
13．正しく　14．観察
15．季節　16．特徴
17．工夫　18．不思議さ
19．生命　20．出来事
21．伝え合う　22．想像
23．交流　24．自分自身
25．成長への願い　26．意欲的

3 指導計画の作成と内容の取扱い

1．育成　2．身近な生活
3．自然　4．校外
5．2学年　6．継続的
7．接続　8．自己
9．自覚的　10．合科的・関連的
11．弾力的　12．組織的
13．特質　14．一体的
15．絵　16．気付き
17．見付ける　18．試す
19．高齢者　20．障害のある児童生徒

2 学習活動

1 学校探検

1．学校生活　2．絵
3．日時　4．廊下

2 町探検

1．地域の人々　2．関わり
3．親しみ　4．安全
5．地図　6．発見
7．危険　8．交通安全

3 公園で遊ぼう

1．工夫　2．公共施設
3．ルール　4．正しく
5．安全

4 動物の飼育

1．育つ場所　2．成長
3．生命　4．親しみ
5．アレルギー　6．安全
7．変化　8．えさ
9．しり　10．弱い
11．湿り気　12．雄

5 植物の栽培

1．栽培　2．収穫
3．生命　4．大切
5～8．アサガオ，オシロイバナ，ヒマワリ，マリーゴールド
9～11．スイセン，スイートピー，チューリップ
12～14．キュウリ，ナス，ミニトマト
15～16．イチゴ，ニンジン
（5～8，9～11，12～14，15～16　各順不同）
17．ヒマワリ　18．ホウセンカ
19．アサガオ　20．マリーゴールド

● 過去問に挑戦！ ●

1　イ，ウ
2　c，e，g，h

解説➲**1**　ア．夜の方が活動的である。
エ．頭の後ろをもちながら，首すじをつかむ。
オ．暑さや寒さに弱いので，夏は風通しのよい涼しいところで，冬はすきま風が入らないようにして飼育する。

6 音楽

1 学習指導要領

1 教科目標・学年目標

1．鑑賞　2．社会
3．資質・能力　4．曲想
5．理解　6．技能
7．工夫　8．体験
9．愛好　10．感性
11．親しむ　12．情操
13．気付く　14．器楽
15．演奏　16．協働
17．身の回り　18．明るく
19．意図

〈歌唱共通教材〉

1．うみ　2．林《はやし》柳《りゅう》波《は》
3．岡《おか》野《の》貞一《ていいち》　4．ひらいたひらいた
5．春がきた　6．夕やけこやけ
7．春の小川　8．ふじ山
9．まきばの朝　10．もみじ
11．子もり歌　12．橋本国彦《はしもとくにひこ》
13．越《え》天楽今様《てんらくいまよう》　14．ふるさと

2 各学年の内容・内容の取扱い

A　表現

1．曲想　2．情景
3．階名　4．ハ長調
5．呼吸　6．副次的
7．ハ長調及びイ短調　8．全体の響き
9．リズム譜　10．打楽器
11．音遊び　12．フレーズ
13．即興的　14．仕組み
15．まとまり　16．組合せ

B　鑑賞

1．楽しさ　2．曲全体
3．よさ　4．変化
5．わらべうた　6．行進曲
7．快さ　8．親しみやすい
9．特徴　10．郷土の音楽
11．劇の音楽　12．独奏
13．文化　14．喜び
15．響き

〔共通事項〕

1．要素　2．働き
3．面白さ　4．美しさ
5．関わり　6．休符
7．用語

3 指導計画の作成と内容の取扱い

1．資質・能力　2．主体的・対話的
3．音楽表現　4．一連の過程
5．歌えるよう　6．積極的
7．幼稚園教育要領　8．生活科
9．時間割　10．道徳科
11．特質　12．イメージ
13．コミュニケーション　14．一体感
15．想像力　16．体を動かす活動
17．活用　18．公共施設
19．社会　20．著作者
21．尊重　22．音楽文化
23．表情　24．V_7
25．音源　26．唱歌
27．民謡　28．相対的
29．移動ド唱法　30．変声期
31．諸外国　32．鍵盤ハーモニカ
33．リコーダー　34．役割
35．特性　36．音遊び
37．模倣　38．条件
39．具体的な例　40．記録
41．五線譜　42．調性
43．言葉　44．発達の段階
45．リズム　46．フレーズ
47．縦と横　48．学習状況

2 音楽一般

1 楽典

1．ト音（高音部）
2．1分間に♩を 84 打つ速さ
3．4分の4　4．付点4分
5．4分　6．4分
7．ヘ音（低音部）　8．全
9．付点2分　10．2分
11．8分　12．完全4
13．反復　14．完全5
15．息つぎ
16．　17．　18．　19．

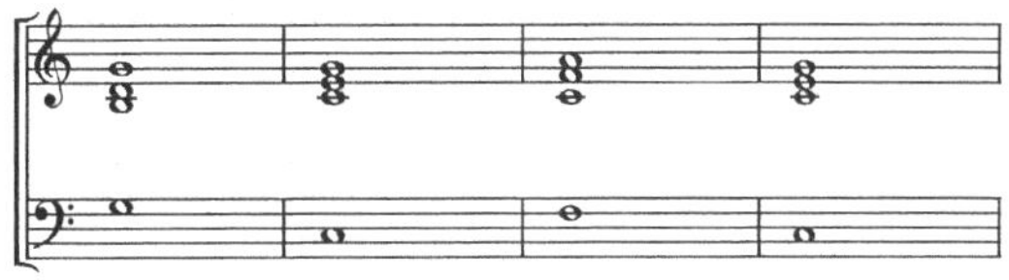

20．Ⅰ　21．Ⅳ
22．Ⅴ
23．ヘトイ変ロイトハハハハハトヘ
24．ドレミファミレソソソソソレド
25．4分　26．4

27．8分　　28．6
29．ト長　　30．ホ短
31．ヘ長　　32．ニ短
33．

34．　35．　36．　37．　38．

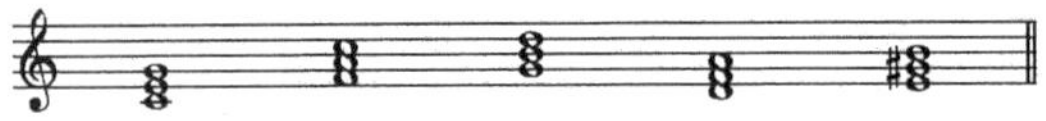

39．Dm　　40．E
41．F　　42．G
43．Am　　44．Bm
45．G_7　　46．シャープ
47．半音上げる　　48．フラット
49．半音下げる　　50．ナチュラル
51．もとの高さで　　52．ピアニッシモ
53．とても弱く　　54．ピアノ
55．弱く　　56．メッゾ・ピアノ
57．少し弱く　　58．メッゾ・フォルテ
59．少し強く　　60．フォルテ
61．強く　　62．フォルティッシモ
63．とても強く　　64．クレシェンド
65．だんだん強く　　66．デクレシェンド
67．だんだん弱く　　68．ディミヌエンド
69．だんだん弱く　　70．ラルゴ
71．幅広くゆるやかに　　72．アダージョ
73．ゆるやかに　　74．アンダンテ
75．ゆっくり歩くような速さで
76．モデラート　　77．中ぐらいの速さで
78．アレグレット　　79．やや速く
80．アレグロ　　81．速く
82．プレスト　　83．急速に
84．リタルダンド　　85．だんだん遅く
86．ア・テンポ　　87．もとの速さで
88．スタッカート　　89．その音を短く切る
90．テヌート
91．その音の長さを十分に保って
92．アクセント　　93．その音を目立たせる
94．フェルマータ
95．その音符や休符をほどよくのばす
96．タイ
97．同じ高さの二つの音符をつなぐ
98．スラー
99．違う高さの二つ以上の音符をなめらかに
100．反復記号(リピート)
101．反復記号の間をくり返す
102．ダ・カーポ　　103．始めに戻る
104．ダル・セーニョ　　105．𝄋(セーニョ)に戻る
106．フィーネ　　107．終わり
108．ビーデ
109．(*to*)𝄌から𝄌(Coda)へとぶ
110．コーダ　　111．結び

2 西洋音楽の楽曲の種類と演奏形態

1．交響曲《シンフォニー》　　2．協奏曲《コンチェルト》
3．練習曲《エチュード》　　4．無言歌
5．狂詩曲《ラプソディ》
6～10．ピッコロ，フルート，クラリネット，オーボエ，イングリッシュホルン　　などから5つ
11～13．トランペット，ホルン，トロンボーン，コルネット，ユーフォニアム　　などから3つ
14～17．バイオリン，ビオラ，チェロ，コントラバス　　などから4つ
18～20．ティンパニ，シンバル，トライアングル，カスタネット，マリンバ，シロフォン　などから3つ
21．ピアノ五重奏
22・23．ビオラ，チェロ(順不同)
24．ソプラノ　　25．アルト
26．テノール　　27．斉唱
28～30．ソプラノ，アルト，テノール(順不同)
31．ア・カペラ

3 世界の民族楽器

1．ラテン・アメリカ　　2．ヨーロッパ
3．アジア　　4．三味線
5．箏　　6．尺八
7．篠笛

4 西洋の音楽と日本の音楽

1．ヴィヴァルディ　　2．J.S.バッハ
3．ヘンデル　　4．古典
5．ハイドン　　6．モーツァルト
7．ベートーベン　　8．ロマン
9．シューベルト　　10．メンデルスゾーン
11．ショパン　　12．ワーグナー
13．スメタナ
14．J. シュトラウス2世(子)
15．ブラームス　　16．ビゼー
17．ムソルグスキー　　18．チャイコフスキー
19．ドボルザーク　　20．グリーグ
21．シベリウス　　22．ドビュッシー
23．ホルスト　　24．ラベル
25．プロコフィエフ　　26．滝廉太郎
27．山田耕筰

3 表現—歌唱・器楽—

1 歌唱共通教材

1．うみ
2．高野辰之
3．わらべ
4．春がきた
5．岡野貞一
6．

7．草川信
8．うさぎ
9．茶つみ
10．ト長
11．

12．ハ長
13．ふじ山
14．さくらさくら
15．

16．葛原しげる
17．二部
18．まきばの朝
19．もみじ
20．ヘ長
21．二部
22．

23．子もり歌
24．陽（日本）
25．二部
26．

27．ヘ長
28．越天楽今様
29．

30．高野辰之
31．岡野貞一
32．弱
33．ヘ長
34．

35．ニ長

2 リコーダー

1．ソプラノリコーダー
2･3．ソプラニーノリコーダー，テノールリコーダー，バスリコーダー，コントラバスリコーダー　などから2つ
4．

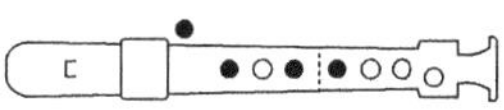

5．

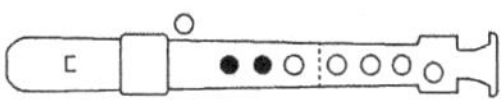

6．タンギング
7．サミング
8．低い
9．高い

過去問に挑戦！

1 (1) A.「おぼろ月夜」
B.「うさぎ」
(2) A．第6学年
B．第3学年
(3) 陰音階
2 (1) オ　(2) カ　(3) ア

4 鑑賞

1．白鳥
2．サン・サーンス
3．チェロ
4．ホルン協奏曲
5．モーツァルト
6．ホルン
7．荒城の月
8．箱根八里
9．花
10．滝廉太郎
11．ます
12．シューベルト
13．赤とんぼ
14．この道
15．待ちぼうけ
16．山田耕筰
17．春の海
18．宮城道雄
19．箏
20．木星（ジュピター）
21．ホルスト
22．モルダウ（ブルタバ）
23．スメタナ

過去問に挑戦！

(1) A．b　B．e
(2) めぐるさかずき　かげさして
(3) 4分の3拍子

7 図画工作

1 学習指導要領

1 教科目標・学年目標

1．鑑賞　2．視点
3．感覚　4．行為
5．材料　6．創造的
7．美しさ　8．発想
9．感じ方　10．つくりだす喜び
11．感性　12．楽しく豊かな
13．豊かな情操　14．体全体
15．面白さ　16．身の回り
17．楽しい　18．進んで
19．主体的

2 各学年の内容

1．構想　2．造形遊び
3．人工の材料　4．気持ち
5．工作　6．想像
7．好きな　8．扱いやすい
9．積んだり　10．体全体
11．身の回りの作品　12．自分たちの作品
13．面白さ　14．イメージ
15．場所　16．新しい
17．用途　18．適切
19．組み合わせ　20．身近にある作品
21．製作の過程　22．空間
23．周囲の様子　24．構成の美しさ
25．主題　26．活用する
27．総合的　28．親しみのある作品
29．生活　30．意図

3 指導計画の作成と内容の取扱い

1．資質・能力　2．造形的
3．指導の効果　4．実態
5．十分な指導　6．授業時数
7．等しく　8．共同して
9．特質　10．生活科
11．弾力的　12．道徳教育の目標
13．個性　14．繰り返し
15．明るさ　16．奥行き
17．可能性　18．初歩的
19．版　20．焼成
21．地域の美術館　22．連携
23．言語活動　24．カメラ
25．必要性　26．価値
27．美術文化　28．素地
29．事故防止　30．校内
31．展示　32．校外

2 表現

1 絵画

1．水
2・3．汚れた筆を洗う，筆をすすぐ（順不同）
4．パレット　5．薄い
6．重色（重ね塗り）　7．透明
8．ぼかし　9．にじみ

2 版画

1．切り出し　2．平
3．丸　4．三角
5．木版画　6．ドライポイント
7．ニードル　8．シルクスクリーン
9．リトグラフ　10．陽刻
11．陰刻　12．柔らか
13．転写　14．カーボン
15．ばれん　16．円

3 彫刻・焼き物

1．丸彫り　2．レリーフ
3．油　4．紙
5．耳たぶ　6．ビニール袋
7．手びねり　8．たたら板
9．どべ　10．ろくろづくり
11．空気（気泡）　12．水分
13．750 ～ 850　14．釉薬《ゆうやく》
15．1200 ～ 1300

4 木工芸

1．縦びき　2．横びき
3．手前　4．下
5．下部　6．上部
7．柾目　8．板目
9．との粉　10．細か

5 デザイン

1．色相　2．トーン
3．明度　4．彩度
5．純　6．無彩色
7．有彩色　8．純色
9．灰　10．補色
11．明度　12．色相
13．彩度　14．黄
15．赤　16．フロッタージュ
17．マーブリング　18．スパッタリング
19．ドリッピング　20．デカルコマニー
21．スクラッチ　22．コラージュ

23．バチック
24．スタンピング
25．シンメトリー
26．リピテーション
27．グラデーション
28．リズム
29．アクセント
30．プロポーション
31．コントラスト
32．バランス

過去問に挑戦！

1 (1) 横びき
(2) ① 切り出し刀　② 丸刀
2 (1) 彩度　(2) 補色
(3) マーブリング

3 鑑賞

1 日本の美術

1．雪舟（等楊）
2．狩野永徳
3．長谷川等伯
4．俵屋宗達
5．尾形光琳
6．菱川師宣
7．喜多川歌麿
8．東洲斎写楽
9．葛飾北斎
10．歌川（安藤）広重
11．横山大観
12．浅井忠
13．黒田清輝
14．青木繁
15．安井曽太郎
16．岸田劉生
17．高村光雲
18．高村光太郎
19．棟方志功

2 西洋の美術

1．ボッティチェリ
2．レオナルド＝ダ＝ヴィンチ
3．ミケランジェロ
4．ラファエロ
5．レンブラント
6．ドラクロワ
7．ミレー
8．クールベ
9．マネ
10．モネ
11．ルノワール
12．ドガ
13．スーラ
14．セザンヌ
15．ゴッホ
16．ゴーギャン
17．ロダン
18．ピカソ
19．モディリアーニ
20．シャガール
21．ダリ
22．マグリット
23．モンドリアン
24．カンディンスキー
25．ムンク
26．アンリ＝ルソー

8 家庭

1 学習指導要領

1 教科目標

1．衣食住
2．体験的
3．家族
4．日常生活
5．技能
6．課題
7．改善
8．家庭生活
9．実践的

2 各学年の内容・内容の取扱い

1．自分の成長
2．自覚
3．協力
4．仕事
5．分担
6．生活時間
7．団らん
8．日常生活
9．持続可能
10．低学年
11．日常の食事
12．楽しく
13．手順
14．調理計画
15．衛生的
16．安全な取扱い
17．盛り付け
18．後片付け
19．日常食
20．みそ汁
21．栄養素
22．組み合わせて
23．要素
24．バランス
25．日常着
26．洗濯
27．布
28．製作計画
29．ミシン
30．季節の変化
31．清掃
32．伝統的
33．だし
34．五大栄養素
35．体内
36．食育
37．4
38．通風・換気
39．採光
40．金銭
41．買物
42．計画的
43．購入
44．収集・整理
45．身近な環境
46．物の使い方
47．実習材料
48．売買契約
49．実践的

3 指導計画の作成と内容の取扱い

1．主体的・対話的
2．生活の営み
3．生活体験
4．日常生活
5．意見交流
6．過程
7．実態
8．第5学年
9．実践的な活動
10．一つ又は二つ
11．学習の効果
12．段階的
13．題材の構成
14．内容相互
15．系統的
16．適切な指導
17．実感
18．図表
19．説明
20．情報通信ネットワーク
21．発表
22．自立
23．根拠
24．実践的・体験的
25．個性
26．生活体験
27．少人数指導
28．連携
29．熱源
30．機械
31．事故防止
32．服装
33．保管
34．生の魚や肉
35．食物アレルギー

2 衣生活

1 衣服の機能と材料

1．保健衛生
2．生活活動
3．社会生活
4．平織
5．斜文織（綾織）
6．朱子織
7．ブロード
8．デニム
9．サテン
10．天然繊維
11．化学繊維
12．麻
13．絹
14．レーヨン
15．半合成繊維
16．アクリル
17．大
18．a
19．c
20．h
21．k
22．d
23．e
24．i
25．j
26．f
27．g
28．b

2 衣服の手入れ

1．標準使用量
2．界面活性剤
3．浴比
4．10～20
5．15～20
6．家庭用品品質表示
7．40
8．手洗い
9．できない
10．タンブル乾燥
11．つり干し
12．平干し
13．200
14．150
15．ドライクリーニング
16．ウエットクリーニング
17．水または湯
18．水または洗剤液
19．氷
20．練り歯みがき（または飯粒）

3 布を使った製作

1．なみ
2．本返し
3．半返し
4．まつり
5．三つ折り
6．かがり
7．布の厚さ
8．直角
9．ア→オ→ウ→イ→エ
（アとオ，イとエはどちらが先でもよい）
10．天びん
11．上糸調節装置

12．送り調節ダイヤル
13．糸かけ（上）→糸案内板→天びん→糸かけ（下）→針棒糸かけ
14．9　15．80
16．11　17．60
18．14　19．50
20．強　21．上糸調節装置
22．弱　23．針が折れる
24．針棒が動かない　25．はずみ車
26．送り調節　27．縫い目がとぶ
28．上糸が切れる　29．脇
30．口あきどまり　31．出し入れ口

●　過去問に挑戦！　●

③

3　食生活

1　栄養

1．炭水化物　2．たんぱく質
3．無機質　4．エネルギーの
5．体をつくる　6．体の調子を整える
7．卵　8．無機質
9．緑黄色野菜　10．ビタミンC
11．炭水化物　12．脂質（脂肪）
13．6　14．1
15．5　16．1
17．4　18．1
19．3　20．3
21．2　22．6
23．1　24．2
25．4　26．3
27．2　28．4
29．夜盲症　30．カルシウム
31．くる病　32．脚気
33．ビタミンC

2　食品の特性と日常食の調理

1．炭水化物（でんぷん）　2．胚芽
3．ぬか　4．ビタミンB_1
5．糊化（α化）　6．老化（β化）
7．80　8．120
9．1.5　10．1.2
11．30　12．強
13．中　14．弱
15．こうじ　16．10
17．150　18．いちょう切り
19．たんざく切り　20．小口切り
21．さいの目切り　22．水
23．沸騰した湯　24．カロテン
25．A　26．C
27．水　28．湯
29．塩　30．強
31．C　32．ソラニン
33．10　34．男しゃくいも
35．メークイン　36．水
37．必須アミノ酸　38．50〜60
39．サルモネラ菌　40．熱凝固
41．起泡　42．乳化
43．水　44．3〜5
45．10〜12

3　食品の選択と安全

1．生鮮　2．旬
3．加工　4．消費
5．賞味　6．遺伝子組換え
7．JAS（ジャス）マーク　8．有機JASマーク
9．特定保健用食品マーク

4　家族の生活と住居

1　消費生活と消費者

1．JIS（ジス）　2．SG
3．おもちゃ　4．8
5．20　6．3,000
7．消費者基本　8．消費者契約
9．製造物責任（PL）　10．消費者
11〜14．安全である，知らされる，選ぶ，意見が反映される（順不同）

2　環境に配慮した生活

1・2．消費者
3・4．エアコン，洗濯機（順不同）
5．リデュース（Reduce）　6．リサイクル（Recycle）
7．エコ　8．グリーン

3　住居

1．紫外線　2．明るさ
3．赤外線　4．建築基準
5．7分の1　6．5分の1
7．ルクス　8．200〜500
9．50〜100　10．80〜150

9 体育

1 学習指導要領

1 教科目標・学年目標・領域構成

1．見方・考え方　2．一体
3．生涯　4．保持増進
5．スポーツライフ　6．資質・能力
7．特性　8．身近な生活
9．技能　10．自己の課題
11．思考　12．伝える力
13．親しむ　14．楽しく明るい
15．運動遊び　16．工夫
17．きまり　18．意欲的
19．喜び　20．発育・発達
21．身近な生活　22．友達
23．場　24．最後まで
25．心の健康　26．病気の予防
27．グループ　28．仲間
29．積極的　30．約束
31．自己の最善　32．回復
33．体つくり運動
34．器械・器具を使っての運動遊び
35．水泳運動　36．ボール運動
37．表現リズム遊び　38．保健

2 各学年の内容・内容の取扱い

〔第１学年及び第２学年〕

1．心地よさ　2．手軽
3．多様な動き　4．バランス
5．力試し　6．場
7．固定施設　8．懸垂移行
9．マット　10．鉄棒
11．簡単な遊び方　12．順番
13．低い障害物　14．連続して
15．勝敗　16．移動
17．心得　18．ボール操作
19．鬼遊び　20．題材
21．全身　22．フォークダンス
23．伝承遊び

〔第３学年及び第４学年〕

1．楽しさ　2．心と体の変化
3．用具を操作する動き　4．きまり
5．場や用具　6．巧技系
7．支持系　8．跳び箱運動
9．自己の能力　10．調子よく
11．短い助走　12．競争
13．勝敗　14．初歩的
15．心得　16．易しいゲーム
17．持たない　18．規則
19．簡単な作戦　20．身近な生活
21．ひと流れ　22．全身
23．リズムの特徴　24．交流
25．主体の要因　26．食事
27．調和のとれた生活　28．体の清潔
29．明るさの調節　30．年齢
31．個人差　32．思春期
33．異性への関心　34．投の運動
35．フォークダンス　36．健康診断
37．学校給食　38．違い
39．肯定的　40．具体的

〔第５学年及び第６学年〕

1．体の動き　2．心と体
3．ねらい　4．体の柔らかさ
5．力強い動き　6．体の状態
7．助け合って　8．安定して
9．発展技　10．繰り返し
11．全力　12．滑らか
13．リズミカル　14．挑戦
15．勝敗　16．続けて長く
17．心得　18．個人
19．チーム　20．隊形
21．ルール　22．作戦
23．表したい感じ　24．即興的
25．ステップ　26．踊りの特徴
27．互いのよさ　28．悩み
29．生活経験　30．密接
31．運動をする　32．手当
33．交通事故　34．周囲の危険
35．環境　36．速やか
37．予測　38．病原体
39．生活習慣病　40．栄養
41．口腔　42．飲酒
43．地域　44．相互
45．水中からのスタート　46．背泳ぎ
47．サッカー　48．ハンドボール
49．ウ　50．リズムダンス
51．回復　52．有機溶剤
53．覚醒剤

3 指導計画の作成と内容の取扱い

1．主体的・対話的　2．見方・考え方
3．課題　4．楽しさ
5．大切さ　6．授業時数
7．8　8．16
9．適切な時期　10．まとまった
11．幼児期　12．合科的・関連的
13．道徳科　14．特質
15．実態　16．運動経験
17．技能　18．苦手

19．意欲的　　20．尊重
21．筋道　　22．コミュニケーション
23．コンピュータ　　24．基本的な操作
25．具体的な体験　　26．Ａ体つくり運動
27．趣旨　　28．水泳場
29．心得　　30．フェア
31．意義　　32．列の増減
33．能率的　　34．雪遊び
35．水辺活動　　36．食育
37．生活習慣　　38．学校給食

4 体育・健康に関する指導

1．体育・健康　　2．教育活動全体
3．食育の推進　　4．安全
5．特別活動　　6．連携
7．生涯　　8．基礎

2 器械運動

1 マット運動

1．開脚前転　　2．伸膝後転
3．側方倒立回転

2 鉄棒運動

1．前方支持回転　　2．膝掛け上がり
3．後方片膝掛け回転　　4．順手
5．逆手　　6．片逆手

3 跳び箱運動

1．開脚跳び　　2．かかえ込み跳び
3．台上前転

3 陸上運動

1 短距離走・リレー・ハードル走

1．スタンディング　　2．クラウチング
3．テークオーバーゾーン　　4．コーナートップ制
5．遠　　6．低

2 走り幅跳び・走り高跳び

1．そり跳び　　2．はさみ跳び
3．踏み切り　　4．着地
5．直角　　6．b
7．はさみ跳び

4 水泳運動

1 泳法

1．伏し浮き　　2．け伸び
3．面かぶりクロール　　4．イ
5．ア　　6．イ
7．イ　　8．イ
9．イ　　10．ア
11．ア　　12．ア

2 水泳指導における安全管理

1．体温　　2．23
3．0.4　　4．1.0
5．準備　　6．バディシステム

● 過去問に挑戦！ ●

・児童の健康状態を確認する。
・気温・水温等が適切か確認する。
・プール内の施設，設備の整とんや異常等の点検を行う。
・準備運動を十分に行う。
・溺れている人を見つけたときは，他の人に知らせるなど，救助の方法を指導する。
・プールサイドを走らない，ふざけない，飛び込まないといった安全上のルールを指導する。
などから3つ

5 ボール運動・新体力テスト

1 バスケットボール（ゴール型）

1．ジャンプボール　　2．スリーポイント
3．フリースロー　　4．ドリブル
5．ピボット　　6．エンド
7．スローイン　　8．マンツーマン
9．ゾーン
10．イリーガルユースオブハンズ
11．チャージング　　12．トラベリング
13．ダブルドリブル

2 サッカー（ゴール型）

1．キックオフ　　2．ゴールライン
3．スローイン　　4．ゴールキック
5．コーナーキック　　6．タッチライン
7．ゴールライン　　8．ペナルティー
9．ハーフウェー　　10．インステップ
11．インサイド　　12．ヘディング
13．ハンドリング　　14．トリッピング
15．ペナルティー

3 新体力テスト（スポーツテスト）

1．筋力
2・*3*．筋力，筋持久力（順不同）
4．柔軟性　*5*．敏捷性
6．全身持久力　*7*．スピード
8．筋パワー
9・*10*．巧ち性，筋パワー（順不同）

6 保健

1 応急手当

1．流水　*2*．やけど
3．打撲　*4*．高
5．熱射病

2 病気とその予防

1．生活習慣病
2・*3*．がん（悪性新生物），心臓病（心疾患）（順不同）
4．COVID-19　*5*．指定感染症
6．5類感染症

3 喫煙・薬物乱用

1．主流煙　*2*．副流煙
3．受動喫煙　*4*．ニコチン
5．タール　*6*．ヘモグロビン
7．有機溶剤　*8*．鈍く（抑制）する
9．覚せい剤　*10*．興奮させる

● 過去問に挑戦！ ●

① ウ　② エ

10 外国語活動・外国語

1 学習指導要領

1 外国語活動・外国語科の目標

1．コミュニケーション　2．言語活動
3．素地　4．文化
5．体験的　6．音声
7．簡単　8．伝え合う
9．主体的　10．読むこと
11．文構造　12．知識
13．技能　14．場面
15．推測　16．語順

2 各言語の目標

1．身の回り　2．意味
3．発音　4．日常生活
5．情報　6．概要
7．活字体　8．音声
9．挨拶　10．動作
11．伝え合う　12．サポート
13．質問　14．依頼
15．実物　16．整理
17．書き写す　18．例文

3 各言語の内容

1．イラスト　2．活字体
3．学校生活　4．時刻
5．具体的　6．家族
7．会話　8．識別
9．パンフレット　10．感謝
11．要求　12．質問
13．初対面　14．形状
15．趣味　16．自己紹介
17．目的　18．区切り
19．言葉

4 指導計画の作成と内容の取扱い

1．接続　2．主体的・対話的
3．具体的　4．見方・考え方
5．目的　6．三
7．学年ごと　8．伝え合う
9．初めて　10．友達
11．体験的　12．興味・関心
13．国語科　14．学校行事
15．我が国の文化　16．背景
17．学級担任　18．指導計画
19．地域人材　20．発達の段階
21．学習負担　22．補助
23．ジェスチャー　24．ペア・ワーク
25．特性　26．視聴覚教材
27．学習の見通し　28．五
29．定着　30．特質
31．指導の効果　32．ねらい
33．偏りなく　34．平易
35．段階的　36．違い
37．発音練習　38．文構造
39．用法　40．使用場面
41．日常生活　42．伝統文化
43．公正　44．国際理解
45．国際協調

2 英語

1 語い・文法Ⅰ

1．dentist　2．thumb
3．beach　4．aquarium
5．dictionary　6．racket
7．ceiling　8．ambassador

2 語い・文法Ⅱ

1．イ　2．ウ
3．ア　4．エ
5．イ　6．ウ
7．エ　8．イ

3 会話文に特有な表現

1．in　2．of
3．show　4．to
5．better　6．volunteers
7．aloud　8．all

4 対話文

1．イ　2．イ
3．ウ　4．エ
5．ア　6．イ
7．エ　8．ウ

5 英文読解Ⅰ

1．in　2．by
3．comparison
4．had played a role in the falling protein levels
5．lead

〈全訳〉

ミツバチが花にやって来ると，蜜を飲み，花粉を集めることがある。蜜は砂糖のような単発のエネルギーであり，対照的に，花粉は長期的な栄養を提供する。花粉はミツバチにとって唯一の天然のタンパク源である。

科学者は最近収集したセイタカアワダチソウの花を調べた。その中に含まれている花粉を，ワシントンDCのスミソニアン協会の国立自然史博物館に保存されているセイタカアワダチソウの花粉と比較した。今日の植物の方がタンパク質の量が少ないことを彼らは発見した。保存されていた昔の花の花粉におけるタンパク質濃度は18パーセントだった。今日のセイタカアワダチソウの花粉は約12パーセントのタンパク質しか含んでいない。つまり，172年前と比べると約3分の1少ない。

その同じ期間内に，CO_2濃度は3分の1以上増加している（170年以上前，空気中のCO_2はおよそ280ppmだった。現在は約398ppmである）。そのようなCO_2の増加の原因となっているのは主として化石燃料の利用の増加である。

CO_2の変化がタンパク質濃度を低下させる一因となったのかどうかを検証するため，研究者はテストを行った。最高500ppmのCO_2濃度でセイタカアワダチソウを2年間栽培したのだ。空気中のCO_2が多いほど，花粉に含まれるタンパク質の濃度は低くなった。

6 英文読解Ⅱ

エ

〈全訳〉

ニューヨーク市の学生は学校に携帯電話を持っていくことを認められていないが，放課後にアルバイトやその他の用事があるので，親に連絡して送迎の手配をするため電話を必要とする。そこで，クイーンズ地区のいくつかの高校に通っている学生は今では日中，学校の近くの店に電話を預けている。少額の手数料（通常50セントから1ドル）を払うことにより，朝に電話を預けて，学校が終わったら取りに行く。

そういった店は菓子屋，小さな食料品店などであり，花屋も含まれている。店側は保管料から少額の利益を上げると同時に，学生が一日の終わりに電話を受け取りに来るとき飲食するので，その売上増でも儲けている。

学生が電話を置いていくとき，店側は通常，番号付きの引換券を渡し，それに対応する券を付けたビニール袋に電話を入れて保管する。店によっては学生の名前を控え，電話の返却時に身分証の提示を求める所もある。

こういった用心にもかかわらず，学生が引換券を紛失したり，電話を間違った相手に返したりする事例が多い。ある店では，武装強盗の際に多数の電話が盗まれた。

過去問に挑戦！

1 (1) エ　(2) イ
2 (1) ウ　(2) イ
3 ③

11 特別の教科　道徳

1 学習指導要領

1 教科目標

1．道徳性
2．道徳的諸価値
3．自己
4．多面的・多角的
5．実践意欲

2 内容

1．自由
2．素直
3．節度
4．特徴
5．目標
6．親切
7．尊敬
8．真心
9．信頼
10．謙虚
11．約束
12．権利
13．好き嫌い
14．偏見
15．奉仕
16．敬愛
17．愛着
18．国際親善
19．大切
20．不思議
21．偉大
22．美しいもの
23．気高さ

3 指導計画の作成と内容の取扱い

1．内容項目
2．全て
3．2
4．道徳教育推進教師
5．要
6．計画的・発展的
7．成長
8．課題や目標
9．主体的
10．多様
11．言語活動
12．問題解決
13．体験的
14．情報モラル
15．社会的課題
16．共通理解
17．情報化
18．感動
19．葛藤
20．学習状況
21．数値

12 その他

1 総合的な学習の時間

1 学習指導要領

1．探究的　2．横断的
3．生き方　4．概念
5．問い　6．整理・分析
7．まとめ・表現　8．協働的
9．参画　10．教育目標
11．関連　12．日常生活
13．探究課題　14．現代的
15．総合的　16．分析
17．未知の状況　18．両方
19．対話的　20．深い学び
21．見方　22．横断的
23．評価　24．言語能力
25．名称　26．困難さ
27．比較　28．関連付ける
29．整理　30．主体的
31．ものづくり　32．グループ
33．地域の教材　34．国際理解
35．プログラミング　36．論理的

2 特別活動

1 学習指導要領

1．集団活動　2．可能性
3．協働　4．行動の仕方
5．合意形成　6．意思決定
7．自己の生き方　8．自己実現

教員採用試験対策　オープンセサミシリーズ
セサミノート　専門教科　小学校全科

発　行　2023年10月20日　第1版第1刷

編　著　東京アカデミー
発行人　佐川泰宏
発行所　株式会社ティーエーネットワーク
〒450-6306 名古屋市中村区名駅 1-1-1
ＪＰタワー名古屋６Ｆ
電話 ：052-586-7805㈹
FAX：052-563-2109
発売元　東京アカデミー七賢出版株式会社
〒171-0021 東京都豊島区西池袋 1-11-1
メトロポリタンプラザビル 13F
電話 ：03-6852-0803
FAX：03-6852-0180

ISBN978-4-86455-634-7　C7337

●出版案内，テキストの追補等の情報については東京アカデミー七賢出版のホームページをご覧ください。

https://www.shichiken.co.jp